本書出版得到國家古籍整理出版專項經費資助

中國佛教典籍選刊

肇論校釋

〔東晉〕僧肇 著
張春波 校釋

中華書局

圖書在版編目(CIP)數據

肇論校釋/(東晉)僧肇著;張春波校釋. —北京:中華書局,2010.7(2023.8 重印)
(中國佛教典籍選刊)
ISBN 978-7-101-04566-6

Ⅰ.肇… Ⅱ.①僧…②張… Ⅲ.①肇論-注釋②佛經 Ⅳ.B94

中國版本圖書館 CIP 數據核字(2005)第 011869 號

責任編輯:陳 平
責任印製:陳麗娜

中國佛教典籍選刊
肇 論 校 釋
〔東晉〕僧 肇 著
張春波 校釋
*
中 華 書 局 出 版 發 行
(北京市豐臺區太平橋西里 38 號 100073)
http://www.zhbc.com.cn
E-mail:zhbc@zhbc.com.cn
三河市鑫金馬印裝有限公司印刷
*
850×1168 毫米 1/32 · 18⅛印張 · 2 插頁 · 340 千字
2010 年 7 月第 1 版 2023 年 8 月第 8 次印刷
印數:14001-14800 册 定價:78.00 元

ISBN 978-7-101-04566-6

中國佛教典籍選刊編輯緣起

佛教是世界三大宗教之一，約自東漢明帝時開始傳入中國，但在當時並没有産生多大影響。到魏晉南北朝時期，佛教和玄學結合起來，有了廣泛而深入的傳播。隋唐時期，中國佛教走上了獨立發展的道路，形成了衆多的宗派，在社會、政治、文化等許多方面特别是哲學思想領域産生了深刻的影響。這時佛教已經中國化，完全具備了中國自己的特點。而且，隨着印度佛教的衰落，中國成了當時世界佛教的中心。宋以後，隨着理學的興起，佛教被宣布爲異端而逐漸走向衰微。但是，佛教的部分理論同時也被理學所吸收，構成了理學思想體系中的有機組成部分。直到近代，佛教的思想影響還在某些著名思想家的身上時有表現。總之，研究中國歷史和哲學史，特别是魏晉南北朝隋唐時期的哲學史，佛教是一項重要内容。佛學作爲一種宗教哲學，在人類的理論思維的歷史上留下了豐富的經驗教訓。因此，應當重視佛學的研究。

佛教典籍有其獨特的術語概念以及細密繁瑣的思辨邏輯，研讀時要克服一些特殊的困難，不少人視爲畏途。解放以後，由於國家出版社基本上没有開展佛教典籍的整理出版工作，因此，對於系統地開展佛學研究來説，急需解決基本資料缺乏的問題。目前對佛學有較深研究的專家、學者，不少人年事已高，如果不抓緊組織他們整理和注釋佛教典籍，將來再開展這項工作就會遇到更多困難，也不利於中青年研究工作者的成長。爲此，我們在廣泛徵求各方面意見的基礎上，初步擬訂了中國佛教典籍選刊的整理出版計劃。其中，有重要的佛教史籍，有中國佛教幾個主要宗派（天台宗、三論宗、唯識宗、華嚴宗、禪宗）的代表性著作，也有少數與中國佛學淵源關係較深的佛教譯籍。所有項目都要選擇較好的版本作爲底本，經過校勘和標點，整理出一個便於研讀的定本。對於其中的佛教哲學著作，還要在此基礎上，充分吸取現有研究成果，寫出深入淺出、簡明扼要的注釋來。

由於整理注釋中國佛教典籍困難較多，我們又缺乏經驗，因此，懇切希望能够得到各方面的大力支持和協助，使這項工作得以順利完成。

中華書局編輯部

一九八二年六月

出版説明

肇論是中國佛教思想史上的重要典籍之一，它上承龍樹、羅什的般若中觀學，下啟中國佛教的三論宗，是漢梵語言和思想交互詮釋的典範，在佛教中國化的思想進程中有着重要的地位和作用，爲歷代緇素所推崇，注疏層出不窮，治中國佛學、中國哲學者也無不以爲必讀書目。遺憾的是，此書一直未有精準可靠的整理本。有鑒於此，早在二十世紀八十年代，我局便將其列入首批亟需整理的佛典擬目，並委託中國社會科學院哲學研究所研究員、著名佛教學者張春波先生負責整理。

張先生師從一代佛學巨擘呂秋逸（諱澂）先生，治學謹嚴，學養深厚。對肇論的整理工作，張先生的計劃是，不僅對原文做細緻準確的標點、校勘、注釋，各章篇首要有解題性質的説明文字，每段原文在校釋後均總結出「本段主旨」，以便於讀者理解把握，而且，還對我國久已佚失但尚存東瀛的兩種肇論古注——肇論集解令模鈔、夢庵和尚節釋肇論進行校勘標點，附録於後，以便學界利用。遺憾的是，張先生的整理工作未及全部完成，便於一九九四年不幸病逝。

一九九五年四月二十五日，肇論校釋遺稿由我局老編輯熊國禎先生從張春波先生任職的哲學研究所取回，部分定稿、大量草稿及相關資料混雜在一起，初步梳理後，發現後續工作頗有難度。編輯部本擬約請其他學者繼續完成，始終未能如願。幾經周折，最後只得由我局哲學編輯室依據張春波先生留下的草稿，並參考相關研究資料，勉力完成後續整理工作。疏漏不當之處，深望讀者諸君不吝賜教。

中華書局編輯部

二〇一〇年三月

目録

附録

引子

僧肇是我國東晉末年著名的佛教徒，是佛教思想史上的重要人物。他用中國傳統的表達方法，將印度的中觀思想介紹給中國學者，在當時起到會通梵華的作用，而且他的佛學思想對後世也産生了相當大的影響。研究他的著作，解剖他的思想體系，對我們了解整個中國佛學乃至中國哲學史，都是有助益的。但他的著作産生於公元五世紀，又運用了大量佛學術語，現在讀起來有的地方不易索解。爲了使讀者能够比較順利地讀通僧肇著作的原文，我們給僧肇的主要著作肇論加了注釋，並做了一些研究。整理者水平有限，錯訛之處想必不少，深望讀者諸君給予指正。

張春波

緒　論〔一〕

一、僧肇的生平和著作

僧肇，本姓張，長安(今陝西省西安市)人，生於東晉孝武帝太元九年(公元三八四年)，卒於安帝義熙十年(公元四一四年)。據高僧傳僧肇傳記載，僧肇家境比較貧寒，曾以抄書維持生活。他利用給人家抄書的機會，閲讀了大量經史，深受影响。他對老、莊學説特别感興趣，但又認爲不够盡善盡美，曾感慨地説：老子道德經「美則美矣，然期棲神冥累之方，猶未盡善」(高僧傳僧肇傳)。後來他讀了三國時期吴支謙翻譯的大乘佛教重要經典維摩詰經，認爲這部書講得很有道理，解決了他困惑已久的問題。在這部佛經啓發下，僧肇出家當了和尚，此後又繼續閲讀了大量佛教典籍，二十歲時，便成爲當時很有

〔一〕編者按：經核檢張春波先生遺稿，發現緒論原擬寫作四部分：一、僧肇的生平和著作，二、肇論古注，三、肇論的佛教哲學，四、肇論對後世的影響及其歷史地位。遺憾的是，定稿只完成了前兩部分。關於「肇論的佛教哲學，肇論對後世的影響及其歷史地位」等問題，有興趣的讀者可以參看吕澂先生中國佛學源流略講第五講、湯用彤先生漢魏兩晉南北朝佛教史第十章的相關内容。

名的佛教理論家了。當時佛學界争論得很激烈，有人竟千里負糧來長安與僧肇辯論，據説都被他犀利的辯鋒挫敗。

公元四世紀末，著名佛教翻譯家、理論家鳩摩羅什到了姑臧（今甘肅省武威縣）。僧肇深知鳩摩羅什的學識，便不遠千里，趕赴姑臧，投於鳩摩羅什門下。

公元四〇一年，鳩摩羅什被秦主姚興迎入長安，僧肇也跟隨回長安。姚興命他參加鳩摩羅什主持的譯場。他是鳩摩羅什門下四大弟子之一，很受器重。鳩摩羅什曾歎言：「解空第一，肇公其人。」（慧達肇論序）

公元四〇五年，大品般若經譯出後，僧肇把他關於大乘空觀的心得與之前所學融爲一體，寫成著名的般若無知論。鳩摩羅什看後極爲稱贊，對僧肇説：「吾解不謝子，辭當相挹。」（高僧傳僧肇傳）這篇論文後來傳到廬山慧遠和劉遺民那裏，也得到他們很高的評價。劉遺民把僧肇比作玄學創始人之一的何晏，説：「不意方袍（僧人），復有平叔（何晏表字）。」（高僧傳僧肇傳）慧遠則「撫机歎曰：『未嘗有也。』」（高僧傳僧肇傳）

公元四一〇年左右，僧肇寫成不真空論和物不遷論。

公元四一三年，寫成涅槃無名論，這大概是僧肇最後的作品。據説這篇論文呈給秦主姚興後，「興答旨慇懃，備加贊述。即勅令繕寫，班諸子姪」（高僧傳僧肇傳）。

以上四論和一封給劉遺民的信，均被後人編入肇論中。肇論的編成，約在陳代。陳慧達曾給肇論寫了序言，很可能肇論就是他編成的。至隋代，天台宗二祖灌頂便在他的涅槃經玄義中引用了肇論，並提到肇論書名。肇論入藏的時間較晚，明末刊刻的嘉興續藏，才單獨入藏。此外，僧肇還撰有維摩經注、維摩經序、長阿含經序、百論序、鳩摩羅什法師誄。

據高僧傳僧肇傳記載：僧肇於「晉義熙十年（公元四一四年）卒於長安，春秋三十有一」。本世紀中期，日本學者塚本善隆對僧肇生年提出不同看法。他認爲僧肇應生於晉孝武帝寧康二年（公元三七四年），僧肇卒年應爲四十一歲。理由是，從僧肇的學識來看，三十一歲太年輕了。高僧傳的記載，很可能是把「卌一」寫成「卅一」（參見塚本善隆著肇論在佛教史上的意義，日本國京都大學人文科學研究所研究報告肇論研究第一二〇、一二一頁）。日本學者大多同意這個看法。如間野潛龍編輯的東晉思想史年表就採用了這種説法。我們認爲，僅用「年輕」來推定僧肇一定是四十一歲而亡，理由不充分。在歷史上，年輕學者寫出有價值的作品並不希奇，如玄學家王弼，僅活了二十四歲，但他的著作影响深遠。所以，在還未見到新的有力證據之前，我們仍以高僧傳的記載爲準。

據景德傳燈録卷二十七記載，僧肇被秦主姚興所殺，臨刑前，作偈四句：

四大元無主，五陰本來空。
將頭臨白刃，猶似斬春風。

湯用彤先生認爲,「唐以前似無此説,偈語亦甚鄙俚,必不確也。」(漢魏兩晉南北朝佛教史上册第三二九頁)這個看法很對。

僧肇某些著作的真僞問題,歷來就有懷疑和争論。早在宋代,有人懷疑涅槃無名論的作者,説:「論主(僧肇)義熙十年(公元四一四年)卒於長安,覺賢十四年(公元四一八年)方譯晉經(即大般泥洹經),豈覩斯文?」(肇論集解令模鈔)近人湯用彤先生也懷疑此論的作者。他的第一條理由跟宋人差不多。他説:「肇死(公元四一四年)在大經出世(公元四二一年)及泥洹六卷本譯出(公元四一七至四一八年)之前。」(漢魏兩晉南北朝佛教史下册第四七九頁)這是説,涅槃無名論很多處引用涅槃經文義,而涅槃經是僧肇死後才譯出來的,怎麽能説涅槃無名論爲僧肇所作呢?我們認爲,這個理由不能成立。僧肇參加鳩摩羅什譯場,常聽鳩摩羅什講經,其中有的譯出,有的未譯出。涅槃無名論所引涅槃經文義可能就是未譯出來的。這從僧肇奏秦王表就可以看得出來。表説:肇「在什公門下十有餘載,雖衆經殊致,勝趣非一,然涅槃一義,常以聽習爲先」。這就是説,涅槃經雖未譯出,而涅槃經的文義,却已聽羅什講過。再者,六卷本泥洹經是法顯和覺賢共譯。「姚秦當時,論主(僧肇)與覺賢同會秦國,因觀梵本,問其義旨。」(肇論集解令模鈔)這就是説,涅槃經雖未譯出,但僧肇從覺賢那裏了解到涅槃經的義旨。由此看來,涅槃無名論先於涅槃經的譯出,完全是可能的。湯先生的另一個理由是:前人已有疑者。他説:「無名論非肇作,六朝人似無有言之者。但大唐内典録有下列一條:

涅槃無名九折十演論，無名子。（今有其論，云是肇作，然詞力浮薄，寄名烏有。）按無名論乃託言『有名』與『無名』之爭辯，則所謂無名子即指此論。若然，則前人已有疑者。」（漢魏兩晉南北朝佛教史下册第四八〇頁）這就是説，大唐内典録的著者唐道宣已疑此論爲僞作。我的老師吕澂先生於授課中説：「無名子是另一本書，與前列涅槃無名九折十演論（即涅槃無名論）無關。舊刻本（宋本）就一直是兩書分列的。」（參見拙作論僧肇的佛教哲學，載於中國哲學史研究集刊第一輯第一六三頁）其實，不僅宋本如此，清頻伽藏也是兩書分列的：

〇涅槃無名九折十演論　〇無名子今有其論，云是肇作，然詞力浮薄，寄名烏有。

可見，所謂唐道宣已疑此論爲僞作的根據，是不能成立的。石峻教授也曾著文論證涅槃無名論爲僞作（參見石峻讀慧達肇論疏述所見，文載一九四四年國立北平圖書館圖書季刊新第五卷第一期）。日本學者横超慧日則認爲是真作（參見横超慧日涅槃無名論及其背景，文載日本國京都大學人文科學研究所研究報告肇論研究）。奥國學者李華德（W. Liebenthal）則提出一個折衷的看法。他認爲是肇作，但其中第八節至第十三節被後人篡改過（參見W. Liebenthal: *The Book of Chao* 和 *Chao Lun: The Treatises of Seng-chao*）。他的理由是涅槃無名論討論了頓悟漸悟問題，僧肇好像不主張漸悟。這不能成立，僧肇是主張漸悟的。他在注維摩經問疾品中説：「羣生封累深厚，不可頓捨，故階級（一段一段地）漸遣，以至無遣也。」這與涅槃無名論相契。我們認爲以上論斷皆缺乏有力根據。有一種看法值得一提。有人説涅槃無名論的觀點跟僧肇一貫的思想不一致。吕澂先生在授課中曾説過：涅槃無名論表面上贊成秦主姚興的觀點，但實際上是反對姚興的。先生只講這麽多，並未具體論證。我們接受這種看法。涅槃無名論由兩部分組成：其一爲奏秦王表，其二爲九折十演。僧肇在奏表中引用了姚興答安成侯姚嵩的一句話：「諸家通第一義諦，皆云廓然空寂，無有聖人，吾常以爲太甚徑庭，不近人情。若無聖人，知無者誰？」（此文引自涅槃無名論。原文載於廣弘明集卷二十一）這句話承認了有「知無」的聖人，與僧肇的一貫空觀思想不一致。僧肇在引了這句話以後，接着説「實如明詔，實如明詔」，好像也同意姚興的看法。我們以爲並非如此。僧肇之所以連聲説「實如明詔」，乃是表面上贊成姚興，因爲在當時，做臣下的絶不敢公開反對君主。但僧肇在九折十演裏又否定了「知無」的聖人，而且從十演看，文義與僧肇一貫思想完全一致，特别是與般若無知論思想一致。當然，僅憑十演與僧肇思想一致這一點，並不能斷定涅槃無名論一定是真作，因爲别人完全可能依照僧肇觀點製造僞書。但在目前真假難辨的情況下，我們覺得暫且以真作對待爲宜，因爲十演畢竟符合僧肇一貫的觀點。

據道宣廣弘明集卷二十六（四部備要本）記載，僧肇還著有鳩摩羅什法師誄并序。日本學者塚本善隆、牧田諦亮認爲，此文中多道家語言，不是僧肇所作。我們同意這種看法。

據南齊陸澄目録和隋法經等撰衆經目録記載，僧肇著有丈六即真論。但文已佚，無從考核。

肇論開頭是宗本義。早在解放前，石峻教授就認爲是僞作。理由是：第一，舊録中未提此文。第二，文義偏重虛無。我們同意這樣的論斷。此外我們還有兩個理由：第一，陳慧達肇論疏並無此文。第二，文義與僧肇其他四論不一致。所謂「宗本」，理應爲四論之綱，但宗本義並非如此。第一段，即開頭至「故名本無」一段，理應爲物不遷論的大綱，但實際並不如此。物不遷論的基本觀點是否定事物的變化，而宗本義第一段則大講事物爲什麽是本無，兩者掛不上鈎。從「漚和般若者」至「好思歷然可解」一段，應爲般若無知論的大綱。般若無知論的基本觀點是論證般若即是無惑取之知，而宗本義則論證「權智」與「實智」的關係，與般若無知論的本意不一。

還有一本書，名寶藏論，説是僧肇所作。這本書在唐和唐以前的經録（出三藏記集、歷代三寶記、大唐内典録、開元釋教録、隋書經籍志、舊唐書經籍志、新唐書藝文志）中均未著録，直到宋鄭樵的通志藝文略和宋史藝文志中才著録，而且從文義上看，其中多爲禪語，顯爲唐代禪僧僞託。寶藏論之爲僞作，似不必再論，但日本學者鎌田茂雄博士的一條理由還應當提一下。寶藏論有三品：廣照空有品、離微體浄品、本際虛玄品。在本際虛玄品中，有一句話：「經云：必如工伎兒，意如和伎者。五識爲伴侣，妄想觀伎衆。」這句話，一字不差地引自實叉難陀譯的入楞伽經。此經是公元七〇〇——七〇四年才譯出的。鎌田博士認爲，這一點即暴露了僞作的馬脚。我們以爲這個理由確實最爲有力，寶藏論雖爲僞書，但對後世却有影響，自宗密以後很多僧人特别是禪宗人皆引用此書，這是不容忽視的。

二、肇論古注

古人對肇論的注疏很多。肇論集解令模鈔説：「始自有唐，終於炎宋，疏鈔注解，二十餘家。非但述人繁多，抑亦申義繁雜。」僅五百多年，就有二十多家注疏，如歷代注疏全能保存下來，恐怕至少有三十餘家。可惜現存只有十家。這十家各有特色，現分别介紹如下。

（一）肇論疏　三卷　陳慧達撰

此疏是現存最早的肇論注疏，可能成書於陳隋之際，約四萬五千字，收録於續藏經第一輯第二編第二十三套第四册。從這部注疏的目録看，僅有卷上、卷中，缺卷下。但其正文除缺宗本義全文和涅槃無名論的首頁外，餘皆俱全。日本學者中田源次郎認爲：涅槃無名論爲卷上，般若無知論爲卷中，物不遷論、不真空論爲卷下。

肇論收録了一篇宗本義、四篇論文和兩封書信。自唐元康肇論疏以後，其排列次序皆爲宗本義、物不遷論、不真空論、般若無知論、劉遺民書問、僧肇書答、涅槃無名論。而此疏則以涅槃無名論爲首，接下來是不真空論、般若無知論、劉遺民書問、僧肇書答、物不遷論。元康及其以後的注疏，之所以那樣排列，據遵式說，是由論文所針對的對象不同而決定的。物不遷論是爲普通人寫的，義淺，應爲四論之先；不真空論是爲聖人寫的，義深，列爲第二；般若無知論是爲更高一級的聖人寫的，義更深，應列爲第三；涅槃無名論是爲最高級的聖人寫的，義最深，應列爲最後。這樣的説法，或可自圓其說。但慧達肇論疏爲甚麽那樣安排，則不可索解。

由於慧達肇論疏成書年代早，佛教各宗派還未形成，所以尚能忠實地解釋原文。但此疏乃初撰，前無古注參考，所以解釋得簡略，而且多重於義解，對論中的字詞則解釋很少，讀起來比較吃力。雖然如此，此疏仍不失爲一部很好的疏本。如，「無知」乃是般若無知論的最基本的概念，懂得了它的涵義，全論的重要概念皆可借此而通。慧達疏「無知」曰：「無惑智故名無知。」據這句解釋，可以邏輯地推論：第一，無知並不是一無所知，而是無惑智（普通人的智）；第二，與惑智相對的是真智，即聖人之智。僧肇承認有聖人之智。以這樣的理解爲支點，全論義理自可迎刃而解。慧達疏可謂文簡而義深。

（二）肇論疏　三卷　唐元康撰

此疏是唐元康於貞觀年間（公元六二七——六四九年）寫的，約六萬五千字。大正藏（第四十五卷）、續藏經（第一輯第二編第一套第一册）均收録。

元康是三論宗學者，而三論宗的學説又來源於關河舊説，所以作者能比較準確地解釋原文。如般若無知論中有這樣一句話：「聖人虛其心而實其照」，這句話是僧肇認識論的基本觀點，意思是，聖人在認識事物時，内心不存一點執取，即内心徹底空虛（虛其心），如實地與外物冥合（實其照）。元康解釋説：「老子云：『虛其心，實其腹，弱其志，强其骨。』今借此語也，虛其心，謂不取相也；實其照，徧知萬法也。」這樣解釋，基本上符合原意。其他注疏，或受自宗局限，或故意歪曲，多與原意不符。如夢庵説：「約人辨智。無知之心，應緣即有。」（夢庵和尚節釋肇論）這與僧肇原意相去甚遠。僧肇是空觀學者，不僅認爲外界空無，内心也空無，即使是無知之心也空無。雖然論文中常用「心」字，此乃借言，並非真有内心。而夢庵的解釋却成爲有内心了（應緣即有）。這與華嚴宗、禪宗觀點相合。再如，劉遺民書問中有這樣一句話：「窮靈極數，妙盡冥符。」這是肇論中難理解的一句話。元康解釋説：「窮般若之靈照，極聖智之心數，妙能盡知，冥符法性。」這樣解釋是對的。「窮靈」與「極數」乃一意，都是説聖智之能。不過爲了加重語氣，才説「窮靈極數」。「妙盡冥符」意謂玄妙地與法性相一致。而遵式與夢庵却把「冥符」解釋爲與「理」相一致。僧肇在許多地方用「理」字，這些「理」皆爲道理之理。而夢庵與遵式所用的「理」乃是本體，是華嚴宗、禪宗的觀點。

元康知識廣博，在注疏中，不僅引用佛典，且常引用外書，對某些字的解釋，常引爾雅。這對通曉我國傳統學説的人，很是方便。

元康疏的缺點是，解釋還不够詳細，有的難點略而不注。雖如此，仍不失爲現存注疏中的佼佼者。

（三）注肇論疏　六卷　宋遵式撰

此疏是宋天台宗高僧遵式（公元九六四——一〇三二年）寫的，約十二萬字，收録於續藏經第一輯第二編第一套第二册。

遵式雖是天台宗學者，但他的知識淵博，兼通華嚴、起信和禪宗之學。所以他對肇論的注疏，不僅常用天台學説，還常用華嚴、起信和禪宗學説。

例如，遵式在釋「緣會」一詞時説：「一心真理，是萬法親起之因。」按僧肇觀點，「緣會」指的是萬物皆由因緣和合而成。遵式卻把這個因説成爲「心」。這正是天台宗的基本觀點：「世界無别法，唯是一心作。」（智顗法華玄義）

佛教至隋唐以降，爲了統一佛説並擡高自宗地位，各宗派皆有自己的判教。判教即是用自宗觀點區分各種佛典的高低。華嚴宗的判教，以義劃分有五類：一、小乘教，二、大乘始教，三、大乘終教，四、大乘頓教，五、一乘圓教。這五教，前前則淺，後後則深。遵式把肇論劃爲第三，即大乘終教。他在序文中説：「此論文義，終教所攝。」姑且不論這樣判教是否合理，但可以看出，他是站在華嚴宗立場上來確定肇論地位的。

遵式還把肇論等同於起信論。他在解釋宗本義時説：「此論大同起信。」起信論乃是華嚴宗建宗的主要典籍。遵式把肇論與起信論平列，一方面可以看出他對肇論的重視；另方面也可以看出他在很多地方用起信論改造肇論。如般若無知論中有這麼一句話：「所以聖迹萬端，其致一而已矣。」這句話並不費解，其意爲：各本佛典的説法雖有不同，但它們的基本思想是一致的。可遵式卻解釋爲：「言水則静，言波則動。波水動静，本乎一致。此則起信真如、生滅二門本乎一心也。」這裏把「聖迹萬端」比作波水，純係無類比附。「一心二門」的意思是：有一個無始無終永恒長存的心，這顆心可以分裂出二門，即真如門和生滅門。據吕澂先生説，這樣分類本身就有矛盾，不是一言半語可以講清楚的，故先略而不論，單説這個命題的意義。「一心二門」雖自身有矛盾，但它却是起信論的基本思想。華嚴宗在很大程度上依此立宗。「一心二門」雖對華嚴宗和後來的天台宗思想有很大影響，但與僧肇思想却毫無關係。遵式用「一心二門」解釋肇論中的「一致」二字，完全是爲了用起信論思想改造肇論，不僅從義理上説是如此，即使單從文字上看，也可以清楚地窺見其用心。

遵式在解釋宗本義時説：「論文何以不示一心耶？不示之意有二：一、謂心法唯證智可到，非言教所及。故今但以義顯，不以言示。此如釋迦掩室，浄名默然。教外别傳。」整部肇論，並未把「心」作爲最根本的東西。這一點，遵式是知道的。但他在很多地方都用「心」解釋肇論，又怕别人生疑，故自問自答，以掩人耳目。其實，遵式的自答，毫無新意，完全是從宗密那裏抄來的禪宗觀點。禪宗輕經典，重默契，强調「以心傳心」、「教外别傳」。其實這兩者是一致的。所謂「以心傳心」，是説佛祖對上根之人，即最聰明的人不必言語文字的説教，只依衆生的自覺，即可直接以佛祖之心，傳入衆生之心。這就是遵式所説的「心法唯證智可到」。因爲佛祖對這一部分人並未説教，也就没有「教」，故云「教外别傳」。遵式那段話，既包括了「以心傳心」，也包括了「教外别傳」，完全是用禪宗觀點解釋肇論。

遵式的注肇論疏雖有很多不忠於原文的地方，但它旁徵博引，提供了一些資料，且對很多意義確定的字、詞解釋得通俗易懂。此疏仍可説是比較好的，對閲讀肇論本文有一定幫助。

（四）肇論中吴集解　宋净源集

這部書是宋代高僧净源（公元一〇一一——一〇八八年）編輯的，約四萬字。中國國家圖書館藏有宋刻本，上海佛學書局曾影印發行。净源是華嚴宗學者。華嚴宗於唐末、五代時期即已式微。宋初，由於有净源這樣有學識的學者弘揚華嚴學，華嚴宗才呈現復興之勢。當時高麗皇太子僧統義天（公元一〇五一——一一〇一年）來中國留學，即從净源受業。

關於這部書的編撰緣由，據净源自己説，當時中吴秘思法師久傳四絶（物不遷論、不真空論、般若無知論、涅槃無名論），名冠寰中。秘思法師謝世後，許多佛教學者希望净源將其遺稿整理出來。净源不負衆望，乃仿效道液作净名經關中集解的方法，以秘思注解爲主，參閲其他注疏，作肇論中吴集解。「中吴」，是秘思住地；「集解」，表融會各家之説。

淨源是華嚴宗中興教主，在集解中常引用華嚴宗四祖澄觀、五祖宗密之説，對肇論的解釋難免混入華嚴宗觀點。據呂澂先生説，華嚴宗的基本哲學觀點，乃是「把法界歸於一心，一切事物都成了心中的概念」（中國佛學源流略講第一九九頁）。淨源解釋肇論即以此爲指導思想。如淨源在集解題辭中，頭一句話就説：「夫總萬有之本，莫大乎一心。宗一心之源，莫深乎四論。」這樣説來，好像肇論的四篇論文皆以「一心」爲宗。這樣的解釋，根本不符合僧肇原意。

淨源雖是華嚴宗人，但這時的華嚴宗已滲入宗密思想。宗密力主教禪統一。他認爲華嚴宗（教）和禪宗（神會系）的學説是一致的，而且也是最高的。這種學説把「妙心」推崇爲最高本體，是一切事物發生的本源。淨源繼承了這種思想，如他在解釋「本無」一詞時説：「本源妙心，絕諸對待。」「本無」一詞，僧肇並不常用。四論都未用「本無」，只在注維摩經中用過。「本無」乃是「如性」的最初譯語。「所謂『如性』即『如實在那樣』，而現實的事物常是以『不如實在那樣』地被理解，因而這一概念就有否定的意思：否定不如實在的那一部分。所以『如性』也就是『空性』，空掉不如實在的那一部分。」（呂澂中國佛學源流略講第三頁）可見，「本無」即是「空性」，僧肇就是在這種意義上運用這一概念的，根本不是什麽「本源妙心」。「本源妙心」是華嚴宗和禪宗的用語。再如，淨源在解釋「實相」一詞時説：「妙心湛然，無相而相。」「實相」指的是萬物的真實相狀。真實相狀皆空，所以，僧肇筆下的「實相」也可謂「空」。淨源把「實相」解釋爲「妙心」，這與僧肇原意相去萬里。

淨源雖然常以華嚴宗、禪宗觀點解釋肇論，但由於他學識超羣，因而對肇論中某些難點，能做出比較正確的解釋。如般若無知論中有這麽一句話：「無當，則物無不當；無是，則物無不是。」以「是」、「當」解釋般若，前無古人，純係僧肇的創舉。也正因爲是首創，諸家注疏皆不能窮其義，不是略而不注，就是冗其言、離其旨，唯獨淨源解釋得當。他説：「物無不當，智不礙境；物無不是，境不礙智。」語言雖簡短，却符合僧肇原意。所謂「智不礙境」，是説心無執取，心中無執取，便能認識一切事物，這叫「物無不當」；所謂「境不礙智」，是説萬物無相，萬物無相，才能破認識，這叫「物無不是」。

淨源肇論中吴集解的最大缺欠，是解釋得過於簡單，給人以話猶未盡之感。如對「聖人虚其心而實其照，終日知而未嘗知」這一重要命題，却用「虚曠其心，照絶能所」八字敷衍而過。或許淨源本人也意識到肇論中吴集解過於簡略，所以後來又作肇論集解令模鈔，以廣其義。

（五）肇論集解令模鈔　二卷　宋淨源述

此書是宋代高僧淨源的作品，約五萬字。宋代曾刻版流行，但我國已佚，日本尚存兩個本子：一是高山寺本，二是真福寺本。前者是日本著名佛教學者常盤大定博士一九三四年整理高山寺收藏的宋版書時發現的。此書發現後三個月，東京大學即請三好鹿雄抄出。抄本現存東京大學東洋文化研究所，簡稱爲東本。一九八〇年，中國社會科學院哲學研究所中國哲學史研究室和科研處，請滕穎女士協助，從東京大學東洋文化研究所取得東本的複製本，現藏於哲學研究所圖書室。這個本子缺失太多，約一二萬字。真福寺本則是手抄的完本，所根據的本子就是高山寺藏本，不過抄出時高山寺藏本尚未缺失。日本學者伊藤隆壽教授，曾對真福寺本進行專門研究，並全部抄録下來，一九八四年鉛印發表在駒澤大學佛教學部研究紀要第四十二號上。所以，此本可簡稱爲伊本。伊藤先生發表時，對照東本進行了校勘，指出東本所缺少的部分。筆者得到東本和伊本後，即以伊本爲底本，參照東本和肇論中吴集解，做了標點和校勘，現附於本書後。這樣，我國即把遺失已久的宋代名僧的著作引歸故土。

淨源撰寫肇論集解令模鈔，主要是爲了進一步發揮肇論中吴集解的思想，其中也有不少直接解釋肇論的地方。淨源在肇論中吴集解中，常用華嚴宗和禪宗觀點解釋肇論，但集解畢竟是融會各家之説而成，不便過分發揮，令模鈔則是他個人的著作，可以盡情地闡述自己的看法。這麽一來，僧肇的思想便被改頭换面，近乎於華嚴宗和禪宗了。

如對「不真空」三字，元康是這樣解釋的：「諸法虚假，故曰不真；虚假不真，是故名空。」（肇論疏釋不真空）這樣解釋基本上符合原意。吕澂先生也解釋過，他説：「所謂『不真空』，就是『不真』即『空』。」（中國佛學源流略講第一〇四頁）湯用彤先生也是這樣解釋的，他還對歪曲的解釋進行了批駁：「不真空乃持業釋，謂不真即空，非謂此空不真而主張實在論也。」（漢魏兩晉南北朝佛教史上册第二三八頁）令模鈔正是把「不真空」解釋爲「此空不真」，而把僧肇改扮爲實在論者。「以不不之，故云不真空。」（令模鈔釋不真空論）「以不不之」就是以「不」否定「真空」。這樣，「不真空」就成爲「不是真空」。不是真空，即是真有。「真有」即「真心」常有。這正是華嚴宗和禪宗觀點。淨源是一代名僧，絶不會不理解「不真空」的涵義，况且，淨源讀過元康肇論疏，理應受元康疏啓發，但仍如此解釋，這就清楚地説明，他是有意把肇論華嚴化、禪化的。

再舉一個例子。不真空論中有這麽一句話：「夫有若真有，有自常有，豈待緣而後有哉！」令模鈔解釋説：「真心本有，不從緣生也。」這樣的解釋根本不是僧肇原意。僧肇在這裏説的「常有」，只是做個假設，意謂如果有「真有」的話，這個「真有」也只能是自身常有，絶不是從緣而有。很顯然，僧肇的目的在於説明，凡由因緣而生起的一切事物，絶不會真有。

還有一個例子。在答劉遺民書中有這樣一段話：「經云：真般若者，非有非無，無起無滅，不可説示於人。……此絶言之道，知何以傳？庶參玄君子，有以會之耳。」這裏非常關鍵的一句話是「知何以傳」。元康是這樣注釋的：「言『知何以傳』者，不知所傳也。如古詩云：『枯桑知天風，海水知天寒。』言不知也。枯桑無葉，所以不知天風；海水不凍，所以不知天寒。知乃是不知耳。」（肇論疏答劉隱士書）這樣解釋是正確的。既然是「不可説示於人」的「絶言之道」，怎麽能知道如何傳授呢？然而在令模鈔裏，淨源首先把「知」字解釋爲「體」，然後説：「知之爲體者，靈知本體也。」（令模鈔釋答劉隱士書）「靈知」即「妙心」，「知何以傳」即妙心何以傳。妙心只能以心傳心，不能以語言説示。這裏，淨源又一次把僧肇引入華嚴宗和禪宗。

令模鈔曲解僧肇原意之處甚多，恐繁不贅。但從另方面看，令模鈔出自名家之手，内容相當豐富，不僅大量引用佛經，引用儒、道典籍之處也不少，如果把令模鈔與肇論中吴集解合起來讀，會從中得到很多知識。當然，對於理解肇論也是有益的。

（六） 夢庵和尚節釋肇論　二卷　宋悟初、道全集

這本書是我國宋代禪僧夢庵普信的作品，約八萬字。夢庵的生平著作已無法細考。據日本學者伊藤隆壽先生推測，夢庵約生活於十二世紀中葉，是臨濟下十二世、黄龍下五世的門生。從書中題名「悟初、道全集」看，此書很可能是夢庵講述，由悟初、道全二人筆録，並加以整理而成。此書我國已佚，日本現存兩個本子：一是尊經閣本（簡稱尊本），二是真福寺本（簡稱真本）。尊本開頭部分缺一頁半；真本無缺頁，但在釋涅槃無名論部分有很大一部分錯簡。尊本可能於十三世紀二十年代抄出；真本可能於十四世紀四十年代抄出。尊本於一九五五年附於塚本善隆先生編的肇論研究之後，影印發行；真本則未刊行過。筆者以尊本爲底本，參照遵式注肇論疏和宋刊浄源肇論中吴集解做了標點和校勘。後寄往東京，由伊藤隆壽先生去名古屋，參照真本進行了校勘，現附於本書後。

夢庵和尚節釋肇論的内容，大多取材於遵式注肇論疏，但也有很多地方是夢庵自己的觀點。遵式

注肇論疏以教禪統一觀點注釋肇論，而夢庵是禪宗人，則主要以禪宗觀點解肇論。禪宗認爲每人皆有一個本覺真心，此本覺真心也叫佛性或靈覺。宗密在中華傳心地禪門師資承襲圖中說：「然達磨西來，唯傳心法。故自云：『我法以心傳心，不立文字。』此心是一切衆生清浄本覺，亦名佛性，或云靈覺。……欲求佛道，須悟此心。」在宗密看來，只要認識本覺真心，便可以成佛。夢庵完全繼承了這種觀點。他認爲整部肇論，就是解釋怎樣才能認識本覺真心的。他說：「先立宗本一義何也？爲詮一心法也。」（夢庵和尚節釋肇論釋宗本義）宗本義爲四論之綱，宗本既爲詮一心，四論當然也是解釋一心的。又說：「遠離微細念，故得見心性，即常住究竟覺。」（夢庵和尚節釋肇論釋般若無知論）這是說，只要徹底抛棄凡夫的認識（遠離微細念），就可以見本覺真心（故得見心性），見本覺真心，便成佛（常住究竟覺）。這與肇論原意根本不符，純屬禪宗觀點。

夢庵和尚節釋肇論雖是以禪宗觀點解釋肇論，但它對很多詞語的解釋却非常詳細。可以說，在現存十種肇論注疏中，夢庵的解釋最爲詳細。如涅槃無名論詰漸第十二有這麽一句話：「萬累滋彰，本於妄想。妄想既祛，則萬累都息。」夢庵解釋說：「萬乃多數也。累，縛也。滋，多也。彰，顯也。妄想，無明也。無明是本。萬累，末也。祛，遣也。息，滅也。既迷至理，妄惑俱生。若脱塵勞，同歸一理。」這樣的解釋，可謂詳盡。

此外，夢庵多用禪宗觀點解釋肇論，對於研究宋代的禪宗思想，也具有參考價值。

（七）肇論新疏　三卷　元文才述

此疏是我國元代高僧文才（公元一二四一——一三〇二年）所述，約八萬字，收録於續藏經第一輯第二編第一套第三册，也有散刻本流傳。

據明高僧傳記載，文才「遍游講肆，盡得賢首之學」。可知文才是華嚴宗學者。他對肇論的解釋自然也難免從華嚴宗立場出發。華嚴宗認爲萬法皆由心而生。如法藏説：「三界所有法，唯是一心造，心外更無一法可得。」（修華嚴奧旨妄盡還源觀）文才繼承了這種觀點。般若無知論中有這麽一句話：「聖心無知，故無所不知。」這句話的本意是，聖心没有普通人那樣的執取，所以能認識萬物的本質。文才的解釋是：「本覺靈明，無法不照。……況法依心現，無法非心。以即法之心，知即心之法，尤遍知也。」（疏般若無知論）這是説，聖心之所以能無所不知，是因爲聖心本覺靈明，什麽都能認識。……再者，萬物皆依心而現。既然如此，以産生萬物的心，去認識依心而現的萬物，是完全能做得到的。無疑，這是以華嚴宗觀點解釋肇論。

此外，由於文才對肇論的理解尚欠功底，其疏常有不確切和錯誤的地方。如他對「虚其心而實其照」的解釋，就不確切。他説：「虚心者，無知相故；實照者，有照用故。」（疏般若無知論）這樣解釋，並未理解原文。「虚其心」，是内心不存任何執取；「實其照」，是心與境完全冥合。再如，他把「窮靈極數」解釋爲「證窮真諦之虚，斷盡俗諦之數」（疏劉隱士書問）。「靈」，只瑶法師作「虚」，作「虚」是錯的，而文才却以錯爲對，所以他對「窮靈極數」的解釋也完全錯了。「窮靈極數」是半句話，下面還有半句話：「妙盡冥符」。「窮靈」與「極數」是一個意思。「窮靈」是窮盡靈明（心），「極數」是極盡心數（心），只不過爲了加重語氣才把「窮靈」與「極數」連貫起來。這句話的意思是：窮盡心數，與真諦玄妙地冥合。「靈」與「數」都是認識主體，文才却當成了認識對象。再如對「無知」的解釋。「無知」是僧肇提出來的新概念。這一概念發展了般若的涵義。正因爲是新概念，各注疏家的理解也不盡相同。文才是這樣理解的：「真諦無相，故云無知。」（疏般若無知論）這樣解釋完全錯了。僧肇説：「本無惑取之知，不可以知名哉。」（般若無知論）僧肇説的「無知」乃是「無惑取之知」，「無惑取之知」即没有凡夫因迷妄而産生的錯誤認識。

文才肇論新疏篇幅冗長，很多地方又離題甚遠，勞而無功，但也並非毫無可取之處，其中很多詞句的解釋還是有參考價值的。如般若無知論中有這麽半句話：「所知既相生」，很費解，所知（境）怎麽能相生呢？元康疏曰：「知所知既相生。」德清略注説：「所（妄境）知（妄心）既相生。」這兩種説法倒都勉强説得過去。而文才注釋説：「文簡，具云：『知與所知。』」可謂見解獨到。

（八）肇論新疏游刃　三卷　元文才述

此書是元代高僧文才的作品，約八萬字，收録於續藏經第一輯第二編第一套第三册，也有散刻本流傳。文才曾著肇論新疏三卷，但作者以爲義尚未盡，所以又作游刃三卷以補充之。

新疏有很多地方用華嚴宗觀點解肇論。這種做法，在游刃中，有加無已。如游刃把肇論判爲終教，說：「五教之中，唯一乘終教攝也。」（序）這是用華嚴宗觀點進行判教的。再如，游刃在解釋「物不遷」時說：「以一心全現諸法，法法皆心。妄心分別似有起滅，若離心念，則無去來差別之相，非不遷而何？」（釋宗本義）這是把「不遷」的理由歸於一心，認爲萬物皆由心現，遷不遷是心決定的。以妄心觀察萬物，萬物便有遷變；如拋棄妄心，就没有遷變了。又如，宗本義開頭便列出五個概念：本無、實相、法性、性空、緣會，然後説此五名乃一義。而游刃用理事關係解釋五名：「前四（即本無、實相、法性、性空），理也；緣會，事也。」（釋宗本義）可是魏晉之時尚無「理」、「事」這對範疇，「理」、「事」乃華嚴宗建宗的基本範疇之一。游刃先把五名分爲「理」、「事」，又説：「理事一體，不可分其際限，如全水是波。」（釋宗本義）這裏把前四名喻如水，把「緣會」喻如波。這就更加華嚴化了。如杜順在華嚴法界觀門中説：「理舉體皆事，如水即波。」（對華嚴法界觀門的作者，學界尚有不同看法，但都不否認其爲華嚴宗作品）游刃的説法跟杜順的説法完全一樣。

僧肇的基本哲學觀點是承認有外物，但又認爲外物非真。在遇到「心」、「境」何者爲第一性的問題時，他便泯除先後關係，並且認爲「心」、「境」皆不真。如他説：「所知（境）非所知，所知生於知（心）。所知既生知，知亦生所知。（知與）所知既相生，相生即緣法。緣法故非真，非真故非真諦也。」（般若無知論）這裏並未説「心」、「境」何爲第一性。文才在肇論新疏中也説：「妄心妄境，相因相待，互各生起。」這裏還認爲「心」、「境」互生，而在游刃中説法就不一樣了：「問：心境相生，誰先誰後？謂心先邪，境無誰生？謂境先邪，心無焉起？答：非先後，非不先後。何則？非先後者，謂唯一藏識心故，即心之見分爲心，即心之相分爲境。」（釋般若無知論）這裏運用了唯識宗的觀點，把「心」説成「見分」，把「境」説成「相分」。見分、相分皆是藏識的産物，藏識是包藏萬有的心。這樣，「心」、「境」便都是包藏萬有的心所産生的了。用唯識宗觀點詮釋肇論爲游刃所獨有。

游刃雖有很多曲解肇論的地方，但它引用諸多典籍，資料豐富，把新疏未盡之義加以發揮，還是值得參閲的。

（九）物不遷論辯解　明真界解

這本書是明代高僧真界所作。真界的生平不可考。此書作於公元一五九七年，約一萬字，收録於續藏經第一輯第二編第二套第四册。這本書僅是對物不遷論的解釋。真界著此書前，五臺山獅子窟沙門鎮澄著有物不遷正量論。論首先引用唐華嚴宗五祖澄觀的話，認爲物不遷論「濫同小乘」，然後對其做了全面駁斥。鎮澄認爲，物不遷論提出的「物各性住於一世」違背了性空之義，「肇公物各性住於一世而不化，便有定故，故違空也」（物不遷正量論）。真界對此批評不以爲然，著物不遷論辯解，加以反駁。

他力主物不遷論未違背性空之義，認爲所謂遷變，乃是凡夫的妄見。他說：「常人謂生死去來交相遷謝，寒暑去來迭互變遷，然不知諸法本來常自寂滅，本無身心生死，亦無寒暑去來，是妄見物遷，而不知物不遷也。」（物不遷論辯解）他還引用宗鏡録的一句話爲證：「若了真心不動，則萬法不遷；若見萬法遷謝，皆是妄心。」

物不遷論辯解文字不長，據明代四大名僧之一的雲棲袾宏説，此文「不執論主之辭，而自出其言外之意」（物不遷論辯解跋）。此書所出的「言外之意」，完全是真界强爲之解，並非僧肇原意。此書作爲了解物不遷論的參考資料，還是有其價值的。自鎮澄撰文批評物不遷論後，在當時的佛學界掀起軒然大波，雲棲袾宏等都參加了論辯，前後持續十餘年，成爲中國佛教思想史上關於動静關係的著名論辯。物不遷論辯解從一個側面反映了當時辯論的情況。

（十）肇論略注　六卷　明德清述

此略注是明代著名高僧憨山德清（公元一五四六——一六二三年）的作品，約六萬字，收録於續藏經第一輯第二編第一套第四册。公元一八八八年，金陵刻經處刻版流傳。

德清是明代四大名僧之一，學識淵博，既通内典，又諳外書。除有大量佛學著作外，還著有中庸直解、老子解、莊子内篇注。

肇論略注寫成後，作者並不想發表，後因友人之請，才公之於世。

德清主張禪（禪宗）教（華嚴宗）融合，亦主張儒釋道融合。所以在他的著作中，融合了各家之說。但他的主要思想還是華嚴宗與禪宗，晚年又趨向浄土。明代藕益智旭曾這樣評介他：「憨山清大師，擴復曹溪祖庭，晚年掩關念佛。」（靈峰宗論卷五之三儒釋宗傳竊議）德清注釋肇論，即以禪教一致的觀點爲指導思想，這就使得他的注釋在很多地方失真。例如，他在釋「緣會」一詞時説：「以一切諸法，皆一心隨緣之所變現。」把萬物説成一心的産物是華嚴宗思想，非僧肇原意。僧肇説：「以因緣故，諸法生。」（不真空論）「緣會」即是各種條件的會合，並不是「一心隨緣」。又如，德清在釋「本無」與「緣會」的關係時説：「本無爲一心之體，緣會爲一心之用。」這也不是僧肇的觀點。前面我們已説過，僧肇用「本無」一詞，是指「空性」，不是「一心之體」，「緣會」也不是什麽「一心之用」。

德清寫此略注時，一場關於物不遷論的争辯已過去。德清雖未親自參與，但他的觀點非常明確。從他的略注中可以清楚地看出，他是站在真界一邊的。如真界説：「昔物不至今，以見昔物緣生無性……故曰静而非動。」德清説：「所謂無一法可動轉者，以緣生性空，斯在法法當體，本自不遷。」這兩種説法何其相似乃爾！

據日本學者牧田諦亮教授説，略注採用了文才的觀點（參見塚本善隆編肇論研究第二八〇頁肇論的流傳）。這種看法是對的。如劉遺民書問中有這麽一句話：「窮靈極數，妙盡冥符。」其中難解的是

「窮靈極數」。德清解釋説：「證窮真諦之虚，斷盡俗諦有爲之數。」完全是從文才肇論新疏中抄來的（參見前文）。其他出自新疏的地方還不少，從略。

略注雖有缺點，但德清畢竟是一代高僧，他對很多難解的詞句都解釋得很準確。如他將「虚其心而實其照」解釋爲「以聖人惑無不盡，故虚其心；真無不窮，故實其照。此實智内證也。」這「内證」二字頗會僧肇之意。所謂「内證」，也就是直觀主義的認識。這一點，其他注疏皆無，可見德清領會之深。又如他對「無知」的解釋：「既無惑取之知，是不可以真知名哉。但無妄知，非無真知也。」這樣的解釋可説與僧肇本意絶無間隙。再如，在答劉遺民書問中，有這樣一句話：「信南返不悉。」其他疏本對這裏的「信」，要麽迴避，要麽錯解爲書信的「信」。德清則説：「信乃使者。」這是對的。

略注的最大特點是簡而明，但也正因其過簡，不能啓發讀者深思。

〔附記：「肇論古注」部分參閲牧田諦亮處甚多，特鳴謝意。〕

凡例

一、本書原文以宋浄源肇論中吴集解爲底本，以大正藏本肇論、唐元康肇論疏、元文才肇論新疏、明德清肇論略注參校。

二、如既需校勘又需注釋，則先校後釋。由於肇論文簡義深，除了注釋生字難詞，有些句子還根據上下文略加串解。

三、爲方便讀者理解，每論篇首均有「説明」，概括論文中心意旨，指出其中主要問題；校釋後則以「本段主旨」總結上文，必要時稍作評點。

四、底本中今已廢用的異體字及避諱字，均逕改爲通用字，不出校。

五、附録之肇論集解令模鈔以日本學者伊藤隆壽教授所抄日本真福寺文庫藏抄本（載於一九八四年駒澤大學佛教學部研究紀要第四十二號）爲底本，夢庵和尚節釋肇論以日本尊經閣文庫藏抄本爲底本。此二書我國已佚，是極珍貴的資料，特附於後，以方便研究者使用。

宗本義

【説明】僧肇著有四論，即物不遷論、不真空論、般若無知論、涅槃無名論。據後世注釋家説，宗本義就是這四論所崇尚的根本思想。宗，崇尚；本，根本；義，義理。近世佛教學者則認爲宗本義不是僧肇的作品。我們同意這種看法，理由是：第一，據梁僧祐（四四五——五一八）編著的出三藏記集記載，僧肇只著有四論，並無宗本義。第二，梁慧皎（四九七——五五四）編著的高僧傳也説僧肇只著四論。第三，宗本義中出現的第一個重要詞彙就是「本無」，而且全文出現了兩次。「本無」是梵語tathatā的意譯，大翻譯家鳩摩羅什把它譯爲「真如」。僧肇是鳩摩羅什的弟子，自然要用他老師的翻譯。事實上，在他的四論中就没有「本無」一詞。第四，從文風上看，僧肇的文章寫得極其流暢，而宗本義的文字却很晦澀。據上述四點理由，我們以爲此文爲後人僞作。

本無、實相、法性、性空、緣會，一義耳〔一〕。何則？一切諸法，緣會而生〔二〕。緣會而生，則未生無有，緣離則滅〔三〕。如其真有，有則無滅〔四〕。以此而推，故知雖今現有，有而性常自空〔五〕。性常自空，故謂之性空。性空故，故曰法性〔六〕。法性如是，故曰實相〔七〕。

實相自無，非推之使無，故曰本無〔八〕。

校釋

〔一〕「本無、實相、法性、性空、緣會，一義耳」：「本無」，梵語tathatā的最初譯語，意思是本來没有。「實相」，事物的真實相狀。「法性」，事物的根本性質。「性空」，在佛教空宗看來，事物的本性就是空，所以叫性空。「緣會」，因緣會合。這五個詞所表示的含義都是「空」，所以説它們是一個意思。

〔二〕「一切諸法，緣會而生」：這是印度佛教中觀（空）學派的基本觀點。他們認爲，一切事物皆由因緣會合而成。中論觀四諦品青目釋説：「衆緣具足和合而物生。」如瓶、盆等器皿是土、水、人工、火等因緣和合而成的。

〔三〕「未生無有，緣離則滅」：因緣未和合，則無物生；因緣散離，事物則破滅。

〔四〕「如其真有，有則無滅」：事物如果是真有，那就永遠不會破滅，而事實上事物是不斷破滅的，這就證明事物不是真有，而是假有。承認事物「假有」是僧肇的重要思想。此文雖不是僧肇所作，但這一點頗符合僧肇思想。

〔五〕「以此而推，故知雖今現有，有而性常自空」：「推」，推論。句意爲：從以上的道理可以推知，現實中的一切事物，雖然現實地存在着，但本性永遠是空。

〔六〕「性空故，故曰法性」：印度和中國佛教各派對法性的解釋並不相同。中觀派以「空」爲法性。

〔七〕「法性如是，故曰實相」：性空就是事物的真實相狀。

〔八〕「實相自無，非推之使無，故曰本無」：「推」，説文：「推，排也。」即排析。這是針對小乘「析空觀」而説的。小乘通過對萬事萬物的構成要素不斷加以分析，最後得出諸法性空的結論，即「析色明空」。這裏則認爲，空是自性空，並不是經分析之後才得到空的。「無」與「空」意同。

【本段主旨】這段話主要闡明了緣起性空的道理，基本上符合僧肇思想。舊注釋家認爲這段是物不遷論的宗本。元文才説：「由一義故，即遷而不遷，所以爲下不遷論宗。」這是不對的。物不遷論恰恰違背了緣起性空的理論。這一點，明高僧鎮澄做了深入細緻的分析。可參閲鎮澄著物不遷正量論（續藏經第一輯第二編第二套第四册）。

言不有不無者，不如有見常見之有，邪見斷見之無耳〔一〕。若以有爲有，則以無爲無〔二〕。有既不有，則無無也〔三〕。夫不存無以觀法者，可謂識法實相矣〔四〕。是謂雖觀有而無所取相〔五〕。然則法相爲無相之相，聖人之心爲住無所住矣〔六〕。三乘等觀性空而得道也〔七〕。性空者，謂諸法實相也。見法實相，故云正觀。若其異者，便爲邪觀。設二乘不見此理，則顛倒也〔八〕。是以三乘觀法無異，但心有大小爲差耳〔九〕。

校釋

〔一〕「言不有不無者，不如有見常見之有，邪見斷見之無耳」：「言」，佛説。「不如」，不同於。「見」，錯誤的看法。一切錯誤看法不出兩大類，即有見和無見。這裏説的有見、常見即屬有見，邪見、斷見則屬無見。細分起來，有見與常見、邪見與斷見，還是不完全相同的，從略。大體説來，有見、常見把事物看成爲真實的存在；邪見、斷見把事物看成絶對的虚無。這句話的意思是：佛説有、無，不同於凡夫所説的有、無。佛説的「無」指的是「非有」。因爲一切事物皆由因緣會合而成，所以是「非有」。佛説的「有」指的是「非無」，因緣會合而成的事物必有某種相狀，所以是「非無」。

〔二〕「若以有爲有，則以無爲無」：佛有時也説「有」，但這是針對衆生的不同根性而説的。凡夫不了解佛的用心，聽見佛也説「有」，便以爲諸法真實存在。有無是相對的，既然將「有」誤認爲「真實有」，那就必然將「無」誤認爲「絶對無」。

〔三〕「有既不有，則無無也」：既然佛説的「有」不是「真實有」，那麼他所説的「無」也不是「絶對無」。

〔四〕「夫不存無以觀法者，可謂識法實相矣」：「不存」，不執取。「無」前略一「有」字。句意爲：不執取有無的偏見來觀察事物的人，可以説是懂得了事物的真實相狀。

〔五〕「雖觀有而無所取相」：「取相」，執爲實有。雖然觀察萬事萬物，但能做到不把它們執爲實有。

〔六〕「法相爲無相之相，聖人之心爲住無所住矣」：無相也是一種相，是謂「無相之相」。此處「住」指觀察事物，亦指觀察後所得到的認識。事物本來無相，所以聖人觀察事物也就無所住。這個觀點並不是僧肇的。「無相之相」是慧遠（三三四——四一六）的説法。僧肇不承認一切相，無相之相也是一種相，所以他也不承認。僧肇認爲，聖人觀察事物是主體與客體完全冥合，並不產生任何相。由此也可看出，宗本義並不是僧肇所作。

〔七〕「三乘等觀性空而得道也」：「三乘」，菩薩、緣覺、聲聞。菩薩是菩提薩埵的略稱，其在佛教中的地位僅次於佛。緣覺是自己悟解佛法而得道的。聲聞是聽習佛法而得道的。「等」，平等、同的意思。這句話的意思是：三乘都是由於認識到事物本身性空而得到道果的。

〔八〕「設二乘不見此理，則顛倒也」：「設」，假使。句意爲：假使緣覺、聲聞二乘不知道諸法（一切事物）性空的道理，便産生錯誤的認識。

〔九〕「三乘觀法無異，但心有大小爲差耳」：從諸法性空的角度看，萬事萬物是沒有區別的。由於三乘的認識能力不同，其認識結果也不一樣。菩薩水平高，認識到諸法性空，也就認識到諸法的實相。緣覺、聲聞水平低，認識不到諸法性空，從而也就不能認識諸法實相。

【本段主旨】舊注認爲這一段是不真空論的宗本，但舊注並未指出這段僅大體上符合僧肇思想。本段闡明了諸法本來性空、非有非無；批評二乘看不到這一點，並指出之所以如此，並不是諸法本身體性有别，而是二乘認識能力不同。這些是符合僧肇思想的。但本段又把無相之相作爲諸法實相，這就不是僧肇的思想了。

漚和般若者〔一〕，大慧之稱也。見法實相〔二〕，謂之般若，能不形證，漚和功也〔三〕。適化衆生，謂之漚和，不染塵累，般若力也〔四〕。然則般若之門觀空，漚和之門涉有〔五〕。涉有未始迷虚〔六〕，故常處有而不染。不厭有而觀空，故觀空而不證。是謂一念之力，權慧具矣〔七〕。一念之力，權慧具矣，好思歷然可解。

校釋

〔一〕「漚和般若」：「漚和」是梵語upāya的音譯，意爲方便。「般若」是梵語Prajñā的音譯，意爲智慧。

〔二〕「見法實相」：「見」，原作「諸」，據文才新疏校改。

〔三〕「能不形證，漚和功也」：中觀派認爲，認識到諸法性空，就有了最高智慧。小乘認爲，達到這種地步，就應進入涅槃境界。「形」，「形跡」。涅槃狀態即無任何形跡，所以叫形證。大乘則認爲，達到這種地步還不算完結，還要重返世間救度衆生，這叫不形證。所以能够如此，乃是由於菩薩爲攝化衆生要行種種善巧方便。

〔四〕「適化衆生，謂之漚和；不染塵累，般若力也」：「適」，往、去。「適化衆生」，去教化衆生。「塵累」，煩惱。「不染塵累」，不被煩惱所染。句意爲：去教化衆生，需以善巧方便涉種種事，而又不被世俗煩惱所染，這是般若的力量。

〔五〕「般若之門觀空，漚和之門涉有」：「觀空」即認識到諸法性空，「涉有」即在世間救度衆生。

〔六〕「迷虛」：忘記諸法性空的道理。

〔七〕「一念之力，權慧具矣」：「一念」並不是時間短促，而是同時的意思。「權」，權智，即漚和。「慧」，實智，即般若。在同一個思維過程裏既有救度衆生的思想，又不忘記諸法性空的道理。

【本段主旨】這一段主要講了漚和與般若的一致性。舊注説這一段是般若無知論的宗本，其實這一段僅是般若無知論中不太重要的一部分。般若無知論一文在於闡明般若即是無知。詳見般若無知論注。

泥洹盡諦者，直結盡而已〔一〕。則生死永滅〔二〕，故謂盡耳，無復别有一盡處爾〔三〕。

校釋

〔一〕「泥洹盡諦者，直結盡而已」：「泥洹」是梵語nirvāṇa的早期音譯，後來譯爲涅槃。「盡諦」是涅槃的意譯。「直」，但也。「結」，煩惱。凡夫在未得道之前，被煩惱繫縛，猶如被繩子結縛一樣，所以把這種狀態稱爲「結」。「結盡」，擺脱了煩惱的繫縛。句意爲：所謂涅槃，不過是擺脱了煩惱的繫縛而已。

〔二〕「生死永滅」：脱離了生死輪迴。「則生死永滅」，這句話的全文應爲「結盡則生死永滅」。

〔三〕「無復別有一盡處」：出離輪迴，解脱煩惱，即是涅槃，並不是在另外一個什麽地方還有涅槃境界。

【本段主旨】舊注説這一段是涅槃無名論的宗本，其實本段只闡述了涅槃無名論的一個重要思想，即涅槃只不過是去掉煩惱。涅槃無名論的思想很豐富，幾乎談到涅槃的各個方面，詳見涅槃無名論注。

物不遷論〔一〕第一

【說明】本文的主旨是論證萬物絶不變化、延續、流動。過去的事物一旦產生，便永恒地停留在過去；現在的事物一旦產生，便永恒地停留在現在。這種觀點不僅違背事物發展的客觀規律，而且也不符合佛教理論。由於僧肇是佛教界著名學者，所以他的這種明顯違背佛教理論的文章，長期無人反對。直到唐代，清凉國師澄觀（七三八——八三九）才指出，此論「濫同小乘」。但當時並未引起別人的注意。到了明代，五臺山高僧鎮澄（一五四七——一六一七）才力排衆議，對此文做了全面批判。鎮澄指出，佛教的基本理論是緣起性空，而物不遷論却肯定過去的事物永恒地存在於過去，現在的事物永恒地停留於現在，這是地地道道的「有見」。鎮澄的批判是對的。

【編者按】對物不遷論如何理解，本書整理者給出了一種意見。爲方便讀者深入了解，我們摘録了著名佛教學者吕澂先生關於此論的論述，以備參考。

物不遷論，從題名看，似乎是反對佛家主張「無常」的説法，但事實上並非如此。他之所謂「不遷」，乃是針對小乘執著「無常」的人而説的。相傳是慧達所作的肇論疏，對這一層講得很好：「今不言遷，反言不遷者，立教（指肇論）本意，只爲中根執無常教者説。故云中人未分於存亡云云。」依佛家無常説，應該講遷，現在反講不遷，正是針對聲聞緣覺執著無常不懂得真正的意義者而言。論中引疑難者説：「聖人有言曰，人命逝速，速如川流（見法句經），是以聲聞悟非常以成道，緣覺覺緣離以即真，苟萬動而非化（指遷流），豈尋化以階道？」作者答：「覆尋聖言，微隱難測，若動而静，似去而留，可以神會，難以事求。是以言去不必去，閑人之常想；稱住不必住，釋人之所謂往耳。」防止人們執著「常」所以説「去」；防止人們執著「無常」所以説「住」。因此，説去不必就是去，稱住不必就是住。這就説明，僧肇之所謂不遷，並非主張常來反對無常，而是「動静未嘗異」的意思，決不能片面地去理解。

物不遷論的實際意義還在於反對小乘，特別是反對主張三世有的有部的説法。有部之説，法體恒有，三世恒有。説現在法有還容易懂；説過去、未來法有，就不是大家能接受的了。有部的論證是「未來來現在，現在流過去」。三世法有的關鍵還是「現在」。「未來」法之有，是因爲現在法由未來而來；「過去」法之有，是因爲現在法流入過去。諸法之有三世的區别，並非其體有異，僅是相用不同。換言之，他們只認爲現象在變，法體並不變。因此，本論根據龍樹學「不來亦不去」的理論，反對這種三世有的主張。所以論中一再提到「不從今以至昔」（現在不會成爲過去）的話，都是針對有部講的「相用有異，法體則一」而作的破斥。

（録自呂澂中國佛學源流略講第五講）

夫生死交謝，寒暑迭遷，有物流動〔二〕，人之常情。余則謂之不然。何者？放光云：「法無去來，無動轉者〔三〕。」尋夫不動之作，豈釋動以求静，必求静於諸動〔四〕。必求静於諸動，故雖動而常静〔五〕；不釋動以求静，故雖静而不離動〔六〕。

校釋

〔一〕「物不遷」：「物」，指萬事萬物。「遷」，原意爲遷徙，如詩經小雅伐木：「出自幽谷，遷于喬木。」「不遷」，指不變化、不延續、不流動。莊子内篇德充符曰：「審乎無假，而不與物遷。」（處於無所待的境界，而不和外物一起變化。）這句話與「物不遷」的意思並不相同，但僧肇用「物不遷」作爲標題，可能是受到這句話的啓發。

〔二〕「有物流動」：「有」指萬有，「有物」即萬物。「有物流動」，即萬物都在流動、變化着。

〔三〕「放光云：法無去來，無動轉者」：「無動轉」，没有流動變化。「放光」，西晉無羅叉譯的放光般若經的略稱。放光卷五衍與空等品云：「諸法不動摇故，諸法亦不去，亦不來，亦無有住處。」意思是：諸法本空，談不上來去、動摇，亦無有住處。這與僧肇諸法「各住於一世」的觀點顯然不一致。

〔四〕「尋夫不動之作，豈釋動以求静，必求静於諸動」：「尋」，推究。「作」，著作，此處意爲經文中的意旨。「釋」，捨棄、離開。這句話的意思是：推究放光經中「不動」的意旨，並不是離開「動」去求「静」，必定是要在萬事萬物的變動之中去尋求「静」。

〔五〕「必求静於諸動，故雖動而常静」：一定要求「静」於「動」中，所以萬事萬物雖是變動着的，但同時也是静止的。

〔六〕「不釋動以求静，故雖静而不離動」：不離開「動」去求「静」，所以萬物雖是静止的，但同時也在變動着。没有絶對静止的事物，「静」是「動」中之「静」。

【本段主旨】作者引用佛經來證明萬物静而非動。

然則動静未始異，而惑者不同〔一〕。緣使真言滯於競辯〔二〕，宗途屈於好異〔三〕。所以静躁之極〔四〕，未易言也。何者？夫談真則逆俗，順俗則違真。違真，故迷性而莫返〔五〕；逆俗，故言淡而無味〔六〕。緣使中人未分於存亡，下士撫掌而弗顧〔七〕。近而不可知者，其唯物性乎〔八〕？然不能自已，聊復寄心於動静之際〔九〕，豈曰必然？

校釋

〔一〕「動静未始異，而惑者不同」：「異」，分開、離開。句意爲：「動」與「静」本來是相即不離的，而糊塗人却認爲二者截然不同。

〔二〕「緣使真言滯於競辯」：「真言」，即真實之言，指動静不二或遷與不遷不二的言論。這句話的意思是：因而使真言陷於互相辯論中，即有的説遷，有的説不遷。

〔三〕「宗途屈於好異」：「宗途」，大道、真理，即動静不二的道理。「屈」，不伸。「好異」，愛好邪説異見的人。這句話的意思是：真理被愛好邪説異見的人所歪曲。

〔四〕「静躁之極」：「躁」，動也。「極」，最透徹最正確的道理。

〔五〕「違真，故迷性而莫返」：「違真」，即違背佛教動静不二的真理。「迷性」，即迷惑於事物的本性。這句話的意思是：違背佛教動静不異的真理，就會迷惑於事物的本性而不能自己返悟。也就是説，需要明白人反復教導，才能轉變認識。

〔六〕「逆俗，故言淡而無味」：老子第三十五章：「道之出口，淡乎其無味。」

〔七〕「緣使中人未分於存亡，下士撫掌而弗顧」：「中人」，即中等根機的人。他們聽説動静不異的道理，尚不能理解，就是説，尚不能分辨是對（存）還是錯（亡）。「下士」，即下等根機的人。「撫掌」，夢庵釋：「撫掌者，大笑之貌也。」「弗顧」，不理睬。這句話是借用老子之意。老子第三十六章：「上士聞道，勤而行之；中士聞道，若存若亡；下士聞道，大笑之。」

〔八〕「物性」，事物的根本性質。在僧肇看來，事物的根本性質即是動静不二。

〔九〕「聊復寄心於動静之際」：「聊」，略也。「際」，邊際。「動静之際」，動静範圍之内的問題，即「動」與「静」的關係。「寄心」，對動静問題還要談一些看法。

【本段主旨】這一段强調指出動静不異，也就是説遷與不遷並無區别。

試論之曰：道行云：諸法本無所從來，去亦無所至〔一〕。中觀云：觀方知彼去，去者不至方〔二〕。斯皆即動而求静，以知物不遷明矣。

校釋

〔一〕「道行云：諸法本無所從來，去亦無所至」：這是義引道行般若經的話。後漢支婁迦讖譯道行般若經卷九薩陀波倫菩薩品：「空本無所從來，去亦無所至。」這是説，「空」是萬事萬物的本性，並不是從别的地方來的，也不會流到别的地方去。僧肇引用這句話時，把「空」改成「諸法」，爲他所主張的物不遷作論證。

〔二〕「中觀云：觀方知彼去，去者不至方」：這是義引中論的話，意思是：從所處的方位來觀察，知道某物正在去，但去者並未從此一方位到另一方位。此句文才疏曰：「隨俗故知彼去，順真故不至方。」按文才的解釋，「觀方知彼去」，是從世俗觀點看的。而從佛教真實觀點看，事物皆虛假不真，無所謂去來，這叫「去者不至方」。龍樹著、鳩摩羅什譯中論觀去來品：「已去無有去，未去亦無去，離已去未去，去時亦無去。」這是否定「去」的。因爲「去」可分成已去、未去、去時三個階段。「已去」已經過去，「未去」還未到來，離開「已去」和「未去」，就無所謂「去時」，所以這三個階段都不能叫「去」，沒有「去」，因而也就沒有「遷」。僧肇只取不遷的意思，説法却很不同。

【本段主旨】引經論證明物不遷。

夫人之所謂動者，以昔物不至今，故曰動而非静；我之所謂静者，亦以昔物不至今，故曰静而非動。動而非静，以其不來；静而非動，以其不去〔一〕。然則所造未嘗異，所見未嘗同〔二〕。逆之所謂塞，順之所謂通〔三〕。苟得其道，復何滯哉？

校釋

〔一〕「動而非静，以其不來；静而非動，以其不去」：普通人和我都認爲過去的事物不會保持原貌來到現在（昔物不至今）。但是，普通人認爲這是「動而非静」。他們的根據是「不來」，即過去的事物不會來到今天。我雖然也認爲過去的事物不會來到今天，但我認爲這是「静而非動」。我的根據是「不去」，即過去的事物保留在過去，永不消逝。對於這句話，古今注釋家的解釋頗不一致。我們以爲夢庵釋最得其要：「凡情見動，不來今時」，「論主見静，昔住昔位。」（〔日〕肇論研究第三篇第一二二頁）

〔二〕「所造未嘗異，所見未嘗同」：元康疏：「目所造詣未嘗有異，而心眼所見未嘗有同也。」（續藏經第一輯第二編第一套第一册第四十九頁。以下凡引述元康疏僅注明頁數者，均出自此册）意思是：肉眼所見到的事物是一樣的，而見解有高低，便有了不同。

〔三〕「逆之所謂塞，順之所謂通」：見解違背佛教道理就會滯塞不通，符合佛教道理就會通暢無阻。

【本段主旨】這段話主要説明，普通人認爲事物「動而非静」，是由於他們認爲過去的事物不會原樣地來到現在。僧肇認爲事物「静而非動」，是由於他認爲過去的事物永遠停留於過去，決不會來到現在。

傷夫人情之惑久矣，目對真〔一〕而莫覺！既知往物而不來，而謂今物而可往〔二〕。往物既不來，今物何所往〔三〕？何則？求向物於向〔四〕，於向未嘗無；責〔五〕向物於今，於今未嘗有。於今未嘗有，以明物不來；於向未嘗無，故知物不去。覆而求今，今亦不往〔六〕。是謂昔物自在昔，不從今以至昔；今物自在今，不從昔以至今〔七〕。故仲尼曰：回也見新，交臂非故〔八〕。如此，則物不相往來明矣。既無往返之微朕，有何物而可動乎？然則旋嵐偃嶽而常靜〔九〕，江河競注而不流，野馬飄鼓〔一〇〕而不動，日月歷天而不周〔一一〕，復何怪哉！

校釋

〔一〕「真」，指佛教真理。

〔二〕「既知往物而不來，而謂今物而可往」：明真界物不遷論辯解釋曰：「既知往物而不來今，則今物又豈往於昔乎？」（續藏經第一輯第二編第二套第四册第三八一頁）意謂既然知道過去的事物不會來到現在，卻又説現在的事物可以回到過去。

〔三〕「往物既不來，今物何所往」：過去的事物既然不能來到現在，現在的事物又怎能回到過去呢？「今物何所往」很容易錯解成現在的事物怎麽會延續到將來呢？事實上，物不遷論全文都不涉及未來。爲什麼？鎮澄曾做過解釋：「世有三：過、現、未也。不遷祇説物住今昔，不言未來，何也？對曰：已生之物住於過去，現生之物住於現在，未來未生。物既未生，則物本無也，故不言有物住未來也。」（續藏經第一輯第二編第二套第四册第三七二頁）

〔四〕「向」，過去。

〔五〕「責」，求也。

〔六〕「覆而求今，今亦不往」：「覆」，再也。句意爲：再看今天的事物，今天的事物也不會返回到過去。如從耄耋的臉上看不到朱顔。

〔七〕「昔物自在昔，不從今以至昔；今物自在今，不從昔以至今」：這是物不遷論的核心思想。昔物住昔，今物住今。今昔各不相往來。

〔八〕「仲尼曰：回也見新，交臂非故」：語出莊子田子方：「丘以是日徂。吾終身與汝交一臂而失之，可不哀與！」僧肇義引這句話在於證明，頃刻之間事物便成爲過去，以此説明物不遷。元康疏：「交臂之頃，前已非後，言誰遷耶？」（續藏經第五〇頁）

〔九〕「旋嵐」，梵文vairambhka的音譯，意爲旋風。「偃」，卧倒。「嶽」，大山。

〔一〇〕「野馬」，出自莊子逍遥遊，意爲空中遊氣。「飄鼓」，飄蕩飛揚。

〔一一〕「歷天」，經天，在天上周行。「周」，周行。

【本段主旨】本段主旨在於説明，昔物既然不會來今，今物也就不會回到過去。這叫「古今互不相到」。僧肇欲以此來証明物不遷。

噫！聖人有言曰：人命逝速，速於川流〔一〕。是以聲聞悟非常以成道〔二〕，緣覺覺緣離以即真〔三〕。苟萬動而非化，豈尋化以階道〔四〕？

校釋

〔一〕「人命逝速，速於川流」：涅槃經中：「人命不停，過於山水。」（轉引自遵式疏，續藏經第一輯第二編第一套第二册第一一二頁。以下凡引述遵式疏，均出自此册）此句有兩層意思：一、人的生命很快就會逝去。二、凡人皆有生有死，即皆有變遷。僧肇取的是後一層意思。

〔二〕「聲聞悟非常以成道」：「聲聞」，指聽聞佛法才成道者。「非常」，即無常。這句話的意思是：（因爲事物是變遷的），所以聲聞弟子領悟了無常的道理就成道了。

〔三〕「緣覺覺緣離以即真」：「緣覺」，是指靠自己思索緣起的道理而成道的。「即真」，意謂與佛教真理相一致。這句話的意思是：緣覺弟子理解到緣聚則生、緣散則滅的道理便成道了。

〔四〕「苟萬動而非化，豈尋化以階道」：「化」，變化。「尋」，依靠。「階」，昇。這句話的意思是：假如萬物流動而不變化，那麼聲聞、緣覺怎能依靠悟解無常變化的教理而成道呢？

【本段主旨】這一段是僧肇自己從反面提出問題。生命在迅速的流轉、變化之中，聲聞、緣覺也是由於領悟了萬事萬物無常變遷的道理才成道。所有這些都是講「遷」的。

覆尋聖言〔一〕，微隱難測。若動而静，似去而留〔二〕。可以神會，難以事求〔三〕。是以言去不必去，閑人之常想〔四〕；稱住不必住，釋人之所謂往耳〔五〕。豈曰去而可遣〔六〕，住而可留耶？故成具云：菩薩處計常之中，而演非常之教〔七〕。摩訶衍論云：諸法不動，無去來處〔八〕。斯皆導達羣方，兩言一會，豈曰文殊而乖其致哉〔九〕？是以言常而不住，稱去而不遷。不遷，故雖往而常静；不住，故雖静而常往。雖静而常往，故往而弗遷；雖往而常静，故静而弗留矣〔一〇〕。然則莊生之所以藏山〔一一〕，仲尼之所以臨川〔一二〕，斯皆感往者之難留，豈曰排今而可往〔一三〕？

校釋

〔一〕「覆尋聖言」：反復推究佛所説的話。

〔二〕「若動而靜，似去而留」：這句話是對佛經的理解。元康疏：「據言教則如動如去也，據理實則如靜如留也。」（續藏經第五〇頁）意思是：據佛經（言教）應當說事物是「動」、是「去」；據佛教義理則應該說事物是「靜」、是「留」。

〔三〕「可以神會，難以事求」：對於佛所說的話，「可以般若神心契會，不可以言迹事相而求也」（元康疏，續藏經第五〇頁）。

〔四〕「言去不必去，閑人之常想」：「閑」，防也。句意爲：佛經中說的「去」，不必是真去，而是爲了防止人們産生常見。

〔五〕「稱住不必住，釋人之所謂往耳」：說文段注：「釋，消也。」這句話的意思是：佛經裏說「住」，不必真有住，而是爲了消除人們執取「無常」。

〔六〕「豈曰去而可遣」：「遣」，遷也。句意爲：怎麽能說「去」就真的可以變遷呢？

〔七〕「故成具云：菩薩處計常之中，而演非常之教」：「計常」，執常。「非常」，無常。後漢支曜譯成具光明定意經：「處計常之中，而知無常之諦。」意思是：處於執常的世俗社會中，心裏懂得無常的真諦。僧肇義引這句話，意思是：菩薩處於執常的世俗社會中而宣講無常的教義。

〔八〕「摩訶衍論云：諸法不動，無去來處」：摩訶衍論即大智度論。大智度論卷五十一：「須菩提，汝所言是摩訶衍，不見來處，不見去處，不見住處。何以故？須菩提，一切諸法不動故，是法無

來處，無去處，無住處。」（大正藏卷二十五，四二七頁）

〔九〕「斯皆導達羣方，兩言一會，豈曰文殊而乖其致哉」：「方」，衆生。「致」，主旨。這句話的意思是：成具講無常（演非常之教），大智度論講常（諸法不動），兩種講法雖然不同，但主旨一致。講法之所以不同，是爲了開導不同根機的衆生。怎麽能因爲文字不同便以爲其主旨有異呢？

〔一〇〕「是以言常而不住」至「故静而弗留矣」：鎮澄批判了這段話：「其曰言常而不住，稱去而不遷，雖静而常往，雖往而常静，兩言一會，去住一致，可與神會，難以事求等，是皆相似語，未可以判其是非。」（續藏經第一輯第二編第二套第四册第三六八頁）相似語即互相否定的語言，難以判其是非。其實這段話的主旨在於説明：不能以佛教經論中的話爲根據，因爲佛教經論中的話皆因人而異，有時説常，有時説無常。

〔一一〕「莊生之所以藏山」：語出莊子大宗師：「夫藏舟於壑，藏山於澤，謂之固矣。然而夜半有力者負之而走，昧者不知也。」

〔一二〕「仲尼之所以臨川」：語出論語子罕：「子在川上曰：逝者如斯夫，不舍晝夜。」

〔一三〕「斯皆感往者之難留，豈曰排今而可往」：莊子、孔子都感到過去的事物難以挽留到現在，怎麽能説現在的事物可以返回到過去呢？

【本段主旨】這一段話主要是回答前一段提出的問題。前一段説，佛經中明明説無常（即遷），這是怎麽一回事呢？這一段回答説，佛經中有時説常，有時説無常，皆因人而定。説「無常」是爲了防止人們執「常」，説「常」是爲了消除人們執取「無常」。

是以觀聖人心者，不同人之所見得也〔一〕。何者？人則謂少壯同體，百齡一質，徒知年往，不覺形隨〔二〕。是以梵志〔三〕出家，白首而歸。鄰人見之曰：昔人尚存乎？梵志曰：吾猶昔人，非昔人也。鄰人皆愕然，非其言也〔四〕。所謂有力者負之而趨，昧者不覺〔五〕，其斯之謂歟〔六〕？

校釋

〔一〕「觀聖人心者，不同人之所見得也」：「觀聖人心者」，元康疏爲「覩聖心者」。句意爲：能體會聖人精神的人，跟普通人的看法是不同的。

〔二〕「徒知年往，不覺形隨」：只知道歲月流逝，不知道形體也隨着變更。

〔三〕「梵志」，古代印度志求梵天的婆羅門。他們年十五出去游學，三十歸娶，五十入山。後來一般出家人也叫梵志。這裏説的梵志指的就是一般出家人。

〔四〕「鄰人皆愕然，非其言也」：鄰人都感到很驚愕，認爲他説得不對。

〔五〕「所謂有力者負之而趨，昧者不覺」：參見前段注〔一二〕。這是說一切事物都在變化，而那些愚昧者卻未能覺察。

〔六〕「其斯之謂歟」：難道不正是這個意思嗎？

【本段主旨】以梵志出家爲例，證明事物不遷。朱顏的梵志只在少年，白首的梵志卻在今天。白首的梵志已不可能回到過去。此明不遷。

是以如來因羣情之所滯，則方言以辯惑〔一〕；乘莫二之真心，吐不一之殊教〔二〕。乖而不可異者，其唯聖言乎〔三〕！故談真有不遷之稱，導俗有流動之説〔四〕。雖復千途異唱，會歸同致矣〔五〕。而徵文者〔六〕聞不遷，則謂昔物不至今；聆流動者，而謂今物可至昔。既曰古今，而欲遷之者，何也〔七〕？是以言往不必往，古今常存，以其不動〔八〕；稱去不必去，謂不從今至古，以其不來〔九〕。不來，故不馳騁於古今〔一〇〕；不動，故各性住於一世〔一一〕。然則羣籍殊文，百家異説，苟得其會，豈殊文之能惑哉〔一二〕？

校釋

〔一〕「是以如來因羣情之所滯，則方言以辯惑」：「因羣情之所滯」，元康疏無「之」字。「則方言以辯惑」，元康疏爲「即方言以辨惑」。「滯」，迷惑。「則」，依照。「方言」，方便之言。這句話的意思是：佛陀依衆生迷惑的情況而有不同的説教。衆生迷於「常」，便説無常；衆生迷於「無常」，便説常。

〔二〕「乘莫二之真心，吐不一之殊教」：「乘」，憑借。「莫二」，動靜不二。「不一」，去留不一。這句話的意思是：如來憑借動靜不二的真心，説去留不同的言教。

〔三〕「乖而不可異者，其唯聖言乎」：語言有乖，而道理不異，這只能是聖人的説教。

〔四〕「談真有不遷之稱，導俗有流動之説」：按佛教真理，有「不遷」之説；爲了引導普通衆生，有「流動」之説。

〔五〕「雖復千途異唱，會歸同致矣」：澄壁試譯僧肇物不遷論譯此句爲：雖有千萬種不同的説法，而會歸起來還是一個道理。（現代佛學一九六二年三期第四三頁）

〔六〕「徵文者」：執取語言文字的人。

〔七〕「既曰古今，而欲遷之者，何也」：遵式疏：「既曰古則住古，今則住今，而執惑之者，欲遷今爲古者，意在何也？」（續藏經第一一四頁）

〔八〕「是以言往不必往，古今常存，以其不動」：所以言往不必往，古和今各自常存，因爲事物是不變動的。

〔九〕「稱去不必去，謂不從今至古，以其不來」：説去不必去，不從今以至古，因爲事物是不會返回到過去的。

〔一〇〕「不來，故不馳騁於古今」：「不來」即不遷。事物既然不遷，所以不會趨走於古今之間。

〔一一〕「不動，故各性住於一世」：「不動」也是不遷的意思。事物既然不遷，所以其本性各住於一世。佛家講性相相隨，性既各住於一世，相亦各住於一世。

〔一二〕「羣籍殊文，百家異説，苟得其會，豈殊文之能惑哉」：「羣籍」指諸佛經。「百家」指諸佛教論著。「會」，領會、領悟。這句話的意思是：佛經中説法不同，有的説遷，有的説不遷。佛教各論師説法也不一樣，有人説遷，有人説不遷。如果能真正領會佛陀應機設教的本意，怎麽還會被不同的説法迷惑呢？

【本段主旨】這一段的核心還是在於説明物不遷。佛教經論中有的講動（遷），有的講不動（不遷）。怎樣理解之間的不同呢？僧肇説，按佛教真諦，應説「不遷」，不過爲了引導衆生，又説「遷」。也就是説，落脚點還是不遷。僧肇通過論証「各性住於一世」而得出不遷的結論，但「各性住於一世」的觀點遭到了鎮澄的激烈批評：「言性住者，即彼所謂昔物住昔，不來於今，今物住今，不往於昔，乃至新故老少成壞因果等物，各住自位，不相往來，皆若是也。然凡有所住，即名有爲，既墮有爲，即屬生滅，非不遷也。故涅槃三十云：住名有爲。」

是以人之所謂住，我則言其去；人之所謂去，我則言其住。然則去住雖殊，其致一也〔一〕。故經云：正言似反，誰當信者〔二〕？斯言有由矣〔三〕。何者？人則求古於今，謂其不住〔四〕；吾則求今於古，知其不去〔五〕。今若至古，古應有今；古若至今，今應有古。今而無古，以知不來；古而無今，以知不去。若古不至今，今亦不至古，事各性住於一世，有何物而可去來？然則四象〔六〕風馳，璇璣電卷〔七〕，得意毫微，雖速而不轉〔八〕。

校釋

〔一〕「是以人之所謂住」至「其致一也」：「其致一也」，即主旨不二。這几句主要是説明「動静一如」。

〔二〕「故經云：正言似反，誰當信者」：普曜經卷七：「正言似反，誰肯信者？」意思是：正話反説，有誰能相信呢？老子七十八章：「正言若反。」

〔三〕「斯言有由矣」：這是説「正言似反，誰當信者」是有道理的。因爲普通人「未達不二之理」，「故疑而不信」（遵式疏，續藏經第一一五頁）。

〔四〕「人則求古於今，謂其不住」：人們在現在尋求過去的事物而不得，便説事物不是静止的。

〔五〕「吾則求今於古，知其不去」：我却由於在過去尋求不到現在的事物，因此知道事物今不返昔，這是不變遷。元康疏：「吾則求今於古，知其不去。以今物自在今，不去至昔。」（續藏經第五二

頁）

〔六〕「四象」：四季。

〔七〕「璇璣電卷」：「璇璣」，元康疏作「旋機」。疏曰：「北斗七星：一天樞，二旋，三機，四權，五衡，六開陽，七摇光。今不能具道七星，故但言旋機二星耳。七星運轉，猶如電卷也。」（續藏經第五二頁）

〔八〕「得意毫微，雖速而不轉」：稍微懂得一些「物不遷」的道理，就會知道事物雖然看起來好似流動變化很快，但實際上並没有任何流轉變遷。

【本段主旨】這一段是用普通人的推理來證明不遷。普通人主張「求古於今」，如求周公於現在，現在自然無周公，便謂物遷。僧肇則主張「求今於古」，如求鳩摩羅什於周代，那時是没有鳩摩羅什的，故知物不去。僧肇以此證明物不遷。僧肇還從反面加以論證：事物若變遷，今天應有周公，周時應有鳩摩羅什。既然今而無周公，古而無鳩摩羅什，就可以證明「事各性住於一世」，無物可遷。這樣的推理，違背了邏輯推理規則，因爲它根本没有時間長短的限制。

是以如來功流萬世而常存，道通百劫而彌固〔一〕。成山假就於始簣〔二〕，修途託至於初步〔三〕，果以功業不可朽故也〔四〕。功業不可朽，故雖在昔而不化〔五〕。不化故不遷，不遷故則湛然明矣〔六〕。故經云：三災彌綸，而行業湛然〔七〕。信其言也。何者？果不俱因〔八〕，因因而果。因因而果，因不昔滅〔九〕；果不俱因，因不來今〔一〇〕。不滅不來，則不遷之致明矣〔一一〕。復何惑於去留，踟躕於動静之間哉〔一二〕？然則乾坤倒覆，無謂不静；洪流滔天，無謂其動。苟能契神於即物，斯不遠而可知矣〔一三〕。

校釋

〔一〕「道通百劫而彌固」：「道」，説文段注：「道者，人所行。」這裏指的是如來的所作所爲，如來的所作所爲也即是佛教真理的體現。「劫」，世界成壞一次爲一劫。這句話的意思是：如來的功德雖經百世，不但不會減損，反而更加堅固。

〔二〕「成山假就於始簣」：語出論語子罕：「子曰：譬如爲山，未成一簣，止，吾止也。譬如平地，雖覆一簣，進，吾往也。」「簣」，土筐。僧肇引這句話在於説明，修一座高山必須借助第一筐土，而這第一筐土的功績是不朽的。遵式疏：「既籍始簣之土，壘之成山，即簣土住，初而不滅，以喻昔日功業常存也。」（續藏經第一一六頁）

〔三〕「修途託至於初步」：語出老子六十四章：「合抱之木，生於毫末。九層之臺，起於壘土。千里之行，始於足下。」「修途」，長路也。「託」，依也。遵式疏：「欲行千里之途，始託於初步，至千里

已，則知初步在初而不滅，以喻昔日道行彌固矣。」（續藏經第一一六頁）

〔四〕「果以功業不可朽故也」：（如來的功業流布萬世而常存），正是因爲如來累世累劫的功業不會朽壞。僧肇寫作物不遷論的重要目的之一很可能就在於爲如來功業不朽做論證。

〔五〕「功業不可朽，故雖在昔而不化」：「不化」，即不朽、不消逝。物不遷論的核心論點是昔物永存於昔。所以，如來的功業雖然在昔，但永不消逝，永恒長存。

〔六〕「不化故不遷，不遷故則湛然明矣」：「湛」，水清貌。句意爲：如來的功業不朽，不朽故不遷變，不遷變，故清澈常在。

〔七〕「故經云：三災彌綸，而行業湛然」：「三災」：水災、火災、風災。僧肇曾參與後秦佛陀耶舍和竺佛念譯長阿含經。該經卷二十一講到三災。僧肇可能義引此經。佛教認爲，人的身、口、意一切行動皆可留下「業」，它將引起善或惡的果報。「彌綸」，充滿。這句話的意思是：佛經說即使到處是水、火、風三災，世界將要毁滅，每人所作的「業」也仍湛然存在。

〔八〕「果不俱因」：果中不包含因。「果在今而因在昔，故不同時。」（遵式疏，續藏經第一一六頁）

〔九〕「因因而果，因不昔滅」：有因才有果，因雖在昔而不滅。「即籍因成果，果時定知因不可滅。」（遵式疏，續藏經第一一六頁）

〔一〇〕「果不俱因，因不來今」：因果不同時，果中既無因，昔日的因也不來於今日的果中。

〔一一〕「不滅不來，則不遷之致明矣」：「致」，理。因不滅於昔，又不來於今，這就證明了物不遷。

〔一二〕「復何惑於去留，踟躕於動靜之間哉」：「踟躕」，猶豫。句意爲：〔既知因不昔滅，果不俱因〕，又怎麽能迷惑於去留，弄不清楚動靜呢？

〔一三〕「苟能契神於即物，斯不遠而可知矣」：若能契合於動靜不二之理，則物不遷的道理就能很快理解了。

【本段主旨】這一段分前後兩部分。前半部分表明了僧肇在宗教實踐方面的目的：第一，闡明如來昔日所創造的一切功績皆不會消逝，將永恒存在。第二，論証衆生所做的一切善惡行業都不會消逝，早晚要得到報應。

後半部分，僧肇從因果的角度，用「因不昔滅」、「果不俱因」再次論證「物不遷」。

不真空論〔一〕第二

【説明】不真空論是僧肇重要論著之一，也是僧肇成熟時期的作品。僧肇其時，正值般若學盛行。般若意爲智慧。自東漢末年支婁迦讖譯出般若道行品經後，般若類經典陸續傳入，經魏晉而至南北朝，在當時玄學影響下，形成一代學風。但由於中國人對印度人的思維習慣不熟悉，多用本土固有概念去比附印度學説，對般若思想各人有各人的理解，從而形成很多學派，是謂「六家七宗」。在鳩摩羅什系統傳譯印度龍樹的大乘中觀學之前，他們對印度的般若思想均未得正解，鳩摩羅什的高足僧叡就批評説：「六家偏而不即。」（出三藏記集卷八）僧肇在不真空論中批評了當時影響較大的即色、心無、本無三宗，隨後闡述了自己對般若學的理解。僧肇在鳩摩羅什門下十餘年，被稱爲「解空第一」，加之列席羅什譯場，得以先聽先睹許多别人未聞未見的印度學説。從他的不真空論一文看，他已完全準確地理解了中觀學（亦可稱性空學、般若學）。中觀學的核心就是「非有」「非無」的統一。僧肇用「不真」、「空」加以表述，更易於被人理解。可以説，不真空論的問世，標誌着中國人已完全掌握了印度的中觀學。

不真空論寫於公元四一〇年，在般若無知論之後，略早於物不遷論。按説應編在無知論之後，不遷論之前，可編者卻編在不遷論之後，無知論之前。據夢庵節釋說，這是因爲「物不遷論顯俗諦之事，今不真空明真諦之理」（日本肇論研究第三篇第一八頁）。理高於事，故應置於不遷之後。

夫至虛無生者，蓋是般若玄鑒之妙趣，有物之宗極者也〔二〕。自非聖明特達，何能契神於有無之間哉〔三〕？是以至人通神心於無窮，窮所不能滯〔四〕；極耳目於視聽，聲色所不能制者〔五〕，豈不以其即萬物之自虛，故物不能累其神明者也〔六〕。是以聖人乘真心而理順，則無滯而不通〔七〕；審一氣以觀化，故所遇而順適〔八〕。無滯而不通，故能混雜致淳〔九〕；所遇而順適，故則觸物而一〔一〇〕。如此，則萬象雖殊，而不能自異〔一一〕。不能自異，故知象非真象〔一二〕。象非真象，故則雖象而非象。

校釋

〔一〕「不真空」：「不真」與「空」是兩個名異實同的概念。元康疏：「諸法虛假，故曰不真；虛假不真，是故名空。」（續藏經第五二頁）用「六離合釋」來分析，此是持業釋，意謂不真即是空。湯用彤說：「不真空乃持業釋，謂不真即空，非謂此空不真而主張實在論也。」（漢魏兩晉南北朝佛教史

上册第二三八頁）呂澂説：「『假名空』，即僧肇所主張的『不真空』，只名目不同而已。」（中國佛學源流略講第一三三頁）

〔二〕「夫至虚無生者，蓋是般若玄鑒之妙趣，有物之宗極者也」：「至」，極也。「虚」，虚假不真也。「無生」，凡物皆有生滅，無生也就無滅，無生無滅也就無物。其實，「至虚無生」乃是一個概念，即「空」。「蓋」，有二解。元康疏：「蓋是不定之辭，將以爲是，未敢未定故，所以云蓋。」（續藏經第五三頁）此解非是。另一解是引導辭，即引出一個概括性的叙述或命題。此解當。「般若」是梵文Prajña的音譯，意爲智慧，實際應爲聖人的智慧。「玄鑒」，玄妙的鑒照，意謂深刻、透徹的認識。「妙趣」，玄深的境界，實際上即是聖人認識的對象。「有物」，即萬物。「宗極」，根本。這句話的意思是：「空」，乃是般若認識的對象，也是一切萬物的根本。

〔三〕「自非聖明特達，何能契神於有無之間哉」：「聖明」，即般若智慧。「特」，獨特也。「達」，通達也。「契神」，與認識對象相一致，即能洞察、體悟認識對象。「有無之間」，僧肇從來是以非有非無的中道觀解空，所以有無之間就是非有非無的統一。非有，非實有其物；非無，非一無所有，而是有假象存在。這句話的意思是：如果不具有與一般人不同的般若智慧，怎麽能認識萬物皆是非有非無的統一體呢？也就是説，怎麽能認識萬物性空之道理呢？

〔四〕「是以至人通神心於無窮，窮所不能滯」：「至人」，即具有般若智慧的聖人。「無窮」，無窮世界的真理（佛教通常用「真諦」來表示真理）。「滯」，滯礙。這句話的意思是：聖人以般若智慧認識無限的世界，沒有任何東西能妨礙他。

〔五〕「極耳目於視聽，聲色所不能制」：元康疏：「縱耳聽聲，不爲聲所惑；縱目覩色，不爲色所迷。」（續藏經第五三頁）

〔六〕「豈不以其即萬物之自虛，故物不能累其神明者也」：「自虛」，萬物本身即是空。「即萬物之自虛」，意謂與萬物本身的空冥合一致。萬物是「境」，境是「空」；認識是「智」，智亦是「空」，故能冥合一致。「累」，束縛。這句話是緊接着前面一句話講的，合此兩句話的意思是：聖人之所以不會被無窮世界的聲色所迷惑，難道不是因爲聖人認識到諸法性空嗎？所以萬物才能束縛他的心神。

〔七〕「是以聖人乘真心而理順，則無滯而不通」：元康疏無「聖人」二字。「乘」，憑借。「真心」，即般若智慧。「理」，佛教真理、真諦。「理順」，與佛教真理相一致。這句話的意思是：所以聖人憑借般若智慧認識萬物，能够與真諦相一致，就不會滯礙不通了。

〔八〕「審一氣以觀化，故所遇而順適」：「審」，諦察。「一氣」，語出莊子大宗師：「遊乎天地之一氣。」知北遊：「通天下一氣耳。」僧肇借用「一氣」這個詞彙，取其萬物皆有一個「共同本性」的意思，但他們對「共同本性」的理解並不一致。遵式疏：「一氣者，語出道書，以『虛無之道』曰一氣。

今借語指『至虛中道』爲一氣。」「至虛中道」即非有非無的中道。「化」，指萬物。「順適」，順性（空性）而契合。這句話的意思是：聖人嚴格辨别非有非無的中道，並以此觀察萬物，他的觀察就不會受到干擾。

〔九〕「無滯而不通，故能混雜致淳」：「混」，融會。「雜」，喻真俗二諦。「致」，達到。「淳」，喻中道。這句話的意思是：没有滯礙，便能融會貫通地理解二諦（真諦和俗諦）的道理，從而達到對中道的正確認識。

〔一〇〕「所遇而順適，故則觸物而一」：「觸」，心所對觸，即認識。「觸物」，即認識事物。「一」，文才疏：「一即第一真諦也。」（續藏經第一輯第二編第一套第三册第一九二頁。以下凡引述文才疏，均出自此册）真諦即佛教最高真理。這句話的意思是：不會受到干擾，便能在認識萬物時，體認到真諦。僧肇所説的真諦是有具體涵義的，那就是非有非無的中道。這也是佛教最高真理，也就是「一」。任何事物都是非有非無的統一，所以「觸物而一」。

〔一一〕「如此，則萬象雖殊，而不能自異」：「萬象」，即萬事萬物。這句話的意思是：有了上面的認識，在觀察萬物時，〔就可以知道，〕萬物雖呈現千差萬别的相狀，但自身的本質並無差别。

〔一二〕「不能自異，故知象非真象」：萬象本來無區别（不能自異），所謂區别乃是緣於人們的錯誤認識。所以我們知道，千差萬别的象都不是真象。不是真象，那就是假象或叫「假有」。僧肇常用「假象」或「假有」來稱謂現實的客觀事物。

【本段主旨】這是不真空論的開頭一段，是從正面叙述「境」（認識對象，包括整個世界）和「智」（認識主體）的本性，以及應當怎樣認識世界。這些問題是般若學的核心。在這一段裹，僧肇已將其基本思想闡述出來。他認爲，萬物都是空（至虛無生），但這個「空」並非一無所有，而是非有非無的統一（有無之間）。萬物本性既然如此，人的認識也應以此爲指導思想（審一氣以觀化），即從非有非無的中道立場去觀察萬物，就能認識到萬物的本來面目，即知道萬象都不是真象。

然則物我同根〔一〕，是非一氣〔二〕，潛微幽隱〔三〕，殆非羣情之所盡〔四〕。故頃爾談論，至於虛宗〔五〕，每有不同。夫以不同而適同，有何物而可同哉〔六〕？故衆論競作〔七〕，而性莫同焉〔八〕。

校釋

〔一〕「然則物我同根」：「然則」，總結上意。「物」，外物、境，即認識對象。「我」，自我、智、般若，即認識主體。「同根」，完全一致。萬物本性空寂，般若也本性空寂。萬物（境）與般若（智）本性是一致的，所以叫「物我同根」。

〔二〕「是非一氣」：文才疏：「是非者，真俗也。」（續藏經第一九三頁）「是」，真諦，即絶對真實的境界。「非」，俗諦，即虛假的現象世界。「一氣」，一致。這句話的意思是：絶對的真實境界就存在於虛假的現象世界之中，并不是在虛假的現象世界之外，另有一個絶對真實的境界。

〔三〕「潛微幽隱」：淨源集解：「潛密微妙，幽深隱奧。」指難以理解的境界。

〔四〕「殆非羣情之所盡」：「殆」，德清注：「殆，殊也。」（續藏經第一輯第二編第一套第四册第二九六頁。以下凡引述德清注，均出自此册）「羣情」，指淺智的普通人。「盡」，完全理解。這句話的意思是：物我同根、是非一氣的道理深奧難懂，決不是智力淺薄的人所能完全理解的。

〔五〕「虛宗」：即空宗，指當時討論的般若學。

〔六〕「以不同而適同，有何物而可同哉」：「同」，空宗道理不異，這是「同」。討論的人看法各不相同，這是「不同」。「物」，意爲看法、觀點。這句話的意思是：以不同的立場去討論（適）相同的問題，有什麼觀點能一致呢？

〔七〕「衆論」：指當時研究般若學的主要派别，有六家七宗。據湯用彤考證，六家是：本無、即色、識含、幻化、心無、緣會，加上本無宗的支派本無異宗，是爲七宗（漢魏兩晉南北朝佛教史二一七六頁）。

〔八〕「性」：指理、道理。

【本段主旨】這一段説明空宗道理深刻難懂，不是一般人可以理解的。人們從各自不同立場去討論，形成了不少學派。

何則？心無者〔一〕，無心於萬物，萬物未嘗無〔二〕。此得在於神静，失在於物虚〔三〕。

校釋

〔一〕「心無者」：指心無宗。心無宗是晉代般若學派六家七宗之一，首創者是晉人支愍度，也作支敏度。世説新語假譎篇記云：「愍度道人始欲過江，與一傖道人爲侶。謀曰：『用舊義往江東，恐不辦得食。』便共立心無義。既而此道人不成渡。愍度果講義積年。後有傖人來，先道人寄語云：『爲我致意愍度，無義那可立？治此計權救饑爾，無爲遂負如來也。』」據湯用彤考證，在愍度之後，傳心無義的還有道恒、法藴、桓玄、劉程之等人。

〔二〕「無心於萬物，萬物未嘗無」：這是心無宗的基本觀點。心無宗認爲，當認識主體與認識對象接觸時，只要心上不起執著，保持空寂就可以了，這就是「無心於萬物」。那麽，萬物怎樣呢？心無宗並不否定萬物的真實存在，這就是「萬物未嘗無」。此宗只主張心空，不主張物（境）空。

〔三〕「此得在於神静，失在於物虚」：這是僧肇對心無宗的批評。意思是：心無宗認識到神静（心空），這是對的。但並未認識到物虚（萬物本身就不是真實的存在），這是錯的。

【本段主旨】本段叙述並批評了心無宗的觀點，指出心無宗只知道智空，不知道境亦空。

即色者〔一〕，明色不自色，故雖色而非色也〔二〕。夫言色者，但當色即色，豈待色色而後爲色哉〔三〕？此直語色不自色，未領色之非色也〔四〕。

校釋

〔一〕「即色者」：指即色宗，代表人是支遁。支遁（約三一四——三六六），字道林，二十五歲出家，以好談玄理而著名。嘗論莊子逍遥義，其理超過向、郭，當時的學者莫不歎服，其後乃用支理。重要著作有即色遊玄論、釋即色本無義，皆佚。現存支遁集二卷爲後人所編。

〔二〕「色不自色，故雖色而非色」：這是僧肇總結的即色宗的基本觀點。意思是：色（萬物的總稱）不是自己形成的，如青黄等，只是由於人們叫它們爲青黄，它們才成爲青黄的。所以，雖然叫它們爲青黄，但它們仍然是空。支遁的即色遊玄論和釋即色本無義都是談即色理論的，此二書均不存。支道林集有妙觀章，亦不存。不過世説新語文學篇注引了妙觀章關於即色的説法。文曰：「夫色之性也，不自有色。色不自有，雖色而空。故曰色即爲空，色復異空。」這句話的大意是：色的本性是自己不會形成色的。雖然叫它色，本質上它是空（境色空，外物空）。不過色跟空還有區別，〔因爲概念中的〕色還不是空（心色有，概念不空）。

〔三〕「但當色即色，豈待色色而後爲色哉」：「但當色即色」，元康疏作「當色色即色」，訛。「但」，只也，僅僅的意思。「當」，當下。這是對即色宗的批評。意思是：色本身就是色，哪裏需要人們賦予它名字以後才成爲色呢？「色色」，給某物以名稱。僧肇主張，色是因緣合聚而成的，所以當下的色本身就是色，並不需要人們給它以名稱之後才成爲色。

〔四〕「此直語色不自色，未領色之非色也」：這句話對即色宗既有肯定又有批評。意思是：即色宗只談到色（概念中的色）不是自己形成的，而是人們賦予它們的。這是對的。但即色宗不理解色（境色）所以爲「非色」的道理。僧肇認爲，境色（萬物）皆因緣而成，因緣而成是「非色」。但既然因緣已合，物已產生，便是「假有」。不懂得在「非色」之外尚存「假有」，是支道林陷於謬誤的主要原因。而不理解「假有」，也就不可能准確地理解「空」。

【本段主旨】這段是對即色宗觀點的敘述和批評，指出該宗只談到色不是自己形成的，但並不知道，色雖非色，猶存「假有」。

本無者〔一〕，情尚於無多，觸言以賓無。故非有，有即無；非無，無即無〔二〕。尋夫立文之本旨者，直以非有非真有，非無非真無耳〔三〕。何必非有無此有，非無無彼無？此直好無之談，豈謂順通事實，即物之情哉〔四〕？

校釋

〔一〕「本無者」：指本無宗。這一宗的代表人物，歷來看法不一。吉藏（五四九——六二三）認爲是釋道安（三一二——三八五）。元康（唐貞觀時期人）認爲是竺法汰（三二〇——三八七）。近世佛教學者湯用彤認爲是道安。日本學者橫超慧日認爲是道安、僧叡、慧遠（三三四——四一六）（見法藏館中國佛教の研究第二第一七四頁）呂澂師認爲是竺法汰。我們以爲，道安、僧叡、慧遠等人都不像本無宗的代表。認爲道安等人是本無宗代表的一個重要理由是這些人常用「本無」一詞。其實，在鳩摩羅什入長安之前，「本無」乃佛家常用詞，「本無」幾乎成爲般若學的代名詞。因此，不能以是否常用「本無」一詞而論定其是否爲本無宗人。再者，道安的弟子僧叡（後來爲鳩摩羅什弟子）曾在毘摩羅詰提經義疏序中說：「格義迂而乖本，六家偏而不即，性空之宗，以今驗之，最得其實。」（出三藏記集卷八）「性空之宗」指的就是道安之學。「以今驗之」的「今」就是羅什所傳的般若學。可見，僧叡把道安排在六家之外，而且認爲道安之學與羅什所傳的般若學最爲接近。又，據僧肇叙述，本無宗的基本思想是「非有，有即無；非無，無亦無。」道安等人從未講過這類話。據宋代浄源所撰肇論集解令模鈔記載，竺法汰曾説過：「非有者，無却此有；非無者，無却彼無。」此話與僧肇提到的本無宗的基本思想完全一致，這就可以進一步證明本無宗的代表是竺法汰。

〔二〕「情尚於無多，觸言以賓無。故非有，有即無；非無，無即無」：「賓」，伏也。這兩句話叙述本無宗的基本思想。意思是：本無宗「情好尚於無，故觸事發言皆賓伏於無」（德清注，續藏經第二九六頁）。佛經中常講「非有」、「非無」。本無宗認爲，經中講的「非有」，就是没有「有」；經中講的「非無」，就是没有「無」。元康疏：「謂經中言非有者，無有此有也；言非無者，無有彼無也。」（續藏經第五四頁）

〔三〕「尋夫立文之本旨者，直以非有非真有，非無非真無耳」：這句話是僧肇解釋佛經中所説的「非有」、「非無」。大意是：探究一下佛經立言的本意，就可以知道，「非有」指的是「非真有」，如萬物，雖然看上去好像是「有」，其實本性空寂，所以不是真實的「有」。佛經中説的「非無」，指的是「非真無」。萬物雖然本性空寂，但畢竟還有個虚假的相狀，所以這個「無」也不是絶對的「無」。

〔四〕「豈謂順通事實，即物之情哉」：「順通」，吕澂師曰：「順通指根據事物的實際情况理解，不依主觀妄自加減。」（中國佛學源流略講第五四頁）「即」，相等、相同、相一致。「情」，本性。這句話的意思是：這怎麽能説是根據事物實際情况加以理解，從而合乎事物的本性？

【本段主旨】本段闡明並批評了本無宗的基本思想，指出佛經中所説的「非有」、「非無」，乃是指的「非真有」、「非真無」，並不是把「有」、「無」一概否定。

夫以物物於物，則所物而可物〔一〕；以物物非物，故雖物而非物〔二〕。是以物不即名而就實，名不即物而履真〔三〕。然則真諦獨静於名教之外，豈曰文言之能辨哉〔四〕？然不能杜默，聊復厝言以擬之〔五〕。

校釋

〔一〕「以物物於物，則所物而可物」：這句話共有五個「物」字，大意是：以物的名字（第一個物字）加在（第二個物字）有實物的物（第三個物字）上，那麼所有有實物的物（第四個物字），都可以稱爲「物」（第五個物字）。如山川鳥木等皆有實物，皆可以稱爲「物」。

〔二〕「以物物非物，故雖物而非物」：這句話也有五個「物」字，大意是：以物的名字（第一個物字），加在（第二個物字）没有實物的物（第三個物字）上，那麼，雖然有物之名（第四個物字），但並無實物（第五個物字）。如説龜毛兔角，雖有物名，而無實物。

〔三〕「物不即名而就實，名不即物而履真」：「即」，引申義爲「由於」、「因爲」。「履」，行也，引申義爲

「有」。這句話的大意是：並不是所有的物由於有了某物之名，它就確實是某物。如「木賊」（中藥），雖有「賊」之名，而無「盜」之實。物之名不會由於它是某物之名，就有某物之實。如談「火」不會燒口，說「水」不會止渴。

〔四〕「真諦獨靜於名教之外，豈曰文言之能辨哉」：「真諦」，意義很廣，指真實的境界、事物的真實本性、佛教真理等，這裏指佛教真理。「名教」，指語言、概念，以及聖人（主要指佛）的教導。這句話的大意是：佛教真理存在於語言、概念以及諸經論之外，怎麼能用語言、文字來辨明呢？

〔五〕「然不能杜默，聊復厝言以擬之」：「聊」，略也。「厝」，音「錯」，借也。「擬」，推測，論述的謙詞。這句話的大意是：佛教真理（這裏具體指般若學）不是用語言、文字所能表述的。但爲了破迷執，我還是不能杜口緘默，不得不借助文字，簡要地加以論述。

【本段主旨】這一段是發表議論之前先談一下語言文字的作用。作者認爲語言文字並不能表達佛教真理，但不用語言又不能糾正人們對般若學的錯誤看法，在這種情況下，只好先借用一下語言談點看法。

此下廣論不真空，大體可分九段：一、引教證空；二、據理明空；三、再次引教證空；四、再次據理明空；五、第三次引教證空；六、據理和引教，明空、證空；七、再次據理、引教，明空、證空；八、就名實關係明空；九、結會明空。

試論之曰：摩訶衍論云：諸法亦非有相，亦非無相〔一〕。中論云：諸法不有不無者，第一真諦也〔二〕。

校釋

〔一〕「摩訶衍論云：諸法亦非有相，亦非無相」：摩訶衍論即大智度論，簡稱智論，是公元二世紀印度著名高僧龍樹爲解釋大品般若經而著的。全書一百卷。後秦鳩摩羅什於公元四〇五年譯出。據元康疏，智論中的話意思是：「譬如鏡中像，非鏡亦非面，非有亦非無。」（續藏經第五四頁）僧肇引這句話，意義很貼切。把萬物譬喻成「鏡中像」非常合乎空觀原意。鏡中像當然不真，這是「非有」；雖不真，但畢竟有個形象，這是「非無」。

〔二〕「中論云：諸法不有不無者，第一真諦也」：中論是龍樹闡述中觀学説的最重要的著作，共四卷，是三論宗基本經典之一。鳩摩羅什於公元四〇九年譯出。通觀中論論意，其主旨是諸法非有非無。「諸法不有不無者，第一真諦也」雖非中論原话，但也頗合論旨。「第一真諦」，真諦即佛教最高真理，加上「第一」，就更加抬高真諦的地位。這裏的「第一」不是數量詞，不是説除第一之外，還有稍差一点的第二，更差一點的第三，而是表示無以倫比的絶對境界。「第一」猶言「唯一」。

【本段主旨】這是廣論不真空的第一段——引教證空，中心思想是諸法（萬物）既非有又非無。主要針對本無宗而說。

尋夫不有不無者，豈謂滌除萬物，杜塞視聽，寂寥虛豁，然後爲真諦者乎〔一〕？誠以即物順通，故物莫之逆〔二〕；即僞即真，故性莫之易〔三〕。性莫之易，故雖無而有〔四〕；物莫之逆，故雖有而無〔五〕。雖有而無，所謂非有〔六〕；雖無而有，所謂非無〔七〕。如此則非無物也，物非真物。物非真物，故於何而可物〔八〕？

校釋

〔一〕「尋夫不有不無者，豈謂滌除萬物，杜塞視聽，寂寥虛豁，然後爲真諦者乎」：「尋」，探究。「滌除」，消除。「杜塞」，堵塞。「寂寥」，據元康疏：「無聲曰寂，無色曰寥。」（續藏經第五四頁）「虛豁」，空，一無所有。這句話的意思是：探究一下上述二論（智論和中論）所説的不有不無，就可以知道，並不是〔在自己思想上〕消除萬物，把自己的耳目堵塞起來，把世界看成無聲無色、空蕩蕩的一無所有，才算體現了真諦。

〔二〕「即物順通，故物莫之逆」：「即物順通」，通過萬物的「有」而看到萬物的「無」。這樣去看萬物，萬物不有不無的本性就不會與這種看法相違背。

〔三〕「即僞即真，故性莫之易」：「即僞即真」，通過萬物的僞象看到它的實象。這樣去看萬物，萬物不有不無的真性就不會因錯誤認識而有所變易。

〔四〕「性莫之易，故雖無而有」：這句話是對「即僞即真，故性莫之易」的補充。雖然萬物本性是無，但並不能否認其假有，所以説「雖無而有」。這是針對執「無」而説「有」。

〔五〕「物莫之逆，故雖有而無」：這句話是對「即物順通，故物莫之逆」的補充。萬物雖有其假象，但本性畢竟是無，所以説「雖有而無」。這是針對執「有」而説「無」。

〔六〕「雖有而無，所謂非有」：萬物皆有假象，這是「有」，但萬物的本性則是「無」。假象「有」，本性「無」，這就是「非有」。

〔七〕「雖無而有，所謂非無」：萬物本性皆是「無」，但又都有假象。本性「無」，假象「有」，這就是「非無」。

〔八〕「如此則非無物也，物非真物。物非真物，故於何而可物」：這句話的大意是：這樣，並不是没有物，只不過物不是真物而已。既然不是真物，還能把什麼叫做物呢？

【本段主旨】這段是廣論不真空的第二段——據理明空，主旨在於樹立不有不無的思想，反對偏執無或偏執有。

故經云：色之性空，非色敗空〔一〕。以明夫聖人之於物也〔二〕，即萬物之自虛〔三〕，豈待宰割以求通哉〔四〕？是以寢疾有不真之談〔五〕，超日有即虛之稱〔六〕。然則三藏殊文，統之者一也。故放光云：第一真諦，無成無得；世俗諦故，便有成有得〔七〕。夫有得即是無得之僞號〔八〕，無得即是有得之真名〔九〕。真名故，雖真而非有；僞號故，雖僞而非無〔一〇〕。是以言真未嘗有，言僞未嘗無〔一一〕。二言未始一，二理未始殊〔一二〕。故經云：真諦俗諦，謂有異耶？答曰：無異也〔一三〕。此經直辯真諦以明非有，俗諦以明非無〔一四〕。豈以諦二而二於物哉〔一五〕？

校釋

〔一〕「經云：色之性空，非色敗空。」：「經」，指鳩摩羅什譯維摩詰所説經，簡稱維摩經。維摩經入不二法門品：「色即是空，非色滅空，色性自空。」（大正藏十四卷五五一頁）意思是：萬物自性是空，並不是破滅以後才空。

〔二〕「以明夫聖人之於物也」：「明」，闡明、説明。元康疏：「以明兩字，或可屬上，或可屬下。……今此文意，則將屬下也。」（續藏經第五四頁）這句話的意思是：用以説明聖人對待萬物的態度。

〔三〕「即萬物之自虛」：「即」，就也。聖人認識萬物，是就萬物自性而得出萬物皆空的結論。

〔四〕「豈待宰割以求通哉」：「宰割」，分割。小乘認爲萬物的空，乃是不斷分割而成。「通」，通於空也。句意爲：難道需要不斷對萬物進行分割，才能得出空的看法嗎？

〔五〕「寢疾有不真之談」：「寢疾」指維摩詰。維摩經問疾品：「如我此病，非真非有，衆生病亦非真非有。」（大正藏十四卷五四五頁上）「不真之談」即指此。維摩詰在此處以病不真有喻萬物亦非真有。

〔六〕「超日有即虚之稱」：「超日」，西晉聶承遠譯超日明三昧經。此經云：「不有壽，不保命，四大空。」（大正藏十五卷五三二頁中）「即虚」即指此。

〔七〕「放光云：第一真諦，無成無得；世俗諦故，便有成有得」：西晉無羅叉譯放光般若經問觀品：「須菩提言：有所逮，有所得不？以二世俗之事有逮有得。但以世事，故有須陀洹、斯陀含、阿那含、阿羅漢、辟支佛，有佛。欲論最第一者，無有逮無有得。從須陀洹上至佛，亦無逮，亦無得。」（大正藏第八卷第三六頁下）「成」，成就。「得」，得到。這段經文大意是：從俗諦觀點看，自須陀洹到佛，每個階位都可以達到；而從真諦觀點看，則無所謂達到或得到。

〔八〕「有得即是無得之僞號」：依俗諦，説「有得」，實際上是「無得」，所以「有得」乃是「無得」的僞假稱號。

〔九〕「無得即是有得之真名」：依真諦説「無得」，可實際上已「有得」，所以「無得」是「有得」的真名。

〔一〇〕「真名故，雖真而非有；僞號故，雖僞而非無」：僧肇繼承龍樹的哲學思想，把萬物皆看成假名。既是假名，故「雖真而非有」。僞號也是名，不過此名不真。雖不真，畢竟有個僞名，故「雖僞而非無」。

〔一一〕「言真未嘗有，言僞未嘗無」：總結前句，意思是：真名並不是「有」，僞號並不是「無」。

〔一二〕「二言未始一，二理未始殊」：「未始」，從來不是。這句話的意思是：真僞二言從來不是一樣的，有無二理從來没有區別。有無不二之理即中道。

〔一三〕「經云：真諦俗諦，謂有異耶？答曰：無異也。」：「經」指鳩摩羅什譯摩訶般若波羅蜜經。此經道樹品云：「世尊，世諦、第一義諦有異耶？須菩提，世諦、第一義諦無異也。何以故？世諦如，即是第一義諦如。以衆生不知不見是如故。」（大正藏八卷三七八頁下）「第一義諦」即真諦。世諦與真諦還是有區别的，但又有聯係。從有聯係説，認識到萬物雖有，但非真有，則世諦與真諦無異。

〔一四〕「此經直辯真諦以明非有，俗諦以明非無」：從真諦看，萬物非有；從俗諦看，萬物非無。這是摩訶般若波羅蜜經的核心思想。但僧肇所引的那段話，這一思想並不突出。

〔一五〕「豈以諦二而二於物哉」：萬物都可以從二諦角度看，但不能因諦是二，物也是二。

【本段主旨】這是廣論不真空的第三段——第二次引教證空，主要内容是用二諦（俗諦、真諦）來説明萬物皆是非有非無的統一。

然則萬物果有其所以不有〔一〕，有其所以不無。有其所以不有，故雖有而非有；有其所以不無，故雖無而非無。雖無而非無，無者不絶虚〔二〕；雖有而非有，有者非真有。若有不即真，無不夷迹〔三〕，然則有無稱異，其致一也〔四〕。

校釋

〔一〕「萬物果有其所以不有」：「所以」，原因。句意爲：萬物確實有它所以不是真有的原因。

〔二〕「雖無而非無，無者不絶虚」：萬物本質上是無，而現象上又呈現爲有，這就不是絶對空虚。

〔三〕「無不夷迹」：「夷」，滅也。句意爲：萬物雖然是無，但並不是毫無迹象。

〔四〕「有無稱異，其致一也」：〔佛經〕中有時把萬物稱爲有，有時叫做無。稱呼雖不同，其目的却是一致的。

【本段主旨】這是廣論不真空的第四段——第二次據理明空，主旨在於説明：萬物既有不有不無的原因，所以雖然叫它「有」，這個「有」乃是「非有」；雖然叫它「無」，這個「無」乃是「非無」。

故童子歎曰：「説法不有亦不無，以因緣故諸法生〔一〕。」瓔珞經云：轉法輪者，亦非有轉，亦非無轉，是謂轉無所轉〔二〕。此乃衆經之微言也。何者？謂物無耶，則邪見非惑；謂物有耶，則常見爲得。以物非無，故邪見爲惑〔三〕；以物非有，故常見不得〔四〕。然則非有非無者，信真諦之談也。故道行云：心亦不有亦不無〔五〕。中觀云：物從因緣故不有，緣起故不無〔六〕。尋理即其然矣。

校釋

〔一〕「故童子歎曰：『説法不有亦不無，以因緣故諸法生。』」：「童子」，即寶積。他曾作偈讚佛，其中有一句偈：「説法不有亦不無，以因緣故諸法生。」（維摩經佛國品，大正藏第一四卷第五三七頁下）這句偈的意思是：法既不是有也不是無，由於因緣和合，諸法才産生。

〔二〕「瓔珞經云」至「是謂轉無所轉」：「瓔珞經」，即姚秦竺佛念譯菩薩瓔珞經。其中有一句問答：「文殊師利白佛言：『一切諸佛，所轉法輪，爲有轉耶？爲無轉耶？』爾時佛告文殊師利：『云何族姓子，一切諸佛皆轉法輪，亦有轉，亦無轉。』」（大正藏第十六卷第一〇八頁下）「法輪」，喻佛法。「轉」，説也。「轉法輪」即説法。在這裏僧肇把非有非無引到佛説法上來，意謂即使是佛説法，也是非説、非不説。諸法如空，佛説法也就是「非説」；但佛畢竟用語言向人們表達了思想，這又是「非不説」。

〔三〕「以物非無，故邪見爲惑」：「惑」，迷惑。「邪見」，即斷見。句意爲：認爲萬物非無，斷見才不起作用。

〔四〕「以物非有，故常見不得」：認爲萬物非有，常見才不能起作用。

〔五〕「故道行云：心亦不有亦不無」：「道行」，即後漢支婁迦讖譯道行般若經。此經云：「舍利弗謂須菩提，何而心亦不有亦不無？」（大正藏第八卷第四二五頁下）

〔六〕「中觀云：物從因緣故不有，緣起故不無」：「中觀」，即中論。鳩摩羅什在譯中論時連同青目釋也譯了出來。僧肇此處是義引青目釋中的話：「衆因緣生法，我説即是空。何以故？衆緣具足，和合而物生。是物屬衆因緣，故無自性，無自性故空。空亦復空，但爲引導衆生，故以假名説。離有無二邊，故名爲中道。」（大正藏第三十卷第三三頁）

【本段主旨】這是廣論不真空的第五段——第三次引教證空。在這裏，僧肇把非有非無擴展到思惟和語言上，認爲它們也是非有非無。

所以然者，夫有若真有，有自常有，豈待緣而後有哉？譬彼真無〔一〕，無自常無，豈待緣而後無也？若有不能自有，待緣而後有者，故知有非真有。有非真有，雖有不可謂之有矣。不無者，夫無則湛然不動〔二〕，可謂之無。萬物若無，則不應起，起則非無，以明緣起故不無也。故摩訶衍論云：一切諸法，一切因緣故應有；一切諸法，一切因緣故不應有；一切無法，一切因緣故應有；一切有法，一切因緣故不應有〔三〕。尋此有無之言，豈直反論而已哉？若應有即是有，不應言無；若應無即是無，不應言有〔四〕。言有，是爲假有以明非無，借無以辨非有〔五〕。此事一稱二〔六〕，其文有似不同，苟領其所同，則無異而不同〔七〕。

校釋

〔一〕「真無」：自身就是無，不待因緣，如虛空。

〔二〕「湛然」：水澄清貌。

〔三〕「故摩訶衍論云」至「一切因緣故不應有」：「摩訶衍論」，即大智度論。其中有這樣一句話：「一切法不自在，皆屬因緣生。」（大正藏第二十五卷第六二三頁上）僧肇是義引這句話，並擴展成四句。（一）「一切諸法，一切因緣故應有」：萬物皆因緣而成，故應〔假〕有。（二）「一切諸法，一切因緣故不應有」：萬物皆因緣而成，故不應〔真〕有。（三）「一切無法，一切因緣故應有」：諸法本性無，但它們是因緣和合而成的，故應〔假〕有。（四）「一切有法，一切因緣故不應有」：一切

（假）有的萬物，從緣而起，不是自己形成的，故不應（真）有。

〔四〕「若應無即是無，不應言有」：意謂萬物如果是真無，如虚空，就不應還説它們是有。

〔五〕此句脱「言無」二字，全文應是：「言有言無，是爲假有以明非無，借無以辨非有。」「假」，借也。「明」，闡明。「辨」，辨明。這句話的意思是：説有或説無，是爲了借「有」以闡明「非無」，借「無」以辨明「非有」。

〔六〕「此事一稱二」：「事一」，一件事。「稱二」，兩種稱呼。萬物是一，萬物皆非有非無，故稱二。

〔七〕「其文有似不同，苟領其所同，則無異而不同」：佛經中講「非有」「非無」，看上去「非有」與「非無」好像不同，但如果能理解中道的道理，就會懂得「非有」與「非無」是統一的，没有什麽不同。

【本段主旨】這是廣論不真空的第六段——據理引教明空，主旨在於闡明萬物是因緣和合而成，故既是「非有」又是「非無」。

然則萬法果有其所以不有，不可得而有〔一〕；有其所以不無，不可得而無。何則？欲言其有，有非真生〔二〕；欲言其無，事象既形〔三〕。象形不既無，非真非實有。然則不真空義，顯於兹矣。故放光云：諸法假號不真〔四〕。譬如幻化人〔五〕。非無幻化人，幻化人非真人也。

校釋

〔一〕「不可得而有」：不可以讓它强有。

〔二〕「有非真生」：即「有非真有」。

〔三〕「事象既形」：事物的假象既已形成。

〔四〕「故放光云：諸法假號不真」：「放光」，即放光般若經。此經云：「佛告須菩提，名字者不真，假號爲名，假號爲五陰，假名爲人、爲男、爲女。」（大正藏第八卷第一二八頁下）

〔五〕「幻化人」：用幻術變化出來的人。中觀派把現實的萬物比做幻化人，幻化人是中觀派常用的例子。

【本段主旨】這是廣論不真空的第七段——第二次據理引教明空，主旨在於説明萬物不真，猶如幻化人。

夫以名求物，物無當名之實〔一〕；以物求名，名無得物之功〔二〕。物無當名之實，非物也；名無得物之功，非名也。是以名不當實，實不當名，名實無當，萬物安在？故中觀云：物無彼此〔三〕。而人以此爲此，以彼爲彼，彼亦以此爲彼，以彼爲此〔四〕。此彼莫定乎一名，而惑者懷必然之志〔五〕。然則彼此初非有，惑者初非無〔六〕。既悟彼此之非有，有何物而可有哉？故知萬物非真，假號久矣。是以成具立强名之文〔七〕，園林託指馬之況〔八〕。如此，則深遠之言，於何而不在？是以聖人乘千化而不變，履萬惑而常通者，以其即萬物之自虚，不假虚而虚物也〔九〕。故經云：甚奇世尊，不動真際爲諸法立處〔一〇〕。非離真而立處，立處即真也〔一一〕。

校釋

〔一〕「以名求物，物無當名之實」：按照名去認識物，物没有與名相當的實體。如中药「木賊」並無盗賊之實體。

〔二〕「以物求名，名無得物之功」：按照物去談論名，名並不具備物的功能。如談水不濡唇，言穢不涴口。

〔三〕「物無彼此」：指萬物並没有彼和此的區别。這句話體現了中論的思想，但不是中論裏的原話。

〔四〕「人以此爲此」至「以彼爲此」：事物本來没有彼此的區别，而人們却以此爲此，以彼爲彼。如東方人以東爲此，以西爲彼，西方人却以西爲此，以東爲彼。

〔五〕「此彼莫定乎一名，而惑者懷必然之志」：此彼之名本來是二人各執一方而形成的，所以此彼之名是不定的，但糊塗人却頑固地認爲此是此，彼是彼。

〔六〕「彼此初非有，惑者初非無」：彼此本來没有區别，而以此爲此、以彼爲彼的糊塗人，却是從來就有的。

〔七〕「成具立强名之文」：後漢支曜譯成具光明定意經：「是法無所有法故，强爲其名。」（大正藏第十五卷第四五四頁下）

〔八〕「園林託指馬之況」：「託」，假借。「況」，喻也。園林指莊周。他曾爲漆園吏，故稱園林。莊子齊物論：「以指喻指之非指，不若以非指喻指之非指也。以馬喻馬之非馬，不若以非馬喻馬之非馬也。天地一指也，萬物一馬也。」對於這段話，諸家解釋不同。這裏抄録元康的解釋供參考：「此意云：此以此指爲指，將彼指爲非指。彼亦以彼指爲指，將此指爲非指，於馬亦然。各有一彼此，則彼此無定。各有一是非，則是非無定也。」（續藏經第五六頁）

〔九〕「不假虚而虚物也」：據遵式疏，這是批駁小乘的。小乘用分割的辦法，使萬物爲空，這叫「假虚而虚物。」（參見續藏經第一二五頁）

〔一〇〕「不動真際爲諸法立處」：佛經有許多地方講這樣的話。放光般若經：「不動於等覺法爲諸法立處。」（大正藏第八卷第一四〇頁下）摩訶般若波羅蜜經：「世尊，若實際即是衆生際，菩薩則爲建立實際於實際。世尊，若建立實際於實際，則爲建立自性於自性。」（大正藏第八卷第四〇一頁上）這些説法與僧肇的话有小異。這裏只解釋僧肇的話。「不動真際爲諸法立處」大意是：

不離開事物的真性(實際)去觀察事物。

〔一一〕「非離真而立處，立處即真也」：不離開要觀察的事物另外去找真性，要觀察的事物本身就有真性。

【本段主旨】這是廣論不真空的第八段——就名實以明空，主要説明，萬物只不過是名字，而名字又是不實在的，所以萬物皆空。

然則道遠乎哉，觸事而真；聖遠乎哉，體之即神。

【本段主旨】這是廣論不真空的第九段——結會明空。大意是：不真空的道理很深遠，要理解它，就要與現實事物接觸；聖人的理論很深刻，只有深入體會才可以掌握。

般若無知論〔一〕第三

【説明】般若無知論是僧肇最早的一篇關於佛學認識論的論文，也是僧肇的代表作。此論作於公元四〇五年，在鳩摩羅什譯出印度重要佛典大品般若經和大智度論之後，也就是説，是僧肇在對印度中觀佛學認識論有了深刻理解以後寫的。這篇論文的確如實地反映出印度中觀佛學認識論的真精神，呈給鳩摩羅什看後，深得稱讚。般若無知論的問世，標誌着中國僧人已能準確地理解印度佛學。

般若無知論的主要内容是把般若説成爲「無知」。這裏的「無知」並不是一無所知，而是無「惑取之知」或「妄知」，至於真正的知還是有的。論文的主旨是要人們放棄惑取之知，去掉惑取之知就有了真知，就達到了最高境界。僧肇的文風尚簡，而且過於追求文辭華麗，文中的「知」字有時指惑取之知，有時指真知，而「無知」却常常指的是真知。閲讀這篇論文，如不注意分辨「知」的真正涵義，就很難理解全論的真精神。該文於公元四〇七年傳至廬山慧遠、劉遺民處，他們對此論就不甚理解，究其原因，很大成份是由於没弄清「知」、「無知」的真正涵義。

夫般若虚玄者〔二〕，蓋是三乘之宗極也〔三〕，誠真一之無差，然異端之論紛然久矣〔四〕。

校釋

〔一〕「般若無知」：「般若」，梵語prajñā的音譯，意爲智慧。不過這種智慧不是一般人的智慧，而是佛、菩薩的智慧。漢語没有與它相當的詞彙，故用音譯。僧肇常用「聖智」、「聖心」等名詞表示般若。在僧肇時代，佛教高僧的著述和經典翻譯常借用中國傳統用語，「無知」即借自老子。老子第三章：「是以聖人之治，虚其心，實其腹，弱其志，强其骨，常使民無知無欲。」但僧肇借用的「無知」一詞，與老子原意不同，是指無惑取之知，也叫「無妄知」。但這層意思常被人誤會，以爲「無知」就是一無所知，猶如木石。「無知」相當於梵語的Nirvikalpajñana，後來譯爲「無分别智」（没有執著的智慧），就不易被誤解了。「無知」與「般若」意思相同，用「六離合釋」來説，是持業釋：般若即無知，無知即般若。

〔二〕「般若虚玄」：「虚玄」，元康疏：「無相故虚，幽隱故玄。」（續藏經第五七頁）意爲無形無相、幽隱難測的般若。

〔三〕「蓋是三乘之宗極也」：「三乘」，菩薩、緣覺、聲聞。「宗極」，所崇尚的最高目標。「蓋」，委婉的判斷詞。

〔四〕「誠真一之無差，然異端之論紛然久矣」：遵式疏：「誠，實也。智體真一，故無差別。經云：唯有一乘法，無二亦無三也。」（續藏經第一二七頁）這句話的意思是：般若是唯一的真理，似乎不應對它有不同的看法，而事實並非如此，有關般若的各種爭論由來已久。

【本段主旨】首先指出般若的重要性，然後指出人們對它理解不同，爭論不已，從而彰顯出自己作般若無知論的必要性。

有天竺沙門鳩摩羅什者〔一〕，少踐大方〔二〕，研幾斯趣〔三〕，獨拔於言象之表，妙契於希夷之境〔四〕，齊異學於迦夷〔五〕，揚淳風以東扇〔六〕。將爰燭殊方而匿耀涼土者〔七〕，所以道不虛應，應必有由矣〔八〕。弘始三年，歲次星紀〔九〕，秦乘入國之謀，舉師以來之〔一〇〕。意也〔一一〕。北天之運數其然矣〔一二〕。

校釋

〔一〕「有天竺沙門鳩摩羅什者」：「天竺」，印度古稱，也譯作天篤、身毒。「沙門」，梵語Sramaṇa音譯之略，意爲出家人或息心。沙門原爲印度各教派出家修道者的通稱，後佛教用來專指依戒律出家修道的人。「鳩摩羅什」，梵語Kumāra-jīva的音譯，意譯爲童壽，西域人，生於龜兹（今新疆境內）。七歲出家，先習小乘，後學大乘。後秦時入關中，傳印度佛教學者龍樹的中觀佛學。秦主姚興待以國師之禮，曾譯般若經、金剛經、法華經、維摩經、中論、百論、十二門論、大智度論等三百多卷。

〔二〕「少踐大方」：「踐」，鑽研。「大方」，語出於老子四十一章：「大方無隅。」僧肇借用「大方」一詞代表大乘，以表大乘無邊際。

〔三〕「研幾斯趣」：「研」，覈也。「幾」，心也。「斯趣」，指般若學的旨趣。

〔四〕「獨拔於言象之表，妙契於希夷之境」：「拔」，超出。「言象」，王弼周易略例明象：「夫象者出意者也，言者明象者也。」僧肇借用言象二詞，指語言文字。「妙」，玄妙。「契」，契合。「希夷」，老子十四章：「視之不見名曰夷；聽之不聞名曰希。」這句話的意思是：只有鳩摩羅什才能透過佛教經論的語言文字的表面意義，而玄妙地與超越視聽的深奥境界相契合。

〔五〕「齊異學於迦夷」：遵式疏：「齊者，平也、伏也。異學者，外道也。迦夷者，是梵音，具曰迦維羅衛，是天竺一國之名。」（續藏經第一二七頁）迦夷的梵語是Kapilavastu，傳説是釋迦牟尼的生地，今尼伯爾境内。

〔六〕「揚淳風以東扇」：「淳風」，般若慧風也。「東扇」，把般若慧風傳播到東方，即傳入中國內地。

〔七〕「將爰燭殊方而匿耀涼土者」：「將」，欲也。「爰」，小爾雅云：「爰，易也。」「匿」，隱也。「耀」，照也。「涼土」，涼州也。前秦建元十八年（公元三八二年），苻堅派呂光西伐龜兹。光克龜兹，迎鳩摩羅什東來。行至涼州，聞苻堅被姚萇所殺，乃於涼州自立。呂氏父子統治涼州十八年，不弘揚佛法，鳩摩羅什無法發揮其才智，所以説「匿耀涼土」。

〔八〕「所以道不虚應，應必有由矣」：這是因爲佛法決不憑空與某地應會，若與某地應會，即救度某地，必有其原因。這是説，鳩摩羅什早應來秦國，之所以拖了十八年，是因爲秦國人那時與佛無緣。

〔九〕「弘始三年，歲次星紀」：「弘始」，後秦姚興的年號。「三年」即辛丑年，公元四〇一年。「星紀」是丑月，十二月。本是用來紀月的，僧肇爲避文拙，以月銘年。弘始三年帶丑字，星紀爲丑月，故可以以月紀年。

〔一〇〕「秦乘入國之謀，舉師以來之」：「師」，兵衆也。元康疏：「（弘始三年）五月，興遣隴西公碩德，西伐吕隆。隆軍大敗。至九月隆上表歸降，方得迎什入關。」（續藏經第五九頁）

〔一一〕「意也」：（苻堅請什，什不能至，姚興請什，什却能來）這是天意啊。

〔一二〕「北天之運數其然矣」：「北天」，指中國中原一帶。這句話的意思是：鳩摩羅什之所以於弘始三年才來中國（當時主要指姚秦統治的關河一帶），完全是天意。

【本段主旨】這段主要是讚揚鳩摩羅什，並説鳩摩羅什所以能來秦國，乃是天意。

大秦天王者〔一〕，道契百王之端〔二〕，德洽千載之下〔三〕，游刃萬機〔四〕，弘道終日〔五〕，信季俗蒼生之所天，釋迦遺法之所仗也〔六〕。時乃集義學沙門五百餘人於逍遥觀〔七〕，躬執秦文，與什公參定方等〔八〕。其所開拓者，豈謂當時之益，乃累劫之津梁矣〔九〕。余以短乏，曾厠嘉會〔一〇〕，以爲上聞異要，始於時也〔一一〕。

校釋

〔一〕「大秦天王」：指秦主姚興。姚興承父位之初，自稱皇帝，後感到臣民不服，去皇帝號，改稱天王。

〔二〕「道契百王之端」：「道」，與下句的「德」連用，指道德。「契」，合也。「百王」，指自堯舜以下的諸帝王。「端」，首也。句意爲：姚興的道德超過以前所有的帝王。

〔三〕「德洽千載之下」：「德」，與上句「道」連用，指道德。「洽」，霑潤。句意爲：姚興的道德可以潤澤千年以後。

〔四〕「游刃萬機」：「游刃」，語出莊子養生主：庖丁解牛，運刀嫻熟，解牛十九年，刀刃若新發於硎。此處僧肇以庖丁解牛喻姚興能嫻熟地處理繁多的政務和軍務。

〔五〕「弘道」：宣揚佛教。

〔六〕「信季俗蒼生之所天，釋迦遺法之所仗也」：「信」，確實。「季俗」，末世。「天」，仰賴以生存者。「仗」，憑仗。這句話的意思是：大秦天王确實是末世衆生得以生存的倚賴，傳播釋迦遺法的依仗。

〔七〕「義學沙門」，研究佛教義理的和尚。「逍遥觀」，原是姚興游宴之所。羅什入秦，姚興便把它作爲羅什譯經和討論佛法的場所。

〔八〕「躬執秦文，與什公參定方等」：「躬」，親自。「秦文」，漢文。「參定」，商討。「方等」，大乘學説。

〔九〕「其所開拓者，豈謂當時之益，乃累劫之津梁矣」：「開拓」，原爲開疆拓土，此地指羅什與姚興對佛學的貢獻。「劫」，世界成壞一次爲一劫。「累」，屢也。「累劫」，形容時間很長很長。「津梁」，橋樑。句意爲：羅什與姚興對佛教所做出的重大貢獻，不僅對當時有益，而且是後世衆生脱離苦海的橋樑。

〔一〇〕「余以短乏，曾厠嘉會」：「短乏」，才短德乏，自謙之詞。「厠」，參加。「嘉會」，盛會。

〔一一〕「以爲上聞異要，始於時也」：我聽到佛法的異聞要義，是從此時開始的。

【本段主旨】這段是對姚興的讚頌。

然則聖智幽微，深隱難測，無相無名，乃非言象之所得〔一〕。爲試罔象其懷，寄之狂言耳〔二〕，豈曰聖心而可辨哉？

校釋

〔一〕「然則聖智幽微，深隱難測，無相無名，乃非言象之所得」：「聖智」，即般若。「幽微」，幽隱微妙。此句意爲：般若原本是無形象無名字的，叫它爲般若或聖智，只是爲了教導衆生而假借的名字而已。其真義幽隱微妙，不是語言文字可以説明白的。

〔二〕「爲試惘象其懷，寄之狂言耳」：「爲試」，姑且用。「惘象」，莊子天地：「黄帝遊乎赤水之北，登乎崑崙之丘而南望。還歸，遺其玄珠。使知索之而不得，使離朱索之而不得，使喫詬索之而不得也。乃使象罔，象罔得之。黄帝曰：『異哉，象罔乃可以得之乎！』」象罔即惘象。成玄英疏：「罔象，無心之謂。」這句話的意思是：姑且用無心之心（即不加思索地），發表一番狂論。

【本段主旨】般若本無相無名，不能用語言辨明，但爲了糾正對般若的錯誤理解，只好發表點議論。

試論之曰：放光云：般若無所有相，無生滅相〔一〕。道行云：般若無所知，無所見〔二〕。此辨智照之用，而曰無相無知者，何耶〔三〕？果有無相之知，不知之照，明矣〔四〕。何者？夫有所知，則有所不知〔五〕。以聖心無知，故無所不知〔六〕。不知之知，乃曰一切知〔七〕。故經云：聖心無所知，無所不知〔八〕。信矣。

校釋

〔一〕「放光云：般若無所有相，無生滅相」：「放光」，指放光般若經，此經卷十四：「佛言，般若波羅蜜如虛空相，亦非相，亦不作相。」（大正藏第八卷第九七頁下）僧肇是義引這句經文，意思是：般若沒有〔普通人所説的〕相狀，也沒有〔普通人所説的〕生滅相。但般若並不是一無所有。

〔二〕「道行云：般若無所知，無所見」：「道行」，指道行般若經，此經卷一：「何所是菩薩般若波羅蜜？當何從説菩薩？都不可得見，亦不可知處。」（大正藏第八卷第四二八頁上）僧肇是義引這句經文，大意是：般若沒有〔惑取之〕知，也沒有〔妄取之〕見。至於聖人的知、見還是有的。如果般若一無所知，它也就沒有任何意義了。僧肇在這裏爲了破「有」見，故説般若無所知、無所見。

〔三〕「此辨智照之用，而曰無相無知者，何耶」：這裏是爲了辨明般若智照的作用的，然而又説它無相無知，這是爲什麽？

〔四〕「果有無相之知，不知之照，明矣」：這裏有略語，大意爲：〔既然佛經説般若無相無知，〕這就説明，確實有無相狀的聖智，也確實有沒有知識的認識。

〔五〕「夫有所知，則有所不知」：這是指普通人的認識。普通人有所知，如認爲這是水，那是火，等等。有所知必然有所不知。有所不知就是對事物的根本性質没有認識。有了此是水、彼是火等認識，就認識不到萬物性空的本質。

〔六〕「以聖心無知，故無所不知」：聖人没有普通人的認識，故能無所不知。無所不知就是認識了萬物性空。性空是萬物共同的本質，所以僧肇認爲，認識了性空，就是「無所不知」了。

〔七〕「不知之知，乃曰一切知」：這是指聖人的認識。大意是：没有普通人的認識，才叫做「一切知」。所謂一切知，就是認識了事物性空的本質。

〔八〕「經云：聖心無所知，無所不知」：思益梵天所問經卷一：「以無所得故得，以無所知故知。」（大正藏卷十五第三九頁中）這裏引經證成「無知故無所不知」。

【本段主旨】此下廣論般若無知。這是第一段，正面説明般若即是無知。這裏的無知，指的是無普通人的惑取知。這一點常被人誤解。僧肇把般若無知論送到廬山後，那裏的高僧、隱士就未弄清這層意思。

是以聖人虛其心而實其照〔一〕，終日知而未嘗知也〔二〕。故能默耀韜光〔三〕，虛心玄鑒〔四〕，閉智塞聰〔五〕，而獨覺冥冥者矣〔六〕。

校釋

〔一〕「虚其心而實其照」：這是聖人認識事物的唯一方法。「虚其心」，是説聖人在認識事物時，使自己的内心保持絶對的空虚，不存有任何思維乃至感受。「實其照」，是説按照事物的本來面目去認識，就像鏡子照物一樣原模原樣地去反映外物。

〔二〕「終日知而未嘗知也」：遵式疏：「終日照理達事，未嘗有知也。」（續藏經第一二九頁）這是説，聖人終日認識事物，但並没有普通人的惑取知。至於聖人的知（照理達事）還是有的。

〔三〕「默耀韜光」：「默耀」，不有意地去照萬物。「韜光」，隱藏着自己的光輝。

〔四〕「虚心玄鑒」：「虚心」，心無執著。「玄鑒」，玄妙地鑒照。「虚心玄鑒」與「虚其心而實其照」意義相同。參見注〔一〕。

〔五〕「閉智塞聰」：關閉普通人的智慧，堵塞普通人的聰明。

〔六〕「獨覺冥冥」：「冥冥」，莊子天地：「視乎冥冥，聽乎無聲。冥冥之中，獨見曉焉；無聲之中，獨聞和焉。」又知北遊：「昭昭生於冥冥，有倫生於無形。」元康疏：「雖復閉智塞聽，而獨悟空空之理，故云獨覺冥冥也。然冥冥語出莊子。莊子云：『照照生於冥冥，有倫生於無形。』今借此語，以喻空空也。」（續藏經第六〇頁）把這句話與上句話聯繫起來理解：關閉了普通人的智慧和聰明，所以才能獨自覺悟到空的道理。

【本段主旨】這是廣論般若無知的第二段，主旨是説明聖人認識事物的方法，即拋棄普通人的思維，使認識主體與認識對象直接冥合，不必有任何知覺、思維一類的東西介在其間。這樣才可以得到聖人的認識。

然則智有窮幽之鑒，而無知焉〔一〕；神有應會之用，而無慮焉〔二〕。神無慮，故能獨王於世表〔三〕；智無知，故能玄照於事外〔四〕。智雖事外，未始無事；神雖世表，終日域中〔五〕。所以俯仰順化，應接無窮，無幽不察，而無照功〔六〕。斯則無知之所知，聖神之所會也〔七〕。

校釋

〔一〕「智有窮幽之鑒，而無知焉」：聖智有二：一爲實智，一爲權智。這裏是實智。遵式疏：「窮者，照之極也；幽者，理之深也。實智雖有窮理之鑒，能照之體，寂而無知。」（續藏經第一二九頁）這句話的大意是：聖智能窮盡真理，而無〔普通人的〕知。

〔二〕「神有應會之用，而無慮焉」：「神」，聖人的權智，應用難測，故名神。「應會」，教化衆生，救度衆生。這句話的意思是：聖智有教化、救度衆生的作用，但没有〔普通人的〕思慮。

〔三〕「神無慮，故能獨王於世表」：「獨王」，自由自在。「世表」，世俗世界之外。句意爲：聖智没有〔普通人的〕思慮，所以能自由自在地處於世俗世界之外〔不被世俗世界所迷惑〕。

〔四〕「智無知，故能玄照於事外」：聖智没有〔普通人的〕知，所以能玄妙地鑒照事外，即鑒照真諦。

〔五〕「智雖事外，未始無事；神雖世表，終日域中」：「域中」，世俗世界之中。這句話的大意是：聖人的智慧雖鑒照事外，但並不是什麽事情也未做，聖智鑒照真諦正是通過鑒照當下的世俗事物而實現的。聖智雖然處於世俗世界之外，但它又在世俗世界之中。這裏所説的處於世俗世界之外，指的是不被世俗世界所迷惑。

〔六〕「俯仰順化，應接無窮，無幽不察，而無照功」：「俯」，低頭；「仰」，抬頭，引申爲自由自在地。「順化」，隨順世俗。這句話的大意是：聖人自由自在地隨順世俗，無休無止地救度、教化衆生。聖人雖然隨順世俗，又能洞察真理，然而這種洞察並不是普通人具有的認識和了解。

〔七〕「斯則無知之所知，聖神之所會也」：「會」，契合。這句話的意思是：這就是無知（無凡夫惑取之知）之知（有聖人之知），聖智神心之所會（即救度衆生，而又不爲世俗所累）。

【本段主旨】這是廣論般若無知的第三段，主旨在於説明般若的功用，既能認識真諦，又能救度衆生。但它又是無知的，即没有凡夫的惑取之知。

然其爲物也，實而不有，虛而不無〔一〕，存而不可論者〔二〕，其唯聖智乎！何者？欲言其有，無狀無名〔三〕；欲言其無，聖以之靈〔四〕。聖以之靈，故虛不失照；無狀無名，故照不失虛。照不失虛，故混而不渝〔五〕；虛不失照，故動以接麤〔六〕。是以聖智之用，未始暫廢；求之形相，未暫可得。故寶積曰：「以無心意而現行〔七〕。」放光云：不動等覺而建立諸法〔八〕。所以聖迹萬端，其致一而已矣〔九〕。

校釋

〔一〕「實而不有，虛而不無」：〔般若〕真實地存在着，但並不是「有」；它是無形無相的，但並不是「無」。就是説，般若是「非有」與「非無」的統一。

〔二〕「存而不可論」：莊子齊物論：「六合之外，聖人存而不論。」莊子存而不論的事物是六合以外的，僧肇存而不可論的是般若。所謂「存而不可論」，是説無法用語言直接而準確地論述，所有的「論」都不过是指月之指。

〔三〕「欲言其有，無狀無名」：想要説它是「有」，可它既無相狀又無名稱。

〔四〕「欲言其無，聖以之靈」：想要説它是「無」，但聖人以它發揮鑒照作用。

〔五〕「照不失虛，故混而不渝」：「混」，混雜。「渝」，變化。這句話的意思是：聖智雖能鑒照真諦，但它仍然是空，所以聖人雖然混雜於世俗世界之中，但並不改變般若的空性。

〔六〕「虛不失照，故動以接麤」：「接」，接引，即教化、救度。「麤」，指凡夫。句意爲：聖智雖空，但有鑒照的功能，所以聖人的一切活動，都能接引凡夫。

〔七〕「寶積曰：『以無心意而現行。』」：支謙譯維摩詰經卷一：「童子寶積即於佛前以偈贊曰：『……以無心意而現行。』」（大正藏第十四卷第五一九頁下）鳩摩羅什的譯文有小異：「已無心意無受行。」（大正藏第十四卷第五三七頁下）僧肇引用的是支謙的譯文。遵式對這句話解釋得很好，疏曰：「無心即無知也。無意即無慮也。而現行者，常行照鑒故。」（續藏經第一三〇頁）這句話的意思是：聖人認識事物時，不動任何心思。

〔八〕「放光云：不動等覺而建立諸法」：放光般若經卷二十：「不動於等覺法爲諸法立處。」（大正藏第八卷第一四〇頁下）僧肇是義引這句經文。「不動」，不離。「等覺」，最高的智慧，也即是般若。「建立諸法」，意義比較廣泛，包括各種活動，這裏特指認識活動。句意爲：不離開般若智慧而認識事物。般若即無知，建立諸法即知。所以，僧肇說的「不動等覺而建立諸法」與「無知而無不知」義同。

〔九〕「聖迹萬端，其致一而已矣」：對聖智有各種解釋，如有時說它有知，有時說它無知，聖智所表現的迹象也常有變化，但聖智的體性是一致的。

【本段主旨】這是廣論般若無知的第四段——明體。本段指出般若之體，實而不有，虚而不無，其實就是「非有」、「非無」的統一。言其「非有」，非有知也；言其「非無」，非無照功也。

是以般若可虚而照〔一〕，真諦可亡而知〔二〕，萬動可即而静〔三〕，聖應可無而爲〔四〕。斯則不知而自知〔五〕，不爲而自爲矣〔六〕。復何知哉？復何爲哉？

校釋

〔一〕「般若可虚而照」：般若雖本性空，但有鑒照之功。

〔二〕「真諦可亡而知」：真諦雖無相，但可以用般若智慧認識它。

〔三〕「萬動可即而静」：可從變化着的萬物中認識其不變的本體。

〔四〕「聖應可無而爲」：聖人應接萬事萬物，可無爲而爲。無爲，無心而爲。

〔五〕「不知而自知」：無知而無不知。

〔六〕「不爲而自爲」：無爲而無不爲。

【本段主旨】這是廣論般若無知的第五段——總結。其主旨是：般若無知（無凡夫之知）而又有照功。

下面是僧肇自設的問答，共有九問九答，爲的是進一步闡述般若即無知的道理。以問答形式闡述自己的理論是當時流行的方式。

難曰：夫聖人真心獨朗，物物斯照〔一〕，應接無方〔二〕，動與事會〔三〕。物物斯照，故知無所遺；動與事會，故會不失機。會不失機，故必有會於可會〔四〕；知無所遺，故必有知於可知〔五〕。必有知於可知，故聖不虚知〔六〕；必有會於可會，故聖不虚會〔七〕。既知既會，而曰無知無會者，何耶？若夫忘知遺會者〔八〕，則是聖人無私於知會，以成其私耳〔九〕。斯可謂不自有其知，安得無知哉？

校釋

〔一〕「聖人真心獨朗，物物斯照」：「真心」，即般若。「朗」，明也。「斯」，同澌，盡也。句意爲：聖人智慧獨明，可以照盡萬物。

〔二〕「應接無方」：「應接」，接引衆生。「無方」，没有界限。

〔三〕「動與事會」：聖人的一切活動都能與外界事物相適合。

〔四〕「必有會於可會」：這句話的重點是强調有能會之智的存在。如承認有能會之智，就得承認般若有慮。

〔五〕「知無所遺，故必有知於可知」：這句話的重點是强調有能知之智的存在。如承認有能知之智，就得承認般若有知。

〔六〕「必有知於可知，故聖不虛知」：「虛知」即無知。承認有能知之智，般若就不是無知。

〔七〕「聖不虛會」：元康疏：「聖不虛會，即是有會。」（續藏經第六一頁）承認有會，就得承認有慮。承認有慮，聖智即非無知。

〔八〕「若夫忘知遺會者」：元康疏：「若以聖人雖有知會，而不言我能有知、我能有會也。」（續藏經第六一頁）

〔九〕「聖人無私於知會，以成其私耳」：老子七章：「聖人後其身而身先，外其身而身存。非以其無私邪？故能成其私。」僧肇此句的意思是：聖人不說自己有知會，這是聖人的謙遜。可這樣一來，反而成其私。

【本段主旨】這是第一難。聖人真心獨朗，有知有會，但聖人自謙，說自己無知，難道這是真的無知嗎？

答曰：夫聖人功高二儀而不仁〔一〕，明逾日月而彌昏〔二〕。豈曰木石瞽其懷，其於無知而已哉〔三〕？誠以異於人者神明〔四〕，故不可以事相求之耳〔五〕。子意欲令聖人不自有其知，而聖人未嘗不有知〔六〕。無乃乖於聖心，失於文旨者乎〔七〕？何者？經云：真般若者，清淨如虚空，無知無見，無作無緣〔八〕。斯則知自無知矣，豈待返照然後無知哉〔九〕？若有知性空而稱淨者，則不辨於惑智。三毒四倒皆亦清淨，有何獨尊淨於般若〔一〇〕？若以所知美般若，所知非般若〔一一〕。所知自常淨，故般若未嘗淨〔一二〕，亦無緣致淨歎於般若〔一三〕。然經云般若清淨者，將無以般若體性真淨〔一四〕，本無惑取之知。本無惑取之知，不可以知名哉〔一五〕。豈唯無知名無知，知自無知矣〔一六〕。是以聖人以無知之般若，照彼無相之真諦。真諦無兔馬之遺，般若無不窮之鑒〔一七〕。所以會而不差，當而無是〔一八〕，寂怕無知，而無不知者矣〔一九〕。

校釋

〔一〕「聖人功高二儀而不仁」：「二儀」，天地。這句話出自老子五章：「天地不仁，以萬物爲芻狗；聖人不仁，以百姓爲芻狗。」僧肇雖語借老子，但意義不同。此處「不仁」是聖人不自以爲「仁」之意，如金剛經説：「所有一切衆生之類……我皆令入無餘涅槃而滅度之。如是滅度無量無數無邊衆生，實無衆生得滅度者。」所以僧肇這句話的意思是：聖人（佛、菩薩）救度衆生，功高天地而不居。

〔二〕「明逾日月而彌昏」：「彌昏」，無知。這句話的意思是：聖人的智慧超過日月，能鑒照一切，但仍然是無知。

〔三〕「豈曰木石瞽其懷，其於無知而已哉」：這句話比較難解，主要是「其於」二字費解。日本學者認爲，「其」應爲「綦」，極的意思（見日本肇論研究第二六頁）。此解不通。按王力常用字韻部歸類表，「於」入「魚」部，「如」入「之」部。又按王力詩經韵讀，「魚」部字與「之」部字可以通假，故可假「於」爲「如」。「其於」可爲「其如」，如那樣之意。這句話的意思應爲：難道説像木石那樣被蒙蔽了心竅，才算是無知嗎？

〔四〕「誠以異於人者神明」：「誠」，實也。「神明」，般若鑒照真諦的能力。句意爲：聖人區別於凡夫之處在於聖人有鑒照真諦的能力。

〔五〕「不可以事相求之耳」：「事相」，普通人的看法。句意爲：不可用普通人的看法理解般若。（用普通人的看法理解般若，般若就應有知。）

〔六〕「子意欲令聖人不自有其知，而聖人未嘗不有知」：您的意思是想讓聖人不自以爲有知，您認爲聖人從來都是有知的。

〔七〕「無乃乖於聖心，失於文旨者乎」：「聖心」，即般若。「文旨」，佛經的宗旨。句意爲：難道不是背離般若原意，失去佛經的宗旨了嗎？

〔八〕「經云：真般若者，清净如虛空，無知無見，無作無緣」：摩訶般若波羅蜜經卷六：「説摩訶衍與空等，如虛空，無見無聞，無覺無識。」（大正藏第八卷第二六二頁下）僧肇是義引這句經文，意思是：般若是無相（清净）的，猶如虛空。般若無常人的知見，無造作。般若非緣所生，故亦無緣。

〔九〕「斯則知自無知矣，豈待返照然後無知哉」：「斯」，指摩訶般若波羅蜜經。句意爲：按經文所説，知本身就是無知，何必需要把自己的鑒照收回來，（闭目塞聰，如同木石，）才算無知呢？

〔一〇〕「若有知性空而稱净者，則不辨於惑智。三毒四倒皆亦清净，有何獨尊净於般若」：「三毒」，貪、嗔、痴。「四倒」，指四種顛倒妄見，凡夫不知不見實相，而於世間之無常執常，於諸苦執樂，於無我執我，於不净執净。句意爲：如果有人用「知」（般若）是性空，來稱讚般若清净（無知），那麽他就不能辨别般若與惑智的區别。三毒、四倒亦皆清净，（它們的清净僅是性空，並不是無知，）那麽還能用什麽特殊的清净（這裏的清净指無知）單獨讚美般若呢？

〔一一〕「若以所知美般若，所知非般若」：「所知」，認識對象，即真諦。元康疏：「若以真諦所知之境無相，故歎美能知之智爲無知。」（續藏經第六二頁）

〔一二〕「所知自常净，故般若未嘗净」：「所知」，即真諦。真諦無相故自身常净。般若是認識主體，它鑒照真諦，與真諦相對待。有對待就不能稱淨。

〔一三〕「亦無緣致淨歎於般若」：元康疏：「真諦自空，不關般若，何緣令般若同真諦之空，而言無知乎？」（續藏經第六二頁）

〔一四〕「然經云般若清淨者，將無以體性真淨」：文才疏：「將無者，豈非也。」（續藏經第二〇一頁）句意爲：然而經中所說的般若清淨（無知），豈不是因爲它體性真淨，〔本無惑取之知〕？

〔一五〕「本無惑取之知，不可以知名哉」：「惑取之知」，妄知，由執取而形成的錯誤之知。〔般若〕本來沒有惑取之知，不能以「知」命名。

〔一六〕「豈唯無知名無知，知自無知矣」：難道只有〔像木石一樣的〕無知，才叫無知嗎？知（般若）本身就是無知（無惑取之知）。

〔一七〕「真諦無兔馬之遺，般若無不窮之鑒」：曇無讖譯優婆塞戒經卷一：「如恒河水，三獸俱渡，兔、馬、香象。兔不至底，浮水而過。馬或至底，或不至底。象則盡底。恒河水即是十二因緣也。聲聞渡時，猶如彼兔；緣覺渡時，猶如彼馬；如來渡時，猶如香象。」（大正藏第二十四卷第一〇三八頁中）「無兔馬之遺」是說真諦本身沒有差別，不會使認識者像兔馬過河一樣，不能至底，而有所遺漏。般若無不窮之鑒，故能徹底洞察真諦。

〔一八〕「會而不差，當而無是」：用般若智慧去認識事物，便能與事物相適應而不執取，便不會有差錯。

〔一九〕「寂怕無知，而無不知者矣」：「寂怕無知」，無普通人的知。「無不知」，聖人的真知。

【本段主旨】這段是回答第一個問難。主要説明聖人的無知只是無惑取之知，至於鑒照真諦的真知還是有的。

難曰：夫物無以自通，故立名以通物〔一〕。物雖非名，果有可名之物當於此名矣〔二〕。是以即名求物，物不能隱〔三〕。而論云聖心無知，又云無所不知。意謂無知未嘗知，知未嘗無知〔四〕。斯則名教之所通，立言之本意也〔五〕。然論者欲一於聖心〔六〕，異於文旨，尋文求實，未見其當。何者？若知得於聖心，無知無所辨〔七〕；若無知得於聖心，知亦無所辨；若二都無得，無所復論哉〔八〕！

校釋

〔一〕「物無以自通，故立名以通物」：物不能自己説自己是什麽，所以人們給物取名以辨認它。

〔二〕「物雖非名，果有可名之物當於此名矣」：物雖然不是名，但確有與名相當的物。

〔三〕「是以即名求物，物不能隱」：所以按照物的名字求物，物則可取而不能隱避。

〔四〕「意謂無知未嘗知，知未嘗無知」：「意謂」，難者的意思。句意爲：難者認爲，無知就不是知，知就不是無知。

〔五〕「斯則名教之所通，立言之本意」：「名教」，這裏指佛陀的教導。「言」，名也。句意爲：這才與佛陀的教導相一致，才是立名的本意。

〔六〕「一於聖心」：論者想把不同的兩個名字，即知與無知，加於一個聖心之上。

〔七〕「若知得於聖心，無知無所辨」：「得」，契也。句意爲：如果知與聖心相契，就不必再提無知了。

〔八〕「若二都無得，無所復論哉」：若知與無知都與聖心不相契，那就沒有什麽值得討論的了。

【本段主旨】這段是第二個詰難。難者曰：聖心要麽是知，要麽是無知。可是論者却説聖心既是知又是無知。難者認爲這是矛盾的。

答曰：經云：般若義者，無名無説，非有非無，非實非虚。虚不失照，照不失虚〔一〕。斯則無名之法，故非言所能言也〔二〕。言雖不能言，然非言無以傳〔三〕。是以聖人終日言，而未嘗言也〔四〕。今試爲子狂言辨之〔五〕。夫聖心者，微妙無相，不可爲有；用之彌勤，不可爲無〔六〕。不可爲無，故聖智存焉；不可爲有，故名教絶焉〔七〕。是以言知不爲知，欲以通其鑒；不知非不知，欲以辨其相〔八〕。辨相不爲無，通鑒不爲有〔九〕。非有，故知而無知；非無，故無知而知〔一〇〕。是以知即無知，無知即知〔一一〕。無以言異而異於聖心也〔一二〕。

校釋

〔一〕「經云：般若義者，無名無說，非有非無，非實非虛。虛不失照，照不失虛。」：大品般若經的三假品、等空品及其他各處，都有這句話的大意。下面把僧肇義引的經文做一通釋。「般若義」，般若的涵義。「無名無說」，般若沒有名字，既然没有名字，就不是言說可及的。「非有非無」，般若不同於妄心有知，故曰「非有」；又不同於木石那樣的無知，故曰「非無」。「非實非虛」，非有，故非實；非無，故非虛。「虛不失照」，般若無妄知，故虛；般若能鑒照真諦，故「不失照」。「照不失虛」，般若鑒照真諦，但並不會因此而染上妄知，故「不失虛」。

〔二〕「斯則無名之法，故非言所能言也」：這就是無名之法，〔因爲是無名之法，〕所以不是用語言可以談論的。

〔三〕「言雖不能言，然非言無以傳」：般若雖然不是用語言可以闡明的，但離開語言就更不能把般若真義傳達給別人。〔所以還需要借用語言以闡述般若。〕

〔四〕「是以聖人終日言，而未嘗言也」：佛陀終日借用語言傳道，語言既是借用的，就不算有言。涅槃經云：「始從鹿野苑，終至跋提河。如是二中間，未曾説一字。」（轉引自遵式疏，續藏經第一三三頁）這段經文的意思是：佛陀成道後，到處講法，始於鹿野苑，終於跋提河，前後四十餘年。

從真諦觀點看，只是借用語言講法，實際上一字未言。

〔五〕「今試爲子狂言辨之」：遵式疏：「狂言者，不定之語也。」（續藏經第一三四頁）這句話意思是：現在爲您用不定的語言闡述一下，您可靈活理解，不要偏執。

〔六〕「聖心者，微妙無相，不可爲有；用之彌勤，不可爲無」：聖心（般若）非常玄妙，無形無相，所以不能説是「有」；但它有鑒照的作用，所以不能説它是「無」。

〔七〕「不可爲無，故聖智存焉；不可爲有，故名教絶焉」：「名教」，這裏做語言、文字解。「名教絶焉」，德清注：「言詮不及，名言路絶。」（續藏經第三〇四頁）這句話的大意是：不能説聖智是無，所以聖智是存在的；不能説它是有，所以語言、文字無法直接解釋。

〔八〕「是以言知不爲知，欲以通其鑒；不知非不知，欲以辨其相」：這句話德清解釋得很好：「以虚而照，所以言知不是真箇有知，但假知字以通曉其鑒照之用耳。言不知，不是絶然無知，但以無字以辨無惑取之知相耳。」（續藏經第三〇四頁）

〔九〕「辨相不爲無，通鑒不爲有」：爲了説明般若無妄知之相，所以説它是無，但它並不是真無；爲了説明般若有照物的功用，所以説它是有，但它並不是真有。

〔一〇〕「非有，故知而無知；非無，故無知而知」：般若非有，所以它有真知而無惑取之知；般若非無，所以它無惑取之知而有真知。

〔一一〕「知即無知，無知即知」：〔真〕知就是没有惑取之知，無知也是没有惑取之知。所以，「知」與「無知」並無區别。

〔一二〕「無以言異而異於聖心也」：〔聖心只有一個，但稱呼有所不同，有時説它是知，有時説它是無知。〕不要因爲稱呼的不同，而認爲聖心有異。

【本段主旨】這段是對難二的回答，主要説明般若既可以説是「知」，也可以説是「無知」。這兩種説法並不矛盾。説般若是「知」，是説般若有真知；説它是「無知」，是説它無惑取之知。無惑取之知即是真知。

難曰：夫真諦深玄〔一〕，非智不測。聖智之能，在兹而顯。故經云：不得般若，不見真諦〔二〕。真諦則般若之緣也〔三〕。以緣求智，智則知矣〔四〕。

校釋

〔一〕「真諦深玄」：真諦法性深廣玄妙，故曰「深玄」。

〔二〕「故經云：不得般若，不見真諦。」：這句話義引自大智度論卷十八：「解脱涅槃道，皆從般若得。」（大正藏第二十五卷第一九〇頁下）

〔三〕「真諦則般若之緣也」：「緣」，認識對象。句意爲：真諦便是般若的認識對象。

〔四〕「以緣求智，智則知矣」：從認識對象看般若，就可以知道，般若應該是「知」。

【本段主旨】這是第三個詰難——真諦既然能被般若認識，般若就應該是知，而不是無知。

答曰：以緣求智，智非知也〔一〕。何者？放光云：不緣色生識，是名不見色〔二〕。又云：五陰清淨，故般若清淨〔三〕。般若即能知也，五陰即所知也。所知即緣也。夫知與所知，相與而有，相與而無〔四〕。相與而無，故物莫之有〔五〕；相與而有，故物莫之無〔六〕。物莫之無，故爲緣之所起〔七〕；物莫之有，故則緣所不能生〔八〕。緣所不能生，故照緣而非知〔九〕；爲緣之所起，故知緣相因而生〔一〇〕。是以知與無知，生於所知矣〔一一〕。何者？夫智以知所知，取相故名知〔一二〕。真諦自無相，真智何由知〔一三〕？所以然者，夫所知非所知，所知生於知〔一四〕。所知既生知，知亦生所知〔一五〕。所知既相生，相生即緣法〔一六〕。緣法故非真，非真故非真諦也〔一七〕。故中觀云：物從因緣有，故不真；不從因緣有，故即真〔一八〕。今真諦曰真，真則非緣〔一九〕。真非緣，故無物從緣而生也〔二〇〕。故經云：不見有法，無緣而生〔二一〕。是以真智觀真諦，未嘗取所知。智不取所知，此智何由知？然智非無知，但真諦非所知，故真智亦非知〔二一〕。而子欲以緣求智，故以智爲知。緣自非緣，於何而求知〔二二〕？

校釋

〔一〕「以緣求智，智非知也」：這是針對詰難「以緣求智，智則知矣」而說的。意謂：根據真諦探求般若，般若是無知。這是總答，接下來是具體的論證。

〔二〕「放光云：不緣色生識，是名不見色」：此句義引自放光般若經卷十一問相品：「不以五陰因緣起識者，是名不見五陰。」（大正藏第八卷第七八頁上）「色」，泛指客觀事物。「識」，分別。「不見色」，無知。這句經文的意思是：觀照客觀事物而不起分別，這就叫無知。

〔三〕「又云：五陰清淨，故般若清淨」：放光般若經卷九明淨品：「佛言：以五陰清淨，故般若波羅蜜清淨。」（大正藏第八卷第六七頁上）「五陰」，色、受、想、行、識。人就是由五陰組成的。「清淨」，空。句意爲：五陰本性空寂，般若認識它的本性，故般若亦空。空即無知。

〔四〕「夫知與所知，相與而有，相與而無」：妄心（惑取知）對妄境（現象世界）就產生「知」和「所知」，真心（般若）對真境（真諦）就不會產生「知」和「所知」。

〔五〕「相與而無，故物莫之有」：「物」，注釋家對它的解釋不同。元康訓作「人」，遵式、文才、德清均訓作「心、境」。茲從後者。「莫之」，不能。句意爲：真心對真境，結果是心境俱無，就是說，智無知、境無相。

〔六〕「相與而有，故物莫之無」：妄心對妄境，心境俱有，就是説，心有知、境有相。

〔七〕「物莫之無，故爲緣之所起」：心境俱有，則「妄境爲緣，起妄智之分別」（遵式疏，續藏經第一三五頁）。起妄智之分別即有知。

〔八〕「物莫之有，故則緣所不能生」：心境俱無，則「所緣之境本寂，不起能緣之分別」（遵式疏，續藏經第一三五頁）。不起能緣之分別即無知。

〔九〕「緣所不能生，故照緣而非知」：「所緣」不能起「能緣」之分別，所以般若照緣而非知。非知即無知。

〔一〇〕「爲緣之所起，故知緣相因而生」：境爲緣而起智，則「能知」與「所緣」相因待而生分別。分別即知。

〔一一〕「是以知與無知，生於所知矣」：知與無知皆因所知而起，關鍵是看人們怎樣對待所知。執取所知之相，就是有知；不執取相，就是無知。

〔一二〕「夫智以知所知，取相故名知」：智是認識所知的，如果在認識過程執著於以此爲此，以彼爲彼，就是取相，取相便是知（妄知）。

〔一三〕「真諦自無相，真智何由知」：取相是知，真諦本身無相，真智緣真諦，怎麽能産生知（妄知）呢？

〔一四〕「所知非所知，所知生於知」：「所知」與「知」是相與而有的，「所知」本身不能單獨存在。智若不取，所知就談不上所知，所以説「所知非所知」。但事實上所知是有的。妄智取境，便形成所知，所以説「所知生於知」。

〔一五〕「所知既生知，知亦生所知」：「所知」還未成爲「所知」時，是以「境」的形態存在着，其性本空。但凡夫並不理解，以爲「境」是實有，便加以執取，説此是青，彼是黄，等等。這樣，「境」便成爲「所知」，這叫「知生所知」。所知既形成，説明妄智對它有執取，這叫「所知生知」。這句話表明，知與所知是相因待而有的。

〔一六〕「所知既相生，相生即緣法」：「所知既相生」是略語，全文爲：「知與所知既相生。」凡相對待而産生的一切事物，都是「緣法」。句意爲：「知」與「所知」既然是相對待而産生的（知生所知，所知生知），那麽它們就是「緣法」。

〔一七〕「緣法故非真，非真故非真諦也」：「緣法」也叫因緣所生法。凡是因緣而生的法都不真，不真就不是真諦。

〔一八〕「故中觀云：物從因緣有，故不真；不從因緣有，故即真」：這句話義引自中論卷四觀四諦品：「衆因緣生法，我説即是空，亦爲是假名，亦是中道義。」（大正藏第三十卷第三三頁中）這句話的意思是：任何事物，只要是因緣和合而成的，都不真；不是因緣合而成的，才是真的。

〔一九〕「今真諦曰真，真則非緣」：難者把真諦説成是緣，並進而推斷：「以緣求智，智則知矣。」這裏僧肇明確回答：真諦不是緣，因爲真諦是真實存在。

〔二〇〕「真非緣，故無物從緣而生也」：「無物從緣而生」，據文意疑脱「非」字，應爲「無物從非緣而生」。句意爲：真諦非緣，所以任何事物都是從緣而生。换言之，知不能從真諦産生。

〔二一〕「故經云：不見有法，無緣而生」：據元康疏：「諸經之中，通有此意。」（續藏經第六三頁）這句話的意思是：没有什麽事物不是因緣和合而生的。

〔二二〕「智非無知，但真諦非所知，故真智亦非知」：真智並非如同木石一樣的「無知」，但真諦也不是「所知」。「境」被執取才成爲「所知」，真諦不會被執取，故不是「所知」。真智觀真諦，真諦無相，所以真智也不是「知」。

〔二三〕「緣自非緣，於何而求知」：在僧肇看來，難者所説的「緣」乃是「非緣」。既是「非緣」，怎麽能産生「知」呢？

【本段主旨】這是對第三難的回答。難者認爲：般若觀真諦，真諦即般若之緣，以緣求智，智必然是知。在這一段，僧肇一針見血地反駁説：「以緣求智，智非知也。」然後加以論證。首先指出，「知」與「所知」相因待而有。不僅「知」與「所知」如此，一切事物的生起皆是如此。既相因待，就是緣法。緣法即非真，而真諦是真，真即非緣，既是非緣，怎麽能産生知呢？

難曰：論云不取者，爲無知故不取，爲知然後不取耶？若無知故不取，聖人則冥若夜遊，不辨緇素之異耶〔一〕？若知然後不取，知則異於不取矣〔二〕。

校釋

〔一〕「若無知故不取，聖人則冥若夜遊，不辨緇素之異耶」：「冥」，昏昧。「緇」，黑。「素」，白。句意爲：如果是因爲無知而不執取，那麼聖人豈不像盲人夜遊一樣，不辨黑白嗎？

〔二〕「若知然後不取，知則異於不取矣」：如果是因爲知而不執取，那麼，「知」本身就是執取，與「不取」自相矛盾。

【本段主旨】這段是第四難。僧肇之所以把般若説成無知，其立脚點就是「不取」，所謂「智不取所知，此智何由知」。所以難者就「不取」進行反駁。難者以爲：若無知而不取，聖人便冥若夜遊；若知而後不取，這個「知」本身就是「取」，而不是「不取」。就是説，有知就應有取，不能不取而知。

答曰：非無知故不取，又非知然後不取。知即不取，故能不取而知〔一〕。

校釋

〔一〕「知即不取,故能不取而知」:「知」本身就是「不取」。聖人認識事物時,心境冥合成一體,猶如鏡子照物,毫不執取,所以聖人是不取而知(真知)。

【本段主旨】這是對第四難的回答。般若觀真諦,心境完全冥合,没有任何思維性的東西。境是什麽樣,心也應是什麽樣,其間没有絲毫主觀勾畫的成分。這樣的認識論,是印度中觀佛學的核心理論。

難曰:論云不取者,誠以聖心不物於物〔一〕,故無惑取也〔二〕。無取則無是,無是則無當〔三〕。誰當聖心,而云聖心無所不知耶〔四〕?

校釋

〔一〕「論云不取者,誠以聖心不物於物」:「誠」,實也。「不物於物」,不執取於物。句意爲:論主所説的不取,實際上是説聖心不執取於物。

〔二〕「無惑取」:即不執取於物。

〔三〕「無取則無是,無是則無當」:夢庵釋:「是當之言,論主自立,諸教並無。」又云:「以智曰是,境曰當。」德清注：「是者，印可於物，不繆之稱，能知之心也。當者，應物不繆，主質不差，言所知之境也。」（續藏經第三〇五頁）「是」，對事物作是此是彼的判斷，屬於思維的領域。「當」，與心相應的外境。句意爲：没有執取，則對事物没有固定的看法。心中没有固定的看法，也就没有外境與心相應。

〔四〕「誰當聖心，而云聖心無所不知耶」：既無外境，又有什麽東西被聖心所認識，而説聖心無所不知？

【本段主旨】這是第五難。無取則無是，無是則無當。無當就是没有認識對象。既無認識對象，怎麽能説聖心無所不知呢？

答曰：然，無是無當者〔一〕。夫無當則物無不當〔二〕，無是則物無不是〔三〕。物無不是，故是而無是〔四〕；物無不當，故當而無當〔五〕。故經云：盡見諸法，而無所見〔六〕。

校釋

〔一〕「然，無是無當者」：是的，我是主張無是無當的。

〔二〕「夫無當則物無不當」：〔若有當，則一境當心，滯而不通。〕若無當，即不把某物作爲當心之境，則一切事物皆可作爲當心之境。

〔三〕「無是則物無不是」：〔若有是，即對某事物有確定看法。有確定看法，則心有執取。執取一事物，便不能認識其他事物。〕若無是，即不對事物作或此或彼的判斷，則心無執取。心無執取，就能認識一切事物的本性。

〔四〕「物無不是，故是而無是」：能認識一切事物的本性，這是「是」、「知」。一切事物皆性空，所以雖然認識它們，内心並無所知，這是「無是」。

〔五〕「物無不當，故當而無當」：一切事物皆可作爲當心之境，這是「當」。但外境空寂無相，這樣外境雖是「當」，實際上又是「無當」。

〔六〕「故經云：盡見諸法，而無所見。」：放光般若經卷二：「菩薩作是行般若波羅蜜，於諸法無所見。」（大正藏第八卷第一二頁下）「盡見諸法」，境智歷然，有知有相。「無所見」，無相無知。引中義爲：是而無是，當而無當。

【本段主旨】這是第五答。難者云，無當則無當心之境，無當心之境，聖人怎麽能無所不知呢？僧肇回答説，無當則物無不當。就是説，不把某物作爲當心之境，則心無障礙。心無障礙，就能把所有的外境作爲當心之境。言外之意是，所有的物皆可以作爲當心之境，那麽就能無所不知了。

難曰：聖心非不能是，誠以無是可是〔一〕。雖無是可是，故當是於無是矣〔二〕。是以經云「真諦無相，故般若無知」者，誠以般若無有有相之知〔三〕。若以無相爲無相，有何累於真諦耶〔四〕？

校釋

〔一〕「聖心非不能是，誠以無是可是」：般若並不是不能做是此是彼的判斷，確實是因爲外境無相。外境無相，聖心没有可以判斷的對象。

〔二〕「雖無是可是，故當是於無是矣」：雖然外境無相，〔但聖心必須照境，〕所以應以無相爲境。

〔三〕「是以經云『真諦無相，故般若無知』者，誠以般若無有有相之知」：經中所以説「真諦無相，故般若無知」，確實是因爲般若没有有相之知。

〔四〕「若以無相爲無相，有何累於真諦耶」：「有何累於真諦」，德清注爲「有何累於般若」。今從德清注。句意爲：若以無相爲般若之知，有何累於般若呢？換言之：若認爲般若有無相之知，這於般若有何不可呢？

【本段主旨】這段是第六難。難者認爲，般若還是有知，不過這個「知」乃是無相之知。難者的疑問是，把般若看成爲無相之知有何不可？

答曰：聖人無無相也〔一〕。何者？若以無相爲無相，無相即爲相〔二〕。捨有而之無，譬猶逃峰而赴壑，俱不免於患矣〔三〕。是以至人處有而不有，居無而不無〔四〕。雖不取於有無，然亦不捨於有無〔五〕。所以和光塵勞，周旋五趣〔六〕，寂然而往，怕爾而來〔七〕，恬淡無爲而無不爲〔八〕。

校釋

〔一〕「聖人無無相」：聖人不執取無相。這是論主對難者的總的回答。

〔二〕「若以無相爲無相，無相即爲相」：若執取無相，無相本身便成爲相。

〔三〕「捨有而之無，譬猶逃峰而赴壑，俱不免於患矣」：捨有而執無，猶如避開危峰而陷入深淵。執有或執無，都不免於患。〔執有，墮入常見；執無，則墮入斷見。把般若看成爲無相之知，便墮入斷見，違反了佛教中道精神而同於外道了。〕

〔四〕「是以至人處有而不有，居無而不無」：「有」、「無」是佛學中常用的一對範疇，意義很廣泛，有時指肯定和否定，有時指整個宇宙，有時指世間和涅槃。這句話裏的「有」「無」就是指世間和涅槃，意謂：聖人雖生活於世間，但並不被世俗所累；雖證得涅槃，但並不住於涅槃。

〔五〕「雖不取於有無，然亦不捨於有無」：聖人雖然不執取世間和涅槃，但也不離開世間和涅槃。

〔六〕「所以和光塵勞，周旋五趣」：老子四章：「挫其鋭，解其紛，和其光，同其塵。」「和」，混雜也。「光」，浄也。「塵勞」，污穢。「周旋」，往來也。「五趣」，地獄、餓鬼、畜生、人、天。此句浄源集解爲：「夫聖人之應迹也，和其光則在浄，而浄不以爲欣；同其塵則處穢，而穢不以爲慼。故能隨類現身，往還五趣。」慼，憂也。

〔七〕「寂然而往，怕爾而來」：「寂」、「怕」都是寂静的意思。句意爲：〔聖人〕寂静地往來於五趣之中。遵式疏：「往無往相，故曰寂然而往；來無來相，故曰怕爾而來。」（續藏經第一三七頁）

〔八〕「恬淡無爲，而無不爲」：遵式疏：「心静曰恬，智純曰淡。雖無作爲之心，而常照理達事。」（續藏經第一三七頁）

【本段主旨】這一段是第六答。前半部分説明聖人不執無，後半部分則説明聖人不住二邊，有無皆不執取。執有，則墮入常見；執無，則墮入斷見。

難曰：聖心雖無知，然其應會之道不差〔一〕。是以可應者應之，不可應者存之〔二〕。然則聖心有時而生，有時而滅，可得然乎〔三〕？

校釋

〔一〕「聖心雖無知，然其應會之道不差」：「應會」，教化衆生。句意爲：聖心雖無知，然其教化衆生的原則並無差錯。

〔二〕「是以可應者應之，不可應者存之」：所以聖人對根機成熟的人，則可以教化，使其得解脱。對於那些根機還未成熟的人，暫時先不去教化，等其根機成熟，再去教化。

〔三〕「然則聖心有時而生，有時而滅，可得然乎」：既然聖心有時應，有時不應，這不是聖心有時生有時滅嗎？論主如果承認聖心有生滅，就得承認聖心有知。

【本段主旨】這是第七難。難者要論主承認心有生滅。如果論主承認心有生滅，聖心就不是無知了。無知之心怎麼能有生滅呢？

答曰：生滅者，生滅心也〔一〕。聖人無心，生滅焉起〔二〕？然非無心，但是無心心耳〔三〕。又非不應，但是不應應耳〔四〕。是以聖人應會之道，則信若四時之質〔五〕。直以虚無爲體，斯不可得而生，不可得而滅也〔六〕。

校釋

〔一〕「生滅者，生滅心也」：〔難者所説的〕生滅，乃是心的生滅。

〔二〕「聖人無心，生滅焉起」：聖人没有凡夫之心，怎會有生滅呢？

〔三〕「然非無心，但是無心心耳」：然而聖人又不像木石那樣的無知，只是無執取之心。

〔四〕「又非不應，但是不應應耳」：聖人又不是只顧個人解脱，不去接引、教化衆生，只是隨緣度化，不特意進行選擇而已。即不以應爲應。

〔五〕「是以聖人應會之道，則信若四時之質」：「質」，實也。句意爲：所以聖人教化衆生的原則，猶如寒來暑往四季那樣可信。

〔六〕「直以虚無爲體，斯不可得而生，不可得而滅也」：「直」，但也。句意爲：聖人但以虚（無相）無（無執取）爲本性。這樣，聖心既不能説是生，也不能説是滅。

【本段主旨】這是第七答。難者想用心有生滅婉轉地證明般若有知。論主則回答：聖人體虚，既無生，也無滅。聖心既無生滅，也就婉轉地説明了般若本無知。

難曰：聖智之無，惑智之無，俱無生滅，何以異之〔一〕？

校釋

〔一〕「聖智之無，惑智之無，俱無生滅，何以異之」：淨源集解：「聖智無知，故無生滅。惑智性空，亦無生滅。凡聖何異耶？」

【本段主旨】這是第八難。其義易解，從略。

答曰：聖智之無者，無知；惑智之無者，知無。其無雖同，所以無者異也〔一〕。何者？夫聖心虛静，無知可無，可曰無知〔二〕，非謂知無。惑智有知，故有知可無，可謂知無〔三〕，非曰無知也。無知即般若之無也〔四〕，知無即真諦之無也〔五〕。是以般若之與真諦，言用即同而異，言寂即異而同〔六〕。同，故無心於彼此；異，故不失於照功〔七〕。是以辨同者同於異，辨異者異於同〔八〕。斯則不可得而異，不可得而同也〔九〕。何者？内有獨鑒之明，外有萬法之實〔一〇〕。萬法雖實，然非照不得〔一一〕。内外相與，以成其照功。此則聖所不能同，用也〔一二〕。内雖照而無知，外雖實而無相，内外寂然，相與俱無。此則聖所不能異，寂也〔一三〕。是以經云「諸法不異」者〔一四〕，豈曰續鳧截鶴，夷嶽盈壑，然後無異哉〔一五〕？誠以不異於異，故雖異而不異也〔一六〕。故經云：甚奇，世尊，於無異法中而説諸法異〔一七〕。又云：般若與諸法，亦不一相，亦不異相〔一八〕。信矣。

校釋

〔一〕「其無雖同，所以無者異也」：聖智與惑智都是「無」。其「無」雖同，但「無」的原因却不同。

〔二〕「聖心虚静，無知可無，可曰無知」：「無知可無」，没有惑取知可以去除。第一個「無」作動詞，去除之意。句意爲：聖智虚静，没有惑取之知，可以叫「無知」。

〔三〕「惑智有知，故有知可無，可謂知無」：惑智有惑取之知，即有妄知可以去除，所以叫「知無」。

〔四〕「無知即般若之無也」：「無知」指的是無惑取之知。般若本身就没有惑取之知，所以無知的「無」是般若的「無」。

〔五〕「知無即真諦之無也」：知無的知乃是惑取之知。惑智對外境執取，故有惑取之知。惑取之知亦本性空寂。本性空寂即是真諦的性質。所以知無的「無」是真諦之「無」。此上辨「無知」與「知無」的不同。

〔六〕「是以般若之與真諦，言用即同而異，言寂即異而同」：此下辨般若與真諦的同異。「用」，作用。「寂」，指空寂的性質。般若與真諦都有作用與性質。其作用各不相同，般若是能照，真諦是被照；其性質則相同，般若空寂，真諦也空寂。〔作用與性質是互相依存的。所以談到作用的不同，是在性質相同的前提下；談到性質相同，則是在作用不同的前提下。〕

〔七〕「同，故無心於彼此；異，故不失於照功」：因爲般若與真諦都是寂，智、境俱泯，故不必强作區別。又因爲般若與真諦確有區別，所以般若有鑒照的功能。

〔八〕「是以辨同者同於異，辨異者異於同」：所以，辨明般若與真諦的同，不能離開它們的異；辨明般若與真諦的異，不能離開它們的同。

〔九〕「斯則不可得而異，不可得而同」：這就是説，只能在相異的前提下辨同，在相同的前提下辨異，不能孤立地説它們相同或不同。

〔一〇〕「内有獨鑒之明，外有萬法之實」：「内」，般若。「獨鑒」，般若獨有的鑒照能力，此能力區别於小乘和凡夫。「外」，境。「萬法之實」，萬法皆有的真諦。

〔一一〕「萬法雖實，然非照不得」：萬法的本性雖然實在，然而如果没有般若智慧鑒照它，其本性也顯現不出來。

〔一二〕「内外相與，以成其照功。此則聖所不能同，用也」：「相與」，相資助。句意爲：内（般若）外（真諦）相資助，才能成就其鑒照的功用。從「用」這方面看，般若與真諦是不同的，即使聖人也不能令它們相同。

〔一三〕「内雖照而無知，外雖實而無相，内外寂然，相與俱無。此則聖所不能異，寂也」：般若能照而無知，真諦雖實而無相。照與被照相接觸都是無。般若與真諦體性空寂，本質相同。以性質而言，即使聖人也不能令它們不同。

〔一四〕「是以經云『諸法不異』者」：摩訶般若波羅蜜經第二十二卷：「諸法無相，非一相，非異相。」（大正藏第八卷第三八二頁下）

〔一五〕「豈曰續鳧截鶴，夷嶽盈壑，然後無異哉」：「鳧」，野鴨子。莊子駢拇：「鳧脛雖短，續之則憂；鶴脛雖長，斷之則悲。」句意爲：所謂諸法不異，難道是像把野鴨子的腿加長、把鶴腿截短，把高山砍平、把深壑填滿那様，才算無異嗎？

〔一六〕「誠以不異於異，故雖異而不異也」：淨源集解：「用是即寂之用，故不異於異；寂是即用之寂，故雖異而不異也。」

〔一七〕「故經云：甚奇，世尊，於無異法中而説諸法異」：摩訶般若波羅蜜經卷二十三六喻品：「云何無異法中而分別説異相。」（大正藏第八卷第三九〇頁上）

〔一八〕「又云：般若與諸法，亦不一相，亦不異相」：摩訶般若波羅蜜經卷二十二遍學品：「諸法無相，非一相，非異相。」（大正藏第八卷第三八二頁下）注〔一四〕、〔一七〕、〔一八〕所引經文都説明般若與諸法即異而同、即同而異。

【本段主旨】這是第八答。主要内容有二：一、辨明聖智與惑智的不同。聖智是「無知」，惑智是「知無」。「無知」是般若的「無」，「知無」是真諦的「無」。二、闡述般若與真諦的關係。般若與真諦有同有異。談到作用各不相同：般若是能照，真諦是被照。談到性質則無異：般若無知，真諦無相，都是無（寂）。論主還强調般若與真諦的同異是相即的，不能單談同，也不能單談異。論主之所以這樣講，在於引導衆生始終把般若與真諦聯繫在一起，因爲真諦無相，般若才可能無知。

難曰：論云言用則異，言寂則同，未詳般若之内，則有用寂之異乎？

【本段主旨】這是第九難，即最後的一難。主要問般若本身「用」、「寂」的異同。

答曰：用即寂，寂即用〔一〕。用寂體一〔二〕，同出而異名〔三〕，更無無用之寂而主於用也〔四〕。是以智彌昧，照逾明；神彌静，應逾動〔五〕。豈曰明昧動静之異哉〔六〕？故成具云：「不爲而過爲〔七〕。」寶積曰：無心無識，無不覺知〔八〕。斯則窮神盡智，極象外之談也〔九〕。即之明文〔一〇〕，聖心可知矣。

校釋

〔一〕「用即寂，寂即用」：「用」離不開「寂」，「寂」離不開「用」。

〔二〕「用寂體一」：「用」和「寂」的本體是一個。這個本體就是聖心。聖心的「用」是能鑒照真諦，聖心的「寂」是無知。

〔三〕「同出而異名」：老子一章：「道可道，非常道；名可名，非常名。無名，天地之始；有名，萬物之母。故常無，欲以觀其妙；常有，欲以觀其徼。此兩者同出而異名。同謂之玄。玄之又玄，衆妙之門。」論主用「同出而異名」，指「用」、「寂」皆出於般若，但名稱不同。

〔四〕「更無無用之寂而主於用也」：並沒有另外一個無用之「寂」來主宰「用」。

〔五〕「智彌昧，照逾明；神彌靜，應逾動」：聖人的智慧越昏暗，即越不執取，其鑒照就越明亮；聖人越不思慮，即越沒有凡人的思慮，就越能應接外物。

〔六〕「豈曰明昧動靜之異哉」：怎麽能説明昧不同、動靜有異呢？這是説，在凡人看來，明昧動靜有異，而從聖智看來，明昧動靜的本體都是「空」，因而並無區别。

〔七〕「故成具云：『不爲而過爲。』」：成具光明定意經：「不爲而過爲。」（大正藏第十五卷第四五二頁中）這是説，越没有凡人的作爲，就越有聖人的作爲。

〔八〕「寶積曰：無心無識，無不覺知」：此句義引自維摩經：「童子寶積即於佛前以偈贊曰：已無心意無受行，而悉催伏諸外道。」（大正藏第十四卷第五三七頁下）意思是：没有凡夫的心思、認識，與外界事物直接冥合，反而能真正認識各種事物的本質。

〔九〕「斯則窮神盡智，極象外之談也」：「象外」，世俗的名言、相狀之外。句意爲：〔成具、維摩二經的話〕是對精神智慧極爲透徹的説明，是超越世俗的議論。

〔一〇〕「明文」：佛經（這裏指成具、維摩二經）的語言。

【本段主旨】這是對第九難，即最後一個詰難的回答。内容有二：一、般若之内有「用」有「寂」，而且「用」「寂」不可分離。二、去掉凡人的思慮，用聖心處理應對事情，就可以有聖人的作爲。

劉君致書覈問〔一〕

【説明】這是隱士劉遺民寫給僧肇的一封信。原無標題，後人所加標題名稱不一，如隱士劉遺民書、劉公致問等。我們以淨源的集解爲底本，集解的題名是劉君致書覈問。

僧肇的般若無知論由竺道生帶到盧山劉遺民那裏。劉看後給慧遠等人傳閲。盧山僧衆皆稱讚僧肇的文筆，但他們受慧遠的小乘思想影響很大，對僧肇講的很多大乘空觀道理不能接受，於是請劉寫信叡問，因此信中所提的問題並不僅僅代表劉遺民。元康疏説：「雖言迹在於劉公，亦是遠法師之意。」（續藏經第六五頁）據元康的看法，般若無知論應有三章：第一章是論文，第二章是劉公致問，第三章是肇師釋答。此爲第二章。這個看法很對。僧肇的般若無知思想，雖已在般若無知論中基本講清，但有的地方比較含蓄，還是令人費解。經與劉公討論，才使其思想完全明瞭。

遺民和南〔二〕！頃餐徽聞〔三〕，有懷遥佇〔四〕。歲末寒嚴，體中如何〔五〕？音寄壅隔，增用抱藴〔六〕。弟子沉痾草澤，常有弊瘵耳〔七〕。因慧明道人北游〔八〕，裁通其情〔九〕。

校釋

〔一〕「劉君」：即劉遺民（？——四一〇）。本名程之，字仲思，彭城（今江蘇徐州）人，漢楚元王後裔。讀百家書，尤精佛理。晉太元中（三七六——三九六）曾爲宜昌、柴桑縣令。「桓玄僭逆初萌」，乃去廬山，追隨慧遠。「遠公曰：『官禄巍巍，欲何不爲？』程之曰：『君臣相疑，疣贅相窺。晉室無盤石之固，物情有累卵之危。』」（令模鈔，見本書第二九六頁）劉公不願爲官，甘願作隱士，参加慧遠組織的蓮社，以佛教浄土爲樂，自號遺民。文才的游刃説：「高士以道德自居，忘身遺世。」（續藏經第一輯第二編第一套第三册第二六三頁）劉公於廬山居十二年而卒。

〔二〕「和南」：梵語vandanam的音譯，意爲合掌。印度人以合掌表示敬意，所以和南是敬禮、致敬的意思。

〔三〕「頃餐徽聞」：「頃」，近來。「餐」，即飡。元康疏：「飡者，耳中承聞。」（續藏經第六五頁）「徽」，美也。「聞」，名也。這句話的意思是：近來聽到您的美名。

〔四〕「有懷遥佇」：「佇」，久立。此句表白慨慕之情，意爲：有愿意見到您的心懷〔而不得見〕，只好在遠方久立遥望。

〔五〕「體中如何」：「中」，道也。「體中」，即道體。句意爲：道體安好嗎？

〔六〕「音寄壅隔，增用抱藴」：「音寄」，來往書信。「增用」，更增加。「抱」，懷抱。「藴」，内心藴積的仰慕。句意爲：由於晉秦兩地不通書信，就更增加了對您的仰慕之情。

〔七〕「弟子沉痾草澤，常有弊瘵耳」：「痾」、「瘵」，皆病也。文才疏曰：「陸沉病身於山林草澤之中，更嘗有弊困之病也。」（續藏經第二〇七頁）這是説自己經常有病。僧肇在回信中也説自己有病。這是當時的一種謙語，用有病委婉表示自己勤勞努力，未必真有病。

〔八〕「慧明道人」：史無記載，不知何人。

〔九〕「裁通其情」：「裁」，始也，纔也。即纔通其情。

【本段主旨】這段是信的開頭，乃一般性問候。

古人不以形疏致淡，悟涉則親〔一〕。是以雖復江山悠邈，不面當年〔二〕，至於企懷風味〔三〕，鏡心象迹〔四〕，佇悦之勤，良以深矣〔五〕。緬然無因，瞻霞永歎〔六〕，順時愛敬〔七〕，冀因行李，數有承問〔八〕。伏願彼大衆康和〔九〕，外國法師當休納〔一〇〕。上人以悟發之器而遘兹淵對〔一一〕，想開究之功，足以盡過半之思〔一二〕。故以每惟乖闊，憤愧何深〔一三〕！

校釋

〔一〕「古人不以形疏致淡，悟涉則親」：「形疏」，地形差異，指相處兩地。「悟涉」，心相契悟。這句話的意思是：古人不因相處遥遠的兩地而感情淡漠，思想一致就會很親密。

〔二〕「不面當年」：從未見過面。

〔三〕「企懷風味」：德清注：「企仰懷慕（僧肇的）道風法味。」（續藏經第三〇六頁）

〔四〕「鏡心象迹」：德清注：「心鏡照其像迹，不越方寸。」（續藏經第三〇六頁）意爲永不能忘。

〔五〕「佇悦之勤，良以深矣」：「佇」，久立而仰望。「悦」，欣悦。「佇悦之勤」，以欣悦的心情久久站在某處仰望。把這句話與上句話聯繫起來，大意是：由於牢記肇法師的道風法味，所以仰慕的心情日益加深。德清注：「不越方寸，故佇望之勤，日益深矣。此仰慕之切也。」（續藏經第三〇六頁）

〔六〕「緬然無因，瞻霞永歎」：「緬」，遠也。「無因」，文才疏：「無因者，無由一見也。」（續藏經第二〇七頁）「霞」，雲霞，形容在羅什和僧肇的住地，放射出光彩的雲霞。「永歎」，長歎。句意爲：兩地相隔很遠，不能見面，只能瞻望秦地的雲霞而長歎。

〔七〕「順時愛敬」：德清注：「隨時愛敬之心不忘。」（續藏經第三〇六頁）句意爲：愛敬之心時刻不消。

〔八〕「冀因行李，數有承問」：「冀」，希望。「行李」，元康疏：「左傳注云：『行李，使人也。』」（續藏經第六五頁）此語出自僖公三十年，杜預注。「行李」有許多訓釋，如游人、旅行者、通信員，都不甚準確。元康疏又説：「古時字少，即以李字當履，相仍不改，以至於今，李猶是履。履謂人信（信乃官方信使，非書信）行履來往也。」（同上）依元康解，行李既包括官方小吏，也包括來往的游人和客商等等。「數」，經常。「承問」，元康疏：「望得書問。」（續藏經第六五頁）這句話的意思是：希望「行李」經常帶來僧肇的音信。

〔九〕「伏願彼大衆康和」：「伏願」，祝願，「伏」是表敬之辭。「康」，安也。「和」，樂也。這是對秦地僧衆的問候。

〔一〇〕「外國法師當休納」：「外國法師」指鳩摩羅什。「當」，元康疏爲「常」。常是永遠的意思。「休納」，淨源集解：「休泰内納。」意爲吉慶。

〔一一〕「上人以悟發之器而遘茲淵對」：「上人」，指僧肇。「悟發之器」，天資聰慧。「遘」，遇也。「淵」，學問淵博。「對」，對談、講授之席。「淵對」，指鳩摩羅什。句意爲：您既天資聰慧又遇到學問淵博的鳩摩羅什，稟受他親自教導。

〔一二〕「想開究之功，足以盡過半之思」：「想」，推想。「開」，開墾。「究」，爾雅：「究，窮也。」「開究之功」，推求研究般若義理的功夫。「過半之思」，周易繫辭：「知者觀其象，則思過半矣。」一般指全部了解。此句德清注：「想於般若開究之功，以盡過半之思。謂全了悟也。」（續藏經第三〇六頁）

〔一三〕「故以每惟乖闊，憤愧何深」：「惟」，想也。「乖闊」，指兩地相隔遥遠。句意爲：所以每想到路途遥遠，不能親承教導，就感到非常遺憾！

【本段主旨】這是信的第二段，是對秦地僧衆，特别是對僧肇的讚頌。

此山僧清常〔一〕，道戒彌厲〔二〕，禪隱之餘，則惟研惟講〔三〕，恂恂穆穆〔四〕，故可樂矣。弟子既以遂宿心而覩茲上軌〔五〕，感寄之誠，日月銘至〔六〕。遠法師頃恒履宜〔七〕，思業精詣〔八〕，乾乾宵夕〔九〕。自非道用潛流〔一〇〕，理爲神御〔一一〕，孰以過順之年〔一二〕，湛氣若茲之勤〔一三〕。所以憑慰既深，仰謝逾絶〔一四〕。

校釋

〔一〕「此山僧清常」：「此山」，指廬山。「清」，清浄。「常」，有秩序。句意爲：我們這裏的僧衆都生活得清浄而有秩序。

〔二〕「道戒彌厲」：「道」，泛指僧人所應做的事情，如讀經、講經、禮佛、坐禪等。「戒」，有防非止惡之意，指僧人應遵守的規矩，如不殺生、不偷盗、不淫、不妄語等等，用最簡略的話説，即「諸惡莫作，衆善奉行」。「彌」，越來越。「厲」，嚴也。

〔三〕「禪隱之餘，則惟研惟講」：「禪隱」，坐禪。佛教認爲，坐禪可以隱迹，所以叫「禪隱」。「惟」，僅。「研」，究至理。「講」，論教義。佛家講三學，即戒、定、慧。「禪隱」，定也。「研」、「講」，慧也。這句話的意思是：除了坐禪之外，就只有研習佛法，不敢做其他與此不相干的事。

〔四〕「恂恂穆穆」：「恂恂」，温恭。「穆穆」，和順。指廬山僧衆相處甚爲融洽。

〔五〕「弟子既以遂宿心而覩兹上軌」：「弟子」，劉遺民自謙之稱。「以」，通「已」。「遂」，達到。「宿心」，夙願。劉遺民早有隱志。「上」，高尚。「軌」，規範。「上軌」指佛法，此處指蓮社所定的規矩。這句話的大意是：我不但實現了長期以來的願望，又親眼看到廬山僧團持戒精嚴，秩序井然。

〔六〕「感寄之誠，日月銘至」：「感」，感遠公之恩。「寄」，寄身於廬山蓮社。「誠」，誠心。「銘」，刻也。「至」，瑶本作「志」，記也。這句話的意思是：對遠法師收留自己在廬山的感念之情，像日月那樣，永遠記在心中。

〔七〕「遠法師頃恒履宜」：「恒」，總是。「履宜」，行履如宜。句意爲：遠法師近來與往常一樣，其活動總是與教規相符合。

〔八〕「思業精詣」：「思」，禪思。「業」，學業。「精」，精良。「詣」，深刻。

〔九〕「乾乾宵夕」：周易乾卦：「君子終日乾乾，夕惕若，厲無咎。」「乾乾」，行事不息也。「宵夕」，起得很早，睡得很晚。意謂宿夜精勤。

〔一〇〕「道用潛流」：佛法的作用在心中暗流。

〔一一〕「理爲神御」：「理」，佛教的道理。「神」，心神，即精神。「御」，説文：「御者，使馬也。」這裏是主宰的意思。句意爲：以佛教至理主宰精神。

〔一二〕「過順之年」：六十歲以上的年齡。論語：「六十而耳順。」

〔一三〕「湛氣若兹之勤」：「湛氣」，清澈而充沛之氣。「勤」，精勤。這是説遠法師人品端正，精力充沛。

〔一四〕「憑慰既深，仰謝逾絶」：「憑慰」，身有所託，心有所慰。這句話的意思是：遠法師對我如此深恩，使我愈加無法報答。

【本段主旨】這是信的第三段，是向僧肇述説廬山僧衆的活動簡况，突出地讚頌了慧遠的學養。

去年夏末，始見生上人〔一〕示無知論〔二〕。才運清儁，旨中沉允〔三〕，推涉聖文，婉而有歸〔四〕。披味殷勤〔五〕，不能釋手。真可謂浴心方等之淵〔六〕，而悟懷絶冥之肆者矣〔七〕。若令此辯遂通〔八〕，則般若衆流，殆不言而會〔九〕。可不欣乎！可不欣乎！〔一〇〕

校釋

〔一〕「生上人」：「生」，竺道生。「上人」，對道生的尊稱。竺道生（三六〇——四三四），鉅鹿人（祐録作彭城人），天資聰穎，先在廬山住了七年，後去長安從鳩摩羅什學業，後又去建業（今南京）。首唱一闡提（斷了善根的人）也可以成佛，還提出頓悟理論，在中國佛學史上影響深遠。

〔二〕「無知論」：即般若無知論。

〔三〕「才運清儁，旨中沉允」：「才」，文采。「運」，韵也。「儁」，出衆。「旨中」，旨趣，即内容。「沉」，深刻。「允」，恰當。德清注：「沉，深淵。允，恰當。」（續藏經第一〇七頁）浄源集解曰：「宏才運發，清雅儁逸，旨趣中當，深沉允信。」此句意爲：般若無知論文辭出衆，内容深刻。

〔四〕「推涉聖文，婉而有歸」：「推涉」，推釋。「聖文」，佛經中的話。「婉」，美也。「有歸」，有根據。

這句話的大意是：對佛經的解釋，語言優美而又符合佛法。

〔五〕「披味殷勤」：「披」，披閱、翻閱。「味」，玩味。「殷勤」，反復閱讀，形容讀得很認真。把這句話與下句「不能釋手」聯繫起來，淨源集解曰：「披閱玩味於再於三，手不能捨。」

〔六〕「浴心方等之淵」：「方等」，方正平等，是一切大乘的通稱。此時般若學流行，故「方等」亦可專指般若。淨源集解：「洗心垢於般若之淵。」這句話的大意是：讀您的文章，好像沐浴在般若的海洋之中，把心的污垢洗滌乾淨。

〔七〕「悟懷絶冥之肆」：「絶冥」，元康疏釋作「幽玄」（續藏經第六〇六頁）。文才疏：「絶冥者，至深也。」（續藏經第二〇八頁）德清注：「般若非見聞之境，故稱絶冥之肆。」（續藏經第三〇七頁）「肆」，市肆之肆。元康疏的解釋最好，意謂悟心懷於幽深玄妙的境界。

〔八〕「若令此辯遂通」：「辯」，指般若無知論裏的思想。德清注曰：「若使此論一通。」（續藏經第三〇七頁）意爲：如果般若無知論的思想被衆人接受。

〔九〕「則般若衆流，殆不言而會」：「般若衆流」，當時由於對般若的理解不同，形成六家七宗，故稱衆流。據現代日本佛教學者横超慧日教授考證，慧遠屬本無宗（見横超慧日著中國佛教の研究，法藏館昭和四十六年版第一七四頁）。這個看法如正確，劉遺民也應持本無宗觀點。「殆」，幾乎。這句話的大意是：〔如果般若無知論的觀點被大家接受，〕那麼關於般若的不同看法，幾乎不必再多説什麼便可會通。不過，所有的注釋都把「般若衆流」注爲般若八部，即大品、小品、放光、光讚、道行、金剛、勝天王、文殊問、道行。

〔一○〕「可不欣乎」：「欣」，歡也。再言「可不欣乎」，謂大歡。

【本段主旨】這是信的第四段，主要誇讚般若無知論。

然夫理微者辭險〔一〕，唱獨者應希〔二〕，苟非絶言象之表者，將以存象而致乖乎〔三〕？意謂答以緣求智之章，婉轉窮盡，極爲精巧，無所間然矣〔四〕。但暗者難以頓曉〔五〕，猶有餘疑一兩，今輒題之如别〔六〕，想從容之暇〔七〕，復能粗爲釋之。

校釋

〔一〕「理微者辭險」：「理微」，道理深刻。「辭」，語言。「險」，嚴峻。意思是：道理講得深刻，語言就驚人。

〔二〕「唱獨者應希」：曲子唱得越高雅，能屬和的人就越少。文選宋玉對楚王問云：「客有歌於郢中者，其始曰下里巴人，國中屬而和者數千人。其爲陽阿薤露，國中屬而和者數百人。其爲陽春白雪，國中屬而和者數十人。引商引羽雜以流徵，屬而和不過數人。」（轉引自元康疏，續藏經第六六頁)意謂般若無知論義理高深,能真正理解的人不多。

〔三〕「苟非絶言象之表者,將以存象而致乖乎」:「言」,語言。「象」,原爲周易的卦象和爻象,這裏指形像。「乖」,悖也。句意爲:如果不超越語言的束縛,豈不因執取語言而違背真理? 也就是說,讀般若無知論應領會其精神,而不能執言忘意。可廬山僧團中有人執著語言,不能理解論中的深意。這句話是後面要提問題的張本。

〔四〕「意謂答以緣求智之章,婉轉窮盡,極爲精巧,無所間然矣」:「意謂」,我的意思。「婉轉」,展轉。「婉轉窮盡」,一層一層地把意思都説清楚了。「極爲精巧」,内容很深刻,叙述得很巧妙。「無所間然」,元康疏:「謂無有間阻不通處也。」(續藏經第六六頁)

〔五〕「暗者難以頓曉」:「暗者」,自謙之語。意謂我們是愚人,對般若無知論不能一下子全理解。

〔六〕「今輒題之如别」:「輒」,特意。「别」,别紙。劉遺民寫這封信時,信歸信,問題歸問題,並未寫在一起,今合之也。

〔七〕「從容之暇」:「從容」,無事之時。「暇」,閑暇。從容與暇合用,意爲在非常方便的時候。

【本段主旨】這是信的第五段,主要説明提問題的理由。劉遺民和慧遠本不同意僧肇的觀點,但這裏謙稱自己愚暗,未完全理解無知論,不能不提出問題。

以下是提問部分，實際上是問難。依元康疏，問有兩類：通問和別問。通問是總，別問是具體問題。別問又有三。如左圖：

- 問難
  - 通問
  - 別問
    - 智體有知無知？
    - 照境有相無相？
    - 境智相對有是無是？

論序云〔一〕：般若之體，非有非無，虛不失照，照不失虛〔二〕。故曰不動等覺而建立諸法〔三〕。下章云：異乎人者神明，故不可以事相求之耳〔四〕。又云：用即寂，寂即用，神彌靜，應逾動〔五〕。夫聖心冥寂，理極同無〔六〕，不疾而疾，不徐而徐〔七〕。是以知不廢寂，寂不廢知，未始不寂，未始不知〔八〕。故其運物成功化世之道，雖處有名之中，而遠與無名同〔九〕。斯理之玄，固常所彌昧者矣〔一〇〕。

校釋

〔一〕「論序」：「論」，般若無知論。「序」，無知論的前部分，即難答以前的部分。

〔二〕「般若之體，非有非無，虛不失照，照不失虛」：這句話不在無知論的序裏，而在答二中，原話是：「經云：般若義者，無名無說，非有非無，非實非虛。虛不失照，照不失虛。」劉遺民雖引了這句話，但並不同意這種說法。這句話的意思參見般若無知論的注釋，見本書第八五頁。

〔三〕「不動等覺而建立諸法」：這句話在序中，見本書第七四頁。

〔四〕「異乎人者神明，故不可以事相求之耳」：這句話在答一中，見本書第七八頁。

〔五〕「用即寂，寂即用，神彌静，應逾動」：這句話在答九中，見本書第一〇六頁。

〔六〕「聖心冥寂，理極同無」：此句並非僧肇論中原話，而是劉遺民概括的。按照僧肇觀點：「冥寂」，毫不執取。「理極」，理之至極。「同無」，與「無」相同。句意是：聖心毫無執取，符合佛教最高道理，因而與「無」相同。

〔七〕「不疾而疾，不徐而徐」：這句話是劉遺民引莊子的話來形容般若。莊子天道：「輪扁曰：『臣也以臣之事觀之。斲輪，徐則甘而不固，疾則苦而不入。不徐不疾，得之於手而應於心，口不能言，有數存焉於其間。』」劉遺民說聖心「不疾而疾，不徐而徐」，意思是說聖心非語言可以講清楚，但它又是完美的。

〔八〕「知不廢寂，寂不廢知，未始不寂，未始不知」：此句並不是僧肇的原話，但符合僧肇思想。「知」，真知。「寂」，空寂。聖心既有真知又是空寂的。

〔九〕「故其運物成功化世之道，雖處有名之中，而遠與無名同」：「運」，運轉。「物」，衆生。「道」，方法。「有名」、「無名」，出自老子第一章：「無名，天地之始；有名，萬物之母。」這裏，「有名」代表世俗世界，「無名」代表真諦世界。「遠」，宛也。全句大意是：聖人在世間教化衆生，需要用世俗世界的方法，但並不脱離佛教的法則。

〔一〇〕「斯理之玄，固常所彌昧者矣」：「斯理」，指以上所述僧肇論中的道理。「固」，實在，確實。「彌」，迷也。句意爲：上述道理非常玄妙，確實是我們所不能理解的。

【本段主旨】這段話是通問。劉遺民所引的話，正是般若無知論的基本思想。劉遺民表示都不明白。按理説，應一一回答。所以叫通問。不過從下文看，劉遺民並不要求僧肇全給予解答，只回答後面的具體問題即可。因爲後面的具體問題跟這些話的思想是一致的。明白了後面的具體問題，前面所問也就迎刃而解。後面的問題是别問，别問是通問的具體部分。

但今談者所疑於高論之旨，欲求聖心之異〔一〕，爲謂窮靈極數，妙盡冥符耶？爲將心體自然，靈怕獨感耶〔二〕？若窮靈極數，妙盡冥符，則寂照之名，故是定慧之體耳〔三〕。若心體自然，靈怕獨感，則羣數之應，固以幾乎息矣〔四〕。夫心數既玄而孤運其照，神淳化表而慧明獨存，當有深證〔五〕，可試爲辨之。

校釋

〔一〕「但今談者所疑於高論之旨，欲求聖心之異」：「談者」，討論般若無知論的人。「聖心之異」，聖心自身的矛盾。前面劉遺民引了一些無知論中的話，最後説，這些話都是很玄妙的，我們實在理解不了，因而也就提不出什麽問題來。但現在討論無知論的人所産生的疑惑，乃是不知道爲什麽您所描述的聖心竟然自身有矛盾。有學者認爲「聖心之異」是指「聖人不同於凡人的地方」（見日本肇論研究，三九頁），恐未當。元康把這句話劃入別問的第一條：聖心是有知還是無知？依我們看，這一條是劉遺民全部問題的中心。在劉遺民看來，無知論的根本錯誤就在於把聖心説成是自相矛盾的。不僅「知」與「無知」矛盾，「有相」、「無相」矛盾，甚至前面説的「照不失虚，虚不失照」也矛盾。這與他受慧遠影響有關（其實這封信就代表了慧遠的看法）。慧遠雖然力圖接受大乘中觀思想，但他最終還是未能完全擺脱小乘的實有思想，未能擺脱「非此即彼」的思想。在他們看來，聖心要麽是「知」，要麽是「無知」，不能既是「知」又是「無知」。

〔二〕「爲謂窮靈極數，妙盡冥符耶？爲將心體自然，靈怕獨感耶」：「爲」，是也。「謂」，説也。「靈」，指聖心。「窮靈」，窮盡聖心的靈照。「極」，至極。「數」，諸法，一切事物。凡事物皆有一定數量，故用「數」代表事物。「窮靈極數」，即用般若智慧照徹事物的本性。「妙」，玄妙。「盡」，窮也。「冥」，冥合，指與事物相符合，中間無絲毫間隙。「符」，與事物本性相符合。「妙盡冥符」，即認識了事物的本性。「心體」，聖心。「自然」，無動作。「怕」，通「泊」，恬淡無爲貌。「獨」，單獨。「感」，存也。這兩句話的大意是：是説聖心在認識事物（窮靈極數，妙盡冥符）呢？還是説聖心保持恬静的狀態，自然而然地在那裏單獨存在着（心體自然，靈怕獨感）？劉遺民的隱意是：若窮靈極數，妙盡冥符，那麽聖心就是在認識事物，就是有「知」。如果聖心自然地在那裏獨自存在着，那它就未認識事物，就不能説有「知」。總之，聖心不能同時是「知」又是「無知」。

〔三〕「若窮靈極數，妙盡冥符，則寂照之名，故是定慧之體耳」：「故」，固也，實也。「定慧」，是一個詞，仍是智慧的意思。這句話的大意是：如果窮靈極數，妙盡冥符，即認識了事物的本性，那麽雖然叫它寂照，好像寂然無知似的，實際上它是以智慧爲體的。既然是以智慧爲體，就應有「知」。

〔四〕「若心體自然，靈怕獨感，則羣數之應，固以幾乎息矣」：「羣數」，各種事物。「羣數之應」，認識事物和救度羣生等等。這句話的大意是：如果聖心只保持自然淡泊的狀態，毫無活動，那麽所謂應接外物，就幾乎是没有了。這句話的隱意是：如果是「無知」，也就談不上應接外物了。

〔五〕「心數既玄而孤運其照，神淳化表而慧明獨存，當有深證」：「心數既玄」，寂然無知。「神淳化表」，聖心恬淡於萬物。這句話的大意是：論中說聖心寂静無知，却能照徹萬物本性；聖心自然淡泊，毫無活動，却有智慧。這種論述應該還有其他證據，光是般若無知論裏的證據還不够。

【本段主旨】這是别問的第一問：聖心到底是有知還是無知？

疑者當以撫會、應機、覩變之知，不可謂之不有矣〔一〕。而論旨云本無惑取之知，而未釋所以不取之理〔二〕。謂宜先定聖心所以應會之道〔三〕，爲當唯照無相耶？爲當咸覩其變耶〔四〕？若覩其變，則異乎無相；若唯照無相，則無會可撫〔五〕。既無會可撫，而有撫會之功，意有未晤，幸復誨之〔六〕。

校釋

〔一〕「疑者當以撫會、應機、覩變之知，不可謂之不有」：「疑者」，廬山僧人對無知論有疑問的人。「當以」，認爲應該。這句話的意思是：疑者（其實也包括他自己）認爲，撫會、應機、覩變之知，不應該叫「無知」。

〔二〕「論旨云本無惑取之知，而未釋所以不取之理」：撫會、應機、覩變等都應是知，而僧肇却説是無知。所謂無知，乃是無惑取之知，就是「不取」。「不取」當然是佛教各家通認的，但劉遺民認爲僧肇雖説了「不取」（無惑取之知），但未説清「不取」的道理，也就是未説清所以叫「無知」的原因。僧肇注意到這一點，他在回信中比較詳細地談了這個問題。

〔三〕「謂宜先定聖心所以應會之道」：疑者認爲最好先弄清聖心應該怎樣去應會。應會的範圍很廣，包括辦事、接物、教化衆生等等。

〔四〕「爲當唯照無相耶？爲當咸覩其變耶」：「爲當」，應該。句意爲：應該只照無相呢，還是應該完全觀變化？照無相即照本性。觀變化即觀相狀。

〔五〕「若覩其變，則異乎無相；若唯照無相，則無會可撫」：「覩其變」即覩變，覩變意思最廣泛，包括應機、撫會。這句話的意思是：若覩變則不能照無相，若照無相則不能覩變（無會可撫）。事實上，僧肇在無知論中提到覩變與照無相。在答難一中説：「聖人以無知之般若，照彼無相之真諦。」（見本書第七九頁）在答難七中説：「聖人應會之道，則信若四時之質。」（見本書第一〇〇頁）而把這兩者明確統一起來，則是在復信中：「照無相，不失撫會之功；覩變動，不乖無相之旨。」（見本書第一六五頁）

〔六〕「既無會可撫，而有撫會之功，意有未悟，幸復誨之」：這個問難是劉遺民按照自己的邏輯而推論出來的。他首先確定僧肇只主張照無相而不主張撫會，然後推論道：既無會可撫，反而有照功，豈不自相矛盾？事實上僧肇是把照無相與撫會統一在一起的。這在復劉遺民的信中就說得非常明確了。

【本段主旨】這是別問的第二問，主要問照境是照有相還是照無相，因爲兩者不能同時。最後劉遺民乾脆認定僧肇只主張照無相，於是提問道：既無會可撫（不照有相），怎會有照功（即怎會有撫會之功）？在第二別問中還有一個小問題，就是劉遺民認爲無知論對「不取」的道理還未説清。僧肇在回信中對此問題也專做了解釋。

論云：「無當則物無不當，無是則物無不是。物無不是，故是而無是；物無不當，故當而無當〔一〕。」夫無當而物無不當，乃所以爲至當；無是而物無不是，乃所以爲真是〔二〕。豈有真是而非是，至當而非當，而云當而無當，是而無是耶〔三〕？若謂至當非常當，真是非常是，此蓋悟惑之言本異耳〔四〕。固論旨所以不明也〔五〕。願復重喻，以祛其惑矣〔六〕。

校釋

〔一〕引文是僧肇的原話，見答難五，本書第九五頁。

〔二〕「無當而物無不當，乃所以爲至當；無是而物無不是，乃所以爲真是」：劉遺民把「無當則物無不當」説成爲「至當」，把「無是則物無不是」説成爲「真是」。僧肇也同意這樣説，所以在回信中

說：「亦可如來言耳。」（見本書第一六八頁）

〔三〕「豈有真是而非是，至當而非當，而云當而無當，是而無是耶」：「至當」是最高層面的「當」，「真是」是最高層面的「是」。所以僧肇同意這種提法。但接下來劉遺民問道：哪有「至當」反而不是「當」，「真是」不是「是」的道理呢？這是僧肇不同意的，所以在回信中予以批駁。（見本書第一六八頁）

〔四〕「若謂至當非常當，真是非常是，此蓋悟惑之言本異耳」：如果說「至當」不是普通的「當」，「真是」不是普通的「是」，這並不奇怪，悟者說的「是」、「當」乃是「真是」、「至當」，惑者說的「是」、「當」乃是普通的「是」、「當」，悟者與惑者的語言涵義本來就不同。

〔五〕「固論旨所以不明也」：「固」，承上之辭。句意爲：既然「是」、「當」乃「真是」、「至當」，怎麽又說它們是「無是」、「無當」呢？這是我們所不明白的。

〔六〕「喻」，曉喻、開導。「祛」，去也。「惑」，迷惑。

【本段主旨】這是別問的第三問，也是最後一問。問境智相對有是無是。論主認爲無是，劉遺民不解，故問。

〈論至日即與遠法師詳省之〔一〕。法師亦好相領得意〔二〕，但標位似各有本〔三〕，或當不必理盡同矣。頃兼以班諸有懷〔四〕，屢有擊其節者〔五〕，而恨不得與斯人同時也〔六〕。

校釋

〔一〕「詳省之」：仔細閱讀。

〔二〕「法師亦好相領得意」：「好相領」，即讚揚。文才疏：「好相領者，深許可也。」（續藏經第二〇九頁）遠法師看後讚曰：「未嘗有也。」（高僧傳僧肇傳）「得意」，明白了其中的意思。

〔三〕「標位似各有本」：元康疏：「標位似各有本者，遠法師以法性爲宗本，謂性空非法性。肇法師以性空爲真諦，與遠法師不同也。」（續藏經第六八頁）元康講明了兩人的根本不同。僧肇師承鳩摩羅什，認爲一切皆空，包括般若也是空。般若既是空，當然是無知。慧遠並不認爲一切皆空，説般若亦空，他更不能接受。

〔四〕「頃兼以班諸有懷」：「頃兼」，近來又。「班」，布也。「有懷」，懷道之人，有學問的人。

〔五〕「屢有擊其節者」：淨源集解：「郢歌既發，數有擊節而和者。」淨源鈔云：「屢有擊其節者，蓋蓮社諸賢，皆高僧、巨儒，有其知音耳。」這句話的意思是：廬山也有人同意僧肇的觀點。

〔六〕「而恨不得與斯人同時也」：「斯人」，指僧肇。「不得與斯人同時」，漢武帝讀子虛賦，歎曰：「獨不與此人同時哉！」這裏是感歎不得與肇法師同時。

【本段主旨】這是信的結尾，主要是讚美僧肇，並向他説明廬山也有人同意般若無知論的觀點。

論主復書釋答

【説明】這是僧肇給劉遺民的回信。原無標題，後人所加標題名稱不一。淨源集解的標題是論主復書釋答。

劉遺民在信中提了四個問題：一、通問，二、別問。別問中有三問：一、智體是有知還是無知？二、聖心照境是照有相還是照無相？三、境智相對有是還是無是？有的注釋家把劉遺民在信中順便説的「未釋所以不取之理」也當成一個問題，這樣就構成五個問題。僧肇在回信中都予以解答。

元康説僧肇的回信應是般若無知論的一部分。此言甚是。雖然般若無知論已經講清了般若無知的道理，但比較扼要，乍看起來不大容易懂。這個缺欠，僧肇在回信中彌補了，並且提出一些新見解。所以，這封回信不僅是般若無知論的一部分，也是僧肇佛學思想的一部分，是了解僧肇思想不可缺少的史料。

僧肇在信裏還簡略介紹了長安佛教義學界的情況。言雖簡，但從中仍可看出當時長安佛教義學界的活動盛況。

不面在昔，佇想用勞〔一〕。慧明道人至〔二〕，得去年十二月疏並問〔三〕。披尋返覆，欣若暫對〔四〕。涼風屆節，頃常如何〔五〕？貧道勞疾，多不佳耳〔六〕。信南返不悉〔七〕。八月十五日釋僧肇疏答〔八〕。

校釋

〔一〕「不面在昔，佇想用勞」：「不面在昔」，過去從未見過面。語出古維摩經，維摩詰對文殊師利説：「不面在昔，辱來相見。」今借此語。「佇」，長久站立。「想」，思念。「用勞」，勤勞。「佇想用勞」，思念甚切。

〔二〕「慧明道人」：史無記載，不知何人。不過可以看出，這封信是他帶來的。劉遺民在信中曾説：「因慧明道人北游，裁通其情。」

〔三〕「得去年十二月疏並問」：「疏」，信也。「疏」有疏通情意的意思，所以古人常以「信」爲「疏」。「問」，即劉遺民所提之問題。這裏説「並問」，可知劉所提的問題是另外寫的。劉信中亦説：「今輒題之如別。」

〔四〕「披尋返覆，欣若暫對」：「披」，披閱。「尋」，思也。「披尋返覆」，即反復閱讀、思考。「欣若暫對」，歡喜得像突然面對面一樣。

〔五〕「涼風屆節，頃常如何」：「涼風」，秋風。八月十五正是仲秋。「屆」，到也。「節」，時候。「常」，包括身體狀況和日常的宗教活動。這裏特指身體，因前面說，已到了秋涼季節。

〔六〕「貧道勞疾，多不佳耳」：「貧道」，僧肇自謙之語，意謂於佛道知識貧乏。「勞疾」，因勞心而有疾病。「多不佳」，經常身體不好。勞累致病，是古人表示繁忙勞碌的謙語，未必真有病。

〔七〕「信南返不悉」：「信」，信使、使者，來往於兩國司信的小吏。遵式疏和日本肇論研究訓「信」爲書信之信，誤。句意爲：司信的使者回南方去，他可以向您詳談我的情況，這裏就不多寫了。

〔八〕「八月十五日釋僧肇疏答」：佛教徒自道安以後，皆姓釋，本可不寫，這裏却寫上，用來表示尊敬對方。「疏答」，即信答。日本肇論研究解作分條回答，未必合理。奥人李華德（Liebenthal）則簡譯成Reply（回答），乾脆不管「疏」字，恐未必當。

【本段主旨】那時寫信，多分廣略兩部分。這一段是略的部分，主要説明來信已收到，並問候對方。後面是廣的部分。

服像雖殊，妙期不二〔一〕；江山雖緬，理契即鄰〔二〕。所以望途致想，虛襟有寄〔三〕。君既遂嘉遯之志，標越俗之美，獨恬事外，歡足方寸〔四〕，每一言集，何嘗不遠喻林下之雅詠，高致悠然〔五〕。清散未期，厚自保愛〔六〕。每因行李，數有承問〔七〕。願彼山僧無恙，道俗通佳〔八〕。

校釋

〔一〕「服像雖殊，妙期不二」：僧肇是出家人，劉遺民是在家居士，因而他們的着裝、外表都有區別。和尚穿緇衣（黑色布衣），這是「服」殊；和尚剃髮，這是「像」殊。「妙期」，遠大理想。文才疏「妙期不二」曰：「玄妙歸期，終無有二。」（續藏經第二〇六頁）句意爲：我們之間雖有道俗的區別，但我們的遠大理想却是一致的。

〔二〕「江山雖緬，理契即鄰」：「緬」，遠也。劉居廬山，肇在長安，故云江山緬遠。「理」，道心。「契」，合也。句意爲：江山雖遠，心同道合，便如比鄰而居。

〔三〕「所以望途致想，虛襟有寄」：南望路途而興想，使我的虛無心懷有所寄託。意謂有了知音人。

〔四〕「君既遂嘉遯之志，標越俗之美，獨恬事外，歡足方寸」：周易遯卦：「九五，嘉遯，貞吉。」說文：「嘉，美也。」孔穎達疏「遯」爲「遯避」。這裏作退隱解。「標」，顯示，表現出。「恬」，心静也。句意爲：您既已實現了退隱的美好理想，表現出超越凡俗的美德，獨自超然於塵世之外，心情一定很愉快了。

〔五〕「每一言集，何嘗不遠喻林下之雅詠，高致悠然」：「言集」，指作品。「林下」，指「竹林七賢」，即嵇康、阮籍等七人。他們隱於山陽竹林，高尚其志，不事王侯。「雅詠」，高雅的作品。句意爲：您的每篇著述，何嘗不能與竹林七賢相比呢？一定是趣味高尚、意義深遠的。後代注釋家對「言集」的解釋不一樣，略録一二，供參考。元康疏「每一言集」曰：「每有聚集言論。」（續藏經第六八頁）淨源解「集」曰：「蓮社之規，半月一集。」元康與淨源都把「集」解釋成集會。文才疏曰：「每一言集者，謂肇公與南來之人一言集會也。」（續藏經第二〇九頁）德清注曰：「每與南來之人，一言集會之間。」（續藏經第三〇八頁）文才與德清都把「每一言集」解釋成肇公跟南來人短暫的會面和交談，誤。

〔六〕「清散未期，厚自保愛」：元康疏：「清散未期，厚自保愛者，清閑散適，無有期限，願自保養愛護也。」（續藏經第六八頁）句意爲：您的清閑散淡生活永無盡期，望多自珍重。

〔七〕「每因行李，數有承問」：在劉君致書覈問中有：「冀因行李，數有承問。」僧肇此話與劉公意同。「問」，音信。「行李」乃往來之人，有官方的小吏，也有客商。希望他們經常帶來劉公的音信。德清注：「因往來人，數得劉公音問。」（續藏經第三〇八頁）

〔八〕「願彼山僧無恙，道俗通佳」：「無恙」，無病，無憂。廬山有佛教徒，也有俗人，如雁門周續之、豫章雷次宗、南陽宗炳，所以説道俗通佳。

【本段主旨】這一段是向劉遺民致敬的，同時也表達了讚美之意。

承遠法師之勝常，以爲欣慰〔一〕。雖未清承，然服膺高軌，企佇之勤，爲日久矣〔二〕。公以過順之年，湛氣彌厲〔三〕，養徒幽巖〔四〕，抱一沖谷〔五〕，遐邇仰詠，何美如之〔六〕？每亦翹想一隅，懸庇霄岸，無由寫敬，致慨良深〔七〕！君清對終日，快有悟心之歡也〔八〕。

校釋

〔一〕「承遠法師之勝常，以爲欣慰」：元康疏無「之」字。「承」，知也。「勝」，佳也。「常」，身體和各種法事活動。句意爲：得知遠法師各方面都很好，甚爲高興。

〔二〕「雖未清承，然服膺高軌，企佇之勤，爲日久矣」：「清承」，親受。「服膺」，以胸着地，非常欽佩之意。「高軌」，元康疏：「高軌謂高行也。」（續藏經第六八頁）「企佇」，踮起脚跟仰望，表思慕之意。「勤」，表思慕之切。句意爲：雖未親身承受遠法師的教誨，但對他的高尚品行非常敬佩，所以思慕之心已經很久了。

〔三〕「過順之年」，指六十歲以上的人。「湛氣」，清澈而充沛之氣。「彌厲」，更加充沛。

〔四〕「養徒幽巖」：「幽巖」，深山。句意爲：在深山中教授學徒。據浄源集解，當時從慧遠學習的有七百人。

〔五〕「抱一沖谷」：「抱一」，堅守某種原則。老子二十二章：「曲則全，枉則直，窪則盈，敝則新，少則得，多則惑，是以聖人抱一，爲天下式。」「沖谷」，空谷，此處指心地開闊、寬廣。句意爲：他胸懷寬廣，堅守着佛弟子的理想和信念。

〔六〕「遐邇仰詠，何美如之」：「遐」，遠也。「邇」，近也。句意爲：遠近仰高頌德，無美可比。

〔七〕「每亦翹想一隅，懸庇霄岸，無由寫敬，致慨良深」：「翹」，踮起脚來。「想」，思慕。「翹想」，遥望並思念。「懸庇霄岸」，懸蓋庇廕天際。「無由寫敬」，没有辦法用筆墨寫盡敬意。句意爲：每每遥望廬山，想到遠法師的德化，猶如懸蓋天際之雲，連長安也受到他的庇廕，可是相隔甚遠，只能用筆墨向他致敬意，但筆墨是無法寫盡心中敬仰之情的，實在令人慨歎啊！

〔八〕「君清對終日，快有悟心之歡也」：「清對」，面對。「快」，及時。「悟心」，心中領悟。句意爲：您每天與遠法師在一起，能及時領悟他的教誨，一定很愉快啊。

【本段主旨】這段是讚美慧遠法師的。

即此大衆尋常〔一〕，什法師如宜〔二〕。秦王道性自然〔三〕，天機邁俗〔四〕，城塹三寶〔五〕，弘道是務〔六〕。由使異典勝僧方遠而至〔七〕，靈鷲之風萃於茲土〔八〕。領公遠舉，乃千載之津梁也〔九〕。於西域還，得方等新經二百餘部〔一〇〕，請大乘禪師一人〔一一〕，三藏法師一人〔一二〕，毗婆沙法師二人〔一三〕。什法師於大石寺出新至諸經〔一四〕，法藏淵曠〔一五〕，日有異聞〔一六〕。禪師於宮寺教習禪道〔一七〕，門徒數百，夙夜匪懈〔一八〕，邕邕肅肅〔一九〕，致可欣樂〔二〇〕。三藏法師於中寺出律藏〔二一〕，本末精悉，若覩初制〔二二〕。毗婆沙法師於石羊寺出舍利弗阿毗曇胡本，雖未及譯，時問中事，發言新奇〔二三〕。貧道一生，猥參嘉運，遇茲盛化〔二四〕，自恨不覩釋迦祇桓之集，餘復何恨〔二五〕！而慨不得與清勝君子同斯法集耳〔二六〕。

校釋

〔一〕「即此大衆尋常」：「大衆」，文才疏：「草堂義學俊彦五百，衆總三千。」（續藏經第二一〇頁）據元康疏，當時助鳩摩羅什譯經者共三千人。「尋常」，很好。

〔二〕「什法師如宜」：「什法師」，鳩摩羅什。「如宜」，如常休宜也。休宜，各方面都很好。

〔三〕「秦王道性自然」：「秦王」，姚興（三六六——四一六），公元三九四——四一六年在位，國號秦，史稱後秦。「道性自然」，秦王篤信佛教之心出於天性。

〔四〕「天機邁俗」：秦王的天資超過一般人。

〔五〕「城壍三寶」：「城」，城墻。「壍」，護城河。「三寶」，佛、法、僧。句意爲：秦王竭力保護三寶。

〔六〕「弘道是務」：秦王國事雖多，仍以弘揚佛道爲主要任務。

〔七〕「由使異典勝僧方遠而至」：「異典」，一般看不到的佛教經典。「勝僧」，有學問的高僧。句意爲：由於姚興推崇佛教，從而使異典勝僧從遠方而來。

〔八〕「靈鷲之風萃於兹土」：「靈鷲」，梵名Gṛdhrakūṭa，音譯耆闍崛，位於中印度摩揭陀國王舍城東北，簡稱靈山，因係釋迦説法之地而著名。「萃」，集也。句意爲：好像釋迦講學的風範又萃集於長安。

〔九〕「領公遠舉，乃千載之津梁也」：「領公」，慧遠弟子支法領，無專史，高僧傳佛陀跋陀羅傳和慧遠傳中提到他，曾於東晉太元十七年（三九二）奉慧遠之命赴西域，尋到很多梵本佛經，帶回長安。僧肇這封信寫於弘始十二年，「支法領即於此前返抵長安」（湯用彤漢魏兩晉南北朝佛教史三〇六頁）。此句意爲：支法領西域之行，對於佛教信仰者來説，可謂通向彼岸的千載橋樑。

〔一〇〕「於西域還，得方等新經二百餘部」：「方等」，指大乘經典。「新經」，過去未見到過的佛經。這裏説的二百餘部經，並無詳細記載，只説是「華嚴大乘等經」（淨源集解）。其中華嚴經於公元四一八年譯出。高僧傳佛馱跋陀羅傳云：「先是沙門支法領，於于闐得華嚴前分三萬六千偈，未有宣譯。至義熙十四年，吴郡内史孟顗、右衛將軍褚叔度即請賢爲譯匠，乃手執梵文，共沙門法業、慧嚴等百有餘人，於道場譯出。」（大正藏第五十卷第三三五頁）呂澂先生說：「大方廣佛華嚴經。六十卷。東晉佛陀跋陀羅譯。晉義熙十四年至劉宋永初二年（四一八——四二一）出。」（新編漢文大藏經目録，第三〇頁）

〔一一〕「請大乘禪師一人」：「大乘禪師」，即佛馱跋陀羅，意譯覺賢。生於印度那呵梨城，甘露飯王之苗裔，以禪律馳名，遊學罽賓，受業於大禪師佛陀斯那。秦沙門智嚴西行，苦請東歸。於四一〇年，來到長安，得見羅什，止於宮寺。教授禪法，門徒數百。其禪法與羅什異途，不久便被羅什門下以犯妄語戒爲由逐出長安。後去廬山。慧遠請他譯出修行方便禪經。四一二年至江陵。共譯經一一七卷。元嘉六年（四二九）卒，春秋七十有一。參見注〔一三〕。

〔一二〕「三藏法師一人」：「三藏法師」，元康疏認爲是弗若多羅，意譯爲功德華。此人於弘始六年（四〇四）即卒，恐非指他。淨源集解認爲是佛陀耶舍，意譯爲覺明。湯用彤先生也認爲是此人。佛陀耶舍，生卒年不詳，罽賓人。鳩摩羅什於沙勒國時，曾從他受學。弘始十年（四〇八），姚興準羅什所請，迎耶舍入長安。弘始十二年至十四年（四一〇——四一二），耶舍於中寺譯出曇無德律，即四分律六十卷。弘始十五年（四一三）譯出長阿含二十二卷。後去他地，不知所終。參見注〔一三〕。

〔一三〕「毗婆沙法師二人」：指曇摩耶舍和曇摩掘多。曇摩耶舍，罽賓人，善誦毗婆沙律，所以人們稱他爲大毗婆沙。東晉隆安中（三九七——四〇一）到達廣州，時年已八十五歲。義熙中入長安，受到姚興的崇敬。那時正好印度高僧曇摩掘多入關中，耶舍便與之共譯舍利弗阿毘曇。據道標的舍利弗阿毗曇序云：自弘始九年（四〇七）動手，反復修改，至弘始十六年（四一四）年才譯出，共二十二卷。耶舍後南遊江陵，至宋元嘉中還西域，不如所終。

佛馱跋陀羅、佛陀耶舍、曇摩耶舍、曇摩掘多等人是誰請來的，僧肇説得不明確。日本學者認爲是支法領從西域請來的。湯用彤先生未做定説：「或法領在西域得見而請來之。」（漢魏兩晉南北朝佛教史第三〇六頁）奧國學者李華德博士認爲是姚興請來的（參見*Chao Lun: The Treatises of Seng-Chao* 第九〇頁）。從前面對幾位高僧的簡介看，他們並不是支法領請來的。法領遠舉的主要功績在於他從西域取回二百多部新經。姚興廣招有學問的高僧，所以李華德的觀點還是説得通的。

〔一四〕「什法師於大石寺出新至諸經」：「大石寺」，即大寺，也叫草堂。羅什自弘始三年（四〇一）至弘始七年（四〇五）在逍遥園。弘始八年（四〇六）移至大寺。僧肇給劉遺民寫這封信在弘始十二年（四一〇）。支法領當在此前從西域賚新經至。羅什譯出的新經即包括法領從西域帶回來的，但不詳何經。

〔一五〕「法藏淵曠」：譯出的新經內容深遠。

〔一六〕「日有異聞」：由於講經譯經活動很多，使得僧肇每天都可以學到新東西。

〔一七〕「禪師於宫寺教習禪道」：「宫寺」，原作「瓦官寺」，誤。慧達疏作「官寺」，亦誤。據麗本出三藏集記校改。宫寺即逍遥園。「禪師」，指佛馱跋陀羅，精禪法，入長安後即教授禪法。

〔一八〕「門徒數百，夙夜匪懈」：在佛馱跋陀羅來長安之前，鳩摩羅什就教授過禪法，但羅什不精此道。佛馱跋陀羅來長安後，教授禪法，深受歡迎，門徒數百人，名僧智嚴、慧叡、慧觀等也從之就業。「夙夜匪懈」，詩大雅烝民：「夙夜匪解，以事一人。」夙，早也。白天夜晚都不懈怠。

〔一九〕「邕邕肅肅」：「邕」，和睦。「肅」，恭敬。

〔二〇〕「致可欣樂」：非常快樂的意思。事實上，由於佛馱跋陀羅大弘禪法，引起羅什學生忌恨，誣他違律，擯之使去。慧遠請他到廬山譯禪經，並爲之解擯事。

〔二一〕「三藏法師於中寺出律藏」：「三藏法師」即佛陀耶舍。秦司隸校尉姚爽請耶舍居於中寺。耶舍於中寺譯出四分律。

〔二二〕「本末精悉，若覩初制」：從本至末都譯得非常精細、完備，就好像看到原文一樣。

〔二三〕「雖未及譯，時問中事，發言新奇」：這是説舍利弗阿毗曇譯出前的情况。秦主姚興命曇摩掘多和曇摩耶舍共譯此論。弘始九年（四〇七）誦出梵本。但掘多和耶舍都不甚通漢文，直至十六年（四一四），他們對漢文有了相當理解以後才譯出，共二十二卷。僧肇給劉遺民回信時，此論還未譯出，故說「未及譯」。不過人們常問及其中的理論，得到的回答令人感到與其他經論不一樣，所以說「發言新奇」。

〔二四〕「貧道一生，猥參嘉運，遇茲盛化」：「猥」，謙詞，卑微。「嘉」，美也。「運」，活動，指各種法事活動。「盛」，隆盛。「化」，教化。句意爲：我這一生，能有機會以卑微的身份參加這些美好的活動，受到這樣隆盛的教化。

〔二五〕「自恨不覩釋迦祇桓之集，餘復何恨」：「祇桓」，亦名祇園，祇園精舍之略。釋迦牟尼常在這裏舉辦法會，講授佛法。句意爲：自恨不能參加釋尊在祇園的法會，此外還有什麽能使我感到遺憾呢？

〔二六〕「而慨不得與清勝君子同斯法集耳」：「清勝」，譽美之詞，意謂品行學問都很好。句意爲：使我遺憾的是不能與您這樣的君子一起參加我們這裏的法事啊！

【本段主旨】這段是僧肇讚美在姚興統治下長安佛教的活動盛況，其中記載了一些歷史資料。

生上人頃在此〔一〕，同止數年，至於言話之際，常相稱詠〔二〕。中途還南〔三〕，君得於相見，未更近問，惘悒何言〔四〕。

校釋

〔一〕「生上人頃在此」：「生」，指竺道生。「上人」，尊稱。「頃」，一般指「近來」，但僧肇寫這封信時，道生已離長安二年多（道生於四〇七年夏離長安，肇寫此信於四〇九年八月），因此，這裏的「頃」就不能解作「近來」，而應作「從前」。遵式疏：「頃，向。」（續藏經第一四五頁）向，即從前。

〔二〕「至於言話之際，常相稱詠」：僧肇與道生常談到劉遺民。道生很了解劉遺民，話語之間，常稱歎其美德和道業。

〔三〕「中途還南」：僧肇與道生私交甚好。現在道生已回南方去，不得終世相友，故曰「中途還南」，這裏有想念之意。德清疏「中途還南」曰：「因譯涅槃經，至闡提無佛性義，生公曰：『蠢動含靈，皆有佛性。闡提雖不信，有時善根發現，何以言無佛性？想經來未盡耳。』衆皆不然，生公遂去譯場。故云『中途還南』。」此釋不確。道生被擯是在元嘉五、六年中（四二八、四二九），僧肇信中說他「中途還南」乃是義熙三年（四〇七），與被擯之事毫無關係。

〔四〕「未更近問，惘悒何言」：「惘」，心中若有所失。「悒」，鬱悶。句意爲：近來未得到道生的音問，惘惘悒悒，思慕難言。

【本段主旨】這段主要談了道生的德行和對他的思念。

威道人至〔一〕，得君念佛三昧詠，並得遠法師三昧詠及序〔二〕。此作興寄既高〔三〕，辭致清婉〔四〕，能文之士率稱其美〔五〕，可謂遊涉聖門，扣玄關之唱也〔六〕。君與法師當數有文集，因來何少〔七〕？

校釋

〔一〕「威道人」：曇威，身世不詳。

〔二〕「得君念佛三昧詠，並得遠法師三昧詠及序」：「三昧」，梵文Samādhi之音譯，意譯爲「正受」或「定」，即止息雜慮，心專注於一境。據元康疏，遠法師先作念佛三昧詠及序，劉公等皆和。現存慧遠著述中僅存三昧詠序，無三昧詠。三昧詠序云：「夫稱三昧者何？思專、想寂之謂。思專則志一不撓，想寂則氣虛神朗。氣虛則智恬其照，神朗則幽無不徹。斯二乃是自然之玄符，會一而致用也。」（續藏經第七〇頁）

〔三〕「此作興寄既高」：「此作」，指劉公和遠法師的作品。詩有六義：一曰風，二曰賦，三曰比，四曰興，五曰雅，六曰頌。興者，起也，取譬引類，起發己心。「興寄既高」，面對當前事物，發起高遠思想。

〔四〕「辭致清婉」：文辭清爽，致思微婉。

〔五〕「能文之士率稱其美」：「能文之士」，有文學才華的人。「率」有二解：一，大都；二，全都。此處解作全都，即有文學才華的人都稱讚三昧詠寫得好。

〔六〕「可謂遊涉聖門，扣玄關之唱也」：「聖門」，佛門。「遊涉聖門」，在佛門裏漫步，意謂對佛教已有深刻理解。「玄關」，指佛教入道之門。「扣玄關」，指已通曉了佛教的高深理論。這句話的大意是：劉公和遠法師的三昧詠可以說是精通了佛法的作品。

〔七〕「君與法師當數有文集，因來何少」：廬山僧俗常舉辦詩會，又看到曇威帶來的劉公和遠法師的詩，推知他們一定有很多作品。「因來」，因行人之便帶來。

【本段主旨】這段主要是讚美劉遺民和慧遠的作品。

什法師以午年出維摩經〔一〕，貧道時預聽次。參承之暇，輒復條記成言，以爲注解〔二〕。辭雖不文，然義承有本〔三〕。今因信持一本往南〔四〕，君閑詳，試可取看〔五〕。

校釋

〔一〕「什法師以午年出維摩經」：「什法師」，鳩摩羅什。「以」，在，於。「午年」，丙午年，弘始八年（四〇六）。「出維摩經」，譯出維摩經。此經印度只存片斷。

〔二〕「參承之暇，輒復條記成言，以爲注解」：「參」，參加。「承」，稟承。句意爲：我在參加譯經（肇爲譯場筆受）和聽講（那時譯經，譯主邊譯邊講）之暇，常把所聽到的解釋記録下來，加以整理，作爲對維摩經的注解。

〔三〕「辭雖不文，然義承有本」：文辭雖然不好，但我的解釋是有根據的。「辭雖不文」是僧肇的謙語，他的注維摩經文辭優美。

〔四〕「今因信持一本往南」：「信」，信使，當時來往於各國間的通信小吏。僧肇的注維摩經即請他們帶往廬山。

〔五〕「君閑詳，試可取看」：「閑」通「嫻」。「君閑詳」，劉遺民嫻於文字，詳於義理。「試」，副詞，表敬之辭，用於對上或對朋友提出某種請求，可勉强譯爲「試着」。據文才疏：「『君閑』下，瑶本云『詳議取看』。」（續藏經第二一〇頁）

【本段主旨】這段僧肇主要説明自己曾根據鳩摩羅什的講解給維摩經作注。

來問婉切，難爲郢人〔一〕。貧道思不關微〔二〕，兼拙於筆語，且至趣無言，言必乖趣〔三〕，云云不已，竟何所辨〔四〕。聊以狂言，示詶來旨耳〔五〕。

校釋

〔一〕「來問婉切，難爲郢人」：「婉」，美也。「切」，切當。「郢人」，語出莊子徐无鬼：「郢人堊（白色土）漫其鼻端，若蠅翼，使匠石斲之。匠石運斤（斧頭）成風，聽而斲之。盡堊而鼻不傷，郢人立不失容。」僧肇以匠石之斲堊喻劉公之問，以郢人喻自己的回答。自謙曰「難爲郢人」，即難以回答。

〔二〕「思不關微」：思慮不關涉於幽微，即思考得不那麼深入細致。

〔三〕「至趣無言，言必乖趣」：「趣」，旨趣。「至趣」，最高的旨趣，即最高的佛教義理。句意爲：最高的佛教義理是無法用語言説明的，如果一定要言説，必然乖於佛教最高旨趣。

〔四〕「云云不已，竟何所辨」：雖然説了很多，終究未能説清什麼問題。

〔五〕「聊以狂言，示詶來旨耳」：「狂言」，妄言。「詶」，酬。句意爲：略用妄言以答來問。

【本段主旨】欲答來問，先自謙，表示自己並不能回答劉公所提之問題。但劉公既已發問，就不能不勉强作答。這些回答也只不過是妄言而已。

以下是答問和總結。答問中分通答（即概括的回答）和别答（即具體的回答）。通答有一，别答有三（因劉遺民在信中提出三個大問題）。見下圖式。

- 甲、答問
  - 通答（「疏云稱聖心冥寂理極同無」下）
  - 別答
    - 一、答智體有知無知問
      - 1正答（「疏曰談者謂窮靈極數妙盡冥符」下）
      - 2辨聖心（「何者夫聖人玄心默照」下）
      - 3斥執情（「而今之談者多即言以定旨」下）
      - 4詰謬計（「請詰夫陳有無者」下）
    - 二、答智境相對，有相無相問（「又云宜先定聖心所以應會之道」下）
    - 三、答境智相對，有是無是問（「又云無是乃所以爲真是」下）
- 乙、總結（「夫言迹之興異途之所由生也」下）

疏云：稱「聖心冥寂，理極同無」，「雖處有名之中，而遠與無名同。斯理之玄，固常所彌昧者〔一〕」。以此爲懷，自可忘言內得，取定方寸〔二〕，復何足以人情之所異，而求聖心之異乎〔三〕？

校釋

〔一〕「疏云」至「固常所弥昧者」：「疏」，信。遵式疏：「古多以书曰疏。疏，疎也，疎通情意，今指彼书云。」（續藏經第一四六頁）「稱」，信中所説的話。遵式疏：「稱者，指彼所説也。」（續藏經第一四六頁）「聖心冥寂，理極同無」，「雖處有名之中，而遠與無名同，斯理之玄，固常所彌昧者」，引文均爲劉遺民信中原話，其涵義可參看本書第一二一、一二二頁。

〔二〕「以此爲懷，自可忘言内得，取定方寸」：「内得」，内心得到正確的認識。「取定方寸」，堅定的認識。這句話的意思是：如果能以上述言論爲基礎來看聖心，自然會忘掉語言文字，在心中得到正確而堅定的認識。

〔三〕「復何足以人情之所異，而求聖心之異乎」：「復」，還。「何足」，爲什麽。句意爲：爲什麽還要用普通人的見解（執取有知不是無知，無知不是有知），來尋求聖心的差異呢？

【本段主旨】這一段是通答，即概括的、全面的回答，中心意思是批評劉遺民用普通人的觀點來看聖心。在普通人看來，「有知」與「無知」是截然不同的，不能同時存在於一個聖心中；而在聖人看來，「有知」與「無知」恰好統一在聖心之中。説聖心有知，是説它能觀照事物的真諦；説聖心無知，是説它没有普通人的惑取之知。這一點是般若無知論的根本思想，也正是劉遺民以及廬山僧衆所不理解的。

疏曰：談者謂「窮靈極數，妙盡冥符，則寂照之名，故是定慧之體耳。若心體自然，靈怕獨感，則羣數之應，固以幾乎息矣」〔一〕。意謂妙盡冥符，不可以定慧爲名〔二〕；靈怕獨感，不可稱羣數以息〔三〕。兩言雖殊，妙用常一〔四〕。迹我而乖，在聖不殊也〔五〕。

校釋

〔一〕「疏曰」至「固以幾乎息矣」：「疏曰」，信中說。「談者」，指廬山談論般若無知論的人。「謂」，說。引文是劉遺民來信的原話，其涵義可參看本書第一二四頁。

〔二〕「意謂妙盡冥符，不可以定慧爲名」：「意謂」，我認爲。夢庵釋：「意謂，論主之意也。」這句話的意思是：我認爲，聖心既然跟真諦玄妙地冥合一致，就不能把聖心叫做「定慧」。元康疏曰：「妙盡冥符，此是般若之心，一相不二，何得言其中有二名耶？」（續藏經第七一頁）這是說聖心只能有一名，而不能有二名。這樣理解不妥。僧肇的本意是：般若或聖心根本不能有定慧的名字。這一點，其他注釋者已經看到。淨源集解：「妙盡諸法，冥符真境，實智非定慧之名。」遵式疏：「許劉公已知體性靈寂，但不合立定慧寂照之强名。」（續藏經第一四六頁）再者，劉遺民所說的「定慧」是一個詞，即智慧的意思。在僧肇看來，聖心不應有智慧之名。

〔三〕「靈怕獨感，不可稱羣數以息」：聖心保持自然淡泊狀態，不能說它因此就不應接外物。

〔四〕「兩言雖殊，妙用常一」：「妙盡冥符」與「靈怕獨感」二種説法雖不同，但它們所説的聖心具有的玄妙作用却是一致的。

〔五〕「迹我而乖，在聖不殊」：「迹」，語言。「迹我」，執取語言。這句話的意思是：若執取語言，那麽聖心是有矛盾的，即「妙盡冥符」與「靈怕獨感」有矛盾。但聖心本身並不存在矛盾。

【本段主旨】這一段是「正答」，即針對對方提出的問題直接給予回答，主要説明「妙盡冥符」與「靈怕獨感」是一致的。

何者？夫聖人玄心默照，理極同無〔一〕。既曰爲同，同無不極，何有同無之極而有定慧之名〔二〕？定慧之名，非同外之稱也〔三〕。若稱生同内，有稱非同〔四〕；若稱生同外，稱非我也〔五〕。又，聖心虚微，妙絶常境〔六〕，感無不應，會無不通〔七〕，冥機潛運，其用不勤〔八〕，羣數之應，亦何爲而息耶〔九〕？且夫心之有也，以其有有〔一〇〕。有不自有，故聖心不有有〔一一〕。不有有，故有無有〔一二〕。有無有故，則無無〔一三〕。無無故，聖心不有不無〔一四〕。不有不無，其神乃虚〔一五〕。何者？夫有也無也，心之影響也〔一六〕；言也象也，影響之所攀緣也〔一七〕。有無既廢，則心無影響〔一八〕；影響既淪，則言象莫測〔一九〕。言象莫測，則道絶羣方〔二〇〕。道絶羣方，故能窮靈極數〔二一〕。窮靈極數，乃曰妙盡〔二二〕。妙盡之道，本乎無寄〔二三〕。夫無寄在乎冥寂[二四]，冥寂故，虚以通之[二五]；妙盡存乎極數[二六]，極數故，數以應之[二七]。數以應之，故動與事會[二八]；虚以通之，故道超名外[二九]。道超名外，因謂之無[三〇]；動與事會，因謂之有[三一]。因謂之有者，應非真有，强謂之然耳，彼何然哉[三二]？故經云：聖智無知而無所不知，無爲而無所不爲[三三]。此無言無相寂滅之道，豈曰有而爲有，無而爲無，動而乖静，静而廢用耶[三四]？

校釋

〔一〕「聖人玄心默照，理極同無」：「玄心」，玄妙之心。「默照」，不執取地認識事物。「理」，真諦。「極」，極點。「理極」，認識到極點。「無」，空性。這句話的意思是：聖人以玄妙之心、以不執取的態度去認識事物，就認識了真諦。認識到真諦，就與空性一致，因爲事物本性是空。既然事物本性是空，聖心（聖人對事物的認識）當然也是空。

〔二〕「既曰爲同，同無不極，何有同無之極而有定慧之名」：既然認識主體與認識對象冥合，那就没有不達到極點的。達到極點的認識就與空性契合。契合空性的認識哪裏還會有「定慧」的名稱呢？劉遺民認爲聖人的認識是智，是有知，應該稱爲「定慧」（由定而後發生的慧）。僧肇却認爲聖人的認識是認識主體與認識對象的完全冥合。對象是空無，認識主體也是空無。既然都是空無，就不該有定慧（智）之名。這是劉遺民和僧肇對「聖心」的根本分歧。

〔三〕「定慧之名，非同外之稱」：定慧並不是「同」以外的名稱。就是説，劉遺民所説的定慧，指的正是聖人的認識。

〔四〕「若稱生同内，有稱非同」：所謂「同」，就是認識主體與認識對象完全冥合，其中並無執取。若在冥合之中産生了稱呼，就意味着有執取，有執取就不能算「同」，故説「有稱非同」。

〔五〕「若稱生同外，稱非我也」：「我」，聖智。句意爲：若稱呼生於「同」外，那麽「定慧」這個稱呼就與聖智没有關係了。

〔六〕「聖心虚微，妙絶常境」：「虚」，空也。「微」，妙也。「常境」，普通人的境界，即塵世。句意爲：聖心空虚微妙，超越普通人的境界。

〔七〕「感無不應，會無不通」：這句話是針對劉遺民的「羣數之應固以幾乎息矣」而説的，大意是：對衆生的所求，無不使其得到解決；對衆生的所滯，無不使其順通。

〔八〕「冥機潛運，其用不勤」：「冥」和「潛」都是默的意思。「機」和「運」都指心理活動，即認識活動。「用」，指的是普通人的認識。「其用不勤」是説没有普通人的認識活動。這句話的意思是：聖心默默地鑒照，但並没有普通人的認識活動。

〔九〕「羣數之應，亦何爲而息耶」：怎麽能説没有應接外物、救度衆生等活動呢？

〔一〇〕「且夫心之有也，以其有有」：「且」，况且。句意爲：况且〔普通人〕所以有「有」的觀念，乃是因爲他們以「有」（因緣和合的萬事萬物）爲實有。

〔一一〕「有不自有，故聖心不有有」：〔事物乃因緣和合而成，〕並不是自己形成的（有不自有），所以聖人不以「有」（萬事萬物）爲實有。

〔一二〕「不有有，故有無有」：〔聖人〕不以「有」爲實有，所以所謂「有」乃是假有。

〔一三〕「有無有故，則無無」：既然「有」是假有，就不能說它是絕對的「無」。

〔一四〕「無無故，聖心不有不無」：元康疏曰：「前言『無有』，此言『無無』，法體既其『無有』『無無』，所以聖心『不有不無』耳。」（續藏經第七一頁）因爲不是絕對的「無」，所以聖人認爲萬事萬物既不是「有」，也不是「無」。

〔一五〕「不有不無，其神乃虛」：聖心不執著於「有」、「無」，所以雖有玄妙的活動（非無），但它又是空寂的（非有）。

〔一六〕「有也無也，心之影響也」：這裏的有無指的是聖心的有無。劉遺民認爲聖心是有，他給聖人的認識以「定慧」的名字。僧肇認爲聖心非有非無，他批評把聖心說成定有定無。僧肇認爲，把聖心說成有或說成無，都是心的影響。「影」，照物有影，「響」，谷中答響。影響喻不真實。把聖心說成有或說成無，都是普通人心中的妄念，即不真實的勾劃。

〔一七〕「言也象也，影響之所攀緣也」：這是說有無的表現方式。王弼周易略例明象：「夫象者，出意者也；言者，明象者也。」這裏的「言」是語言，「象」是卦象、爻象。僧肇借用了「言」「象」二詞，「言」指語言，「象」則指圖象。元康疏：「言也象也，影響之所攀緣者，攀緣影響之有無，故有言象，非謂影響之有無於言象。文語倒說，故云爾也。」（續藏經第七一頁）按元康的說法，「攀緣」指計度，計度不真實的影響爲「有」爲「無」，於是便有了言象。「影響」是內心的，「言象」則表現於外。

〔一八〕「有無既廢，則心無影響」：聖心既然不是有也不是無，聖心也就没有「影」、「響」。元康疏：「聖心非有非無，故云既廢。不得妄謂爲有爲無，故云心無影響也。」（續藏經第七一頁）

〔一九〕「影響既淪，則言象莫測」：「淪」，泯絕。句意爲：影響既泯絕，則不可言，不可象。

〔二〇〕「言象莫測，則道絕羣方」：「道」，指聖心。「羣方」，周易繫辭：「方以類聚，物以羣分。」僧肇借用「羣方」二字，表示一切世俗事物。這句話的意思是：聖心既然不是言象所能測度的，那麽它就和一切世俗事物永絕。

〔二一〕「道絕羣方，故能窮靈極數」：與一切世俗事物永絕，便能用般若智慧照徹事物的本性。

〔二二〕「窮靈極數，乃曰妙盡」：「妙盡」，玄妙地窮盡事物，亦即對事物無所不知，無所不鑒。句意爲：能照徹一切事物的本性，這就叫「妙盡」。

〔二三〕「妙盡之道，本乎無寄」：「無寄」，無執著。句意爲：要玄妙地窮盡事物，其根本在於無執著。

〔二四〕「無寄在乎冥寂」：「冥」，空虛。「寂」，寂靜。句意爲：要做到不執著，關鍵在於保持内心空虛寂靜。

〔二五〕「冥寂故，虛以通之」：「通」，元康疏作「謂」。句意爲：因爲聖心是空虛寂靜的，所以借「虛」字説明它。

〔二六〕「妙盡存乎極數」：「存」，元康疏作「在」。「存乎」，在於。句意爲：對事物無所不知、無所不鑒，在於它能照徹一切事物的本性。

〔二七〕「極數故，數以應之」：「數」指事物。這句話的意思是：能照徹一切事物的本性，所以一切事物都能與之相應。

〔二八〕「數以應之，故動與事會」：事物既能與智慧相應，所以只要聖心活動，便能與事物相冥合。

〔二九〕「虛以通之，故道超名外」：「道」，聖心。句意爲：用「虛」字來説明聖心，這就可以看出，聖心超越於名相之外。

〔三〇〕「道超名外，因謂之無」：「因」，所以。句意爲：聖心超越於名相之外，所以稱它爲「無」。

〔三一〕「動與事會，因謂之有」：聖心的活動能與事物相冥合，所以稱它爲「有」。

〔三二〕「因謂之有者，應非真有，强謂之然耳，彼何然哉」：「非」，原作「夫」，據德清注校改。句意爲：雖然稱聖心爲「有」，但並不是真有，强説是「有」而已，哪裏真的是有呢？

〔三三〕「故經云：聖智無知而無所不知，無爲而無所不爲」：這句話是僧肇對大品般若經的發揮，並非經中原話。意思是：聖智無惑取之知，所以能認識事物的本性。聖人不着意地從事活動，所以能做成一切事情。

〔三四〕「此無言無相寂滅之道，豈曰有而爲有，無而爲無，動而乖静，静而廢用耶」：聖心是無言無相的，是寂滅的。怎麽能聽説「有」就以爲真有，聽説「無」就以爲真無，聽説動就排斥静，聽説静就排斥動呢？

【本段主旨】這段更具體地闡明了聖心的涵義，比般若無知論詳細得多。簡稱「辨聖心」。

而今談者，多即言以定旨，尋大方而徵隅，懷前識以標玄，存所存之必當〔一〕。是以聞聖有知，謂之有心；聞聖無知，謂等太虚〔二〕。有無之境，邊見所存〔三〕，豈是處中莫二之道乎〔四〕？何者？萬物雖殊，然性本常一〔五〕。不可而物，然非不物〔六〕。可物於物，則名相異陳；不物於物，則物而即真〔七〕。是以聖人不物於物，不非物於物。不物於物，物非有也；不非物於物，物非無也〔八〕。非有，所以不取；非無，所以不捨〔九〕。不捨，故妙存即真；不取，故名相靡因〔一〇〕。名相靡因，非有知也〔一一〕；妙存即真，非無知也〔一二〕。故經云：

般若於諸法，無取無捨，無知無不知〔一三〕。此攀緣之外，絶心之域，而欲以有無詰者，不亦遠乎〔一四〕？

校釋

〔一〕「而今談者，多即言以定旨，尋大方而徵隅，懷前識以標玄，存所存之必當」：「談者」，指劉遺民以及不同意般若無知論觀點的人。「多即言以定旨」，大多拘泥於語言文字，認爲説什麽就一定是什麽。「大方」，老子四十一章：「大方無隅。」意爲最方正的東西，反而没有棱角。「徵」，求也。「隅」，角落。「尋大方而徵隅」，從最方正的東西中求棱角。「前識」，老子三十八章：「前識者，道之華而愚之始。」意爲先見之明（前識）不過是道的虚華、愚昧的開始。僧肇這裏用「前識」指「惑取之知」。「懷前識以標玄」，以惑取之知對待般若的玄旨。「存」，執著。「存所存之必當」，固執己見，還以爲正確。

〔二〕「有心」，有普通人的認識。「太虚」，一無所知。

〔三〕「邊見」：偏見。執有執無皆爲偏見。

〔四〕「處中莫二之道」：非有非無的中道。

〔五〕「性本常一」：萬物有個共同的、不變的本性，那就是空寂。

〔六〕「不可而物，然非不物」：〔萬物乃因緣和合而成，本性是空，〕不可把它們看成爲物；〔但萬物又有幻相存在，〕因而又不是完全無物。文才疏：「緣生無性，故不可爲物；無性緣生，故亦非不物。」（續藏經第二一二頁）

〔七〕「可物於物，則名相異陳；不物於物，則物而即真」：「陳」，有也。「即真」，與真諦相契合。句意爲：把萬物看成爲物，萬物的名字和幻相便紛紜而有；不把萬物看成爲物，便可以通過體認萬物的幻相而與真諦相契合。遵式疏：「執有則迷一性平等，故名相異陳；不滯相而見性，故即物而契真。」（續藏經第一四九頁）

〔八〕「是以聖人不物於物，不非物於物。不物於物，物非有也；不非物於物，物非無也」：所以聖人既不認爲萬物實有，也不認爲萬物虛無。不認爲萬物實有，是因爲萬物因緣而生，並非真實存在；不認爲萬物虛無，是因爲萬物有名、有相，並非絶對的虛無。

〔九〕「非有，所以不取；非無，所以不捨」：萬物不是實有，所以不必執取它們；萬物不是虛無，所以不会捨棄它們。

〔一〇〕「不捨，故妙存即真；不取，故名相靡因」：爾雅：「靡，無也。」句意爲：不捨棄萬物，所以能通過萬物與真諦相契合；不執取萬物，所以名言、虛相就没有産生的根源了。

〔一一〕「名相靡因，非有知也」：名言、虛相没有産生的根源，就不是有知。「知」，是知境界。境界性空，不執取它，也就没有産生名相的根源。

〔一二〕「妙存即真，非無知也」：聖心能玄妙地與真諦相契合，這就不是無知。

〔一三〕「故經云：般若於諸法，無取無捨，無知無不知」：此句是僧肇對大品般若經的闡發，並非經中原文。意思是：聖心於諸法，既不執取，又不完全捨棄。聖心是般若智慧，它無知（無惑取之知），而又無所不知（能認識事物的本來面目）。

〔一四〕「此攀緣之外，絶心之域，而欲以有無詰者，不亦遠乎」：「攀緣」、「絶心」，夢庵釋：「攀緣乃妄想也，絶心乃妄心也。」句意爲：聖心超越妄想，斷絶妄心。既然如此，却要以「有」、「無」詰問，這不是與聖心相去太遠了嗎？

【本段主旨】這段是「斥執情」，即駁斥執聖心爲「有」或「無」的不正確看法。

請詰夫陳有無者，夫智之生也，極於相內。法本無相，聖智何知〔一〕？世稱無知者，謂等木石太虚無情之流〔二〕。靈鑒幽燭，形於未兆，道無隱機，寧曰無知〔三〕？且無知生於有知，無無知也，無有知也〔四〕。無有知也，謂之非有；無無知也，謂之非無〔五〕。所以虚不失照，照不失虚〔六〕，怕然永寂〔七〕，靡執靡拘〔八〕。孰能動之令有，静之使無耶〔九〕？故經云：真般若者，非有非無，無起無滅，不可説示於人〔一〇〕。何則？言其非有者，言其非是有，非謂是非有；言其非無者，言其非是無，非謂是非無〔一一〕。非有非非有，非無非非無〔一二〕。是以須菩提終日説般若而云無所説〔一三〕。此絶言之道，知何以傳〔一四〕。庶參玄君子有以會之耳〔一五〕。

校釋

〔一〕「請詰夫陳有無者，夫智之生也，極於相内。法本無相，聖智何知」：「詰」，責問。「陳」，説也。「智」，妄智或凡智。「極」，窮極，局限於。「相」，幻相，凡人所見之境。「法」，這裏指的是事物的本性。句意爲：請問那些認爲聖智有知或無知的人（這裏主要是責難説聖智有知的人，因劉遺民等人認爲聖智應是有知），「凡智」的産生，是由於執取事物的幻相，聖智認識到事物的本性是空，無有幻相，又有什麽可知呢？

〔二〕「世稱無知者，謂等木石太虚無情之流」：凡人所説的無知，是指木石虚空等無情物那樣的無知。

〔三〕「靈鑒幽燭，形於未兆，道無隱機，寧曰無知」：「靈」，靈明。「鑒」，鑒照。「幽」，深也。「燭」，照也。「形」，出現。「兆」，朕跡。「機」，微小。「寧曰」，豈曰。句意爲：聖智能靈明地鑒照任何淵深之處，事物剛有朕跡，就已瞭如指掌，不遺漏任何細小事物，這怎麽能説是無知呢？

〔四〕「且無知生於有知，無無知也，無有知也」：「無知生於有知」，原作「無知生於無知」，據德清注校改。句意爲：「無知」是針對執著於「有知」而説的，實際上既没有無知，也没有有知。

〔五〕「無有知也，謂之非有；無無知也，謂之非無」：僧肇把非有非無的中道作爲他分析、論述一切事物的指導方法。聖智是非有非無的統一，萬事萬物無不是非有非無的統一。僧肇認爲，這是「衆經之微言」（不真空論）。

〔六〕「虚不失照，照不失虚」：聖智雖虚（無惑取之知），但有照功；雖有照功（能照徹事物的本性），但又無執取。這是聖智的特點。

〔七〕「怕然永寂」：遵式疏：「心静曰怕。怕即寂也。」（續藏經第一四九頁）「怕」是寂，「寂」也是寂，用雙重「寂」形容聖智，可見聖智的本性是寂。既是本性，故曰「永寂」。

〔八〕「靡執靡拘」：遵式疏：「執拘皆心有所著。」（續藏經第一四九頁）聖心既永寂，當然無執無拘。這也是聖心的主要特點。

〔九〕「孰能動之令有，静之使無耶」：元康疏：「誰能起動令其有，安静令其無也。」（續藏經第七二頁）聖智本非有非無，誰也不能使它動起來，從而使它爲「有」；使它静下來，從而使它爲「無」。

〔一〇〕「故經云：真般若者，非有非無，無起無滅，不可説示於人」：這句話只是大品般若經中的大意，經中並無此原文。「真般若」是「不可説示於人」的。爲什麽？它非有非無、無生（妄智不生）

無滅(真智不滅)。這樣玄妙的東西「唯内證可得,非見聞所知也。」(遵式疏,續藏經第一五〇頁)

〔一一〕「何則? 言其非有者,言其非是有,非謂是非有;言其非無者,言其非是無,非謂是非無」:德清注:「凡佛言非者,乃遮遣破執之辭,非實法也。且言非有者,乃是遮執有者,遮其不是實有。」(續藏經第三一〇頁)大乘中觀派論述問題常用否定的表述方式(遮詮),其目的是爲了破執,爲了説明一切事物都不是實在的。所以,説「非有」,只是説並非凡夫所認爲的實有,而不是説沒有事物的相狀。如説「是非有」,就肯定了「非有」。「非無」也是一樣,只是説並非凡夫所認爲的絶對虛無,而不是説事物真實存在。如説「是非無」,就肯定了「非無」。無論肯定「非有」還是肯定「非無」,都不符合空宗思想。

〔一二〕「非有非非有,非無非非無」:非有,非是有;非無,非是無。

〔一三〕「是以須菩提終日説般若而云無所説」:放光般若經無住品:「須菩提語諸天子言:我所説者,常不見一字,教亦無聽者。」(大正藏卷八第三九頁下)元康疏:「大品經云:諸天子聞須菩提説般若。天子云:諸夜叉語言尚可解,須菩提所説不可解。須菩提言:諸天子不解不知耶? 我無所説也。」(續藏經第七二頁)僧肇引用須菩提這句話的目的是爲了告訴劉遺民等人,般若的道理不是靠語言可以講明白的。須菩提號稱解空第一,連他都不能講清楚般若的道理,只好說：無所說。

〔一四〕「此絶言之道，知何以傳」：元康疏：「古詩云：『枯桑知天風，海水知天寒』。枯桑無葉，所以不知天風，海水不凍，所以不知天寒。知乃是不知耳。」（續藏經第七二頁）句意爲：般若的道理不是用語言可以講明白的，所以不知怎樣傳授。

〔一五〕「庶參玄君子有以會之耳」：「庶」，希望。「參玄」，契會般若玄理。「參玄君子」，指劉遺民等人。「有以會之」，用内心體會。

【本段主旨】這段是「詰謬計」，主要批評執著聖心爲有的錯誤看法，並指出，般若的道理不是靠語言可以講明白的，須心領神會。

又云：「宜先定聖心所以應會之道，爲當唯照無相耶？爲當咸覩其變耶〔一〕？」談者似謂無相與變，其旨不一，覩變則異乎無相，照無相則失於撫會。然則即真之義，或有滯也〔二〕。經云：「色不異空，空不異色。色即是空，空即是色〔三〕。」若如來旨，觀色空時，應一心見色，一心見空。若一心見色，則唯色非空；若一心見空，則唯空非色。然則空色兩陳，莫定其本也〔四〕。是以經云非色者，誠以非色於色，不非色於非色。若非色於非色，太虚則非色，非色何所明〔五〕？若以非色於色，即非色不異色。非色不異色，色即爲非色〔六〕。

故知變即無相，無相即變〔七〕。羣情不同，故教迹有異耳〔八〕。考之玄籍，本之聖意，豈復真僞殊心，空有異照耶〔九〕？是以照無相，不失撫會之功；覩變動，不乖無相之旨〔一〇〕。造有不異無，造無不異有〔一一〕。未嘗不有，未嘗不無〔一二〕。故曰不動等覺而建立諸法〔一三〕。以此而推，寂用何妨〔一四〕？如之何謂覩變之知，異無相之照乎〔一五〕？恐談者脱謂空有兩心，靜躁殊用，故言覩變之知，不可謂之不有耳〔一六〕。若能捨己心於封内，尋玄機於事外，齊萬有於一虚，曉至虚之非無者，當言至人終日應會，與物推移，乘運撫化，未始爲有也〔一七〕。聖心若此，何有可取，而曰未釋不取之理〔一八〕？

校釋

〔一〕「宜先定聖心所以應會之道，爲當唯照無相耶？爲當咸覩其變耶」：參見劉君致書覈問注〔三〕〔四〕（本書一二六頁）。

〔二〕「談者似謂無相與變，其旨不一，覩變則異乎無相，照無相則失於撫會。然則即真之義，或有滯也」：「即真」，「色即是空」的略語。句意爲：您的意思似乎是説認識真諦與觀察變化是兩回事。觀察萬物變化就不能認識真諦，認識真諦就不能應接外物。看來您對「色即是空」的道理還没有弄明白。

〔三〕「經云：『色不異空，空不異色。色即是空，空即是色。』」：大品般若經習應品：「舍利弗，色不異空，空不異色。色即是空，空即是色。」（大正藏卷八第二二三頁上）「色」，宇宙萬有。「空」，性空。句意爲：色乃因緣和合而成，本性是空，所以色不異空，色即是空。宇宙萬有本性皆空，所以空不異色，空即是色。

〔四〕「然則空色兩陳，莫定其本也」：〔如果一心見色，一心見空，〕把空和色當作截然不同的兩種東西，就不符合經文的本意了。

〔五〕「是以經云非色者，誠以非色於色，不非色於非色。若非色於非色，太虛則非色，非色何所明」：「經」，泛指佛典，非特定的某經。「非色」，空也。「太虛」，太空。句意爲：所以，經中所說的空，是説宇宙萬有本性是空，並不是把原來就是空的東西説成空。如果把原來就是空的東西説成空，太空原來就是空，所謂空還能説明什麽問題呢？

〔六〕「若以非色於色，即非色不異色。非色不異色，色即爲非色」：如果把色本身看成空，就是空不脱離色。空不脱離色，色就是空。

〔七〕「故知變即無相，無相即變」：淨源集解：「變即是色，無相即空。」「變」指變動着的萬物，可以視作「色」；「無相」是事物的本性，可以視作「空」。由此而推知，變即是無相，無相即是變。

〔八〕「羣情不同，故教迹有異耳」：衆生根機不同，領會佛教義理的程度不同，佛陀對他們的教導也不同。如凡夫執「有」，佛陀就講「色不異空」；二乘執「空」，佛陀就講「空不異色」。

〔九〕「考之玄籍，本之聖意，豈復真僞殊心，空有異照耶」：考察一下前引經文，按照聖人的本意，難道是把真（實智）僞（權智）看作兩回事，一心見有，一心見無嗎？此句是反駁劉遺民空色兩陳之論。

〔一〇〕「是以照無相，不失撫會之功；覩變動，不乖無相之旨」：無相是空，空是宇宙萬有的最高本質，所以無相也即是真諦。句意爲：所以，在認識真諦時，並不失掉其與宇宙萬有相適合的功能；在認識宇宙萬有時，也不與真諦相矛盾。

〔一一〕「造有不異無，造無不異有」：德清略注：「雖適生死，而不動本際；雖證涅槃，而不捨度生。」不動本際者，不離真諦也。

〔一二〕「未嘗不有，未嘗不無」：未嘗不度衆生，未嘗不證涅槃。

〔一三〕「不動等覺而建立諸法」：參見本書第七五頁注〔八〕。

〔一四〕「寂用何妨」：聖智的本體和作用怎麽能是互相妨礙的呢？

〔一五〕「如之何謂覩變之知異無相之照乎」：爲什麽要説觀察變化的宇宙萬有和認識真諦不同呢？

〔一六〕「恐談者脱謂空有兩心，静躁殊用，故言覩變之知不可謂之不有耳」：「脱」，錯誤。「躁」，動。句意爲：恐怕是談者錯誤地以爲聖人一心見無、一心見有，聖心静動用途不同，所以才説認識變化的宇宙萬有不能不算有知。

〔一七〕「若能捨己心於封内，尋玄機於事外」至「未始爲有也」：「封」，封滯。「封内」，即執取。「玄機」，至理。句意爲：如果能去掉執取之心，於名相之外尋求至理，等觀萬有性空，而且不會把空理解爲絶對虚無（如太空），那就應當説：聖人雖然每天參與塵世的活動，隨萬有的變化而變化，並在變化中思撫教化衆生，也不能算是有知。

〔一八〕「聖心若此，何有可取，而曰未釋不取之理」：如果聖心是這樣的，它還執取什麽呢？怎麽能説未講清楚不取的道理呢？

又云：無是乃所以爲真是，無當乃所以爲至當〔一〕。亦可如來言耳。若能無心於爲是，而是於無是；無心於爲當，而當於無當者，則終日是，不乖於無是；終日當，不乖於無當〔二〕。但恐有是於無是，有當於無當，所以爲患耳〔三〕。何者？若真是可是，至當可當，則名相以形，美惡是生。生生奔競，孰與止之〔四〕？是以聖人空洞其懷，無識無知〔五〕。然居動用之域，而止無爲之境；處有名之内，而宅絶言之鄉〔六〕。寂寥虚曠，莫可以形名得〔七〕。若斯而已矣〔八〕。乃曰：真是可是，至當可當。未諭雅旨也。恐是當之生，物謂之然，彼自不然，何足以然耳〔九〕？

校釋

〔一〕「無是乃所以爲真是，無當乃所以爲至當」：此句乃劉遺民信中之語，參見本書一二七頁。

〔二〕「若能無心於爲是」至「終日當不乖於無當」：如果能不執著判斷，而是在不判斷中進行判斷；如果不以事物的幻相爲認識對象，而是以事物的真諦爲認識對象，那麽整天進行判斷也和不判斷一樣，整天認識也和不認識一樣。

〔三〕「但恐有是於無是，有當於無當，所以爲患耳」：但恐怕有人又要執著「無是」、「無當」，這就又產生禍患了。

〔四〕「若真是可是，至當可當，則名相以形，美惡是生。生生奔競，孰與止之」：如果不判斷（即最正確的判斷）、不認識（即最正確的認識）可以執取，各種事物的名字和幻相就形成了，好壞的事情就產生了。這樣，〔執著真是、至當的人〕便奔逐於生死輪迴之中，誰能止息呢？

〔五〕「聖人空洞其懷，無識無知」：「無識」，底本無，據文才疏補。此句意爲：聖人使自己的心境空虛，没有凡夫的思想和覺知。

〔六〕「然居動用之域，而止無爲之境；處有名之内，而宅絶言之鄉」：雖然居於有爲的塵世之中，而又止於無爲的真境；身處於有名字的世界中，心居於無言的真諦之鄉。

〔七〕「寂寥虛曠，莫可以形名得」：「寂」，無聲。「寥」，無形。「虛曠」，空虛寂靜。句意爲：無聲無形而又空虛寂靜，無法用形象描繪，不能用語言形容。

〔八〕「若斯而已矣」：聖人不過如此而已。

〔九〕「恐是當之生，物謂之然，彼自不然，何足以然耳」：「是」、「當」的產生恐怕是受到世俗見解影響，但聖心並不如此，何得言如此？

夫言迹之興，異途之所由生也〔一〕。而言有所不言，迹有所不迹。是以善言言者，求言所不能言；善迹迹者，尋迹所不能迹。至理虛玄，擬心已差，況乃有言〔二〕。恐所示轉遠，庶通心君子有以相期於文外耳。

校釋

〔一〕「夫言迹之興，異途之所由生也」：「迹」，形迹。僧肇認爲，真實的世界無形無狀，由於人們執取才產生各種幻相，這就是形迹。句意爲：語言、形迹一產生，異見也就產生了。

〔二〕「擬心已差，況乃有言」：一起心動念，就已偏離了真諦，何況用語言來表達呢。

涅槃無名論〔一〕第四

【説明】僧肇有鑒於時人對於涅槃的内涵未能準確把握，適逢秦王姚興和安成侯姚嵩有關於如何理解涅槃内涵的問答，因此以敷演發揮姚興之説爲名（實則文中也有糾正姚興之説的地方，只是因爲對象特殊，所以措辭較爲婉轉）而作涅槃無名論，廓清對於涅槃的若干疑難和誤解，申述涅槃超越言語思想之表達，既無生滅，亦無名相，故稱無名。

涅槃無名論的内容由兩部分構成：其一是奏秦王表，申説造論的緣由，即見秦王姚興答安成侯姚嵩書中論及「涅槃無名」説，於己見相合，故敷演其説；其二是本論，即九折十演。論中假設「有名」與「無名」兩人的對話：「有名」提出九種質疑，欲摧折「涅槃無名」説，稱爲「九折」，包括覈體、徵出、搜玄、難差、責異、詰漸、譏動、窮源、考得。對此，「無名」從十個方面鋪陳其説，演繹「涅槃無名」之理，稱爲「十演」，包括開宗、位體、超境、妙存、辨差、會異、明漸、動寂、通古、玄得。開宗爲「十演」第一，覈體爲「九折」第一，「無名曰」一章與「有名曰」一章穿插排列，一問一答，鋪成全論。

由於涅槃無名論的體裁、文筆和肇論其他幾篇不類，因而學術界對其是否確係僧肇所作有爭議。湯用彤、石峻師弟認爲非僧肇之作。奥地利學者李華德（W. Liebenthal）取折衷觀點，認爲是後人對原著有所改動，並非全屬僞託。日本學者横超慧日則認爲是僧肇之作。詳見本書緒論之「僧肇的生平和著作」。

奏秦王表〔一〕

僧肇言：

肇聞天得一以清，地得一以寧，君王得一以治天下〔三〕。伏惟陛下濬哲欽明，道與神會〔四〕，妙契環中，理無不統〔五〕，游刃萬機，弘道終日〔六〕，威被蒼生，垂文作則〔七〕。所以域中有四大，而王居一焉〔八〕。

涅槃之道，蓋是三乘之所歸，方等之淵府〔九〕，渺漭希夷，絶視聽之域〔一〇〕，幽致虚玄，殆非羣情之所測〔一一〕。肇以人微，猥蒙國恩，得閑居學肆〔一二〕，在什公門下十有餘載。雖衆經殊致，勝趣非一，然涅槃一義，常以聽習爲先。肇才識闇短，雖屢蒙誨喻，猶懷疑漠漠〔一三〕，爲竭愚不已，亦如似有解〔一四〕。然未經高勝先唱，不敢自決。不幸什公去世，諮參無所，以爲永慨。而陛下聖德不孤〔一五〕，獨與什公神契，目擊道存〔一六〕，快盡其中方寸，故能振彼玄風，以啟末俗〔一七〕。一日遇蒙答安城侯姚嵩書，問無爲宗極〔一八〕。「何者？夫衆生所以久流轉生死者，皆由著欲故也。若欲止於心，即無復於生死。既無生死，潛神玄默，與虛空合其德，是名涅槃矣。既曰涅槃，復何容有名於其間哉〔一九〕？」斯乃窮微言之美，極象外之談者也〔二〇〕。自非道參文殊，德侔慈氏〔二一〕，孰能宣揚玄道，爲法城塹〔二二〕，使夫大教卷而復舒，幽旨淪而更顯。尋玩殷勤，不能暫捨。欣悟交懷，手舞弗暇。豈直當時之勝軌，方乃累劫之津梁矣〔二三〕。然聖旨淵玄，理微言約，可以匠彼先進，拯拔高士〔二四〕。懼言題之流，或未盡上意〔二五〕。庶擬孔易十翼之作，豈貪豐文，圖以弘顯幽旨，輒作涅槃無名論〔二六〕。

論有九折十演〔二七〕，博採衆經，託證成喻，以仰述陛下無名之致〔二八〕。豈曰關詣神心，窮究遠當〔二九〕，聊以擬議玄門，班喻學徒耳〔三〇〕。論末章云：「諸家通第一義諦，皆云廓然空寂，無有聖人。吾常以爲太甚徑庭，不近人情。若無聖人，知無者誰〔三一〕？」實如明詔！實如明詔！夫道恍惚窈冥，其中有精〔三二〕，若無聖人，誰與道遊？頃諸學徒，莫不躊躇道門，怏怏此旨，懷疑終日，莫之能正〔三三〕。幸遭高判，宗徒懤然〔三四〕，扣關之儔，蔚登玄室〔三五〕。真可謂法輪再轉於閻浮，道光重映於千載者矣〔三六〕。今演論之作旨，曲〔三七〕辨涅槃無名之體，寂彼廓然〔三八〕，排方外之談〔三九〕。條牒如左，謹以仰呈。若少參聖旨，願勑存記，如其有差，伏承指授〔四〇〕。

僧肇言：泥曰、泥洹、涅槃，此三名前後異出，蓋是楚夏不同耳。云涅槃，音正也。

校釋

〔一〕「涅槃無名」：「涅槃」，梵語nirvāṇa的音譯，又譯作「泥洹」，意譯爲「滅度」、「圓寂」。原意是指火的息滅或風的吹散，其後轉指煩惱之火滅盡，脱離生死輪回。「貪欲永盡，嗔恚永盡，愚痴永盡，一切諸煩惱永盡，是名涅槃。」（雜阿含經卷十八）「無名」，元康疏曰：「涅槃之道，妙絶言象，言象苟絶，豈有名哉？」涅槃之道，只能用心體會，不能言表，所以涅槃本無名。但有的人拘泥於語言、文字，聽説涅槃，便以爲實有其名。這篇論文反駁了有名論，並在反駁中闡述了涅槃理論。

〔二〕「奏秦王表」：元康疏作「表上秦主姚興」。

〔三〕「天得一以清，地得一以寧，君王得一以治天下」：語出老子三十九章：「昔之得一者，天得一以清，地得一以寧，神得一以靈，谷得一以盈，萬物得一以生，侯王得一以爲天下貞。」僧肇略引這段話的目的在於説明秦王乃得佛道之明君。

〔四〕「伏惟陛下濬哲欽明，道與神會」：「伏惟」，下級對上級有所陳述時，表敬之辭。「濬」，深。「哲」，智。「欽」，敬。「明」，曉。「道與神會」，即神與道會。

〔五〕「妙契環中，理無不統」：「妙契環中」，語出莊子齊物論：「樞始得其環中，以應無窮。」郭象注曰：「環中，空矣。」僧肇所用之「環中」即此意。意思是説秦王已徹底了解「空」的道理。「理無不統」，既然了解「空」理，此理便無所不包。

〔六〕「游刃萬機，弘道終日」：「游刃萬機」，見本書六六頁注〔四〕。「弘道終日」，每天都宣揚佛法。

〔七〕「威被蒼生，垂文作則」：「威被蒼生」，威德加於萬民。「垂文作則」，垂布文教，以爲世間軌則。

〔八〕「域中有四大，而王居一焉」：語出老子二十五章：「……故道大，天大，地大，王亦大。域中有四大，而王居其一焉。」

〔九〕「方等之淵府」：「淵」，深。「府」，庫。大乘諸説皆屬方等，但方等諸説，言迹非一，難以權衡哪種説法最爲正確。而涅槃學説是大乘學説中最爲窮理盡性的，所以稱它爲「方等之淵府」。

〔一〇〕「渺漭希夷，絶視聽之域」：水望不到邊際曰「渺漭」。「希夷」，老子十四章：「視之不見名曰夷，聽之不聞名曰希。」句意爲：涅槃之道，渺然漭然，無聲無色，超越於視聽之外。

〔一一〕「幽致虚玄，殆非羣情之所測」：涅槃的道理深奥玄妙，並非凡夫所能測度。

〔一二〕「肇以人微，猥蒙國恩，得閑居學肆」：「微」，賤。「猥」，「妄」。「學肆」，譯場，佛教譯場邊講邊譯，所以譯場也可以叫學肆。句意爲：我乃微賤之人，妄蒙國恩，得以參加譯場。

〔一三〕「懷疑漠漠」：無知貌。

〔一四〕「爲竭愚不已，亦如似有解」：由於竭盡愚力去鑽研，好像有所理解。

〔一五〕「聖德不孤」：語出論語里仁：「子曰：德不孤，必有鄰。」

〔一六〕「目擊道存」：莊子田子方：「仲尼見温伯雪子不言，子路曰：夫子欲見温伯雪子久矣。見之而不言，何耶？仲尼曰：若夫人者，目擊而道存矣，亦不可以容聲矣。」句意爲：陛下與什公一見面，只目相接觸，便互相了解。

〔一七〕「故能振彼玄風，以啓末俗」：所以〔您〕能振興玄風（佛教），以使衰世俗人開悟。

〔一八〕「遇蒙答安城侯姚嵩書，問無爲宗極」：「姚嵩」，姚興之弟，篤信佛教，封爲安城侯。歷任司隸校尉左將軍、鎮西將軍、秦州刺史，公元四一七年戰死。姚興先有詔云：「夫道者，以無爲爲宗。」無爲即涅槃。姚嵩不理解，上表再問。姚興作書回答。

〔一九〕「夫衆生所以久流轉生死者」至「復何容有名於其間哉」：這一段是姚興的回答。意爲：衆生之所以流轉於生死輪迴之中而不能得到解脱，是因爲衆生不能擺脱貪欲。假如内心没有貪欲，便可以超脱生死。超脱了生死，便能使自己的精神與空性相合。〔達到這一步〕就叫涅槃。涅槃是無名無相的，怎麽還能有涅槃之名介於主觀智慧與客觀真境之間呢？

〔二〇〕「斯乃窮微言之美，極象外之談者也」：文才疏：「微言者，經論也。得經論之美趣，盡物象外之高談。」

〔二一〕「道參文殊，德侔慈氏」：「參」，合。「侔」，並。文殊即文殊師利的略稱。慈氏即彌勒。句意爲：聖道與文殊相合，美德與慈氏相並。

〔二二〕「爲法城塹」：「塹」，城外河也。「爲法城塹」意謂保護佛法。

〔二三〕「豈直當時之勝軌，方乃累劫之津梁矣」：「勝軌」，元康疏作「勝範」。元康疏：「豈直言不但也。範，法也。方者，將來也。」句意爲：〔姚興對涅槃的論述〕不但是當時的法範，也是將來〔證得涅槃〕的橋梁。

〔二四〕「可以匠彼先進，拯拔高士」：「先進」，高僧大德。「高士」，高才俗士。句意爲：〔姚興對涅槃的論述〕可作高僧大德的師匠，可去除高才俗士〔對涅槃〕的疑惑。

〔二五〕「懼言題之流，或未盡上意」：「言題」，元康疏曰：「執著名言題目之類。」句意爲：〔我〕恐怕執著名言之輩，〔只聽説無名，〕而未能充分理解陛下的意思。

〔二六〕「庶擬孔易十翼之作，豈貪豐文，圖以弘顯幽旨」：「庶」，近來。「擬」，比也。「孔易十翼」，孔子作十翼以爲周易之注解。十翼分別是：上彖、下彖、上象、下象、上繫、下繫、文言、説卦、序卦、雜卦。句意爲：近來倣照孔子作十翼，特作涅槃無名論。其目的不是爲了豐富您的文章，而是爲了闡發陛下所説的無名的深刻涵意。

〔二七〕「九折十演」：元康疏：「折，難也。演，答也。」即涅槃無名論包括九個問難，十個回答。

〔二八〕「仰述陛下無名之致」：讚述秦王關於涅槃無名的理論。

〔二九〕「豈曰關詣神心，窮究遠當」：〔我的解釋〕非敢言關涉陛下神妙之心，亦不敢説窮盡陛下深遠之意以契合佛理。

〔三〇〕「聊以擬議玄門，班喻學徒耳」：姑且當作很不成熟的東西，交付同行們討論，並且發給後學，以開曉他們。

〔三一〕「諸家通第一義諦」至「知無者誰」：這段話引自姚興答安成侯姚嵩書。「通」，解釋。「太甚徑庭」：莊子逍遥遊：「大有逕庭，不近人情焉。」逕庭，過激之辭。

〔三二〕「夫道恍惚窈冥，其中有精」：語出老子二十一章：「道之爲物，惟恍惟惚。惚兮恍兮，其中有象；恍兮惚兮，其中有物；窈兮冥兮，其中有精。其精甚真。」「恍惚」，隱隱約約，不可辨認。「窈冥」，深邃。「精」，淨源集解：「靈明不昧曰精。」

〔三三〕「頃諸學徒，莫不躊躇道門，怏怏此旨，怀疑終日，莫之能正」：德清注：「謂一時學人，聞無聖之説，皆猶豫不進於入道之門，不決此理，故懷疑終日，無與正者。」

〔三四〕「幸遭高判，宗徒㦤然」：「㦤」，裂帛聲。德清注：「謂幸逢秦王有聲之論，乃高遠判決，故宗徒之疑，㦤然盡裂。」

〔三五〕「扣關之儔，蔚登玄室」：「扣」，敲擊。「關」，玄門之關也。「扣關之儔」，入道之人。「蔚」，茂盛。句意爲：〔衆學徒聞姚興有聖之論，其疑盡釋，〕扣關入道之人蔚然登堂，入於玄室。

〔三六〕「真可謂法輪再轉於閻浮，道光重映於千載者矣」：「閻浮」，梵語jambu的音譯，原指印度之地，后泛指人間世界。句意爲：佛滅後，法輪久不轉，道光長掩耀。今由姚興宣揚，故使法輪再轉，道光重照。

〔三七〕「曲」：詳細。

〔三八〕「寂彼廓然」：「寂」，滅也。「廓然」，空寂也。意謂息滅空寂之説。

〔三九〕「排方外之談」：元康疏曰：「莊云：六合之外，聖人存而不論。」「今明六合之外委曲，故排莊子方外不言之説也。」

〔四〇〕「條牒如左」至「伏承指授」：〔我的涅槃無名論〕條録種牒於後，謹以上呈。如有與聖意少同的地方，願敕記而存亡。如與聖意不符，伏承指示教授。據高僧傳記載，姚興閲後，「答旨慇懃，備加贊述。即敕令繕寫，班諸子姪」（高僧傳僧肇傳）。

九折十演者

開宗〔一〕第一

無名曰：經稱有餘涅槃、無餘涅槃者，秦言無爲，亦名滅度。無爲者，取乎虚無寂寞，妙絶於有爲。滅度者，言其大患永滅〔二〕，超度四流〔三〕。斯蓋是鏡像之所歸，絶稱之幽宅也〔四〕。而曰有餘、無餘者，良是出處之異號，應物之假名耳〔五〕。

余嘗試言之：夫涅槃之爲道也，寂寥虚曠，不可以形名得；微妙無相，不可以有心知〔六〕。超羣有以幽升，量太虚而永久〔七〕。隨之弗得其蹤，迎之罔眺其首〔八〕，六趣不能攝其生，力負無以化其體〔九〕。潢漭惚恍〔一〇〕，若存若往〔一一〕。五目〔一二〕不覩其容，二聽〔一三〕不聞其響。冥冥窅窅〔一四〕，誰見誰曉？彌綸靡所不在，而獨曳於有無之表〔一五〕。然則言之者失其真，知之者反其愚，有之者乖其性，無之者傷其軀〔一六〕。所以釋迦掩室於摩竭〔一七〕，浄名杜口於毗耶〔一八〕，須菩提唱無説以顯道，釋梵絶聽而雨華〔一九〕。斯皆理爲神御，故口以之而默。豈曰無辯，辯所不能言也〔二〇〕。

經云：真解脱者，離於言數，寂滅永安，無始無終，不晦不明，不寒不暑，湛若虛空，無名無説〔二一〕。論曰：涅槃非有，亦復非無，言語道斷，心行處滅〔二二〕。尋夫經論之作，豈虛構哉。果有其所以不有，故不可得而有；有其所以不無，故不可得而無耳〔二三〕。

何者？本之有境，則五陰永滅〔二四〕；推之無鄉，而幽靈不竭〔二五〕。幽靈不竭，則抱一湛然〔二六〕；五陰永滅，則萬累都捐〔二七〕。萬累都捐，故與道通洞〔二八〕；抱一湛然，故神而無功〔二九〕。神而無功，故至功常存〔三〇〕；與道通洞，故沖而不改〔三一〕。沖而不改，故不可爲有；至功常存，故不可爲無。然則有無絶於內，稱謂淪於外〔三二〕，視聽之所不暨〔三三〕，四空之所昏昧〔三四〕。恬焉而夷，怕焉而泰〔三五〕，九流於是乎交歸〔三六〕，衆聖於是乎冥會〔三七〕。斯乃希夷之境，太玄之鄉〔三八〕，而欲以有無題牓，標其方域，而語其神道者，不亦邈哉〔三九〕。

校釋

〔一〕「開宗」：德清注：「開示涅槃無名之正義，爲下答難之綱宗。」

〔二〕「大患永滅」：老子十三章：「吾所以有大患者，爲吾有身。及吾無身，吾有何患？」僧肇所説的「大患」是指生死輪迴。出離生死輪迴即是「大患永滅」。

〔三〕「四流」：欲流、有流、見流、無明流。

〔四〕「斯蓋是鏡像之所歸，絶稱之幽宅也」：「斯」，涅槃。「鏡像」，經説諸法。「稱」，名言。句意爲：涅槃是經説諸法最後的歸宿，是無名言的妙境。

〔五〕「有餘、無餘者，良是出處之異號，應物之假名耳」：「有餘、無餘」：即有餘涅槃、無餘涅槃。對這兩種涅槃，大小乘説法不同。按小乘説法，斷一切煩惱而絶未來生死之因，尚餘今生之果報身體（肉身），名有餘涅槃。果報盡而歸寂滅，名無餘涅槃。按大乘説法，「有餘」、「無餘」是「出」、「處」之異號。「出」，聖人爲了適應外界要求（如教化衆生）而現身説法，這是有餘涅槃。「處」，緣畢而隱，這叫無餘涅槃。句意爲：有餘涅槃、無餘涅槃是「出」和「處」的異名，是應接外物、救度衆生的假名。

〔六〕「寂寥虚曠，不可以形名得；微妙無相，不可以有心知」：「寂」，無聲。「寥」，無形。「虚」，深。「曠」，廣。句意爲：〔涅槃〕無聲無形，幽微深廣，不可能以形象名言把握它，也不可能用普通人的智慧理解它。

〔七〕「超羣有以幽升，量太虚而永久」：「羣有」，二十五有，包括欲界十四有（四惡趣、四洲、六欲天），色界七有（四禪天及初禪中之大梵天並第四禪中之浄居天、無想天）和無色界四有（四空處）。句意爲：〔涅槃〕超越羣有，幽遠高升於羣物之外，量同太空而永久妙存。

〔八〕「隨之弗得其蹤，迎之罔眺其首」：語出老子十四章：「迎之不見其首，隨之不見其後。」「蹤」，蹤迹。「眺」，遠望。

〔九〕「六趣不能攝其生，力負無以化其體」：「六趣」，地獄、餓鬼、畜生、阿修羅、人、天。「攝」，包括含攝。「力負」，無常之力（變化之力）。句意爲：涅槃無生滅，非六趣所能含攝；涅槃無體，非無常所能變化。

〔一〇〕「潢漭惚恍」：「潢」，積水成池。「漭」，大水。「惚恍」，隱隱約約，不可辨認。言〔涅槃〕如無涯大水，難以辨明其真相。

〔一一〕「若存若往」：若有若無。欲言其有，心色兩亡；欲言其無，幽靈（智慧）常在。

〔一二〕「五目」：肉眼、天眼、慧眼、法眼、佛眼。

〔一三〕「二聽」：有兩種説法：一、天耳、人耳。二、兩耳。

〔一四〕「冥冥窅窅」：「冥冥」，深。「窅窅」，遠。

〔一五〕「彌綸靡所不在，而獨曳於有無之表」：「彌綸」，周徧。「靡」，無。「曳」，出。「表」，外。句意爲：〔涅槃〕無所不在，而又獨出於有無之外。

〔一六〕「言之者失其真，知之者反其愚；有之者乖其性，無之者傷其軀」：元康疏：「涅槃無言，言則失真；涅槃無知，知則反愚；涅槃非有，有則乖性；涅槃非無，無則傷體。」

〔一七〕「釋迦掩室於摩竭」：「摩竭」：摩竭陀國，古代中印度之國名。釋迦得道後曾居於此，五十七日不説法，如掩室門而不開，所以説「掩室於摩竭」。

〔一八〕「浄名杜口於毗耶」：「毗耶」，即毗舍離，古代中印度之國名，又爲都城名。「浄名」，維摩詰的意譯。浄源集解：「浄名居士示疾於此（毘舍離城），會諸菩薩，各説法門。文殊問言：何等是菩薩入不二法門？浄名默然無言。」

〔一九〕「須菩提唱無説以顯道，釋梵絶聽而雨華」：「須菩提」，梵語Subhūti的音譯，佛陀十大弟子之一，被譽爲「解空第一」。須菩提爲帝釋、梵王、諸天子講般若，説：我没講一字，你們也没聽到什麽。帝釋、梵王、諸天子即悟解般若真意乃無説無聽，遂化作鮮花如雨落，以供養深法。

〔二〇〕「斯皆理爲神御，故口以之而默。豈曰無辯，辯所不能言也」：「理爲神御」應是「神爲理御」。「神」，神智。「理」，道理。「御」，控制。句意爲：涅槃無言，所以口緘默。對於涅槃來説，並不是没有語言辯明，而是語言不能完全講清楚。

〔二一〕「經云」至「無名無説」：「經」，涅槃、維摩等經。「真解脱」，即涅槃。涅槃無言無象，故曰「離於言數」；生滅已滅，故曰「寂滅永安」；非生非滅，故曰「無始無終」；寂光常照，故曰「不晦不明」；非遷流之法，不屬時分，故曰「不寒不暑」；法身清浄，湛然常寂，故曰「湛若虚空」；離相離言，故曰「無名無説」。

〔二二〕「論曰」至「心行處滅」：「論」，龍樹所著中論。中論觀涅槃品：「涅槃非有非無。」觀法品：「諸法實相者，心行言語斷，無生亦無滅，寂滅如涅槃。」句意爲：在涅槃的狀態，迷惑已亡，此是非有；但有聖智存在，這是非無。迷惑已亡，故無言語；聖智存在，故凡智滅絶（心行處滅）。

〔二三〕「果有其所以不有，故不可得而有；有其所以不無，故不可得而無」：「果」，實。句意爲：涅槃妙體，非有非無，有其不有的原因，不可執爲有；也有其不無的原因，不可執爲無。

〔二四〕「本之有境，則五陰永滅」：「本」，推求。「五陰」，色、受、想、行、識。句意爲：如果認爲涅槃是有，可五陰永滅。五陰永滅，不屬生死，不可得而有。此句及下面的三句除闡明涅槃非有非無外，亦闡明了涅槃四德——常、樂、我、浄。其他經典皆講無常、苦、無我、染污，而涅槃類經典則講常、樂、我、浄。這是涅槃經類與其他經類的重要區别。「五陰永滅」是「樂」德。

〔二五〕「推之無鄉，而幽靈不竭」：「幽靈」，般若。句意爲：如果認爲涅槃是無，可般若妙存。般若妙存，不可得而無。「幽靈不竭」是「我」德。

〔二六〕「幽靈不竭，則抱一湛然」：「抱一」，與理冥一。「湛然」，不變。句意爲：般若妙存，則能與真理冥合而永遠不變。「抱一湛然」是「常」德。

〔二七〕「五陰永滅，則萬累都捐」：「累」，塵勞，即污穢的東西。「捐」，棄。句意爲：五陰永滅，則萬累皆拋棄。「萬累都捐」是「浄」德。

〔二八〕「萬累都捐，故與道通洞」：「洞」，文才疏作「同」。句意爲：一切塵勞都拋棄，故能與真理相通。

〔二九〕「抱一湛然，故神而無功」：與真理冥合而又永遠不變，所以，雖然認識了一切事物，而又没有普通人的認識功能。

〔三〇〕「神而無功，故至功常存」：没有普通人的認識功能，所以有聖人的認識功能，並且常存。

〔三一〕「與道通洞，故沖而不改」：「沖」，虚無。句意爲：〔聖智〕與真理相通，所以體性虚無而永遠不變遷。

〔三二〕「有無絶於内，稱謂淪於外」：「内」，體。「外」，相。「淪」，泯絶。句意爲：涅槃體寂，内絶有無（非有非無）；涅槃無相，外絶稱謂（無名）。

〔三三〕「視聽之所不暨」：「暨」，及。句意爲：涅槃非色非聲，所以視聽不及。

〔三四〕「四空之所昏昧」：「四空」，即四無色定，一、空無邊處定，二、識無邊處定，三、無所有處定，四、非想非非想處定。句意爲：得四無色定的人，對涅槃仍然是昏昧不解的。

〔三五〕「恬焉而夷，怕焉而泰」：遵式疏：「恬、怕者，心之寂静。夷，平也。泰，通也。涅槃妙心平等通達，無所不在故。」

〔三六〕「九流於是乎交歸」：元康疏：「九流者，謂道流、儒流、墨流、名流、法流、陰陽流、農流、縱横流、雜雜流，亦云小説流也。言此文字語言皆是佛説，並會涅槃，故云交歸。」一切語言皆是佛説，皆不與涅槃相悖，最後皆歸於涅槃。

〔三七〕「衆聖於是乎冥會」：「冥會」，契合。前句指學説，此句指人，言九家及佛家諸聖人，最後皆歸於涅槃。

〔三八〕「斯乃希夷之境，太玄之鄉」：涅槃之境視聽不及，玄之又玄。

〔三九〕「而欲以有無題牓，標其方域，而語其神道者，不亦邈哉」：「標」，指。「方域」，領域。「神道」，涅槃妙道。「邈」，遠。句意爲：〔涅槃言語道斷，〕而欲以有以無題牓名目，標指領域，説其妙道，這不是離真理太遠了嗎？

【本段主旨】這是十演之一，也是全論思想的概要。其中「無名」論者首先解釋涅槃涵義，然後從理據〔涅槃「微妙無相」、「不可以有心知」，五目二聽所不能及，等等〕、聖者的行事、經論依據等方面論證「涅槃無名」説。

覈體〔一〕第二

有名曰：夫名號不虛生，稱謂不自起。經稱有餘涅槃、無餘涅槃者，蓋是返本之真名，神道之妙稱者也〔二〕。請試陳之：

有餘者，謂如來大覺〔三〕始興，法身〔四〕初建，澡八解之清流〔五〕，憩七覺之茂林〔六〕；積萬善於曠劫，蕩無始之遺塵〔七〕；三明鏡於内，神光照於外〔八〕；結僧那於始心，終大悲以赴難〔九〕；仰攀玄根，俯提弱喪〔一〇〕；超邁三域，獨蹈大方〔一一〕；啟八正之平路，坦衆庶之夷途〔一二〕；騁六通之神驥，乘五衍之安車〔一三〕；至能出生入死，與物推移〔一四〕；道無不洽，德無不施〔一五〕；窮化母之始物〔一六〕，極玄樞之妙用〔一七〕；廓虚宇於無疆，耀薩雲於幽燭〔一八〕；將絶朕於九止，永淪太虚，而有餘緣不盡，餘迹不泯，業報猶魂，聖智尚存，此有餘涅槃也〔一九〕。

經云：陶冶塵滓，如鍊真金，萬累都盡，而靈覺獨存〔二〇〕。

無餘者，謂至人教緣都訖，靈照永滅，廓爾無朕，故曰無餘〔二一〕。何則？夫大患莫若於有身，故滅身以歸無；勞勤莫先於有智，故絶智以淪虚。然則智以形倦，形以智勞，輪轉修途，疲而弗已〔二二〕。經曰：智爲雜毒〔二三〕，形爲桎梏。淵默以之而遼〔二四〕，患難以之而起。所以至人灰身滅智，捐形絶慮；内無機照之勤〔二五〕，外息大患之本〔二六〕；超然與羣有〔二七〕永分，渾爾與太虚同體；寂焉無聞，怕爾無兆，冥冥長往，莫知所之。其猶燈盡火滅，膏明俱竭，此無餘涅槃也〔二八〕。經云：五陰永盡，譬如燈滅。

然則有餘可以「有」稱，無餘可以「無」名〔二九〕。「無」名立，則宗虚者欣尚於沖默；「有」

稱生，則懷德者彌仰於聖功〔三〇〕。斯乃典誥之所垂文，先聖之所軌轍。而曰「有無絕於內，稱謂淪於外，視聽之所不暨，四空之所昏昧」，使夫懷德者自絕，宗虛者靡託〔三一〕，無異杜耳目於胎殼，掩玄象於霄外，而責宮商之異，辨玄素之殊者也〔三二〕。子徒知遠推至人於有無之表，高韻絕唱於形名之外，而論旨竟莫知所歸，幽途故自蘊而未顯，靜思幽尋，寄懷無所，豈所謂朗大明於冥室，奏玄響於無聞者哉〔三三〕？

校釋

〔一〕「覈體」：對涅槃本體加以考覈。

〔二〕「經稱有餘涅槃、無餘涅槃者，蓋是返本之真名，神道之妙稱者也」：佛經所説的有餘涅槃、無餘涅槃，既是〔衆生〕復歸本源的真實名稱，亦是對神道的絕妙稱呼。

〔三〕「大覺」：指三覺，即自覺、覺他、覺行圓滿。

〔四〕「法身」：指五分法身，即戒、定、慧、解脱、解脱知見。

〔五〕「澡八解之清流」：遵式疏：「八解者，八解脱。大品云：一、内有相、外觀色。二、内無相、外觀色。三、浄解脱。四、空處定。五、識處定。六、無所有處定。七、非非想處定。八、滅受想定。此八有斷惑之能，故如清流有浣濯之用。佛已澡之，故得上法身初建也。」

〔六〕「憩七覺之茂林」：遵式疏：「憩，息也。七覺者，即七覺分：一、擇法。二、精進。三、念。四、定。五、喜。六、捨。七、除。」七覺如茂林，佛已息其中，故得大覺。

〔七〕「積萬善於曠劫，蕩無始之遺塵」：「曠劫」，大劫。「蕩」，洗滌。「遺塵」，無明煩惱。句意爲：長時修善，將無始以來的無明洗滌無遺。

〔八〕「三明鏡於内，神光照於外」：「三明」，過去宿命明（知過去一切事物）、未來天眼明（知未來一切事物）、現在漏盡明（知現在一切事物）。「鏡」，照。「神光」，二光。淨源鈔：「二光者，智光、教光也。大經云：其光普照十方國土。」

〔九〕「結僧那於始心，終大悲以赴難」：「僧那」是梵語Saṃnāha-Saṃnaddha的節略音譯，意爲四弘誓願，即：煩惱願斷，法門願學，佛道願成，衆生願度。「悲」，見他人之苦而欲救度。句意爲：佛成道之初，即發四弘誓願，終以大悲之心去救衆生出苦難。

〔一〇〕「仰攀玄根，俯提弱喪」：「玄根」，佛教真理。「提」，接引。「弱喪」，微弱將喪的衆生。句意爲：仰求佛教真理，俯救苦難衆生。猶如拯救溺者，上攀於樹，下接溺者，則身不陷，並能拯救溺者。

〔一一〕「超邁三域，獨蹈大方」：「三域」，即三界：欲界、色界、無色界。「大方」，三界以外。老子四十一章：「大方無隅。」句意爲：只有釋迦能超越三界，獨步大方。

〔一二〕「啓八正之平路，坦衆庶之夷途」：「啓」，開。「八正」，即八正道：正見、正思惟、正語、正業、正命、正精進、正念、正定。「坦」，平。「衆庶」，衆生。「夷途」，平路。句意爲：開啓八正道之平路，使衆生同歸於正道。

〔一三〕「騁六通之神驥，乘五衍之安車」：「騁」，馳騁。「六通」，即六神通：天眼通、天耳通、他心通、宿命通、神足通、漏盡通。「驥」，駿馬。「五衍」，即五乘：人、天、聲聞、緣覺、佛。「安車」，安穩之車。

〔一四〕「至能出生入死，與物推移」：「能」，文才疏作「於」。句意爲：〔由於以上的原因，〕以至能自由出入於生死世間，並隨世間的變化而變化。

〔一五〕「道無不洽，德無不施」：「洽」，融洽。句意爲：佛陀的教化遍施衆生，如春雨普滋。

〔一六〕「窮化母之始物」：「化母」，因緣。一切事物皆從因緣生，所以説是化母之始物。

〔一七〕「極玄樞之妙用」：「玄樞」、「妙用」，均指智慧，不過前者爲實智，後者爲權智。句意爲：徹底認識了一切事物皆是因緣而生的道理，完全掌握了智慧的妙用。

〔一八〕「廓虛宇於無疆，耀薩雲於幽燭」：「廓」，徹。「虛宇」，真理。「薩雲」，梵語 Sarvajna 的音譯，意爲一切智。句意爲：徹底認識了真理之無限，以一切智的光輝照亮黑暗之處。

〔一九〕「將絶朕於九止」至「此有餘涅槃也」：「朕」，朕兆。「九止」，即九地，九種有情之住處，分別是：

一、欲界五趣地，二、離生喜樂地，三、定生喜樂地，四、離喜妙樂地，五、捨念清淨地，六、空無邊處地，七、識無邊處地，八、無所有處地，九、非想非非想處地。句意爲：將欲完全脱離九地，永遠沉潛於太虚之中，但還有救度衆生的任務（餘緣不盡），還存有身軀（餘迹不泯），存有承擔果報的魂氣（業報猶魂），存有聖智（聖智尚存），這是有餘涅槃。

〔二〇〕「經云」至「而靈覺獨存」：「塵滓」，礦穢。「靈覺」，般若智慧。這句話是對有餘涅槃的總結。達到有餘涅槃的境界是萬累盡、靈覺存，如鍊真金，塵滓去、真金顯。

〔二一〕「無餘者」至「故曰無餘」：遵式疏：「教，化也。訖，畢也。靈照，智也。廓，空也。化相隨緣已畢，智照已滅。身智既泯，故空廓無朕，曰無餘，即八相中入涅槃相也。」無餘涅槃，如薪盡火滅。這是小乘的説法。

〔二二〕「智以形倦，形以智勞，輪轉修途，疲而弗已」：智因形而疲倦，形因智而勞累，在生死的長路上輪轉，疲而不止。

〔二三〕「智爲雜毒」：妄智是貪、嗔、痴三毒，所以説「雜毒」。元康疏曰：「智慧雖好，終勞識神，如食雜毒，終能害身。」

〔二四〕「淵默以之而遼」：「淵默」，幽微默寂之道，指無餘涅槃。「遼」，遠。

〔二五〕「内無機照之勤」：遵式疏：「機，智也。滅智故無勤勞。」

〔二六〕「外息大患之本」：大患莫若於有身，外棄形體，大患無本。

〔二七〕「羣有」：衆生之果報名爲「有」，有「三有」、「九有」、「二十五有」。參見本書一八二頁注〔七〕。

〔二八〕「寂焉無聞」至「此無餘涅槃也」：德清注：「此結屬無餘涅槃之相也。謂涅槃之體無聲，故寂焉無聞。無色，故怕爾無兆。泯絶見聞，故冥冥長往，莫知所之。之，猶往也。形智俱滅，故如燈盡火滅，膏明俱竭。以竭盡無餘，故云無餘涅槃。」「膏」，油。「明」，火。喻形、智。

〔二九〕「有餘可以『有』稱，無餘可以『無』名」：有餘涅槃可以叫「有」，無餘涅槃可以名「無」。

〔三〇〕「『無』名立，則宗虚者欣尚於沖默；『有』稱生，則懷德者彌仰於聖功」：沖默：空。句意爲：無餘涅槃立，愛重「無」者，聞無餘則欣喜趣向於空寂。有餘涅槃立，愛重「有」者，聞有餘則欣喜功德而求之。

〔三一〕「使夫懷德者自絶，宗虚者靡託」：〔如按無名論者所説〕，就會使愛重「有」而願意樹立功德的人，泯絶去向，使愛重「無」而願意入寂虚之境的人，無所歸託。

〔三二〕「無異杜耳目於胎殼，掩玄象於霄外，而責宮商之異，辨玄素之殊者也」：「殼」，卵。「玄象」，日月。「霄」，霄漢。「責」，問。「宮商」，五音之二。「玄素」，黑白。句意爲：〔如按無名論者所説，〕無異於使人絶耳目於胎卵之中，掩日月之光於霄漢之外，而讓他回答宮商之異，辨黑白之殊。

〔三三〕「子徒知遠推至人於有無之表」至「奏玄響於無聞者哉」：德清注：「此結責違理，以明無益也。謂子（無名論者）言涅槃之道，超出有無稱謂之外。徒知高推聖境，迥絶形（形相）名（名言），而論之旨趣，畢竟莫知所歸宿，涅槃幽眇之途，自是藴覆而未顯發。名家（有名論者）謂我静而思之，幽而尋討之，茫然寄懷無所依託。非所謂朗涅槃大明之道於重冥之室，使其共見；奏玄響於絶聽之地，令其共聞者哉。」

【本段主旨】這是九折之一。「有名」論者提出「名號不虚生」，即名稱概念有其指稱的實際物件，並分别就有餘涅槃和無餘涅槃的情形加以申述，最後質疑「涅槃無名」、不落有無之説將使佛教的理論和實修無所歸屬。

位體〔一〕第三

無名曰：有餘無餘者，蓋是涅槃之外稱，應物之假名耳〔二〕。而存稱謂者封名，志器象者耽形〔三〕。名也，極於題目；形也，盡於方圓。方圓有所不寫，題目有所不傳。焉可以名於無名，而形於無形者哉？難序云有餘無餘者，信是權寂致教之本意，亦是如來隱顯之誠迹也〔四〕。但未是玄寂絶言之幽致，又非至人環中之妙術耳〔五〕。

子獨不聞正觀之説歟？維摩詰言：我觀如來無始無終，六入已過，三界已出；不在方，不離方；非有爲，非無爲；不可以識識，不可以智知；無言無説，心行處滅。以此觀者，乃名正觀；以他觀者，非見佛也〔六〕。放光云：佛如虚空，無去無來，應緣而現，無有方所〔七〕。然則聖人之在天下也，寂寞虚無，無執無競〔八〕，導而弗先〔九〕，感而後應。譬猶幽谷之響，明鏡之像，對之弗知其所以來，隨之罔識其所以往。恍焉而有，惚焉而亡。動而逾寂，隱而彌彰。出幽入冥，變化無常〔一〇〕。其爲稱也，因應而作，顯迹爲生，息迹爲滅。生名有餘，滅名無餘〔一一〕。然則有無之稱，本乎無名。無名之道，於何不名〔一二〕？是以至人居方而方，止圓而圓，在天而天，處人而人。原夫能天能人者，豈天人之所能哉？果以非天非人，故能天能人耳〔一三〕。其爲治也，故應而不爲，因而不施。因而不施，故施莫之廣；應而不爲，故爲莫之大〔一四〕。爲莫之大，故乃返於小成；施莫之廣，故乃歸乎無名〔一五〕。經曰：菩提之道，不可圖度，高而無上，廣不可極，淵而無下，深不可測，大包天地，細入無間，故謂之道。然則涅槃之道，不可以有無得之，明矣〔一六〕。而惑者覩神變，因謂之有；見滅度，便謂之無。有無之境，妄想之域，豈足以標牓玄道而語聖心者乎〔一七〕？

意謂至人寂怕無兆，隱顯同源，存不爲有，亡不爲無。何則？佛言：吾無生不生，雖生不生；無形不形，雖形不形。以知存不爲有〔一八〕。經云：菩薩入無盡三昧，盡見過去滅度諸佛。又云：入於涅槃而不般涅槃。以知亡不爲無〔一九〕。亡不爲無，雖無而有；存不爲有，雖有而無。雖有而無，故所謂非有；雖無而有，故所謂非無。然則涅槃之道，果出有無之域，絶言象之逕，斷矣。子乃云：聖人患於有身，故滅身以歸無；勞勤莫先於有智，故絶智以淪虛。無乃乖乎神極〔二〇〕，傷於玄旨〔二一〕者也。

經曰：法身無象，應物而形〔二二〕。般若無知，對緣而照。萬機頓赴而不撓其神，千難殊對而不干其慮〔二三〕。動若行雲，止猶谷神〔二四〕，豈有心於彼此，情係於動靜者乎？既無心於動靜，亦無象於去來〔二五〕。去來不以象，故無器而不形；動靜不以心，故無感而不應〔二六〕。然則心生於有心，象出於有象〔二七〕。象非我出，故金石流而不燋；心非我生，故日用而不動〔二八〕。紜紜自彼，於我何爲〔二九〕？所以智周萬物而不勞，形充八極而無患。益不可盈，損不可虧〔三〇〕。寧復痾癘中逵，壽極雙樹，靈竭天棺，體盡焚燎者哉〔三一〕？而惑者居見聞之境，尋殊應之迹，秉執規矩而擬大方，欲以智勞至人，形患大聖，謂捨有入無，因以名之，豈謂採微言於聽表，拔玄根於虛壤者哉〔三二〕？

校釋

〔一〕「位體」：前章有名論者覈體，認爲依無名論者所説的道理去做，便無本體，心懷便無所寄託。此章是對這種説法的回答。「位」，安、立。「位體」，給本體安立位置，即給體下定義。

〔二〕「有餘無餘者，蓋是涅槃之外稱，應物之假名」：前難説涅槃乃神道之妙稱，返本之真名。今破之，所謂有餘無餘，只是應接外物的假名。既是假名，所以是涅槃之外稱。

〔三〕「存稱謂者封名，志器象者耽形」：「存」，執取。「志」，慕。「封」，封執。「耽」，耽著。句意爲：佛陀講法，顯現形象，都是爲了救度衆生。但執取名言的人，以爲佛所言皆真；執取形象的人，慕佛的形象，以爲實有。

〔四〕「難序云」至「亦是如來隱顯之誠迹也」：「序」，開頭的地方。「致」，立。「有餘無餘者」是略語，全文爲：「經稱有餘涅槃、無餘涅槃者，蓋是返本之真名，神道之妙稱者也。」僧肇同意這種説法，所以下面説：〔有餘涅槃、無餘涅槃〕確實是權（方便）寂（實）二教之本意，也是如來隱顯之實迹。如來爲執無者顯現有餘涅槃，這是權教；爲執有者隱現無餘涅槃，這是寂教。

〔五〕「但未是玄寂絶言之幽致，又非至人環中之妙術耳」：「幽致」，真理。「環中」，中道。句意爲：〔有名論者所説的有餘無餘，只是聖人説教的兩種方法，〕並不是幽玄、寂静、絶言之真理，也不是至人中道之妙法。

〔六〕「維摩詰言」至「非見佛也」：此段經文義引自維摩詰經見阿閦佛品，是對如來法身的描述。生相已盡，所以説「無始」。滅相又亡，所以説「無終」。已超越於六入（眼、耳、鼻、舌、身、意），所以説「六入已過」。已脱離三界（欲界、色界、無色界），所以説「三界已出」。法身無相，所以説「不在方」。法身遍一切處，所以又説「不離方」。體非新生，不由修得，所以説「非有爲」。不似太虚，能拯救衆生，所以又説「非無爲」。不能以低級的思惟認識它，所以説「不可以識識」。不能用高級智慧認識它，所以説「不可以智知」。不能用語言名相描述它，所以説「無言無説」。心將緣而慮亡，所以説「心行處滅」。只有這樣的認識，才是對如來法身的正確認識。

〔七〕「放光云」至「無有方所」：此句義引自放光般若經卷二十：「諸如來常不動摇，亦不去，亦不來。……虚空者，亦無來，亦無去。」「應緣而現」，有需要拯救的衆生，佛即顯現其身。應物現形，如水中月。

〔八〕「無競」：無諍。

〔九〕「導而弗先」：引導衆生，但又不在衆生之先。

〔一〇〕「動而逾寂，隱而彌彰。出幽入冥，變化無常。」：德清注曰：「其猶月映千江，隨方各應，而本體湛然，故云『動而逾寂』。風吹萬竅，羣響並作，而谷體愈虚，故云『隱而彌彰』。此所以出有入無，幽冥莫測，變化無常，以此名爲無住涅槃也。」

〔一一〕「其爲稱也」至「滅名無餘」：其所以叫作有餘涅槃、無餘涅槃，是因爲應機教化的不同。顯現形迹爲「生」，假名「有餘」；息滅身軀爲「滅」，假名「無餘」。

〔一二〕「然則有無之稱，本乎無名。無名之道，於何不名」：看來有無的稱呼，本自無名。但爲了教化衆生，才假名有無。既然有無皆是假名，那麽只要不失無名之本，於什麽事物不可以假名呢？

〔一三〕「是以至人居方而方」至「故能天能人耳」：所以（聖人的身軀可以隨需要而變化，他）居方而方，止圓而圓，在天（六道之一）而天，處人（六道之一）而人。考究一下爲什麽至人能天能人，而天只能是天，人只能是人呢？其原因是至人已出離六道輪迴，所以才能天能人。

〔一四〕「其爲治也」至「故爲莫之大」：這段講的是即實之權，以顯至人之作用廣大。「治」，教化、救度。至人救度衆生待感（衆生需要救度的時候）而應，不强爲之。「施」，講法。至人講法因（衆生需要）而爲，不强施之。所以遍大地之衆生需要同一時間講法，都可以聽到，聖人也可以做到（一時普應），所以「施莫之廣」。遍大地衆生同一時間需要救度，至人也做得到（一身普應），所以「爲莫之大」。

〔一五〕「爲莫之大」至「故乃歸乎無名」：這段講的是即權之實，以顯至人體微。「小成」，語出莊子齊物論：「道隱於小成，言隱於榮華。」文才疏曰：「由忘乎大，故曰小成。」至人的作用最大，而至人忘記自己的作用，所以返於小成。「由忘乎廣，故歸無名。」（文才疏）至人講法最廣，由於忘記自己的作用，所以歸於無名。

〔一六〕「經曰：菩提之道」至「不可以有無得之，明矣」：此段出自太子瑞應本起經卷下：「是實微妙，難知難明，甚難得也。高而無上，廣不可極，淵而無下，深不可測，大包天地，細入無間。」「菩提」，梵文Bodhi的音譯，意爲覺。「圖度」，思慮。菩提之道，其體微妙，非語言、思惟的境界，故不可圖度。這是用菩提絕圖度例涅槃亦絕圖度。涅槃既絕圖度，故不可由有無之名得之。

〔一七〕「而惑者覩神變」至「豈足以標牓玄道而語聖心者乎」：不明白涅槃之道的人，見到〔如來〕神通變化，便謂之有；看到〔如來〕滅度，即謂之無。有無的境界，乃是妄想的領域。既是妄想的領域，怎麼能標示涅槃妙道而論述聖心？

〔一八〕「佛言」至「以知存不爲有」：這一段是義引般若、涅槃等經籍，來證明「存不爲有」。「無生不生」，没有哪一類衆生是如來没有示生的。「無形不形」，没有哪一類形體是如來没有受形的。即六道中〔如來〕無一處不去，此乃法身普應。法身雖普應，但其體湛然不動，所以「存不爲有」。

〔一九〕「經云」至「以知亡不爲無」：這段話是義引般若、涅槃等經籍來證明「亡不爲無」的。「無盡三昧」，即涅槃。大智度論卷四十七：「無盡三昧，得此三昧者，滅諸無常等相，即入不生不滅。」

「般」是全無殘餘之意，「般涅槃」，即身心俱滅的無餘涅槃。句意爲：菩薩入於涅槃，仍能看到過去滅度的諸佛。菩薩證得涅槃却又不灰身滅智（還要救度衆生）。據此可知「亡不爲無」。

〔二〇〕「神極」：佛教所説的最高真理。

〔二一〕「玄旨」：涅槃的本旨。

〔二二〕「經曰：法身無象，應物而形」：此句義引自大方廣佛華嚴經：「清浄法身，非有非無，非方便非不方便，隨衆生所應，悉能示現。」

〔二三〕「萬機頓赴而不撓其神，千難殊對而不干其慮」：「萬機」，萬事。「頓」，形容時間短促。「撓」，擾亂。「神」、「慮」，思惟。「難」，衆生的苦難。句意爲：萬機頓赴，如月照萬川，並不能擾亂其思惟。千難殊對，如一雨普潤，並不能使其思惟混亂。

〔二四〕「谷神」：老子六章：「谷神不死」。「谷」，空虛。「神」，神妙。

〔二五〕「既無心於動静，亦無象於去來」：〔達到涅槃境界的聖人，〕智本無心（没有普通人的智慧），形本無象（没有普通人的形象），何有動静去來？

〔二六〕「去來不以象」至「故無感而不應」：去來不以象，所以能應衆生之需變現各種形象；動静不以心，所以能應衆生之需而鑒照。

〔二七〕「心生於有心，象出於有象」：〔達到涅槃境界的聖人，〕本來無心，但爲了救度衆生，便以衆生心爲心；本來無象，但衆生顧見，故示之以象。

〔二八〕「象非我出」至「故日用而不動」：遵式疏「動」爲「勤」。這句話的意思是：劫來時，大火燒得金石流散，但聖人之身不會被燒，因爲聖人本來無身；聖人終日用心，但並不會疲勞，因爲聖人本來無心。

〔二九〕「紜紜自彼，於我何爲」：元康疏「紜紜」爲「紛紜」。句意爲：萬物諸相皆由其自己形成，於我（法身真我）有什麽關係呢？

〔三〇〕「益不可盈，損不可虧」：法身遍在一切處，不可增，亦不可減。

〔三一〕「寧復痾癘中逵」至「體盡焚燎者哉」：「寧復」，責詞，意爲何有此事？「中逵」，中途。如來去拘尸羅城，中途患病，令弟子於雙樹（娑羅樹）下休息，隨即入滅。弟子以古聖輪王禮儀葬之。以千氎纏身，内金棺、次銀棺、次銅棺、次鐵棺，灌滿香油，以火焚之，故言「靈竭天棺，體盡焚燎」。這是指如來應化之身（應衆生之機所現之身），化身有生有死。小乘僅看到應化佛，便以此爲無餘涅槃，而不知佛法身常住，無生死。

〔三二〕「而惑者居見聞之境」至「拔玄根於虚壤者哉」：這段話是詰責迷者的。句意爲：迷者根據自己的見聞，尋求佛以種種方式應機的形迹，秉執規矩衡量無邊際的大方，欲以智和形勞患聖人，以捨有入無爲無餘涅槃。這怎麽是於視聽之外採諸經論的妙言呢？又怎麽能是取法性（玄根）於空虛（虛壤）之境呢？

【本段主旨】這是十演之二。「無名」論者針對第一折中「有名」論者提出的主張和質疑，説明有餘涅槃和無餘涅槃只是功能性的假名，實則涅槃超出有無之境，非言語概念所能明瞭。

徵出〔一〕第四

有名曰：夫渾元剖判，萬有參分〔二〕。有既有矣，不得不無〔三〕。無不自無，必因於有。所以高下相傾〔四〕，有無相生，此乃自然之數〔五〕，數極於是。以此而觀，化母所育，理無幽顯。恢恑憰怪，無非有也。有化而無，無非無也〔六〕。然則有無之境，理無不統。經云：有無二法，攝一切法〔七〕。又稱三無爲者，虛空、數緣盡、非數緣盡〔八〕。數緣盡者，即涅槃也。而論云：有無之表，別有妙道。妙於有無，謂之涅槃。請覈妙道之本。果若有也，雖妙非無。雖妙非無，即入有境。果若無也，無即無差。無而無差，即入無境。總而括之，即而究之，無有異有而非無，無有異無而非有者〔九〕，明矣。而曰有無之外，別有妙道，非有非無，謂之涅槃。吾聞其語，未即於心也。

校釋

〔一〕「徵出」：九折之二。「徵」，責。前章説涅槃之道出有無之境。此章對這種説法進行了責難，認爲有無二法攝盡一切，不承認在有無之外别有涅槃之體。

〔二〕「渾元剖判，萬有參分」：「渾元」，混沌、一氣。「剖判」，分裂。「萬有」，宇宙間的一切事物。「參分」，雜分。事物種類不同，所以叫「參分」。句意爲：宇宙處於渾沌狀態時，是一氣。它分裂以後，便産生各種事物。

〔三〕「有既有矣，不得不無」：既然産生了有，必然會有無。

〔四〕「相傾」：相依存。

〔五〕「自然之數」：自然之理。遵式疏曰：「物理之數，自然如是，非强使之。」

〔六〕「恢恑憰怪，無非有也。有化而無，無非無也」：莊子齊物論：「恢恑憰怪，道通爲一。」成玄英疏：「恢者寬大之名，恑者奇變之稱，憰者矯詐之心，怪者妖異之物。」有名論者那段話的意思是：無論是大、奇、詐、妖，無非都是「有」。各種「有」變化而成無，無非都是「無」。

〔七〕「經云：有無二法，攝一切法」：此是諸經論大意。大智度論卷三十一：「有爲無爲法，相待而有。若除有爲，則無無爲，若除無爲，則無有爲，是二法攝一切法。」

〔八〕「又稱三無爲者，虛空、數緣盡、非數緣盡」：三無爲：虛空、數緣盡、非數緣盡。「虛空」非生住異滅，故稱無爲。「數緣盡」是梵文pratisaṁkhyā-nirodha的意譯，唐譯爲「擇滅無爲」。此法依正智揀擇力而得，故名「擇」；此法能使煩惱寂滅，故名「滅」。「非數緣盡」是梵文apra-tisaṁkhyā-nirodha的意譯，唐譯爲「非擇滅無爲」。此法不依揀擇力，但以缺緣而滅（佛家認爲，一切事物皆因緣而生），故名非擇滅無爲。

〔九〕「無有異有而非無，無有異無而非有者」：沒有與「有」相區別而又不是「無」的，也沒有與「無」相區別而又不是「有」的。

【本段主旨】這是九折之二。「有名」論者以有無攝一切法盡（一切法不歸於有即歸於無）和有無相待相生爲由，認爲所謂在有無之外、非有非無的涅槃令人費解。

超境〔一〕第五

無名曰：有無之數，誠以法無不該，理無不統。然其所統，俗諦而已。經曰：真諦何耶？涅槃道是；俗諦何耶？有無法是〔二〕。何則？有者，有於無；無者，無於有〔三〕。有無所以稱有，無有所以稱無。然則有生於無，無生於有，離有無無，離無無有。有無相生，其猶高下相傾，有高必有下，有下必有高矣。然則有無雖殊，俱未免於有也〔四〕。此乃言象之所以形，是非之所以生，豈足以統夫幽極，而擬夫神道者乎？是以論稱出有無者〔五〕，良以有無之數，止乎六境之内。六境之内，非涅槃之宅，故借出以祛之〔六〕。庶悕道之流，彷彿幽途，託情絶域，得意忘言，體其非有非無，豈曰有無之外，别有一有而可稱哉〔七〕？經曰「三無爲」者，蓋是羣生紛繞，生乎篤患。篤患之尤，莫先於有，絶有之稱，莫先於無。故借無以明其非有。明其非有，非謂無也〔八〕。

校釋

〔一〕「超境」：十演之三。「超」，越。「境」，色聲香味觸法等云「境」。前章有名論者以六境爲有，以涅槃爲無，他們認爲有無二法可以統攝一切。這一章無名論者加以駁斥，指出：有名論者所説的有無，乃是俗諦。

〔二〕「經曰：真諦何耶？涅槃道是；俗諦何耶？有無法是」：鳩摩羅什譯成實論卷十一：「佛説二諦：真諦、俗諦。真諦謂色等法及泥洹，俗諦謂但假名無有自體。」

〔三〕「有者，有於無；無者，無於有」：相對於無才有有，相對於有才有無。

〔四〕「有無雖殊，俱未免於有也」：言有言無，皆是俗諦的看法。

〔五〕「是以論稱出有無者」：前位體第三：「涅槃之道，果出有無之域。」

〔六〕「良以有無之數」至「故借出以祛之」：有無之數（名）只存在於六境（色、聲、香、味、觸、法）之內，而六境並不是涅槃之宅，所以借一「出」字以遣執迷之情。

〔七〕「庶悕道之流」至「別有一有而可稱哉」：「庶」，望也。「悕」，求也。「得意忘言」，莊子外物：「言者所以在意，得意而忘言，吾安得夫忘言之人而與之言哉？」「有」，涅槃。句意爲：希望求道之人，效法玄道，寄心於忘情之域。得意忘言，體會涅槃非有非無的道理。〔涅槃即非有非無，〕並不是於有無之外，另有一個叫作涅槃的地方。

〔八〕「經曰」至「非謂無也」：「紛繞」，煩惱。「篤患」，善惡等業。句意爲：佛經所以説三無爲，乃是因爲衆生不停地往來於生死輪迴中造業受報，最大的業是「執有」。佛爲了絶其執有之心，故説涅槃之無。佛説「無」是借「無」以明非有，並不是真「無」。

【本段主旨】這是十演之三。「無名」論者指出，以有無統攝一切法是世俗現象界真理（俗諦），而非佛教超越性真理（真諦）。涅槃屬於真諦，因此不可以有無論之。

搜玄〔一〕第六

有名曰：論旨云，涅槃既不出有無，又不在有無。不在有無，則不可於有無得之矣；不出有無，則不可離有無求之矣。求之無所，便應都無〔二〕。然復不無其道。其道不無，則幽途可尋。所以千聖同轍，未嘗虚返者也〔三〕。其道既存，而曰不出不在，必有異旨，可得聞乎？

校釋

〔一〕「搜玄」：九折之三。「搜」，求也。「玄」，玄妙。搜求前章所説的涅槃既不出有無又不在有無的玄妙道理。

〔二〕「不在有無」至「便應都無」：涅槃既不出有無，又不離有無，則應於有無之間求之，但這是什麽也得不到的（便應都無）。

〔三〕「然復不無其道」至「未嘗虚返者也」：然而又説涅槃之道不無。既有涅槃之道，就可尋求。所以聖人都能依着同一條大道進入涅槃，決不會空跑一趟，無所得而歸。

【本段主旨】這是九折之三。「有名」論者認爲「無名」所謂的涅槃不出有無而又不在有無是自相矛盾的，要求予以解釋。

妙存〔一〕第七

無名曰：夫言由名起，名以相生，相因可相〔二〕。無相無名，無名無説，無説無聞〔三〕。

經曰：涅槃非法，非非法，無聞無説，非心所知〔四〕。吾何敢言之，而子欲聞之耶？

雖然，善吉有言，衆人若能以無心而受，無聽而聽者，吾當以無言言之〔五〕。庶述其言，亦可以言〔六〕。净名曰：不離煩惱，而得涅槃〔七〕。天女曰：不出魔界，而入佛界〔八〕。然則玄道在於妙悟，妙悟在於即真。即真則有無齊觀，齊觀則彼己莫二。所以天地與我同根，萬物與我一體〔九〕。同我則非復有無，異我則乖於會通〔一〇〕。所以不出不在，而道存乎其間矣〔一一〕。何則？夫至人虚心冥照，理無不統。懷六合於胸中，而靈鑒有餘；鏡萬有於方寸，而其神常虚〔一二〕。至能拔玄根於未始〔一三〕，即羣動以静心，恬淡淵默，妙契自然。所以處有不有，居無不無。居無不無，故不無於無；處有不有，故不有於有。故能不出有無，而不在有無者也。

然則法無有無之相，聖無有無之知。聖無有無之知，則無心〔一四〕於内；法無有無之相，則無數〔一五〕於外。於外無數，於内無心，此彼寂滅，物我冥一，怕爾無朕，乃曰涅槃。涅槃若此，圖度絶矣，豈容可責之於有無之内，又可徵之於有無之外耶？

校釋

〔一〕「妙存」：十演之四。「妙」，不出有無，不在有無。「存」，體非斷絶。所謂「妙存」，是説涅槃妙道雖不出有無，不在有無，但其體尚存。

〔二〕「夫言由名起，名以相生，相因可相」：這句話是責難有名論者的。「相」，形象。「可相」，執取之形象。句意爲：心中有了執取之形象，便會産生名字，有了名字便會有語言。

〔三〕「無相無名，無名無説，無説無聞」：這句話是無名論者的觀點，意爲：若内心不執取，便不會有形象；没有形象，便不會有名字；没有名字，也就没有語言；没有語言，也就什麽都聽不到了。

〔四〕「經曰：涅槃非法，非非法，無聞無説，非心所知」：這句話是涅槃經的大意，意爲：涅槃不在有無（非法），也不出有無（非非法）。關於涅槃，既聽不到什麽，也不能説什麽，它不是普通人的心智所能理解的。

〔五〕「善吉有言」至「吾當以無言言之」：「善吉」，須菩提的意譯。句意爲：須菩提説，衆人若能以不執取的心來聽，我也可以以不執取的語言給你們談一談。

〔六〕「庶述其言，亦可以言」：既然須菩提能給衆人談涅槃，如今有名論者希望我談談這方面的問題，我也就可以談了。

〔七〕「浄名曰：不離煩惱，而得涅槃」：語出維摩詰所説經弟子品：「不斷煩惱而入涅槃。」意爲：並不是另外有一個涅槃境界，涅槃就存在於塵世之中。

〔八〕「不出魔界，而入佛界」：語出寶女所問經：「如魔之境界，佛界則平等，相應爲一類」。意爲：不是離開現實世界而入佛界，佛界就存在於現實世界中。

〔九〕「天地與我同根，萬物與我一體」：語出莊子齊物論。僧肇所説的「天地」、「萬物」指的是境；「我」，指的是心。

〔一〇〕「同我則非復有無，異我則乖於會通」：「同我」，心境無異。「異我」，心境兩殊。「同我」則没有「有」、「無」的區别，「異我」則失於會通。

〔一一〕「所以不出不在，而道存乎其間」：心境兩殊是「不在」，心境無異是「不出」。涅槃妙道應存在於「不出」「不在」之中。

〔一二〕「夫至人虚心冥照」至「而其神常虚」：「虚心」，無執取。「冥」，元康疏作「默」。「六合」，上下四方。「胸」、「靈鑒」、「方寸」、「神」，皆指心。「鏡」，照。「虚」，浄。句意爲：聖人以正智照理，理統萬事，所以正智統攝一切事物。聖人心包六合而有餘力，照萬事而常浄。

〔一三〕「拔」，證。「玄根」，涅槃。

〔一四〕「無心」：無執取。

〔一五〕「無數」：無差別。

【本段主旨】這是十演之四。「無名」論者回答涅槃是如何不出（有無）不在（有無）地奇妙存在的，指出涅槃是一種内（心）外（境）雙冥的狀態。

難差〔一〕第八

有名曰：涅槃既絶圖度之域，則超六境之外。不出不在，而玄道獨存。斯則窮理盡性，究竟之道，妙一無差，理其然矣。而放光云：三乘之道，皆因無爲而有差別〔二〕。佛言：我昔爲菩薩時，名曰儒童，於然燈佛所已入涅槃。儒童菩薩時於七住〔三〕，初獲無生忍〔四〕，進修三位。若涅槃一也，則不應有三，如其有三，則非究竟。究竟之道，而有升降之殊。衆經異説，何以取中耶？

校釋

〔一〕「難差」：九折之四。「難」，問難。「差」，區別。上段説「心境不二」，「物我一如」。既如此，爲什麽還有三乘（辟支佛、菩薩、佛）的區別？

〔二〕「放光云：三乘之道，皆因無爲而有差別」：語出放光般若經漚和品：「云何説言是須陀洹，是阿羅漢，是辟支佛，是三耶？三佛乎？佛言：是皆因無爲而有名。」

〔三〕「七住」：又稱七地住，乃大乘菩薩的修行階位之一。梵文avaivartya，音譯作阿惟越致，意譯爲不退轉地。菩薩修行到此，身心增長，無有退缺，故名不退轉。

〔四〕「無生忍」：即無生法忍。「忍」，確認、確知之意。即徹底確切地掌握「萬法皆空，無生無滅」之理而安住之。

【本段主旨】這是九折之四。「有名」論者質疑，涅槃既然心境平等不二，爲何還有三乘修行的不同。

辨差〔一〕第九

無名曰：然究竟之道，理無差也。法華經云：第一大道，無有兩正。吾以方便，爲怠慢者於一乘道分別説三。三車出火宅，即其事也〔二〕。以俱出生死，故同稱無爲。所乘不一，故有三名。統其會歸，一而已矣。而難云「三乘之道，皆因無爲而有差別」，此以人三，三於無爲，非無爲有三也。故放光云：涅槃有差別耶？答曰：無差別。但如來結習都盡，聲聞結習不盡耳〔三〕。請以近喻，以況遠旨。如人斬木，去尺無尺，去寸無寸。脩短在於尺寸，不在無也。夫以羣生萬端，識根不一，智鑒有淺深，德行有厚薄，所以俱之彼岸，而升降不同〔四〕。彼岸豈異，異自我耳。然則衆經殊辯，其致不乖。

校釋

〔一〕「辨差」：十演之五。「辨」，辨别。「差」，差别。「辨差」，辨别三乘的差别。

〔二〕「法華經云」至「即其事也」：語出妙法蓮華經方便品：「如來但以一佛乘故爲衆生説法，無有餘乘，若二、若三。」「十方世界中尚無二乘，何况有三？」「諸佛以方便力，於一佛乘分别説三。」大乘之道唯一，但佛爲了引導衆生皆歸於大道，便用種種方便加以引導。經中舉了兩個譬喻。其一，化城喻。説有一導師引導衆人到遠方去取珍寶。衆人中路懈怠，不願前進。導師以方便力化成一城，令衆人休息。導師見衆人已無疲倦，即滅化城，語衆人言：寶處在近，可去取之。衆人皆前往（見化城喻品）。此喻大道唯一，但非一次可到。小乘見路程遥遠便欲中止，佛以化城爲喻，勸其繼續前進。其二，三車喻。説有一長者，家財無量，一日突然火起，焚燒舍宅。長者有三個兒子，不知火的厲害，仍然在火宅内嬉戲。長者爲使其子出火宅，説：門外有羊車、鹿車、牛車，載珍奇之物，汝等可速去取。諸子聞此言，争出火宅。長者見諸子已出火宅，便各賜白牛大車。其車高廣，載各種珍寶（見譬喻品）。此喻大乘之道唯一，但爲引導衆生，先説有三車，等諸子皆出火宅，同賜白牛大車。羊車喻聲聞乘，鹿車喻辟支佛乘，牛車喻菩薩乘（大乘）。

〔三〕「放光云」至「聲聞結習不盡耳」：摩訶般若波羅蜜經三慧品：「諸佛煩惱習一切悉盡，聲聞辟支佛煩惱習不悉盡。」「結習」，煩惱習氣。

〔四〕「升降不同」：涅槃之理唯一，而三乘人對它的認識深淺之不同。

【本段主旨】這是十演之五。「無名」論者從理證（理論依據）和教證（經典依據）兩方面，來説明所證之境（涅槃）的無差異性和能證之人（三乘）的差異性並不矛盾。

責異〔一〕第十

有名曰：俱出火宅，則無患一也；同出生死，則無爲一也。而云「彼岸無異，異自我耳」。彼岸則無爲岸也，我則體無爲者也。請問我與無爲，爲一爲異？若我即無爲，無爲亦即我，不得言「無爲無異，異自我也」。若我異無爲，我則非無爲，無爲自無爲，我自常有爲。冥會之致，又滯而不通。然則我與無爲，一亦無三，異亦無三〔二〕。三乘之名，何由而生也？

校釋

〔一〕「責異」：九折之五。所證之理既一，爲什麼能證之人有三？這是有名論者不理解的。「責異」

就是對這個問題的責問。

〔二〕「我與無爲，一亦無三，異亦無三」：若我與無爲是一（我即無爲，無爲即我），則能證之人不應有三。若我與無爲爲異（無爲自無爲，我自常有爲），那能證之人也談不上有三。

【本段主旨】這是九折之五。「有名」論者進一步追問能證之人和所證之境是否同一，並運用二難推理説明其間存在的不可解之處。

會異〔一〕第十一

無名曰：夫止此而此，適彼而彼。所以同於得者，得亦得之；同於失者，失亦失之〔二〕。我適無爲，我即無爲。無爲雖一，何乖不一耶〔三〕？譬猶三鳥出網，同適無患之域。無患雖同，而鳥鳥各異。不可以鳥鳥各異，謂無患亦異。又不可以無患既一，而一於衆鳥也。然則鳥即無患，無患即鳥。無患豈異，異自鳥耳。如是三乘衆生，俱越妄想之樊，同適無爲之境。無爲雖同，而乘乘各異。不可以乘乘各異，謂無爲亦異。又不可以無爲既一，而一於三乘也。然則我即無爲，無爲即我。無爲豈異，異自我耳。所以無患雖同，而升虚有遠近〔四〕；無爲雖一，而幽鑒有淺深。無爲即乘也，乘即無爲也。此非我異無爲，以未盡無爲，故有三耳。

校釋

〔一〕「會異」：十演之六。「會異」，會通。有名論者認爲没有三乘之分，無名論者認爲有三乘之分，但此三乘最終皆能證得涅槃，故云「會異」。

〔二〕「夫止此而此」至「失亦失之」：「此」，此岸。「彼」，彼岸（無爲）。句意爲：居生死之岸，則同生死之患。到達涅槃境界，則無生死之患。所以，能證得無爲之人，無爲之理亦同於能證之人；不能證得無爲之人，無爲之理亦不同於不能證之人。老子二十三章：「故從事於道者同於道，德者同於德，失者同於失。同德者，道亦德之，同於失者，道亦失之。」

〔三〕「無爲雖一，何乖不一耶」：無爲之理是一，能證得無爲之人爲何分爲三等呢？

〔四〕「升虚有遠近」：「升」，飛翔。「虚」，天空。鳥鳥皆出羅網，無患爲一，但鳥鳥在天空中飛翔却有遠近之不同。此喻涅槃爲一，而能證之人不同。

【本段主旨】這是十演之六。就責異之難而會釋三乘之異，肯定能證之人與所證之涅槃是同一的，然後以比喻説明這並不妨礙三乘之區别。

詰漸〔一〕第十二

有名曰：萬累滋彰，本於妄想。妄想既祛，則萬累都息〔二〕。二乘得盡智〔三〕，菩薩得無生智〔四〕，是時妄想都盡，結縛永除。結縛既除，則心無爲。心既無爲，理無餘翳。經曰：是諸聖智不相違背，不出不在，其實俱空〔五〕。又曰：無爲大道，平等不二〔六〕。既曰無二，則不容異心。不體則已，體應窮微。而曰體而未盡，是所未悟也。

校釋

〔一〕「詰漸」：九折之六。「詰」，難也。前云，無爲雖一，但出生死之人尚未盡無爲之理，故有三乘之分，是爲「漸」義。有名論者不同意這種漸進，故詰之。

〔二〕「萬累滋彰」至「則萬累都息」：「累」：枝末之惑。所惑衆多，故名「萬累」。「妄想」，根本無名之惑。此惑既除，故萬累都息。

〔三〕「盡智」：漏盡智，即斷除一切煩惱之智。此爲二乘（聲聞、緣覺）之智。

〔四〕「無生智」：了知一切法無生之智。此爲菩薩所得之智。

〔五〕「經曰」至「其實俱空」：「諸聖」，聲聞、獨覺、菩薩。三乘的智慧不相矛盾。聲聞、獨覺離三界，故云「不在」。菩薩不出三界，故云「不出」。放光般若經假號品：「是諸衆智不相違背。無所出生，其實皆空，無有差別，不出不生。」

〔六〕「又曰：無爲大道，平等不二」：此是義引摩訶般若波羅蜜經文意，此經三慧品云：「須菩提白佛言：……世尊，無爲法中可得差別不？佛言：不也。」

【本段主旨】這是九折之六。針對會異中提出的未盡無爲故須進而漸修的觀點提出質疑，認爲涅槃不證則已，若能證則應窮微，不應再有漸修。

明漸〔一〕第十三

無名曰：無爲無二，則已然矣。結是重惑，而可謂頓盡，亦所未喻。經曰：三箭中的〔二〕，三獸渡河，中渡無異，而有淺深之殊者，爲力不同故也。三乘衆生，俱濟緣起之津，同鑒四諦之的，絶僞即真，同升無爲，然則所乘不一者，亦以智力不同故也。夫羣有雖衆，然其量有涯，正使智猶身子，辯若滿願，窮才極慮，莫窺其畔〔三〕。况乎虛無之數，重玄之域〔四〕，其道無涯，欲之頓盡耶？書不云乎，爲學者日益，爲道者日損〔五〕。爲道者，爲於無爲者也。爲於無爲，而日日損，此豈頓得之謂？要損之又損之，以至於無損耳。經喻螢日，智用可知矣〔六〕。

校釋

〔一〕「明漸」：十演之七。文才疏：「十演之七謂結習不可頓盡，無爲不可頓見。譬如磨鏡，塵亦漸除，明亦漸現」。

〔二〕「經曰：三箭中的」：語出鞞婆娑論：「一的三人共射，一者摩訶能伽，二者鉢鶱提，三者那羅延。摩訶能伽者，著的不能入，何況能過。鉢鶱提者，雖著的能入，不能令過。那羅延者，射破的徹過入地。」無爲喻的，射者喻能證之人。的無堅軟之别，能否射過，皆因射者力量有别。

〔三〕「夫羣有雖衆」至「莫窺其畔」：「羣有」，萬物。「正使」，即使。「身子」，舍利弗之意譯，佛陀十大弟子之一，被譽爲智慧第一。「滿願」，富樓那之意譯，佛陀十大弟子之一，被譽爲辯才第一。「畔」，邊際。句意爲：萬物雖多，但各有涯量。雖然如此，即使有像舍利弗、富樓那那樣的智慧、辯才，也不能窮其涯。

〔四〕「重玄之域」：指涅槃。老子一章：「玄之又玄，衆妙之門。」

〔五〕「爲學者日益，爲道者日損」：語出老子四十八章：「爲學日益，爲道日損。」僧肇引此語在於説明，要證得無爲，需漸漸修道。

〔六〕「經喻螢日，智用可知矣」：維摩詰所説經弟子品：「無以日光，等彼螢火。」「日光」喻菩薩智，「螢火」喻聲聞、獨覺智。此明涅槃雖一，但證得涅槃之人能力不同，故有三乘之分。

【本段主旨】這是十演之七。論主以三箭中的、三獸渡河而有深淺之異，來説明斷除煩惱、證得涅槃必有漸修工夫。

譏動〔一〕第十四

有名曰：經稱法身已上，入無爲境〔二〕，心不可以智知，形不可以象測，體絶陰入〔三〕，心智寂滅。而復云進修三位，積德彌廣。夫進修本於好尚，積德生於涉求。好尚則取捨情現，涉求則損益交陳〔四〕。既以取捨爲心，損益爲體，而曰「體絶陰入，心智寂滅」，此文乖致殊，而會之一人，無異指南爲北，以曉迷夫。

校釋

〔一〕「譏動」：九折之七。「譏」，詰難。前章説損之又損，最後證得無爲。在有名論者看來，這是心動，故詰難之：心既動，怎麽能證得不動的無爲呢？

〔二〕「經稱法身已上，入無爲境」：此處所説之經，乃泛指佛經，並非特定某一部經。「法身」，以法爲身，與真如同體。「入無爲境」，涅槃境。

〔三〕「體絶陰入」：「體」，法體。「陰」，五陰（色、受、想、行、識）。入，六入（眼、耳、鼻、舌、身、意）。

〔四〕「好尚則取捨情現，涉求則損益交陳」：有好尚則有取捨之情，有涉求則有損益之心。

【本段主旨】這是九折之七。難者以漸修則心仍有所希求，質疑此時仍未達到心智寂滅的涅槃境界。

動寂〔一〕第十五

無名曰：經稱聖人無爲而無所不爲〔二〕。無爲，故雖動而常寂；無所不爲，故雖寂而常動。雖寂而常動，故物莫能一；雖動而常寂，故物莫能二〔三〕。物莫能二，故逾動逾寂；物莫能一，故逾寂逾動。所以爲即無爲，無爲即爲，動寂雖殊，而莫之可異也。道行曰：「心亦不有，亦不無〔四〕。」不有者，不若有心之有；不無者，不若無心之無〔五〕。何者？有心則衆庶是也，無心則太虚是也〔六〕。衆庶止於妄想，太虚絶於靈照〔七〕。豈可止於妄想，絶於靈照，標其神道而語聖心者乎？

是以聖心不有，不可謂之無；聖心不無，不可謂之有。不有，故心想都滅；不無，故理無不契。理無不契，故萬德斯弘〔八〕；心想都滅，故功成非我〔九〕。所以應化無方，未嘗有爲；寂然不動，未嘗不爲。

經云：心無所行，無所不行〔一〇〕。信矣。儒童〔一一〕曰：昔我於無數劫，國財身命，施人無數，以妄想心施，非爲施也〔一二〕。今以無生心，五華施佛，始名施耳〔一三〕。又空行菩薩入空解脱門，方言今是行時，非爲證時〔一四〕。然則心彌虚，行彌廣，終日行，不乖於無行者也。是以賢劫稱無捨之檀〔一五〕，成具美不爲之爲〔一六〕，禪典唱無緣之慈〔一七〕，思益演不知之知〔一八〕。聖旨虚玄，殊文同辯，豈可以有爲便有爲，無爲便無爲哉？菩薩住盡不盡平等法門〔一九〕，不盡有爲，不住無爲〔二〇〕，即其事也。而以南北爲喻，殊非領會之唱。

校釋

〔一〕「動寂」：十演之八。前章有名論者譏動。此章明「動」即是「寂」，所以名「動寂」。

〔二〕「經稱聖人無爲而無所不爲」：老子三十七章：「無爲而無不爲。」放光般若經漚和品：「佛言：適無所爲，故行般若波羅蜜。」「無爲」，寂。「無不爲」，動。

〔三〕「雖寂而常動，故物莫能一；雖動而常寂，故物莫能二」：「雖寂而常動」，無不爲。「雖動而常寂」，無爲。元康疏：「物莫能一者，人不能令其常寂也。物莫能二者，人不能令其常動也。」

〔四〕「道行曰：『心亦不有，亦不無。』」：語出道行般若經道行品。「不有」，没有凡人之智；「不無」，非無聖人之智。

〔五〕「不有者，不若有心之有；不無者，不若無心之無」：德清注曰：「言不有者，不是絶無，但不似衆生之有心耳。言不無者，不是實有，但不比無情之無耳。」

〔六〕「有心則衆庶是也，無心則太虚是也」：有執取之心，便是凡夫；没有無執取之心，則是絶無。

〔七〕「衆庶止於妄想，太虚絶於靈照」：凡夫的心只能是妄想，絶無之境則不可能鑒照萬物。

〔八〕「理無不契，故萬德斯弘」：心契涅槃之理，故能弘揚心中所具有的所有性德。

〔九〕「心想都滅，故功成非我」：去除執取之心，所以做了很多事情，也不以爲是「我」做的。

〔一〇〕「經云：心無所行，無所不行」：「行」，身、口、意之造作。「心無所行」指的是「意」。句意爲：没有凡人之心，有聖人之心，便能認識一切事物的本性。摩訶般若波羅蜜經無作品：「不行色，是行般若波羅蜜；不行受想行識，是行般若波羅蜜。」此句經文意爲：人，由色、受、想、行、識組成。心中不執取色，就對色有了正確的認識。不執取受、想、行、識，就對受、想、行、識有了正確的認識。

〔一一〕「儒童」：釋迦牟尼佛前生爲菩薩時之名。

〔一二〕「昔我於無數劫，國財身命，施人無數，以妄想心施，非爲施也」：從前我在無限長的時間裏，以國財身命，施人無數，我以爲這就是布施。其實並非如此。心中只要有布施的念頭，就不算布施。

〔一三〕「今以無生心，五華施佛，始名施耳」：現在我心中不起布施的念頭，以五朵蓮花施佛，這才叫布施。

〔一四〕「空行菩薩入空解脱門，方言今是行時，非爲證時」：修行「空」的菩薩，體悟到萬物本性皆空，從而脱離繫縛，這是認識了空，但並不證空，即不住於涅槃之中。

〔一五〕「賢劫稱無捨之檀」：「檀」，檀那（梵文dāna）的略語，意爲布施。句意爲：賢劫經稱讚無施捨的布施。賢劫經無際品：「一切諸法，無有與者，而自逮得，以是勸助救諸窮匱，是曰布施。」

〔一六〕「成具美不爲之爲」：成具光明定意經：「不爲而過爲。」

〔一七〕「禪典唱無緣之慈」：與樂曰「慈」。「無緣之慈」，即佛心不住有爲、無爲性中，不住過去、現在、未來世，知諸法不實，故心無所緣。以其無緣之心，憫念衆生執著諸法、分別取捨而流轉於六道，度化衆生，令得諸法實相之智慧。坐禪三昧經卷下：「是慈三昧略説有三種緣：生緣、法緣、無緣。諸未得道，是名生緣。阿羅漢、辟支佛，是名法緣。諸佛世尊，是名無緣。」

〔一八〕「思益演不知之知」：思益梵天所問經解諸法品：「以無所知故知。」意爲：没有普通人的妄知，故有聖人的真知。

〔一九〕「菩薩住盡不盡平等法門」：菩薩既住於有爲法中，又住於無爲法中。維摩經菩薩行品：「佛告諸菩薩，有盡、無盡解脱法門，汝等當學。何謂爲盡？謂有爲法。何爲無盡？謂無爲法。」

〔二〇〕「不盡有爲，不住無爲」：不脱離塵世，不住於涅槃。

【本段主旨】這是十演之八。論主指出菩薩漸修時心不有不無，動静一如，因此所難不成立。論主先引經據典推導出動静一如之理，説明所難之謬，再申述漸修時心非有非無，常住平等之理，明其與涅槃相契。

窮源〔一〕第十六

有名曰：非衆生無以御三乘，非三乘無以成涅槃。然必先有衆生，後有涅槃，是則涅槃有始，有始必有終。而經曰：涅槃無始無終，湛若虚空。則涅槃先有，非復學而後成者也〔二〕。

校釋

〔一〕「窮源」：九折之八。「窮」，窮討。「源」，根源。無名論者認爲，證涅槃，必有人、法（涅槃）。那麽人在先還是法在先呢？ 先者爲源，故以「窮源」爲標題。

〔二〕「非衆生無以御三乘」至「非復學而後成者也」：非衆生不能成就三乘（聲聞、緣覺、菩薩），非三乘不能成就涅槃。也就是説先有衆生，後有涅槃。這樣一來，涅槃就有始了，有始必有終。然而佛經説：涅槃無始無終。也就是説先有涅槃，後有衆生。若先有衆生，則涅槃有始終，違經意。若先有涅槃，則不用修行，違教意。究竟哪種説法正確，這是有名論者給無名論者提出的難題。

【本段主旨】這是九折之八。「有名」論者窮究能證之人和所證之涅槃孰先孰後，認爲既然有漸修，説明衆生在先，涅槃在後，如此則涅槃有始有終，與經論所説的涅槃無始無終相違。

通古〔一〕第十七

無名曰：夫至人空洞無象〔二〕，而萬物無非我造〔三〕，會萬物以成己者〔四〕，其唯聖人乎！何則？非理不聖，非聖不理，理而爲聖者，聖不異理〔五〕。故天帝曰：般若當於何求？善吉曰：般若不可於色中求，亦不離色中求〔六〕。又曰：見緣起爲見法，見法爲見佛〔七〕。斯則物我不異之效〔八〕也。所以至人戢玄機於未兆〔九〕，藏冥運之即化〔一〇〕，總六合以鏡心〔一一〕，一去來以成體〔一二〕。古今通，始終同，窮本極末，莫之與二，浩然大均，乃曰涅槃〔一三〕。

經曰：不離諸法而得涅槃〔一四〕。又曰：諸法無邊，故菩提無邊〔一五〕。以知涅槃之道，存乎妙契；妙契之致，本乎冥一。然則物不異我，我不異物，物我玄會，歸乎無極〔一六〕。進之弗先，退之弗後，豈容終始於其間哉？天女曰：耆年解脱，亦何如久〔一七〕？

校釋

〔一〕「通古」：十演之九。「通」，同。「古」，先。元康疏：「涅槃之法，古今同一，故云通古也。」

〔二〕「至人空洞無象」：至人（聖人）與涅槃冥符爲一，涅槃無相，至人也無相。

〔三〕「萬物無非我造」：萬物皆是心的顯現。

〔四〕「會萬物以成己」：若能認識到萬物皆是心的顯現，從而使萬物與心冥合成一體，就是「會萬物以成己」，也叫理智冥一，也就是證得涅槃。

〔五〕「非理不聖，非聖不理。理而爲聖者，聖不異理」：非悟理不足以彰聖智，非聖智不足以證理。既悟理成聖，則聖與理不異。

〔六〕「善吉曰：般若不可於色中求，亦不可離色中求」：「善吉」，須菩提。句意爲：般若是能證之心，色是所證之境。色是萬法之首，舉色例萬法。心境非一（普通人把境看成獨立於心而存在的實體），故不可於色中求。聖人心境冥一，故不可離色中求。摩訶般若波羅蜜經散華品：「不應色中求般若波羅蜜，亦不應離色求般若波羅蜜。」道行般若波羅蜜經難問品：「所問般若波羅蜜菩薩云何行？亦不可從色中行，亦不可離色行。」

〔七〕「見緣起爲見法，見法爲見佛」：「緣起」，十二因緣。見諸法皆因緣和合而成，皆性空，這就是見緣起。見緣起即是見法，見法也即見佛。見法、見佛，即達到涅槃境界。

〔八〕「效」：證據。

〔九〕「至人戢玄機於未兆」：「戢」，止。「玄機」，智。句意爲：至人能預見未來。

〔一〇〕「藏冥運之既化」：「藏」，覆。「冥運」，智。句意爲：過往之事，雖已無形，然至人卻能見之。

〔一一〕「總六合以鏡心」：六合不離一心名「總」。句意爲：宇宙間的萬物，皆是一心的顯現。

〔一二〕「一去來以成體」：「去」，過去。「來」，未來，也包括現在。句意爲：至人能混融三世爲一體。

〔一三〕「古今通」至「乃曰涅槃」：「本」，理。「末」，事。「浩然」，無邊際。句意爲：認識到古今無差，始終不別，本末不二，無邊際的萬物皆平等無二，這就是涅槃。

〔一四〕「經曰：不離諸法而得涅槃」：維摩經弟子品：「不斷煩惱入涅槃。」小乘認爲，入涅槃是斷煩惱，脱離輪迴，脱離現實世界，譬如灯滅。大乘則說不斷煩惱，即不脱離現實世界而得涅槃。

〔一五〕「諸法無邊，故菩提無邊」：「菩提」，覺。放光般若經法上品：「諸法無邊際故，般若波羅蜜亦無邊際。」這裏是引經證明心境不二。「諸法」，境。「菩提」、「般若波羅蜜」，心。

〔一六〕「物我玄會，歸乎無極」：「無極」，心，因其廣大無邊，故名無極。句意爲：物（客體）、我（主體）無二，冥會一心。

〔一七〕「天女曰：耆年解脱，亦何如久」：維摩經觀衆生品：「舍利弗言：『天〔女〕止〔往〕此室，其已久如？』答曰：『我止此室，如耆年解脱。』舍利弗言：『止此久耶？』天〔女〕曰：『耆年解脱，亦何如久？』」耆年，代指舍利弗，因他在佛徒中年紀最長。元康疏：「耆年謂舍利弗也。言汝解脱有久近乎？解脱既無久近，我止此室亦無久近。今引此文直明解脱無久近也。解脱，涅槃也。久近，始終也。」

【本段主旨】這是十演之九。論主指出證得涅槃時物我不異，始終相同，古今相通，故曰通古。

考得〔一〕第十八

有名曰：經云：衆生之性，極於五陰之内〔二〕。又云：得涅槃者，五陰都盡，譬猶燈滅〔三〕。然則衆生之性，頓盡於五陰之内；涅槃之道，獨建於三有之外。邈然殊域，非復衆生得涅槃也〔四〕。果若有得，則衆生之性，不止於五陰〔五〕。必若止於五陰，則五陰不都盡〔六〕。五陰若都盡，誰復得涅槃耶〔七〕？

校釋

〔一〕「考得」：九折之九。「考」，推究。「得」，證得。「考得」，即推究涅槃怎樣才可以證得。

〔二〕「經云:衆生之性,極於五陰之内」:「性」,體。「五陰」,色、受、想、行、識。句意爲:衆生之體,局限於五陰之内,即皆由五陰所組成。大般涅槃經云:「離五陰已無别衆生。」

〔三〕「又云:得涅槃者,五陰都盡,譬猶燈滅」:大般涅槃經云:「如燈油盡,明焰則滅。衆生愛盡,則見佛性。」句意爲:證得涅槃的人,五陰皆無,猶如燈滅。

〔四〕「然則衆生之性」至「非復衆生得涅槃也」:「三有」,即三界:欲界、色界、無色界。這樣,衆生之體頓盡於五陰之内,涅槃之道獨自建於三界之外。内外邈然殊域,衆生是不可能證得涅槃的。

〔五〕「果若有得,則衆生之性,不止於五陰」:果若證得涅槃,衆生之體不會限於五陰之内,而應超出五陰。

〔六〕「必若止於五陰,則五陰不都盡」:元康疏:「若衆生局在五陰内,而復言得涅槃者,則五陰不定無也。」

〔七〕「五陰若都盡,誰復得涅槃耶」:遵式疏:「若盡五陰,灰身滅智,則無衆生。既無能證之人,將何得所證之法?」

【本段主旨】這是九折之九,稽考涅槃是如何證得的。「有名」論者認爲無論涅槃是在五藴之内證得,還是離五藴證得,都會與經論和教理相違。

玄得〔一〕第十九

無名曰：夫真由離起，僞因著生。著故有得，離故無名〔二〕。是以則真者同真，法僞者同僞。子以有得爲得，故求於有得耳。吾以無得爲得，故得在於無得也。

且談論之作，必先定其本。既論涅槃，不可離涅槃而語涅槃也。若即涅槃以興言，誰獨非涅槃而欲得之耶〔三〕？何者？夫涅槃之道，妙盡常數〔四〕，融治二儀〔五〕，滌蕩萬有〔六〕；均天人〔七〕，同一異〔八〕；内視不己見〔九〕，返聽不我聞〔一〇〕；未嘗有得〔一一〕，未嘗無得〔一二〕。

經曰：涅槃非衆生，亦不異衆生〔一三〕。維摩詰言：若彌勒得滅度者，一切衆生亦當滅度。所以者何？一切衆生本性常滅，不復更滅〔一四〕。此名滅度，在於無滅者也。然則衆生非衆生，誰爲得之者〔一五〕？涅槃非涅槃，誰爲可得者〔一六〕？放光云：菩提從有得耶？答曰：不也。從無得耶？答曰：不也。從有無得耶？答曰：不也。離有無得耶？答曰：不也。然則都無得耶？答曰：不也。是義云何？答曰：無所得故爲得也〔一七〕。是故得無所得也。無所得謂之得者，誰獨不然耶？

然則玄道在於絶域，故不得以得之。妙智存乎物外，故不知以知之。大象隱於無形，故不見以見之。大音匿於希聲，故不聞以聞之〔一八〕。故能囊括終古，導達羣方，亭毒蒼生〔一九〕，疏而不漏〔二〇〕。汪哉洋哉，何莫由之哉〔二一〕！故梵志曰：吾聞佛道，厥義弘深，汪洋無涯，靡不成就，靡不度生。然則三乘之路開，真僞之途辨，賢聖之道存，無名之致顯矣。

校釋

〔一〕「玄得」：十演之十。有名論者執取名相，無名論者予以批判，認爲不存得而得才叫真得，也叫「玄得」。

〔二〕「夫真由離起，僞因著生。著故有得，離故無名」：德清注：「謂涅槃真理，由超情離見而顯；分別妄僞，由執著名相而生。故執名相者爲有得，離情見者故無名。」

〔三〕「若即涅槃以興言，誰獨非涅槃而欲得之耶」：若就涅槃而言，一切衆生本性涅槃，即涅槃本來就存在於衆生之中，并不需要另外去找涅槃。

〔四〕「妙盡常數」：涅槃無相，不可以數衡量。

〔五〕「融冶二儀」：「二儀」，天地。涅槃無天地之分。元康疏：「融冶二儀者，融通天地，如鑪冶之鎔金，無不同也。」

〔六〕「滌蕩萬有」：「萬有」，萬物。元康疏：「洗滌除蕩，無不空也。」

〔七〕「均天人」：天人均等。

〔八〕「同一異」：涅槃一體無二。

〔九〕「内視不已見」：觀察自體爲「内視」。涅槃非色，故内視不見。

〔一〇〕「返聽不我聞」：涅槃無聲，故返聽而不聞。

〔一一〕「未嘗有得」：德清注：「以寂漠沖虚，故未嘗有得。」

〔一二〕「未嘗無得」：涅槃妙體常存，故未嘗無得。

〔一三〕「涅槃非衆生，亦不異衆生」：德清注：「涅槃之體，永離生滅，故非衆生。以衆生之性，本來寂滅，故不異涅槃。」

〔一四〕「維摩詰言」至「不復更滅」：語出維摩經菩薩品：「若彌勒得滅度者，一切衆生亦應滅度。所以者何？諸佛知一切衆生畢竟寂滅，即涅槃相，不復更滅。」衆生的本性即涅槃，所以，彌勒得滅度（涅槃），衆生亦可得滅度（涅槃）。不像有名論者所説，要在五陰滅後，才可以得涅槃。

〔一五〕「衆生非衆生，誰爲得之者」：衆生性空，誰是得涅槃的人呢？

〔一六〕「涅槃非涅槃，誰爲可得者」：涅槃無相，什麽是可以得到的呢？

〔一七〕「放光云」至「無所得故爲得也」：這段話是義引自放光般若經漚和品：「須菩提言：世尊，不住最第一要義，成阿惟三佛（佛智）耶？佛言：不也。須菩提言：從四顛倒成阿惟三佛耶？佛言：不也。須菩提白佛言：世尊，不從第一要義得，亦不從四顛倒得，將無世尊不逮正覺？佛言：不也。佛言：如來逮正覺耳，亦不住有爲性，亦不住無爲性。」僧肇之語大意是：菩提從無所得而得。有所得即是執取，去掉執取就是無所得。有了無所得就有了菩提。

〔一八〕「然則玄道在於絶域」至「故不聞以聞之」：「玄道」，涅槃之道。涅槃之道無形相，故稱絶域。玄道並非普通人可以得到，故云「不得以得之」。「妙智」，聖人之智。聖智乃是「心」，故云「物外」。聖智與所觀之物冥合一體，並無執取，故云「不知以知之」。「大象」，即是法身。法身非可見之境，但聖人可以見到，故「不見以見之」。寂滅圓音（佛講法）謂之大音，這並不是所有的人皆可以聽到，故云「希聲」，但聖人却可以聽到，故云「不聞以聞之」。

〔一九〕「亭毒」：養育。

〔二〇〕「疏而不漏」：「疏」，遠。衆生離佛道很遠故云「疏」。雖如此，只要真心修行便可以得到，故云「不漏」。

〔二一〕「汪哉洋哉，何莫由之哉」：「汪洋」，水深、廣，此喻涅槃之深廣。但涅槃是修行佛道必由之路，故云「何莫由之哉」。

【本段主旨】這是十演之十。論主闡明「不存得相以證得涅槃」之理，説明涅槃之得乃無得之得，所以稱爲之「玄得」。

附録一

肇論集解令模鈔

説　明

肇論集解令模鈔是宋代高僧浄源的作品，浄源撰寫此書，主要是爲了進一步發揮肇論中吴集解的思想，其中也有不少直接解釋肇論的地方。浄源在肇論中吴集解中，常用華嚴宗和禪宗觀點解釋肇論，但集解畢竟是融會各家之説而成，不便過分發揮，令模鈔則是他個人的著作，可以盡情地闡述自己的看法。

此書宋代曾經刻版流行，但我國已佚，日本尚存兩個本子：一是高山寺本，二是真福寺本。高山寺本是日本著名佛教學者常盤大定博士一九三四年整理高山寺收藏的宋版書時發現的。此書發現後三個月，東京大學即請三好鹿雄抄出。抄本現存東京大學東洋文化研究所，簡稱爲東本。這個本子僅存約一二萬字，缺失太多。真福寺本則是根據尚未缺失時的高山寺本抄出的，是目前爲止所發現的最完整的本子。日本學者伊藤隆壽教授曾對此進行專門研究，將真福寺本全部抄録下來，並對照東本進行了校勘，指出東本所缺少的部分。該抄本一九八四年發表在駒澤大學佛教學部研究紀要第四十二號上，可簡稱爲伊本。此次整理，即以伊本爲底本，主要參照東本和肇論中吴集解（簡稱集解）做了標點和校勘。此次排印，底本中的缺字，均用□表示；底本中伊藤隆壽教授的校注，均以仿宋體排在正文中，加（　）標示；整理者的校勘記，則採用脚注的形式。

特别應該提到的是，郭朋同志曾閲讀全文，並改正了很多錯誤，在此謹致謝忱！

肇論集解令模鈔卷上并序

晉水沙門　淨源　述

夫申明論旨，則存乎疏注矣；發揮序文，則存乎鈔辭矣，斯偕著述之宏規，立言之懿範也。遐觀諸哲辭釋論，又多挾招提兩序以注之，豈所謂標心前古，送懷後世歟！皇祐三年，余傳賢首之道迹于中吳，越五年，退藏于萬壽蘭若，從事于斯論集辭。主院法印大師守堅嘗覈四絶，彌究宗本。或拳〔一〕發問，很古以條今；或亹亹達言，經道而緯義。且謂集解爲辭，辭要而義博，將演流通之賜，宜出鈔以輔焉。既承其命，不敢自默，乃考羣籍遒文，乃索諸哲讜義，筆而録之，勒成兩卷。其間始於首序，而終於題辭，大抵班先覺之憲度，作後昆之令模云。時嘉祐六年八月十日，於錢唐賢聖精舍西方丈序。

〔一〕「拳」後疑脱「拳」字，據上下文意，當爲「或拳拳發問」。

序題三字，首標論主嘉名者，名含通别也。謂「肇」之一字，□（若）望當部，四論爲通，皆論主所作故；望於諸家，論題爲别，揀異原人等故。「論」字唯屬通名，即能詮教也；若取物不遷等四，亦含所詮法。古者重法而尊人，又以通别互彰，故標肇論爲目。所以曇諦云：然道不孤運，弘之在人。以美其人，故立斯稱。「序」者，叙也。叙述宗本之要義，及四論之玄旨也。若約能所相望，「序」字爲能序，上二爲所序；「肇」爲能作，「論」爲所作，則從寬至陋，兩對耳。

「小招提寺」者，揀大招提，故標小言。按僧史略：「後魏太武帝始光元年，創立伽藍，爲招提之號。隋煬帝大業中，改天下寺爲道場，至唐復爲寺也。」若然，則「寺」與「招提」皆通名耳。今以「招提」二字乃是梵音，爲寺之别名。故音義指歸云：通四方僧受，故名招提。或云：梵語柘鬬提奢，此云對面施。「寺」，嗣也，治事者相嗣續其内也。「僧」者，具云僧伽，此翻衆和合。然有六種：身和同事，語和同默，意和同忍，戒和同修，見和同辭〔一〕，利和同均也。「慧達」，即序主名諱也。本江寧人，少而聰敏，博覽古今，爲梁武帝門師。帝問内外教，答猶響應，時人以神□（異）稱之。每歎論主所得如鸞鳴孤桐，超然羣表。遂

〔一〕「辭」，疑爲「解」字之誤。

述通别兩序，託悟叙懷耳。「述」者，鄭康成云：「訓其義也。」樂記云：作者曰聖，述者曰明。然兹兩序文格雖浮若，乃源一心之大義，派四論之淵旨，曲盡其妙。故興善疏云：「直以序述論宗，不無倫次。」演義鈔云：不遷當俗，俗則不生。不真爲真，真但名説〔一〕。達公得意。斯皆稱其述序得論旨之淵緼矣。

「率愚」者，率，從也；愚，謙辭也。「通序」，謂對下别叙論首，故云通序。「長安」，即古之雍州也。昔漢高祖劉邦顧其山河宏壯，謂羣臣曰：吾之子孫，長安於此。吕延濟云：漢稱長安，言可安子孫也。「釋僧肇」，下文釋之。「法師」者，開廓聖言、謨範當世之稱也。故大經云：爲一切世間所稱讚，故名爲法師。「所作宗本」等者，即宗本義也。能宗即四論，所宗即一心。而言本者，謂真俗、因果皆以一義爲本耳。

「但末代弘經，允屬四依」者，但，獨也。末法時代，弘揚經典，允信付屬，獨在四依，以去聖時遥也。故善見論云：正法一千年，具有教、理、行、果；像法一千年，有教、理、行，而無果證；末法一萬年，有教、理，無行、果。故偏屬四依。按涅槃經四依品：佛告迦葉云：有四種人能護正法，爲世所依。初依，經云：具煩惱性，知如來秘密之藏。二依，即須陀

〔一〕「説」，原作「詵」，據華嚴經隨疏演義鈔改。

洹。三依，即斯陀含。四依，即阿羅漢。而序云「菩薩」者，以經文名局小教，小皆大乘，初依在賢，後三屬聖。西土則馬鳴、龍樹、無著、天親是也。「爰傳茲土，抑亦其例」者，爰，及也；抑，語辭也。謂聖教及傳東震，付屬四依，亦如西土之例。近指其人，則賢首、智者、慈恩、澄照是也。「彌天大德」，即道安法師。姓衛氏，家世英儒，其入道行業，備如本傳。襄陽習鑿齒初訪於安云：「四海習鑿齒。」安對曰：「彌天釋道安。」因是人以彌天爲稱。「大」者，褒美之辭。心安于道，行發于德，故名「大德」。前秦符堅素聞其名，每云〔一〕「襄陽釋道安是神器，方欲致之，以輔朕躬」。後遣符丕〔二〕南攻襄陽，安與習鑿齒俱獲於□□□斑書與諸鎮曰〔三〕：「晉氏伐□□在二陰〔四〕；今破漢南，獲士亦裁一人有□耳〔五〕。」僕射權翼曰：「未審誰耶？」堅曰：「安公一人，習鑿齒半人也。」既至長安，詔住五重寺，僧衆數千，大弘

〔一〕「云」，底本無，據高僧傳道安傳補。
〔二〕「丕」，原作「不」，應爲「丕」。
〔三〕據高僧傳道安傳，缺文疑爲「俱獲於符堅。堅斑書與諸鎮曰」。
〔四〕據晉書習鑿齒傳，缺文疑爲「晉氏伐吴，利在二陸」，「陰」應爲「陸」。
〔五〕據晉書習鑿齒傳，□應爲「半」。

法化。會堅出東苑，命安外輦同載。權翼諫曰：「臣聞天子法駕，侍〔一〕中陪乘。道安毀形，寧可參厠？」懔〔二〕然作色曰：「安公道冥至境，德爲時尊，朕舉天下之重，未足以易之。非公舉輦之榮，乃朕之題也〔三〕。」即勑權翼扶安登輦。其爲王者所重也如此。「童壽桑門」，即羅什三藏。梵云鳩摩羅琰祁婆，此云童壽，謂童子之年，有壽者之見。或謂父名鳩摩羅琰，母名祁婆，合二親爲名。其翻宣化行，如下所明。「桑門」，沙門，梵音輕重耳。「創始命宗，圖辨格致」者，創，初；命，告也。彌天立義，以性空爲宗，作性空論。童壽立義，以實相爲宗，作實相論。並皆命宗。圖，度；辨，別；格，量致也。「播揚宣述，所事玄虛」者，播布傳〔四〕宣述聖教，而以玄妙沖虛爲所事焉。「唯斯擬聖默之所祖」者，言安、什擬議聖心宗祖寂默之理也。

「自降乎也〔五〕已還歷代古今」者，言自下也來偏歷時代。「古」謂秦、晉，即安、什之時。

〔一〕「侍」，原作「待」，據高僧傳道安傳改。

〔二〕「懔」上，似有「堅」字。

〔三〕晉書苻堅載記作「非公與輦之榮，此乃朕之顯也」。

〔四〕「傳」下，疑脱「揚」字。

〔五〕集解無「也」字。

「今」謂梁朝，以述序當梁時耳。「凡」，泛也，不定之辭。「名僧傳」者，嘉祥皎法師高僧傳序云：「實行潛光，則高而不名；寡德適時，則名而不高。」次云「及傳所不載」者，即高而不名也。「釋僧叡」者，曰魏都〔一〕舘陶人也。年十八，始事僧賢爲弟子，巾舃之外，學與時競。至二十，博總佛經，猶通儒籍。後乃棲迹羅什之門。什所翻經，叡並參正。昔竺法護出法華經，至受記品：「天見人，人見天。」什譯至此，乃言：「此語與西域義同，而在言過質。」叡曰：「將非人天交接，兩得相見耶？」什喜曰：「實然。」具〔二〕領悟標出，皆此類也。「謝靈運」者，沈約宋書云：陳郡陽夏人也。博覽羣書，文章之美，江左莫及。初爲琅耶王司馬參軍，後爲臨川郡太守。嘗注金剛般若經。稱晉康樂侯。南史云康樂公。昔曇無羅讖出南〔三〕本涅槃經，云：「手把脚踏，得到彼岸。」謝君以辭潤之曰：「運手動足，截流而度。」故次文總歎云：「至能辨正方言，節文階級。」又叡公注淨名，謝君注金剛，皆能辨正方俗之言，章節科判，階級次第也。「善覈名教，精搜義理」者，研覈能詮名教，搜索所詮義理。

〔一〕「都」，應爲「郡」。
〔二〕「具」，疑爲「其」。
〔三〕「南」，應爲「北」。

「揖此羣賢，語之所統」者，謂揖敬叡、謝諸賢，潤色著述，辭語統同也。

「有美若人，超語兼默」者，「有美」二字，出毛詩；「若人」兩言，出論語。詩云：「有美一人。」語云：「君子哉若人。」若，如也。謂叡、謝諸賢，辭麗而理隱；安、什二師，理明而辭質。令〔一〕美論主之作，發辭既麗，述理且明，故云「超語兼默」。故重壽〔二〕歎云：「解不謝子，辭當相揖。」美其發辭也；又云：「解空第一，肇公其人。」美其述理也。

「標本〔三〕，句句深達佛心」者，標宗本義，達本覺妙心也。「明末〔四〕，言言備通衆教」者，明末四論，通了義諸經也。「諒是大乘懿之〔五〕典，方等博書」者，諒，信也。信知宗本、四論，是大乘深懿之典，方廣平等之書。

「自古自今著文著筆」者，應云「及今」。清涼大疏云：「韻屬曰文，對辭曰筆。」「詳、汰

〔一〕「令」，疑爲「今」。
〔二〕「重壽」，應爲「童壽」。
〔三〕集解「本」後有「則」字。
〔四〕集解「末」後有「則」字。
〔五〕集解無「之」字。

名賢所作〔一〕論」者，支法詳作實相論者云，法詳設問，慧儀答辭，賓主問答，集成一論耳。竺法汰作本無論，如不真空論序中所破。「或六家七宗，爰延十二」者，宋莊嚴寺釋曇濟作六家七宗論，論有六家，第一家分爲二宗，故云七宗。初本無宗。釋曇順作，或云竺法汰作。二本無異宗。於本無宗中分出，明諸法無有差異。三即色宗。謂支道林作即色游玄論。四識合宗。如率爾眼識同時意識與色境合等。五幻化宗。諸法幻化不實。六心無宗。即支敏度作心無論。七緣會宗。即于道邃作明諸法緣會而生。又定林釋慧鏡作實相六家論，先設客問二諦義一體，後別〔二〕六家義答之。第一家以理實無有爲空，凡夫謂有爲有。約理無、情有明二諦。第二家以色性是空爲空，色體是有爲有。約性空、相有明二諦。第三家以離緣無山爲空，因緣成山爲有〔三〕。約因緣聚散明二諦。第四家以心從緣生爲空，離緣別有心體爲有。約體假、用實明二諦。第五家以邪見所計心空爲空，不空因緣所生之心爲有。約偏計、依他明二諦。第六家以色所依之物實空爲空，世流布中假名爲有。約空、假明二諦。鏡、濟二師各辨六家，故云「爰延十二」。爰，曰也；延，演也。

〔一〕集解「作」後有「諸」字。
〔二〕「別」，據元康肇論疏應爲「引」。
〔三〕元康肇論疏作「第三家以離緣無心爲空，合緣有心爲有」。

「判其臧否，辨其差當」者，梁朝釋寶昌〔一〕作續法論，於曇濟論中判第四家爲臧，餘五家爲否。「臧否」者，猶云是非也。於慧鏡論中辨前五家爲差，後一家爲當。「差當」者，猶云失得也。

「唯此憲章，無弊斯咎」者，前十二家皆有差否，獨此四論，憲法章明，無斯因弊過咎。「良由」者，實以也。「憷情泛若，不知何係」者，憷懷情思，泛然宏遠，無所拘係。「匹彼淵海，數越九流」者，大海淵深，喻論立憲章；九江淺流，此詳諸論。九江者，潯陽記云：一烏江、二蚌江、三烏土江、四嘉靡江、五畎江上如泫反、六浮江、七禀江、八提江、九箘江也。「挺拔清虛，蕭然物外」者，挺，出；蕭，條也。言其才智，清虛條然，挺出羣物之外也。「知公者希，歸公採什」者，知肇公論旨雖然希少，皆歸心採計文什也。「如曰不知，則公貴矣」者，曰，語端也。如其不知忘言之道，則肇公言教至貴矣。老子曰：「知我者希，則我者貴。」

「達」，名也。古賢多稱一字，例如慈恩法師稱基，荆溪禪師稱然是也。「猥生天幸，逢此正音」者，猥，曲也；幸，寵也。曲由多生熏習，故得天然之寵，逢遇中正之音也。「欣躍弗已，饗讌無疲」者，欣喜踊躍，不知止絶；歆饗讌味，莫之疲倦。「每至披尋，不勝手舞」

〔一〕「寶昌」，應爲「寶唱」。

者，披閱尋玩，不覺動手而舞。毛詩序云：「手之舞之，足之蹈之也。」「誓願生生盡命弘述」者，約信曰誓，要期曰願，生生盡其報命傳弘講述。「肇之遺文，其猶若是」等者，意謂能宗論文，誓願弘述，具〔一〕猶若此，況所宗中、百、門觀，爰洎方等深經，豈不至增誓願乎？中論明中道，故彼論序云叡法師作：「以中爲名者，照其實也；以論爲稱者，盡其言也。實非名不悟，故寄實〔二〕以宣之；言非釋不盡，故假論以明之。」百論有百偈，彼論序云肇法師作：「論有百偈，故以百爲名。理致淵玄，統羣籍之要；文旨婉約，窮製作之美。」十二門論明十二種觀，彼論序云亦叡公作：「十二者，總衆枝之大數也。門者，開通無礙之稱也。」大智釋論之淵博，十二觀行之精詣也。然不真空論中，嘗引中論，具〔三〕百、門二論，絕無明文，或論主引之，不標論題。又摩訶衍論，前後引證其文非一，此則所宗雄論也。「方等深經」者，淨名疏云：方等第一義經也。其旨深玄，非有心之所得；微妙無象，非明者之所觀。超塵絕慮，無染若空，欲以有心有目而信受者，不亦難乎？詳觀四論，始引放光，道行、成具、本起、超

〔一〕「具」，疑爲「其」。
〔二〕「實」，據中論序應爲「中」。
〔三〕「具」，疑爲「其」。

曰、净名、瓔珞、思益、賢劫、禪典、涅槃、華嚴。終至八師，有十餘本，皆所宗深經也。「世諺咸云肇之所作」等者，古今相傳之言曰諺。咸，皆也。言論主所作不真論，雙破二執，是成實論中真諦之義。又無知論，雙辨二智，是十地論中通宗之義。資取莊生、老子之文，以爲大孟流浪之説。「巨蠹之談，欺誣亡殁」者，謂見論主亡殁，發此大毒之言。欺，凌；誣，謟也。謨家巨蠹事，非序主之意，不宜引之。「街巷陋音，末之足拾」者，街談巷説，鄙陋之音，何足收拾哉！

「夫神道不形，心敏難繪」者，宗本義也。幽靈神聖之道，一相無相，故云「不形」。敏，疾也；繪，畫文也。夫理圓言偏，言生理喪，縱其心慧敏疾，亦難繪畫其文。故文心雕龍云：神道難模，精言不能追其極。「文拘義遠，故衆端之所〔一〕詭」者，以能述文拘約，所宗本義宏遠，放〔二〕假莊老衆端之辭，詭而飾之，使物易解。故次云：「肇之卜意，豈徒然哉？」卜，猶覆也。覆推論主之意，用二氏之言，豈虚然耶？信有由矣。興善有言：秦人好文，譯經者言參經史；晉朝尚理，作論者辭涉老莊。言參經史，不可謂佛與姬孔同風；辭涉老莊，不可謂法與聃周齊致。論主一時挺秀，千載孤標，上智貴其高明，下愚譏其混

〔一〕集解無「所」。
〔二〕「放」，疑爲「故」。

難〔一〕。下愚云云，何足議哉！「如復徇狎其言，願生生不面」者，以身從事曰徇。徇，順也；狎，習也。若復有人順習巨蠹之言，願生生不與面對也。「至獲忍心，還度斯下」者，向云「生生不面」，似失悲行，至得無生法忍之時，却來度斯下愚，則悲行不失矣。「留連講肆」者，留連，不絶也；講，和解也。講席之所陳設經籍如市肆然。「二十餘年」者，或講或聽二十年。「重席」，即通義之士也。後漢元日，令諸儒講論，不勝，輒奪其席與通者。戴馮獨坐五十重席。時人語曰：説經不窮〔二〕戴侍中。「聊」，略也。「託悟在中」者，寄託解悟之懷，盡載序中矣。「同我賢余，請俟來哲」者，才識同我者，則存乎此序；才識賢我者，請待後來英哲別發明耳。「大分深義，厥號本無」者，十二門論云：大分深義，所謂空也。若通此義，即通達大乘，具足六波羅蜜，無所障礙。演義云：聞空不怖，即大分深義。故目「本無」爲第一真空也。大分者，大綱言之也。厥，其也。「建言宗旨，標乎實相」者，實相，即「本無」異名也。將欲達〔三〕立四論之宗，故標舉之。「開空法道」等者，涅槃云：諸佛所

〔一〕「難」，疑爲「雜」。
〔二〕「窮」上疑脱「不」字，據文意補。
〔三〕「達」，應爲「建」。

說，開空法道。「逾」，越也。謂不遷明俗諦，不真明真諦，是不越真俗矣。「次釋二諦，顯佛教門」者，言次前宗本辨釋真俗。「圓正之因，無尚般若」者，即無知論明因行也。謂以一念權實之智，雙觀前之二諦，故云正因也。無，不也；尚，上也。言修因者，無不貴尚般若耳。「至極之果，唯有涅槃」者，即無名論明果德也。至極者，至聖極果也。「末啟重玄，爲〔一〕衆聖〔二〕所宅」者，老子云：「玄之又玄，衆妙之門。」今自後之二論以爲重玄。謂前釋二諦，則俗不違真；末開重玄，則因圓果滿。三世衆聖，皆歸於茲，非宅而何？

「雖以性空擬本，無本可稱」者，上句縱，下句奪。謂雖用性空擬議宗本，然且離相絶名，無本可稱。「語本絶言」，口談辭喪也。「非心行處」，心緣慮亡也。「不遷當俗，俗則不生」者，會俗即真也。「不真爲真，真但名説」者，明真即中也。「放曠蕩然，崇茲一道」者，初蕩俗，次蕩真。既泯二諦，唯宗中道。故涅槃云：實諦者，一道清淨無二也。「清耳」，及聞也，「虚襟」，絶慮也，則覆釋「放曠蕩然」；「無言二諦」，則覆釋「崇茲一道」。「静照之功著」者，静照權實二智也。所觀二諦互泯，由能觀二智更資，則般若宏功明著矣。「無名之

〔一〕「爲」，集解爲「明」。
〔二〕集解「聖」後有「之」字。

德興」者，以權實之圓因，證真應之滿果，則涅槃三德繁興矣。既心言而雙寂，故「般若無知」、「涅槃不稱」也。

「此説周圓」者，歎宗本周徧圓極也。「聲〔一〕佛淵海」，歎前二論盡佛教海也。「浩博無涯」，歎涅槃之體。「窮法體相」，歎般若之用。先言涅槃以淵海無涯，文勢便耳。上歎垂範，下美立言。「言約義豐」〔二〕者，言辭簡約，義旨豐多也。「文華理詣」〔三〕者，文彩華美，理實造詣也。「連環」，無窮也。「孤誕」，高大也。「絶妙好辭」等者，文出孝女曹娥碑陰。娥父曹盱，能按節撫歌〔四〕，娑婆樂神。漢安二年五月，時迎伍君，逆濤而上，爲水所淹，不得其屍。娥時年十四，號慕思盱，哀鳥〔五〕澤畔，旬有七日，遂自投江死，經五日抱父屍出。以漢安迨永嘉〔六〕辛卯，莫之有表。（上皆祭辭。）上虞縣令度尚設祭誄之，命弟子邯鄲（上音漢，下

〔一〕「聲」，疑爲「罄」。
〔二〕集解爲「言約而義豐」。
〔三〕集解爲「文華而理詣」。
〔四〕應爲「撫節按歌」。
〔五〕「鳥」，應爲「鳴」。
〔六〕「永嘉」，應爲「元嘉」。

音丹。淳爲辭。後蔡邕因讀之，乃題其碑陰云：「黄絹幼婦，外孫齏臼。」黄絹，色糸也。糸從色，「絶」字。幼婦，少女也。女從少，「妙」字。外孫，女子也。女從子，「好」字。齏臼，受辛也。受從辛，「辤」字。今序主用彼語意，故云「絶妙好辤正作辭」。「洪」，大也。「解空第一」者，什公此句歎悟空理，非歎好辭。若歎好辭，應引傳云：「解不謝子，辭當相揖。」識者詳之。「彰在翰牘」者，彰顯在高僧傳中。古人以鷄□□筆，今諂筆爲翰。又書之於竹簡版牘，今諂紙爲牘。

「宗本蕭然，莫能致詰〔一〕」者，本無之旨，蕭條寂然，不可詰難，故但稱義也。「事開接引」等者，叙事開章，接引後學，剖析幽微，故稱爲論。陸機文賦云：論精微而暢朗。此其證也。若約四論乘時被機，如本文下解之。

注題標「中吴」者，劉熙云：吴，虞也。太伯讓而不就，歸封之於此，以虞其志也。司馬遷述太伯世家云：晉滅中國之虞。亦以蘇爲中吴也。范甯曰：太伯，太善之稱也。周太王之元子，故曰太伯。次仲雍，小季歷，並賢。而太伯讓德深遠，雖聖不加之。「集」者，會

〔一〕「詰」，原作「諸」，據集解改。

也。劉熙釋名云：會集衆字，以成辭義。「解」者，釋也。文心雕龍曰：解釋衆滯，騰事以對也。「卷上」者，對中、下爲名。以簡册重大，艱乎披尋，遂以其部離爲三焉。「晉水」者，即泉郡水名也。以泉江之水，接於温江，奔於大海，有似晉字之形，故縣名晉江，水名晉水。亦猶九江西入也陵〔一〕及至廬山之北，其水有如盆字之□〔二〕□（今）江州亦名盆江，其事例然。

「悦服」、「敬從」者，謂聞者悦聞服用，見者敬重從化也。「義而後作」者，作，爲也。論語云：「樂然後〔三〕笑，人不厭其笑。義然後取，人不厭其取。」今注辭用彼語勢也。「首標一義」者，下文先列五名，結云一義耳。「要」者，舉一總衆之辭，故云「其妙明真心乎」。「然則」下，生起前之二論。「推之於相」，約事異，顯「不遷」；「本之於性」，約理一，遣「不真」。「統」，通也；「括」，結也。「唯真俗二諦」者，中論云：諸佛常依二諦，爲衆生説法。「而已」者，結前二論也。「夫觀」下，起後二論也。既列所觀二境，次顯能觀二智。「内

〔一〕「也陵」，應爲「巴陵」。
〔二〕□疑爲「形」。
〔三〕「然」下脱「後」字，據論語補。

鑒」，實智也；「外應」，權智也。「涉俗亡染」，不處生死；「大悲不住」，非證偏真。「照真亡緣」，絶能所也；「聖智無知」，離惑取也。「以聖」等者，謂以聖智無相無知之因，真契涅槃不生不滅之果。果海離言，迹應萬端，則能事周畢矣。「指聞思修三慧」者，纂要疏云：若約學者從淺至深言之，則聞思修三慧，皆名般若。然則前辨二智，大位局聖；今明三慧，大位通凡。凡聖皆如，由宗本一也。「即恩智斷一心」者，涅槃論云：法身無像，斷德也；般若無知，智德也；應物而形，恩德也。「五章皆然」者，謂四論宗乎一心，一心常融真俗因果也。「以是」下，約本結歎，謂「内秘」菩薩行，「外現」聲聞身。「本高」則至聖，「迹下」則同凡。

「然兹」下，法喻雙明，乾喻宗本也，四德喻四論。「乾」者，周易初卦之名，本以象天。（天體乾用。）大象曰：天行健，君子以自强不息。（健是其訓。）文言曰：元者，善之長。（體仁長人。）亨者，嘉之會。（嘉會合禮。）利者，義之和。（利物和義。）貞者，事之幹。（貞固幹事。）乾之功能運用雖多，統唯四德，是故取之以況一心四論耳。

「後秦」者，秦凡有四：一、亡秦，姓羸〔一〕名正；二、前秦，姓符〔二〕名堅；三、後秦，姓姚

〔一〕「羸」，應爲「嬴」。
〔二〕「符」，應爲「苻」。

名萇；四、四秦，即乞伏秦。今言後秦即姚萇之子興，都於長安。「懿」，善也。「備載僧史」者，僧本無史，通慧謂弘明二集記事，名、高兩傳記言。記事、記言，俱爲載筆，故僧史之名，由是生焉。傳曰：釋僧肇，京兆人也。才識慧解，率由天縱。歷觀儒典，洞究淵奥，而志尚玄微，每以莊、老爲心要。嘗讀老子道德章，乃歎曰：「美則美矣，然則棲神冥累之方，猶未盡也。」後見古淨名經，欣然頂受，玩味亡□，乃曰始知所歸矣。既而出家，善通三藏，力究一乘。年方弱冠，名振關輔。時競譽之徒，情〔一〕其早達，或〔二〕千里負糧，入關抗辯。肇既才思幽玄，又善談論，乘機挫鋭，曾不留滯。時京中宿儒及關外英彦，莫不挹其鋒辯，負氣摧惡〔三〕。後聞羅什至姑藏，杖策師之。諮決心疑，一隅三反。乃著寶藏論，具陶文理。什覽之，嗟賞無極。及什適長安，肇亦隨焉。初秦主命肇與僧叡等入逍遥園，詳定經論。肇以去聖也久，文義外離〔四〕，因稟羅什，欣悟更多。於是羽佛翼教，紹隆大法。遂著

〔一〕據高僧傳僧肇傳，「情」，應爲「猜」。
〔二〕「或」，原作「惑」，據高僧傳僧肇傳改。
〔三〕據高僧傳僧肇傳，「惡」，應爲「衂」。
〔四〕「外離」，元康肇論疏作「舛雜」。

宗本義、物不遷論、不真空論、般若無知論，以呈什。什稱譽之曰：「吾解不謝子，辭當相揖。」時廬山隱士劉遺民嘗睹無知論，欽味其辭，獨得其奧，已而歎曰：「不意方袍，復有平叔。」遂以論文呈乎遠公。遠公撫机而歎〔一〕曰：「未嘗有也。」至若翼讚涅槃，箋注浄名，大下辭筆，昭灼圓頓，故大秦天王稱其立言鉤縈淵致，而四海學者望風而至，比肩依仰。東晉義熙十年卒於長安，春秋三十有一矣。「作，製也」者，「作」亦訓「造」。唯識疏云：作故名造，今新赴〔二〕故。叙理名述，先來有故。「條寂析用」等者，備如般若論第八推明真妄中明之，宜引彼義，以消此文。「灼」，明也。「高出在昔」者，清涼謂昔人釋義未盡其源，故廣疏中雖引論主之辭，以釋大經爲正解耳。

「疏注實繁」者，始自有唐，終于炎宋，疏鈔注解，二十餘家。非但述人繁多，抑亦申義繁雜。「今集」下，謂釋〔三〕其善者五家，精義注之。「秘思」，名也，字齊賢，誕形落髮於襄陽，講道誨人於中吴。其履行杭〔四〕節，下文載之。「發辭闡幽」者，發具採摭要辭，開闡幽

〔一〕「歎」，底本無，據高僧傳僧肇傳補。

〔二〕「赴」，應爲「起」。成唯識論述記云：「造者，製作之義。叙理名述，先來有故。作論名造，今新起故。」

〔三〕「釋」，應爲「擇」，形訛。

〔四〕「杭」，應爲「抗」，形訛。

隱之旨。然上「實繁」之言出尚書，此云「闡幽」出左傳，云：微顯闡幽。尚書云：實繁有徒。「以簡必詣，誠曰難才」者，上句法淨名疏，疏云：其辭簡而詣；下句用華嚴鈔，鈔云：共詳聖，誠曰難才〔一〕。「前修之名」者，即興善元康、幽棲慧燈、杭烏好直、永嘉修廣〔二〕、玉峰雲靄，皆列在論文之末，故云「併書後之題辭」。「前修」，謂遠賢也。又若注論之近者，或以貫珠爲名，或立删補爲號，或剽招提別序，或託劉湛虛名。考其辭而無功，摭其義而寡要，皆非今之所集也。「諸祖之言」者，即馬鳴、龍樹、帝心、賢首、清涼、圭峰所述言教也。「論主疏語」者，謂下文申義，或異古人，或同昔解，兼引論主淨名疏文爲證。「云」者，語絶之辭也。

次釋宗本義。

「旨見上文」者，即總列名題，叙注宗本之文也。

「本源妙心」者，下文云：乘真心而理順。又云：太虛絶於靈照。是皆顯談妙心，非覆

〔一〕澄觀華嚴經疏云：「共詳聖智，誠曰才難。」

〔二〕「廣」上脱「修」，據集解補。

相説也。「絶諸對待」者，下文云（以上東本欠）：有無絶於内，稱謂淪於外。又云：實而不有，虚而〔一〕無。又曰：無始無終，不晦不晦〔二〕不明。此以克示心體、有無、始發〔三〕、生佛、深〔四〕浄，諸形待法，皆泯絶矣。「無相而相」者，次文云：法相爲無相之相。下文云：不爲而自爲。「實相隨緣」者，即不動真際爲諸法立處。又云：萬物無非我造。「諸法不變」者，下文云：性莫之易。又云：乘千化而不變。「由性常空」者，即萬物之自虚，不假虚而虚物也。「不壞緣有」者，非杜絶視聽，然後爲真諦也。「五名雖異，同出一心」者，寶藏論云：譬如檀生檀枝，終非椿木。然彼真一，雖有種種名字，終歸一義也。

「凡聖依正」者，六凡則正報之身，依報穢土；四聖則正報之身，依報浄土。而言「皆藉緣起」者，約迷悟假藉因緣而生起也。今以内外從淺至深明之：外者，如穀子，水、土、人、時，而芽得生；泥團，輪、繩、陶師，而器得成。内，謂過去已熟之業爲因，此世父母爲緣，而

〔一〕「而」下脱「不」字。
〔二〕「不晦」，衍。
〔三〕「發」，東本爲「終」。
〔四〕「深」，東本爲「染」。

身得生。未有一物不假内因外緣而生者。故中論云：「未曾有一法，不從因緣生。」此上猶且對小乘宗説。若窮緣生之義，從本起末者，清浄心性爲因，根本無明爲緣，生三細；業識爲因，境界爲緣，生六麤。此乃迷真執妄，派爲九相，其或反染復浄，本乎一心，備如起信論疏耳。「貫通下用」者，應言一切諸法，緣離則滅也。「不逐緣生」者，荷澤云：不從緣生，不因境起，則真無滅矣。「應夫真有」者，下文云：動與事會，因謂之有，因謂之有者，應夫真有。「色性自空，非色滅空」者，幻色之性自空，非滅色相明空。文云「性空故，故曰法性」者，此之一句，諸本皆脱，唯廣公注本有之。「非推諸相使無」者，推，遣也。清涼云：色等性無，非遣之使無。

「古德之意」，則玉峰手記引幽棲鈔辭，皆以上文爲通明所宗焉。「文理有在」者，圓覺疏序云：萬法虚僞，緣會而生。即用宗本義中緣會而生之言。故彼鈔有顯所用文字及示心之覺相二科，文之與理，載乎廣鈔，則有所在也。「聖教量」者，即佛言量。量度真似，揩〔一〕定邪正也。「以真破常」等者，約真俗雙融，互破定有著常，定無著斷也。然外道執人死爲人，畜死爲畜（以下東本欠），我性不滅，名常見；又執一死永滅，名斷見。或問：斷常二

〔一〕「揩」，應爲「楷」，形訛。

見，既墮有無，文中應云有見無見，而言邪見者何耶？答：清涼演義云：「斷常二見，多是邪宗。」是故言邪見，即是無見也。

「無性緣生」下，棟〔一〕非斷常，顯真空幻有也。「幻有即是不有有」者，不有與有，此二無礙也。「真空即是不空空」者，不空與空，亦無障矣。「名不真空」者，非實斷空也。「名非實有」者，非實常有也。故結云：雙非有無，是中道義耳。

「非臆注」者，以言有所稽，非胸臆注辭也。

「昔人」下，即康公疏文也。「無乃大局〔二〕」者，前文通示四論所宗，彼疏唯指不遷宗本；此文是二論宗本，彼亦唯指不真宗本，是皆大局也。「有謂」者，即靄公乎〔三〕記作三重問答科之。初、不有不無問，非斷非常答；二、漚和般若問，權實雙彰答；二〔四〕、泥洹盡諦問，究竟極果答。「失之遠矣」者，既與序文相及〔五〕，則失之太遠矣。「較」，音校，較量也。

〔一〕「棟」，疑爲「揀」。
〔二〕「大局」，集解爲「太局」。
〔三〕「乎」，疑爲「手」。
〔四〕「二」，應爲「三」。
〔五〕「及」，疑爲「反」。

「後二從可知」者，初一重問答既達序文，後二重亦然，故云「從可知」矣。「與其得一而失三」者，與靄公得所宗之一心，而失在三重問答也。「不若文局而義通」者，不如康公文雖局，指前二論宗本，而義通一心也。又下文指無知、無名二論宗本。古今治論者皆取之，故云「義通」也。「析論當世存乎辭」者，劉勰云：「辭者，舌端之文，通己於人。」周易云：鼓天下之動存乎辭。「不敢私讓」者，謂諸哲解論，自有局失，非集義者炫也所長，病衆所短，豈敢私讓乎？

文云「法相爲無相之相」者，亦是所觀三諦。謂「法相」，即第一義諦；「無相」，即真諦；「之相」，即俗諦。「聖人之心爲住無所住」者，亦能觀三智。謂「聖人之心」，中道智也；「爲住」，如量智也；「無所住」，如理智也。

注「智皆冥理」者，言三乘智雖淺深，皆證實相也。「心行理外」者，理外推求，故名邪見。

「同斷見、修」者，見，即八十八使見惑，見道斷故；修，即八十一品修惑，修道斷故。皆二乘煩惱障，故云「同斷」也。「設迷實相，則墜四倒」，謂凡夫外道，妄計五蘊常、樂、我、淨四倒。常謂計心王爲常，樂謂計其妄樂，我謂計其主宰，淨謂計身爲淨，是名四倒。意謂二乘設迷實相（以上東本欠）之理，則同凡外，顛墜四倒也。然二乘對治四倒，下文釋四念處當再明之。

「即無知宗本」者，此依康師疏義，下無名宗本亦然。「權實互闕」者，若唯般若，墮於二乘，闕權智也；若唯漚和，墮愛見悲，闕實智也。漚和、般若，互相輔翼，其大慧之稱乎！「有慧方便」者，淨名疏云：無緣悲也。「有方便慧」有〔一〕，疏云：寂照智也。

「不現形取證」者，非同二乘，取證偏真也。「不染生死」者，非同凡夫，染縛生死也。

「無塵累所染」者，大經云：雖以願力三界受生，而不爲世法所染。「不趣寂偏證」者，經又云：故此菩薩名爲成就不可思議，身、口、意業行於實際而不作證。

「皆在一念」者，謂幻有無體，必不異空。真空具德，徹於有表。今以實智觀有即空，權智觀空即有，故云「權實無殊」、「空有不二」、「皆在一念」也。「二縛歷然可解」者，觀空不證，即解二乘沈空之縛；處有不染，即解凡夫滯有之縛。大經云：雖常寂滅，以方便力而還熾然，雖然不燒。清涼釋云：此之一句，具空中方便慧，離無。有中殊勝行。離有。上引三節經文，皆第七遠行地菩薩所修權實二行之文。若然，則論主垂法化物，豈唯冥通淨名空

〔一〕疑爲「有方便慧者」。

有二縛，抑亦洞徹華嚴權實兩行。有謂宗本、四論，唯發明於解者。古人云：嗚呼！聾騃若爲論道。

「義翻圓寂」者，謂義稱法界、德備塵沙曰圓，體窮真性、妙絶相累曰寂。「盡諦即滅諦」者，清涼云：因亡曰盡，即盡智也。此盡無生，是其滅體。「九結」者，净名疏謂：一愛，二恚，三慢，四無明，五疑，六見，七取，八慳，九嫉。又云：一念取相，頓迷真理，萬惑從起，皆名結也。

「煩惱所知」等者，煩惱障因亡，則分段生死果喪；所知障因亡，則變易生死果喪。二障名、體，具如别章。「若悟生死本空」者，上用約觀行修證，此體約性德本具，故云「本空」也。然立宗中根源乎修性者，蓋作下文述論之條流也。問：若先立宗本，後乃著論者，且十演之作，羅什没後，因覩秦王答書方〔一〕，豈書之未形而宗本先爲耶？答：先立宗本，表文有驗。文云：「在什公門（以下東本欠）下十有餘載，雖衆經殊致，勝趣非一，然涅槃一義，常以聽習爲先。」既習涅槃爲先，則什公在日，雖未作論，已著宗本也。明文有據，夫復何疑？

〔一〕東本「方」後有「述論文」三字。

「於諦常自二」者，釋上別開二諦也。「於解常自一」者，釋上雙融真俗也。有解本云於當自一〔一〕。

「會生滅即寂用」者，般若論云：「無知，即般若之無也；知無，即真諦之無也。般若、真諦俱無生滅。是以般若之與真諦，言用即同而異，言寂即異而同。」此皆會凡夫生滅，即聖人寂用也。「演五陰即圓寂」者，涅槃論云：「吾以無得爲得，故得在於無得。」又云：「若即涅槃以興言，誰獨非涅槃！」此乃指五陰體性即圓寂矣。

次釋物不遷論。

「括其本位」者，結括諸法本位也。「依、正二報不遷」者，始序文，次述論，後結因，皆明正報之身、依報之土不遷耳。「念念不遷」者，即見新，交臂非故。「塵塵不遷」，即野馬飄鼓等。「因行不遷」，即在昔而不化。「果德不遷」，即道通百劫而彌固。上皆略引本論消文，具釋如下。「決擇性相」者，決推揀擇，正顯相不遷，兼明性不遷也。

論「生死交謝」，幽棲云：緣會果現爲生，緣散果壞爲死。「寒暑迭遷」者，迭遞運遷也。

〔一〕東本爲「有本云於解當自一」。

繫辭云：「日月運行，一寒一暑。」「公羊傳」者，姓公羊，名高；述傳解春秋也。「注云」下，即何休注傳之辭。「倣此」者，倣效此釋也。「該」，包也。

「莊生」者，義疏云：姓莊，名周，字子休。生梁國蒙縣，師長桑公子，受號南華仙人。「弱喪而不知歸」者，郭象注云：少而失其故居，名爲弱喪。「言符至道」者，不遷之言，冥符至極之道也。「老子」者，義疏云：姓李，名耳，字伯陽。「淡乎其無味」者，玄宗注云：人君以道德清淨爲教，初出於口，淡乎其無味。「若存若亡」者，中士可上可下故疑，疑則若存若亡。「大笑」者，淨名疏云：「下士聞道大笑之。日月雖明，何益瞽者？」此中不言上士者，以上智聞「不遷」，了悟勤行也。然雖斥中下之機，其實被之不爾，豈四依垂訓，絶濟迷情乎？「觸類不遷」者，觸，逢也。物之類皆不遷矣。

「文分爲五」者，舊疏分爲六科，今合彼第二、第三爲一科。義見次文。「要」，音邀。「歸乎因行」者，謂前四章，雖引教、指物、會教、反常，蓋先發其慧解，令於物物皆了不遷，直至末章，方結如來「因行不遷」大旨。欲其來者，希心至聖，服勤因行，因行既著，則果德非遥，故云結歸因行也。

「中觀云：觀方知彼去」等者，興善疏云：即去來品，引其大意耳。然論主引經論之語，或引全文，或援大意。又若標宗，即標經論之名，引證或不標之，例多如此。

「意明依報」者，謂次引中觀，有正報去者之言，則顯先標依報；又進例結因，有始簣初步之況；退例首序，有生死寒暑之文。是皆雙辨依、正也。

「童子之時」等者，亦引楞嚴大意也。釋名云：十五曰童。「膚腠」者，膚，布也，布在表也；文理光美曰腠。皆童子之相也。

論云「今亦不往」，往，遷也。「反而讀之」者，應云：求今物於今，於今未嘗無；責今物於向，於向未嘗有。於向未嘗有，以明物不去；於今未嘗無，故知物不來。

「但證各住之義」者，「膚腠潤澤」，證住昔也；「形色枯悴」，證住今也。「非謂彼述相不遷」者，意顯波斯匿王述性不遷也。「是法住法位、世間相常住」者，智者疏云：世間衆生，亦以如爲位，亦以如爲相，故常住也。「約性兼明」等者，說性不遷，文略，故云「兼明」；說相不遷，文廣，故云「正辨」也。「真密」者，序云：「迷性而莫返。」論云：「性各〔一〕住於一世。」此指真諦之性，密示不遷也。「俗顯」者，序云：「必求静於諸動。」論云：「旋藍〔二〕偃嶽

〔一〕「性各」，肇論作「各性」。
〔二〕「旋藍」，肇論作「旋嵐」。

而常靜。」此指俗諦之相，顯談不遷也。

「不變者物以來今」者，以論文上句云：「昔物自在昔，不從今以至昔。」此語儒道學士皆宗信矣。下句云：「今物自在今，不從昔以至今。」彼或疑焉，謂昔時之物，從昔至今云云，故注云不遷變昔時之物以來今時也。此亦防萌杜漸，以却儒道之疑耳。

「故仲尼」下，文出莊子外篇。故彼文云：孔子謂顏回曰：「吾終身與汝交一臂而失之者，可不哀歟！」「仲尼」等者，以其父禱尼丘山而生焉，故名丘，字仲尼。仲，次也。兄孟皮早死，夫子次之也。「顏子名也」者，字子淵，魯人也。父名顏路。「新新生滅，交臂已謝」者，幽棲云：「纔交臂之頃，前念早以落謝。」故向釋題云：約時，則念念不遷。蓋取念念各住也。

「旋嵐」，此云迅猛。演義云：亦名隨藍。皆梵音輕重。即興雲之風，北方風也，亦劫壞時風。「腐」，爛也。「各不相知」者，大經云：「又如長風起，遇物咸鼓扇，各各不相知，諸法亦如是。」彼疏亦引論證云：斯則「旋藍偃嶽而常靜」也。「注于大海」者，書曰：「江漢朝宗子〔一〕海。」「悉無自體」等者，大經云：「譬如河中水，湍流競奔逝，各各不相知，諸法亦如

〔一〕「子」，應爲「于」，形訛。

是。」彼疏云：前流後流，各依於水，悉無自體，不能相知。亦引論文證成耳。「雖各相續，而不相到」者，謂江浪、河波，雖各相續，而前後各不相至也。「日射隙中」等者，楞嚴云：「光入隙中，發明空中諸有塵相，塵質摇動」，故云若郊野之外狂馬焉。「彼塵非此塵」者，結埃塵法也。「前步非後步」者，結野馬喻也。「既時分各住」者，楞嚴云：「日輪昇天，則有明曜；中夜黑月，雲霧晦暝。」則歷天而各住也。「前之八物」者，風、嶽、江、河、塵、馬、日、月也。世人指此文爲四不遷者，玉峰斥云：言之不經，謬之甚矣。「出自聖言」者，前之四物，出乎大經，後之四物，出乎楞嚴。或引真經野馬塵埃之言，或用周易日月麗天之語，亦兼外典爲據也。

「厭諸苦而斷集」等者，無相云：見苦常懷厭離，斷集恒畏其生。又云：觀無常而生恐，念空寂以求安。故云「悟無常」也。「了緣散而侵習」等者，智度論云：若出佛世，聞十二緣法，稟此得道，故名緣覺。大疏云：以是利根，悟甚深之觀。故侵習氣也。「皆因聞教」者，聞四諦、十二緣也。

「凡、外著有」者，涅槃云：凡夫著有，二乘著空，菩薩之人不空不有。今云「凡、外」者，兼取計常外道耳。「示之以真常」者，略疏序云：生滅得之而真常。廣鈔云：一切大乘經説一切法不生不滅，寂滅常住，皆真常義也。「防凡、外之常想」者，涅槃云：春陽之月，萬物生長，華果敷榮，江河盈滿，是時衆生多生常想。爲破衆生如是心，故説一切法悉是無常。故云防凡夫常想也。「外道計常，具如楞嚴」者，經云：是人既盡想，元生理更無，乃至因心計度，計以爲常。「破二乘謂其遷往」者，涅槃云：一切衆生爲諸煩惱無明所覆，生顛倒心，我計無我〔一〕，常計無常，浄計不浄，樂計爲苦，以爲煩惱之所覆，故雖生此想，不達其義，如彼醉人於非轉處而生轉想。故云破二乘遷往也。「去可遣」等者，非謂無常言去可遣，真常稱住可留也。

「遷中見不遷」者，述成言去不必去也。「真常即無常」者，述成稱住不必□（住）也。「内篇」者，南華真經篇名也。「壑」，坑也。下而有水曰「澤」，言潤澤也。「成英云」者，即道流成玄英疏辭也。「晉遠法師」，即東晉慧遠。「始居太行」者，當時道安法師領徒於太行山，遠始投簪歸之，故云始居太行。「後昆」，即後嗣也。

「浄行婆羅門」者，西域婆羅門師承梵天法者，其人種類自云從梵天口生。通慧音義云：梵志，正言梵浄也，浄胤也，稱是梵天苗裔也。「負之而趨」者，義如前説。

〔一〕「計無我」，底本脱，據東本補。

「演乎四念」者，即身、受、心、法四念處也，謂念慧所安住處故。一、觀身不淨，二、觀受是苦，三、觀心無常，四、觀法無我。即除計淨等四倒。故云「令〔一〕滯有者以修之」。「陳於四德」者，以常、樂、我、淨，是佛實體之德。故略鈔云：常者，是法身義；樂者，是涅槃義；我者，是佛義；淨者，是法義。二乘雖治所執生死五蘊常等四倒，然猶未顯所迷法身常樂我淨，故云「令滯空者以證之」。

「大小三藏之教」者，華嚴等，大乘經也；梵網，大乘律也；起信等，大乘論也。阿含、四分、俱舍等，即小乘三藏也。「東西四依之文」者，西土則親光釋佛地，天親釋法華，龍樹釋大品，馬鳴釋遺教等。此土則智者文句，賢首義海，慈恩章門，澄照刪補，皆二土百家之文也。

「人之計常」，即凡、外也。「我則演無常」，謂四念處也。「人之執遷」，即二乘也。「我則示不遷」，謂四實德也。

論「斯言有由」者，即本起經也。

「若互相至」者，釋論文「今若至古」、「古若至今」也。「亦應互有」者，釋論文「古應有

〔一〕「令」，原作「今」，據東本、集解改。

今」、「今應有古」也。論「今而無古」者，無古物也。「古亦〔一〕無今」者，無今物也。「四象」者，四時也。繫辭云：法象莫大乎天地，通變莫大乎四時。「璇璣」，即王者觀天文之器也。以玉爲之，字或從睿，故尚書云：璿璣玉衡，以齊七政。日月金木水火土。「論云」下，彼論具云：天動星迴，而辰極猶居其所；璇璣輪轉，而衡軸猶執其中。向曰，天之動轉，衆星逐移，而北斗恒居其所而不動也。璇璣，謂北斗柄也。逐四時以指四方，而衡星在七星之中，不還其處也。有如車軸不輪轉焉。故云執其中也。今注文但略引大意，以證四時指四方耳。

「璇璣從玉，文載晉書」，即唐太宗文皇帝御製晉書。一曰天樞，二曰璇，三曰璣，四曰權，五曰玉衡，六曰開陽，七曰瑶光。一至四爲魁音恢，五至七爲杓音標。「疏家誤辨，亦無大失」者，興善謂此捉字，多是反手邊作。今考諸篇韻，捉字並無，乃是誤辨，亦小失耳。

「明珠」、「美玉」者，論衡云：玉隱於山，非工不知；珠藏於蚌，非匠不識。文子曰：玉在石而山潤，珠藏淵而岸澤。「合浦」，即廉州。後漢孟嘗爲合浦太守。先時，爲郡者貪穢，珠悉隱去，合浦無珠。及孟嘗行化一年，其珠復現。「岫」，山也。鹽鐵論云：荆山之人，以玉抵鵲。水經曰：荆山，在南郡阻縣東。合浦、荆岫，以喻因行；明珠、美玉，以喻果

〔一〕「亦」，集解爲「而」。

德。或曰：美玉明珠，既喻果德，何以科文唯結因行不遷耶？答：此有三意：一、約本義，因行在昔而不化。二、約引證，因中行業湛然。三、約結文，昔因不滅不來。統而歸之，多明因行，故科云結因不遷。例如，真俗因果，通科四論，蓋約大位增勝而言。何者？且如不遷論謂「事各性住於一世」，豈唯俗諦乎？不真論謂「欲言其無，事象既形」，豈唯真諦耶？般若論云「聖人功高二儀而不仁」，匪獨因行？涅槃論云「以無生心五華施佛」，寧云果德？準此，科勢亦增勝而言耳。「簣」，土籠也。「修途」，長路也。

「善惡」下，法喻雙明也。形端影直，形曲形〔一〕斜。喻善惡之因，苦樂之報無差耳。「壞至三禪」者，涅槃云：初禪內有覺觀，外有火災；二禪內有歡喜，外有水災；三禪內有喘息，外有風災；四禪無此過患，諸災不及。

「進修三位」者，即涅槃論第十四、十五折演二章也。「功流萬世」下，證隨相行。「心彌虛」下，證離相行。

「以教判論」者，以賢首五教判茲四論也。「宗承羅什」者，什法師云：佛一圓音，平等無二，無思普應，機聞自殊，非謂言音本陳大小。故維摩經云：佛以一音演說法，衆生各各

〔一〕「形」，應爲「影」。

隨所解。故云「聖言不可分也」。「宗經標始」等者，以不遷論標宗，引一經一論，即道行、中觀。不真空論標宗，引二論，即摩訶衍、中論。般若論標宗，引二經，即放光、道行也。學者謂此諸經，大分是賢首始教，屬漸教修證矣。「梗概」者，桂苑珠叢云：梗概，粗略也。一概而言，始概平斛斗也。「諸法亦非有相」等者，引衍論標始教也。「説法不有」下，引浄名證終義也。「融漸歸頓」者，以不真空蕩乎物不遷，則融俗諦之漸，歸真諦之頓也。「體之即神」者，如圓覺云：離幻即覺，亦無漸次。楞嚴云：明極即如來，發明便解脱。皆頓教義也。「以圓收偏」者，以終、頓之圓，收始、漸之偏也。「一乘同教」者，同前終、頓，謂之同教。圭峰云：普該諸教謂之同。清凉云：全收諸教謂之同。故云「亦不誣矣」。誣，虚也。「嘗引般若以釋一真」者，行願疏明，一真法界，體絶有無。圭峰義鈔引般若論云：「欲言其有，無狀無形；欲言其無，聖以之靈。」以釋疏文「體絶有無」也。「以寂用爲正解」者，清凉廣疏以般若論中「言用即同而異，言寂即異而同」，正解華嚴經入法界藏，智無差別也。「源同派别」者，圭峰注觀門亦用悲智無住之行，釋觀文理事無礙。故彼文云：觀事當俗，觀理當真，令觀無礙，成中道第一義諦。自然悲智相導，成無住行。今亦以「源」喻涅槃中道，「派」喻悲智無住也。「豈清凉」等者，豈引般若論中淺近之辭而釋大經略疏深遠之旨乎？「多聞慎言則寡尤」者，論語云：「多聞闕疑，慎言其餘，則寡尤。」包咸注云：尤，過也。疑則闕之，其餘不疑，猶慎言之，則寡過矣。「格」，至也。「俾」，使也。

此下釋不真空論。

「因緣之法，生有滅無」者，下文云：「一切諸法，一切因緣故應有；一切諸法，一切因緣故不應有。」此則緣生而有，緣滅而無也。「迷者妄執真有真無」者，真，實也。執萬物實有，常見也；執萬物實無，邪見也。「緣生之有不真有」等者，下文云：「直以非有非真有，非無非真無。」非，不也。演義云：以不不之，故云不真空矣。「萬有即空之言，出淨名疏」者，十卷廣疏也。然彼疏不云萬有即假者，義同此論，正明真諦。演義亦云：即萬有無性，名爲真諦。「摧邪顯正」者，摧破二邊之邪，顯明中道之正。又若支敏度「得在於神靜，失在於物虛」；支道林語「色不自色，未領色之非色」；竺法汰「情尚於空，觸言而賓無」，雖非外道邪執，亦非正義。具如序中破之。

「蓋是」者，蓋，猶略也。至道廣大，此略言之。「冥智於中道」者，「冥智」釋契神，「中道」釋有無。

論「至人」者，至，聖；滿證也。亦通分至真如聖人耳。「即萬物之自虛」者，然序文標萬物自虛，論末結云不假虛以虛物，中間或示萬法果非有無。一論始終，唯以萬象自虛之文，袪非真之執。幸諸智者，體茲虛宗。

論「乘真心而理順」者，即妙明真心，非集起、緣慮之心。故向注云：本源妙心，絶諸對待也。「審一氣以觀化」者，即淳元之一氣也。寶藏論云：守真抱一，不染外物。圭峰云：但幽靈無相，故云一也。此一節論，展轉覆疏真俗二境，照之如指諸掌。注「非有非無」者，雙非真有、真無也。「執真之病既亡」者，牒上有無雙亡也。

「境智同源」者，釋「物我同根」也。「物」，即萬物真境，「我」，即中道真智。境如、智如，其源一也。「迷悟一性」者，釋「是非一氣」也。「是」，即結前境智無礙；「非」，即起後異執三師。迷非悟是，其性一也。「各隨師習」者，如度公立心無義，行於江東；弟子習之，行於荆南。

「支敏度」者，不知何許人，名譽附于大唐釋僧淵傳〔一〕內。嘗著譯經目録，流行於世。當時講心無義，揚於江東。沙門道恒，頗有才力，常執心無義大行荆南。慧遠嘗就席攻難

〔一〕應爲梁高僧傳卷四康僧淵傳。

數番，關責鋒起。恒自覺途差義異，神色微動，麈尾扣按，未即有答。遠曰：「不疾而速，杼軸何爲？」坐者皆笑。心無之義，於是而息。今論主再約一得一失以破之。

「支道林」者，傳曰：支遁，字道林，姓關氏，陳留人，幼有神理，聰慧明徹，年二十五出家。王洽、劉恢、殷浩、許詢一時名流，皆爲塵外之交。遁嘗在白馬寺與劉係等共談莊子逍遥篇。云：各適性以爲逍遥。遁曰：不然。夫桀、跖之石切以殘害爲性，若適性爲得者，亦逍遥矣。於是退居，注逍遥篇，羣儒舊學，莫不歎服。晚出山陰，講浄名經。許詢爲都講。遁通一義，衆人咸謂詢無以厝難；詢每一設難，亦謂遁不能復通。如此往復，數番辨析，凡在聽者，皆悟浄名幽旨矣。「即色義」者，遁曾著即色游玄論及妙觀章耳。「二皆即空」者，覺賢三藏曰：衆微成色，色無自性，故雖色常空。「唯取後果色爲空」者，如大經云：「一切佛剎，唯塵所成，無有自性。」彼以剎爲果色，即空；塵爲因色，不空也。今論主破之，謂果色既空，因色亦空，以皆具八微也。「八微」，即八法也，能造四大，地、水、火、風。所造四塵。色、香、味、觸。

「竺法汰」者，傳曰：東莞音關人也。少與道安同學，雖才辯不逮，而姿貌過之。形長八尺，風度詳雅，含吐藴籍，辭若蘭芳。晉太宗簡文皇帝深相敬重，請講放光經。開題大會，帝親臨幸，王侯公卿，莫不畢集。以是道振神京，名揚四方焉。「本無義」者，彼論序云：夫萬化之先，立衆形爲始，凡情之所滯，滯在未〔一〕有。滯在未〔二〕有，不悟未〔三〕有之理也。未〔四〕有即本無也。若能宅心本無，斯累豁矣。「泯却此有」等者，汰嘗著書與郗音癡超曰：「非有者，無却此有；非無者，無却彼無〔五〕。」今論主以非有非真有、非無非真無以破之。

「妄生穿鑿」者，孔安國云：妄作穿鑿，以成文章。

「世諦但有名無實義」者，或曰：幽棲、玉峰謂真諦有名無體，如兔角；俗諦有名有體，如牛角。與此引證何其異耶？答：若謂真諦無體，豈異斷空？俗諦有體，全乖影像。真俗二諦，既而雙失；兔角、牛角，空張喻況。「三性相，四申義」者，準舊科云：第三重引教明空，第四重據理明空。今謂第三科中先引道行約性不變，後引中觀約相隨緣，故云性相明空也。其第四科，雙非真有真無，直申論題本義，故云申義明空也。若然，則立性相、申義之科，以革康疏重引重據之繁耳。「十界依正」者，六凡染法界，四聖浄法界。「究其論旨，頓證果德」者，謂前之五科，皆約真諦之境，發離相之行，直至末章，方結果德，故論云：「聖

〔一〕、〔二〕、〔三〕、〔四〕「未」，疑爲「末」。
〔五〕底本作「非無却彼無」，據東本補。

遠乎哉，體之即神。」頓證之義，旨在兹焉。

論「第一真諦也」者，此之一句，是論主結上二論，乃是妙有之真空，非無物爲空，故云第一真諦也。

「洗蕩」下，「所境」釋萬物，「能緣」釋視聽，「無聲」曰寂，「無色」曰寥。

「不須析色體色」者，不同他宗藏教析色明空，通教體色即空。「浄名」等者，彼經文廣，今但撮要引之，以釋論旨。「菩薩病」下，謂衆生有病，菩薩亦病。假悲濟物非真也，示處生死非有也。「衆生病」下，五陰僞身，爲生病本。了陰不實，故非真；和合亦空，故非有。「不有受」等者，謂身無執受，命無保守，由了四大即虚故也。

「真諦離相故無成」者，即真如門也。論云：此真如體，無有可遣，以一切法，悉皆如故；亦無可立，以一切法，皆同如故。「俗諦具法故有得」者，即生滅門也。論云：隨諸衆生所應得解，皆能開示種種法義，是故得名一切種智。

「有非真生」者，以真諦空，釋經文「不有」也。「緣會則形」者，以俗諦有，釋經文「不無」也。「會形非謂無」，即相有也；「非自非謂有」，即性空也。「自有則不有」，遣常有也；「自無則不無」，遣斷無也。既雙遣有無，故云「此法王之正説也」。釋浄名上句。次釋下句云「有亦不由緣」者，真心本有，不從緣生也。「無亦不由緣」者，妄情本空，不從緣滅也。「以法非有無」者，一心法界，不屬有無也。「是故因緣生」者，雖不屬有無，而隨染淨緣，能有能無，故云「是故因緣生」也。「非繫於一人」者，言師資傳授，不墜於地也。若約別說，略有四義：轉，謂動也，顯也，運也，起也。動宣言教，顯揚妙理，運聖道於聲前，起真智於言後。圓摧障惱，名轉法輪。釋曰：此四約教、理、行、果，如其次第。「非有轉真諦」者，彼經云：諸法皆空，亦非有轉也。「非無轉俗諦」者，經又云：爲引迷者，因緣生法，亦非無轉也。

「上句例釋」者，即論云「譬彼真無」例，大經中「譬如真如，喻即法也」。「不攻異端」者，論語云：「攻乎異端，斯害也已。」何晏注云：攻，治也。善道有統，故殊塗而同歸，異端不同歸。今解論文，不治異端，反顯前代不究後之二論，是不同歸也。「但根因果二論」者，因則般若，果則涅槃。般若論云：應夫真有，則真心常存矣。涅槃論中，亦引道行。論主自釋云：「衆庶止於妄想，太虛絶於靈照。」故前注文，亦以靈照釋常有，妄想釋常無耳。「淨名疏文」，即「有亦不由緣，無亦不由緣」，義如向釋。「記問之私言」者，禮記云：「記問之學，不足以爲人師。」「榷」，音角也。

「因緣和合」與「別離」之文，雖出楞嚴，意取因緣爲本。云何爲本？清涼謂：因緣故有，因緣故空，通有漏、無漏等法也。

「豈直反論」者，此之一句，連前義文，起後覈端。「物若是有」者，物謂萬物，即前一切諸法也。

「例上反釋」者，應云「萬法果非無，焉可執實無」。「物無當名之實」者，十行經云：一切諸法，於言説中無有依處。疏云：若諸法在名中，聞名之時，則應識義。「名無得物之功」者，經云：一切言説，於諸法中亦無依處。疏云：若名在諸法中，見義之時，應知名故。「名實雙亡」者，或曰：名之與實，爲合耶？爲離耶？若合，召火時應燒口；若離，説火時應得水。答曰：亦不合亦不離，古人假爲立名，以名諸法。後人因是名字，以召於物。今既正辨真諦，故云名實雙亡也。

「内篇」下，彼文云：以指喻指之非指，不若以非指喻指之非指；以馬喻馬之非馬，不若以非馬喻馬之非馬。注文先以二句釋「是非莫定乎一名」，又以二句釋「馬無勝劣、指無是非」也。「馬亦例然」者，若以己馬爲勝、他馬爲劣，他亦以他馬爲勝、己馬爲劣，則勝劣亦莫定乎一名。「浄名疏云」者，亦廣疏也。「天地一旨，萬物一觀」，即無名論云：「天地與我同根，萬物與我一體。」

「萬物皆如」者，則終教緣起無性，一切皆如也。「豈同賢首之始、智者之通」者，本宗始教，齊他宗通教，論旨在實，豈同權乎？

論「然則」者，連前起後之辭。此有二意：一、連前「不動真際」，起後「觸事而真」。逢諸事法，皆真體矣。二、連前「立處即真」，起後「體之即神」。既連前起後，而別開「證果明空」一科者，蓋對初論「結因不遷」，亦末後一科耳。

「大智運於萬行」者，即般若辨因，同不遷論也。「衆生即寂滅相」者，即涅槃辨果，同不真論也。

次釋般若無知論。

「絶乎有無，泯諸生滅」者，論云：「非有非無，非實非虚。」又云：「聖人無心，生滅焉起？」「生滅齊觀」者，論云：「不可得而生，不可得而滅也。」「有無並照」者，下文云：「然亦不捨於有無也。」「照絶妄知」者，無惑取之知也。「條析權實」者，始自通辨論旨，次則別析問答。終答遺民覈難。雖兼陳寂用、有無、生滅大旨，雙明權實二智也。

「或以般若爲等智」者，即道一法師耳。遠公亦破之，謂等智是一切衆生共有之智，豈以此智而爲大慧乎？「或云有知」者，此衆情所計也。

「天竺」者，正云印度，此翻月邦。彼國月有千名，此乃月之一名也。又彼聖賢繼興，如月照世，故立斯號。「具如本傳」者，傳曰：鳩摩羅什，天竺人也，父宰臣之裔，母龜茲上音丘，下音慈。王之女也。其母因出城觀其塚間枯骨異處縱横，於是深惟苦本，誓求落髮，既而習經典，宗禪觀，專精匪懈，獲證初果。什年七歲，隨入空門，從師受經，日誦三萬二千言。時龜茲國人以其母王女也，内外所獻供利彌多，乃携什避之。至罽賓國，遇達多法師。其人智明才識，獨步當時，三藏九部，莫不該博。什崇以師禮，從受雜藏、中、長二含四百萬言。達多稱什神俊，而王與重臣以上士延之。上略引傳文，其餘事迹，即於注論之下示之。「少踐大方，研幾斯趣」者，即未受具前，遇須耶利蘇摩説阿耨達經，什聞陰、界、諸入皆空無相，於是專務般若。「斯趣」，即般若也，此翻爲慧。故注云「研覈幾微慧趣」耳。「言象不能滯」者，什悟玄序云：亡言者，可以合道；虚懷者，可以理通。故借彼意以注之。「聲色不能惑」者，什嘗於新寺古官〔一〕中，初得放光經，始就披讀，魔來蔽文，唯見空紙。什

〔一〕據高僧傳羅什傳，「古官」應爲「故宫」。

知是魔所爲，誓心踰固。魔去字顯，故云不能惑也。「昔游西國」者，興善云：迦夷者，意言在西國，未必克在中天竺國也。「破外道之異學」者，事涉兩國，謂罽賓、温宿也。傳曰：罽賓國王請什與外道論師共相攻難。言氣始交，外道輕其年幼，言頗不遜。什承隙挫之，外道降伏，愧恥無言。傳又曰：温宿國有一道士，神辯英異，名振諸國，手擊王鼓而自誓言：勝我者，斬首謝之。什既至，以二義相驗，即迷悶自失。故云破外道涉兩國耳。余謂温宿、罽賓附於迦夷。論主舉中國以攝之，亦未敢指定。「今入東震」者，傳曰：什母因離龜兹，嘗謂什曰：方等深教，應大闡東土，傳之震旦，唯汝之力。震旦，亦云真丹，或云支那，皆梵音楚夏，此云多思惟，以情慮多端故。「扇般若之淳風」者，昔符堅都關中也，太史奏曰：有星見外國分野，當有大德智人入輔中國。堅遣將軍吕光諸將率兵七萬，西伐龜兹。既克之，什隨光而迴，是將「扇般若之淳風」焉。以教之被人，若淳和之風煦物也。「匿涼土一十八年」者，光與什登塗至涼州，聞堅已爲姚萇所害，光於是竊號居涼。光死，其子吕紹與吕隆等襲位，總經一十八年。什亦拘彼，故云匿隱涼土耳。「月名銘年」者，十二月屬丑，三年亦屬丑，故以丑月詺丑年，亦述作影略也。「有入國之謀」者，興善謂：吕隆懼南涼、北涼之逼，又因兵敗，設謀略歸長安也。「以是來秦」者，傳曰：弘始三年，有樹連理生於廟庭。逍遥園葱變爲茝，以爲美瑞，謂智人應入國矣。「運數」者，年數也。以十二年爲一紀，三十年爲一世，一百六十年爲一運。

「諸侯强僭」等者，本紀論曰：仲尼約魯史修春秋，正褒貶，尊王室。吴、楚稱王，書之曰子，罪其僭，以宗周也。「兢兢業業，一日萬機」者，兢兢，誡慎；業業，危懼。機，微也。言當誡懼萬事之微。「秦文」，即竺法護所譯大品、放光諸經。逍遥園在西京故城之北，臨渭水也。「園中有觀」者，叡法師云：觀即西明閣也。

「上聞羅什始此時」者，傳曰：僧肇等八百餘人，諮受什旨。始，初也。

「焕若」，猶云明然也。論語云：「焕乎其有文章。」注云：焕，明也。

「身、智二光」者，大經云：或見佛身圓光一尋，照耀一切佛刹。然身光徧照盡空，智光徧照真俗。經又云：放大光明，普照法界，顯現一切無量無邊諸佛菩薩智慧妙藏。疏釋云：身智二光，俱名智慧。「内外寂然」者，結前起後也。「閉智」，内冥也。「塞聰」，外冥也。「無相」下，即永嘉無相大師十篇集文，今注文多引爲證耳。

「二智雙觀真」者，世表事外，真諦也。「二智雙觀俗」者，未嘗遺事，終日域中，俗諦也。「俯示三尺之體」者，涅槃云：瞿師羅此云妙音長者，身長三尺，聞佛身長丈六，自慚鄙，不敢見佛。佛以平等普化，詣門乞食，以無緣大悲現三尺身。長者見已，心生歡喜，發菩提心。故云「俯示」也。「仰現無邊之身」者，涅槃又云：東方去此無量無數阿僧祇恒河沙微塵等世界，彼有佛土名意樂美音，佛號虛空等如來，爾時無邊身菩薩即受佛教（以下東本欠），徒〔一〕東方來，身量廣大，無有涯畔。佛遂現大身，亦無邊畔，令彼菩薩不見頂相。故云「仰現」也。「權實不二」者，上句權智，覆前「神有應會之用」；下句實智，覆前「智有窮幽之鑒」。

「混同七趣」者，諸經多説六趣，而楞嚴於人趣中別開仙趣，故經云：存想周〔二〕形，游於山林，人不及處，有十種仙。今亦隨類化之，故云「混同」也。「渝」，變也。「謂之接麤」者，接九界之麤，歸佛界之妙也。起信云：麤中之麤，凡夫境界；麤中之細及細中之麤，菩薩境界。彼疏釋云：十地已還，所知境也。然彼論不開等覺，攝在十地。今此論意，等覺已還，皆細中之麤。故云「動以接麤。」

「以無心意而現行」者，由無賴耶心及末那意現行用也。起信云：此非心識分別能知，

〔一〕「徒」，疑爲「從」。
〔二〕據楞嚴經，「周」應爲「固」。

以真如自在用義故。

「權智不謀而爲」者，如磁石吸鐵，豈有心謀哉？淨名疏序云：「冥權無謀，而動與事會。」

「初詰通權實」者，雙科詰難通答，謂詰權實，難也；通權實，答。下之八段，大科總意，一一倣此。「叙前實智」者，前論云：「智有窮幽之鑒，而無知焉。」「叙權智」者，前文云：「神有應會之用，而無慮焉。」論「知無所遺」者，如涅槃云：外道記長者必生女，佛記必生男。外道嫉心，便與毒藥令長者妻喫，便死，城外焚之，乃有一兒從母腹出。佛令耆婆往火中取之，果是男子。是亦知無所遺也。「會不失機」者，如舍利弗令鍛金之子習不淨觀，令浣衣之子作數息觀。經無量時，具觀不成。及子見佛，佛教鍛金子作數息觀，浣衣子作不淨觀，以稱機故便道果。此亦會不失機也。然上二緣，雖非圓意，疏鈔多引，一往消文耳。

「以成其私」者，老子云：「非以其無私耶，故能成其私。」論其語耳。注「妄知無體」者，言隨前塵生滅也。

「二儀」者，繫辭云：「易有大極，是生兩儀。」以其分兩體之儀，故云二儀。「不仁」者，老子云：「聖人不仁，以百姓爲芻狗。」玄宗注云：不仁者，不爲仁息也。芻狗者，絡草爲狗，而無警吠之用。聖人視百姓如芻狗，無責望也。注「不恃仁德」者，不倚恃恩德也。論「明逾日月而彌昏」者，注「益冥」二字，解彌昏也。大經云：「譬如日月，獨無等侶，周行虛空，利益衆生。不作是念，我從何來〔一〕，而至何所？」彼疏釋曰：喻悲不失智。故此注云「知而無知」。若離而配之，疏中亦以月光清涼如〔二〕般若，日光用廣如方便。「權實難測」者，陰陽不測之爲神。神，權智；明，實智也。

「次論釋之」者，則次文云「本無惑取之知」是也。

「三毒」，即貪、瞋、癡也。「四倒」如前説。

「則違下文」等者，下論云：「内外寂然，相與俱無。」人〔三〕引經云：五陰清浄，故般若清浄。豈非能知般若與所知陰境皆清浄也？「無作無緣使浄」者，前引經云：無知、無見，無作、無緣。以論主牒難尚簡，乃影「無作」二字，但云「亦無緣致浄」，言亦不可以經中無緣

〔一〕底本作「秘從何未」，據華嚴經改。
〔二〕「如」，底本無，據文意補。
〔三〕「人」，疑爲「又」。

浄歎般若浄耳。然注辭雙牒經文者，一令推論難勢起盡，二顯釋義有所據依。

「以如如」下，攝大乘論云：佛果無別色聲功德，唯如如及如如智獨存。既無色聲，則顯無相真諦矣。「象喻菩薩智深」者，無相云：智照高明，量齊香象，則可以窮源盡際。「二乘雖然淺」者，右譬云：二乘智淺，不能深求，喻如兔馬。「號正徧知」者，起信疏云：徧知有二：一、真智徧知，心真如門，恒沙功德。二、俗智徧知，心生滅門，緣起差別。理量齊鑒，無倒徧知。

「寂即用，用即寂」者，荷澤云：即用而體自知，即知而體自寂。名説雖無，體用一致。「奚」，何也。「高低隨應」者，聲擊空谷，若高若低，隨有響應。

「緣自無體」者，緣，境也。「遺民仰歎」等者，劉君書云：「意謂答以緣求智之章，婉轉窮盡，極爲精巧，無所間然矣。」

「乍觀則釋前」者，廣雅云：乍，暫也。蒼頡篇云：乍，兩辭也。言暫觀論云「所知即緣」，似釋前文，細詳其旨，則標後義。

「皆由境耳」者，由境有相無相也。

「由心故現」者，禪源詮云：且心不孤起，託境方生；境不自生，由心故現。「生於知」

者，知爲能生也。「境既生於〔一〕心」等者，禪詮又云：未有無心之境，曾無無境之心。故云「心亦生於境」也。大疏亦云：能緣心生，則種種境生；所緣境起，則種種心起。

「綺互言」者，如世錦綺，背、面互見華文也。「不出」等者，以「有無」兩字，涉於三段，謂：第四有知無知，第五無境可當，第六緣於無相也。權實生□□，連第七、第八。寂用，則會前生滅，爲八；九寂用，皆躡前生起難端也。「無相即爲住」者，賢首云：若住無相，解還是縛。寶藏論亦云：愛無相、畏有相者，不知無相即是相也。「不免斷常患累」者，若唯約喻，峰有顛墜之患，壑有嶮溺之憂。去峰就壑，俱不免於死矣。

「常化凡小」者，常化凡夫，不捨有也；常化小乘，不捨無也。「和光同塵」，語出德經。「戚」，憂也。「隨類現身」等者，大經云：「福德智慧，而爲密雲，現種種身，周旋往返。」疏釋云：以福智因，成種種身，如雲之形，顯其多故。「謂我同己〔二〕類」者，同時攝〔三〕也。「而我獨異彼」者，迹下本高也。

〔一〕「於」，原作「放」，據集解改。
〔二〕「己」，原作「也」，據集解改。
〔三〕「同時攝」應爲「同事攝」。「同事攝」是菩薩四攝法之一。

論「四時之質」者，仲尼云：「天何言哉，四時行焉，萬物生焉。」「質」，信也。

「生滅和合」者，起信云：如來藏不生不滅，與生滅和合，非一非異，名阿賴耶識。「乃至」者，超間之辭。

論次前文云：此識有二義：一者覺義，二者不覺義等。「三境」，即根身、種子、器界也。「識浪生滅」，即起信明生滅因緣文也。彼疏亦云：皆是真如隨緣顯現，似有而無體故。「彌天判經三分」者，即一切經教，文無廣略，例判三分。「冥符地論」者，後親光菩薩所造佛地經論至此，而彼論釋經，果分三分：一、教起因緣分，二、聖教所說分，三、依教奉行分。即與序、正、流通，其旨暗合，故曰「冥符」。「異代同風」者，以判經述論，雖前秦、後秦異代，而其道業德風，歸乎一揆，故曰同焉。

論「續鳧截鶴」者，莊子外篇云：「長者不爲有餘，短者不爲不足。是故鳧脛雖短，續之則憂；鶴脛雖長，斷之則悲。」義疏云：鳧，小鴨也。脛，脚也。

「引論通經」者，即廣疏引此論文釋經云「入法界藏，智無差別」也。言「互解」者，謂疏引論文解華嚴經，今引彼鈔而解此論，則彼此互解也。「古德解經」者，疏中引文甚廣，亦不標人名耳。「以令照真，不得名照」者，謂古德以「照」字唯對俗諦，此闕照真也。「照俗之時，不即寂故」者，又以「寂」字唯對真諦，此闕寂俗也。

論「同出而異名」者，道經云：「此兩者，同出而異名，同謂之玄。」玄宗曰：出則名異，同則謂玄。玄，深妙也。「非離光用，別有珠體」者，大疏云：如淨明珠，明即般若，淨即解脱圓〔一〕。

〔一〕「圓」字疑衍。

肇論集解令模鈔卷下

晉水沙門　浄源　述

此下釋般若無知論兼通外問。

「朝賢屢薦不起」者，傳曰：司徒王謐、丞相桓玄、都督謝安、太尉劉裕咸嘉其賢，欲相推薦。程之曰：「諸公所薦，皆人傑也。若程之，行不足以飾身，才不足以蔽俗，今而薦之，不唯己有尸禄之毁，亦恐天下不以諸公爲知人矣。」乃之廬阜，以託遠公。「文藻行業」者，傳曰：又以才藻自負，不委氣於時俗，雖夫寒餓在己，威福在前，其意湛如也。「拳拳佛道」者，傳曰：拳拳佛道，不罹榮辱驚者十一年。末年於念佛中見彌陀佛，身紫金色，以臨其室。程之愧幸悲泣，且自陳曰：安得如來爲我手〔一〕摩其頂，覆我以衣耶？俄而佛摩其

〔一〕「手」，原作「乎」，據浄土往生傳改。

頂，引袈裟以覆之。他日念佛，又見身入七寶大池，其池蓮華青白相間，其水湛湛，若無畔岸。酌之而飲，甘美盈口。及其寤之，猶覺異香發於毛孔。乃曰：吾浄土之緣至矣。「如遠公述傳」者，傳曰：劉程之，彭城人，漢楚元王之後也。祖考而上，爲晉顯官。程之少孤，事母以孝，行聞州里云云。

「令問」者，令，善也。李周翰云：人有積善，則天下相問，皆稱其善。然此問字，兼釋「徽聞」。曹植書云：往來數相聞。吕向注曰：聞，問也。「沉隱病時」者，劉君初棲蓮社，以託於遠公。遠公曰：「官禄巍巍，欲何不爲？」程之曰：「君臣相疑，疣贅相窺。晉室無盤石之固，物情有累卵之危。」故云病時也。「託宿草澤」者，當時桓玄權兵金陵，改稱永始，逆謀始兆，於是考室林藪，故云託宿草澤。「貽」，遺也。「知者觀其彖辭，思過半矣」者，韓康伯曰：象之爲義，存乎一也。一之爲用，同乎道。形而上者，可以觀道。過半之益，不亦宜乎！「感寄遠公」等者，傳曰：釋慧遠，俗姓賈，雁門婁煩人也。少依舅氏游學於許洛〔一〕。博總經史，尤通老莊。年二十一，欲度江東，定契於范宣子，南路阻塞，志不獲從。時道安於太行弘贊像法，聲甚著聞，遠往歸之，一而盡敬。後聽安講波若經，豁然開悟，乃

〔一〕「洛」，原作「浴」，據高僧傳慧遠傳改。

曰：九沫〔一〕異議，皆糠粃耳。與母弟慧持，投簪事之。然其風韻嚴肅，容止方稜。安每歎曰：使教流東土，其在遠乎！其後與慧持數十人同之羅浮，路出潯陽，見廬峰青峻，意頗樂之。奈其所憩，去水猶遠，以杖扣地曰：若此可居，當使朽壤抽泉耳。言訖泉涌，因是居〔二〕之，三十年，影不出山，迹不入俗。當時同意法師釋道炳、竺道生，洎在家英豪劉遺民、雷次宗、周續之等一百二十三人，締結方外之游，希風來集。遠以幻集之期不克以常保，幻游之軀不可以長存，因指無量壽國，結之遐游焉，其已也，又言：其國清浄，無三塗，無六趣。衆生向依不一生而生者，寶憧〔三〕爲之前導，金蓮爲之受質。於是相與而有蓮社之想焉。今之以蓮社云云，蓋其始也。「銘」者，名也。述其功業，使可成名。「終日乾乾，夕惕若厲」者，王弼曰：居上不驕，在下不憂，因時而惕，不時其幾，故終日乾乾，至於夕惕猶若厲也。陸德明曰：惕，懼也；厲，危也。「六十而耳順」者，鄭玄曰：耳聞其言，而知其微旨。「生法師」，即竺道生也。本姓魏氏，受業於竺法汰，從師姓耳。「廬山」者，

〔一〕「沫」，應爲「流」。
〔二〕「居」，底本無，據東本補。
〔三〕「憧」，疑爲「幢」。

周景或〔一〕廬山記云：匡俗，周威王時，生而神靈，廬此山，世稱廬君，故山取號焉。「八部」者，謂大品、小品、放光、光讚、道行、金剛、勝天王、文殊問也。「白雪」者，李周翰曰：高曲名也。「無所間然」者，間，厠也。言此章精巧，學者無復厠辭於其間矣。

「略舉前後二章」者，消文注義，具如彼章。

「不疾而疾，不徐而徐」者，文出莊子外篇天道章，借其語勢耳。

「初，權實有知無應難」者，雙難實智有知、權智無應，此則躡前融會之文。或曰：遺民初雙難權實，與論主初詰通權實，同乎？皆〔二〕乎？答曰：難實則同，難權則異。何者？彼難實智有知，此難實智有境，可知是同也。彼難權智無應，此難權智有境，可應是異也。「神淳化表」者，淳，猶淨也。范叔明注太玄經云：淳，明也。起信論云：離和合相，淳淨明故。

「二，照境有相無相難」者，單難權智照俗應機也。此則躡前釋經會旨之文。「若覩變不取」等者，不，無也。若覩變動無惑取者，則變動之有，異無相之空。若照無相之空，無

〔一〕「周景或」，應爲「周景式」。
〔二〕「皆」，應爲「異」。

惑取空，則無機可應也。

「三，雙非真智真境難」者，單難實智無是無當也。此則躡前境智歷然之文。「真智真境雙非」者，真是而非是，一非也；至當而非當，雙非也。「雙非常當，常是爲惑」者，以至當非却常當，以真是非却常是也。

「標其智位」等者，論主標智位，多約體絶有無，以釋經中所宗妙心，故與諸家小異耳。「郢歌既發」者，宋玉云：客有歌於郢中者，其爲陽春白雪，國中屬而和者數十人而已。是以其唱彌高，其和彌寡。圓覺疏序云：雪曲應希，了義匿於龍藏。然劉君前書稱「唱獨者應希」，此云「屢有擊其節者」，蓋蓮社諸賢，皆高僧巨儒，有其知音耳。「遼」，遠也。

次下論主復答。

「劉勰云」者，即文心雕龍十卷。注文多引之。文心者，言爲文用心也。又曰：文果載心，餘心是寄。雕龍者，以雕縟爲體也。

「覿」，見也。「三復」者，言再三返覆讀來書并問耳。「儒釋服殊」等者，儒則簪冠博帶，釋則規頂方袍。雖形異服殊，然妙存有在，固心無差也。「南北處遠」等者，南晉北秦，處遠也。心契道同，寧睽乎？故清涼答圭峰書云：但當心契玄極，豈山河形聲所能隔哉？「晉之七賢」，即嵇康、阮籍、阮咸、王戎、向秀、山濤、劉靈〔一〕也。「不事王侯」，文出周易蠱卦上九爻辭。荀子亦云：志意修則驕富貴，道義重則輕王公。「道則僧衆」者，即佛陀耶舍、曇恒、曇順等，皆社中僧侶也。「雁門周續之等」者，「等」取新蔡畢潁之、豫章雷次宗、清河張野、南陽宗炳，皆社中儒士也。「抱一沖氣」者，寶藏論云：守真抱一，不染外物。老子云：「聖人抱一，爲天下式。」「讚而詠之」者，顯德爲讚，寄情曰詠。「霄壤」，即天地也。「數及三千」者，傳曰：三千徒衆，皆從什受法。「天機宏深」者，言超俗之淺也。莊子云：其嗜欲深者，天機淺。「内輔五常以弘道」者，趙蕤長短經曰：仁者，愛也。致利除害，兼愛無私，謂之仁也。義者，宜也。明是非，立可不，謂之義。禮者，履也。進退有度，尊卑有分，謂之禮。智者，人之所知也。以定乎是非得失之情，謂之智。信者，人之所承也。發號施令，以一人心，謂之信。而言内輔弘道者，真宗皇帝崇釋氏論云：奉乃十力，輔兹五常。上法之以愛民，下遵之而遷善，所以交修其道，兼濟于治也。「靈鷲山」，他宗亦對三德。靈，般若；鷲，解脱；山，法身。「支法領」等者，演義鈔云：初，東晉有沙門支法領，志業大乘，

〔一〕「劉靈」，應爲「劉伶」。

損軀求法，裹糧抗策，以至遮拘槃國，竭誠〔一〕請禱，遂得華嚴前分三萬六千偈，賫來至此，即東晉朝所譯是也。「此云覺賢」者，按纂靈記，本姓釋氏，甘露飯王之苗裔。賢三〔二〕歲而孤，八歲喪母，爲外氏所鞠。從祖鳩摩利聞其聰敏，乃度爲沙彌，同學一月誦習，賢乃一日當之。及受〔三〕具戒，博覽羣經，多所綜達。少以禪律馳名。會秦沙門智嚴至罽賓國，躬覩覺賢道業超伍，爲衆所欽。嚴即披誠請化東震，於是辭師東邁，涉路三載，寒暑備更，艱危罄受，或層巘四合，烏道躋雲，或連冰千里，風行雪卧，危懼日尋，資糧時絶，至於交趾，漸達夷途。聞羅什在長安，欣然而詣。「翻譯禪經」者，傳曰：覺賢出藍田關，南至荆州，遠法師遣人迎請，翻譯禪經。故遠公禪經序云：「今之所譯，出自達摩多羅與佛大仙。其人西域之俊，禪訓之宗，搜經集要〔四〕，勸發大乘。弘教不同，故有詳略之異。達摩多羅闔衆篇於同道，開一色於〔五〕恒沙」耳。「從其稟受禪法」者，序又云：「阿難曲承詔

〔一〕「誠」，原作「誠」，據華嚴經隨疏演義鈔改。
〔二〕「三」，底本無，據東本補。
〔三〕「受」，原作「愛」，誤。
〔四〕「搜經集要」，慧遠禪經序原文爲「搜集經要」。
〔五〕「於」，禪經序原文爲「爲」。

旨〔一〕，過非其人，必藏之靈府。何者？心無常規，其變多方；數無定像，待感而應。」良有以矣。「後於揚州譯晉本華嚴」者，演義云：後游東晉，至安帝義熙十四年，吴郡内史孟顗、右衛將軍褚叔度，諸譯此經。別造浄室，其年三月十日起首，賢乃手執梵文，共沙門法業、慧嚴等百有餘人，於道場寺詮譯。指文會理，通言適妙。其道場寺，即揚州謝司空寺，從檀越呼之。「此云覺明」者，傳曰：罽賓人也。以讀誦爲務，手不釋牒。雖學通羣經，而力揚律典，每端坐思義，不覺虚中過時，其專精也如此。初至長安，先誦曇無德律，此云法正。校尉姚爽恭請出之。秦主疑其遺謬，乃試以羌籍藥方可五萬言，經二日，執文覆之，不誤一字。衆服强記，即以弘始十二年，譯出四分律，凡四十四卷，後開六十卷。沙門竺法念譯語，道含筆授，至十五年解座。秦主櫬〔二〕覺明布絹一萬匹，悉皆不受。時至分衛，一食而已。然其所供衣鉢、卧具，滿三間屋，未嘗關念。秦主爲貨之，於城南造寺焉。「曇摩耶舍」者，傳曰：此云法明，罽賓人也。孤行山澤，不避虎兕辭姊切。獨處静慮，動移宵日。嘗於樹下自剋責曰：年將三十，尚未得果，何其懈哉。於是罷飲食，修懺法，乃夢博差天王

〔一〕「詔旨」，禪經序原文爲「音詔」。
〔二〕「櫬」，應作「嚫」，梵語「達嚫」之簡稱，指布施。

曰：夫沙門者，當觀方弘化，曠濟爲懷，何守小節，獨善而已？因兹游方授道，踰歷名邦。以晉隆安中，初達廣州，善誦毗婆沙律。毗婆沙，此云廣解，或云種種説。「曇摩掘多」者，此云法稱，或云法藏，道業附於法明傳中。傳云：法明既入長安，會天竺沙門曇摩掘多亦入關中。同氣相求，宛然若舊。故云「毗婆沙法師二人」耳。「夙夜匪懈」等者，夙，早；懈，墮也。言早夜非懈，服勤于道也。「即四分律」者，澄照戒疏云：四分者，顯宗目也。佛滅百年，興斯名教。相傳云：於上座部，搜括博要，契同已見者，集爲一部，四度傳文，盡所詮相，故云四分。若約六十卷收之，即大僧戒本二十卷，爲初分；尼律下十五卷，爲第二分；安居法下十四卷，爲第三分；房舍法下十一卷，爲第四分。律者，梵語毗奈耶，正翻調伏。調謂調練三業，伏謂制伏過非。身三等。義翻爲律。律者，法也。斷割輕重，開、遮、持、犯，非法不定。「根本戒」者，行事鈔云：若有於我法中出家，持根本戒，常勤勇猛，一切供養，終不虚受。而言「有四」者，鈔又云：若犯四重，淫、殺、盜、妄。毁法謗聖，死入阿鼻。故初聚云波羅夷者，義當極惡。又云：如斷人頭，不可復起。「餘皆枝末」者，謂第二聚僧伽婆尸沙。此云僧殘。毗尼母云：如人爲他所斫，殘有咽喉，理須早救。三偷蘭遮。善見翻爲大罪，亦言麤惡。四波逸提。義翻爲墮。十誦云：墮在燒煮覆障地獄故也。五波羅提提舍尼。義翻向彼悔，從對治境以立名。六突吉羅。善見翻云惡作，義翻應當學。此五聚皆枝末。此依鈔文，但張六聚，以正結罪科，止樹六法耳。若五篇七聚離合，亦如鈔説。「金錫以喻明德」者，傳稱：夏方有德，貢金九牧。九州之牧。史記秦獻公十八年，雨金於櫟陽上音曆。公自以爲金瑞。故云以喻明德。「珪璋以譬秀民」者，詩曰：賜爾介圭，以作爾寶。又云：瑟彼珪璋。瑟，絜白貌。上玉曰珪。説文云：半珪曰璋。然詩有六義：一曰風，歌事。二曰賦，布義。三曰比，取類。四曰興，感物。五曰雅，正事。六曰頌。成功。今論主唯稱比〔一〕、興二義者，劉勰曰：比則蓄情以序言，興則環譬以託諷。蓋隨時之義不一，故詩人之志有二焉。「直筆成言」者，梁史〔二〕紀武帝：「直疏便就」，謂之直筆。以不再刊削，故云直筆。「郢人」者，郢，地名也。人，古之善泥者。「堊音污漫其鼻端若蠅翼」者，一點泥污之。「匠」，木工也，名石。「斲」竹角切，削也。「聽而斲之」者，言瞑目恣手削之矣。「總持無文字」者，聖后序云：「無説無示，理符不二之門。」「文字顯總持」者，即序文「因言顯言，方闡大千之義」。

論「何足」者，足，猶得也。

〔一〕「比」，原作「此」，據東本改。
〔二〕「梁史」，應爲「梁書」。

「即權實無知有應答」者，謂實皆無知，權智有應，即復宗。智有窮幽之鑒，神有應會之用矣。「牒有知，難無知」者，牒定慧之體是有知，難實智無知也。「牒無應，難有應」者，牒靈怕獨感是無應，難權智有應也。

「稱」尺證切。「般若非心外新生」者，實相般若也。心要云：般若非心外新生，智性本來具足。

「妄有計有」等者，淨名疏云：「夫有由心生，心因有起，是非之域，妄想所存」也。「妙存常寂」者，疏又云：妙存環中，有無一觀。故能齊天地於一旨，鏡萬有以玄通者也。

「妄情攀緣影〔一〕響」者，疏釋云：「妄想微動，攀緣諸法也。」

「上標」者，雙標二智也。「妙盡之道」，標權；「本乎無寄」，標實。

「不曉注家節文之失」者，如論云「妙盡存乎極數」。廣師注之，乃以「妙盡」兩字屬上句，後人又妄加二字，豈非失乎？「不究疏中牒論之辭」者，疏云：「極數故數以應之。」以此詳校，蓋是寫者脱「極數」二字明矣。

「體則鏡淨水澄」等者，賢首義海云：「用則波騰鼎沸，全真體以運行；體則鏡淨水澄，

〔一〕「影」，原作「形」，據東本、集解改。

舉隨緣而會寂。」注文引二句，釋二智體用耳。

「徵四隅而尋大方」者，四隅，四角也。莊子云：「大方無隅。」「懷前識以標玄」者，德經云：「前識者，道之華而愚之始。」故此注云「愚中道」也。「存所存之必當」者，當，平聲。陸機文賦云：苟銓衡之所裁，固應繩其必當。李周翰注云：銓，所以秤物者；衡，平也。若秤平辭句，裁制文章，則應繩墨而相當也。

「悲緣俗有故不捨」者，清涼云：有大悲故，不捨衆上〔一〕界。又云：非唯悲故不捨，亦了非有，無可捨故。

「一心徧該三世」者，大經云：諸佛悉吴〔二〕無閡智慧，一念普立三世劫數。

「次文徵釋」者，次文云「何則」，徵也。言其下釋也。「藥病雙亡」者，謂以雙非之藥遺〔三〕有無之病，又以非非遺〔四〕雙非，故云藥病雙亡矣。「照體自顯」者，照則權智，體則實智，自然顯現矣。

〔一〕據澄觀華嚴經疏，「上」，應爲「生」。
〔二〕「吴」，應爲「具」。
〔三〕、〔四〕「遺」，應爲「遣」。

「知之爲體」者，靈知本體也。「羣籍」者，諸祖文籍也。「文殊抗志華嚴」者，即問明品覺首等九菩薩問文殊曰：云何佛境界知？文殊以偈答云：非識所能識，不可識識。亦非心境界，不可智知。其性本清淨，不待離垢。開示諸衆生。皆令悟入。彼疏又云：智則能證，知則心體。智局於聖，不通於凡；知則凡聖皆有，通於理智耳。「馬鳴潛神起信」者，以馬鳴祖師宗百部大乘經，造起信論，亦首標真知妙心爲宗；及辨真如自體，乃云真實識知。與文殊大旨，殊途同歸矣。「荷澤開拓衆妙」者，荷澤即神會和尚，嘗著顯宗記，洎諸法要，其辭曰：知之一字，衆妙之門。恒沙佛法，因此成立。祖師又云：荷澤時欲求默契，遂明言「知之一字，衆妙之門」。亦是此國大法運數所至，感應如是矣。「圭峰包並一言」者，一言即「知」字也。禪詮云：性宗對久學及上根，令忘言認體，故一言以直示。又云：但此方迷心執文，以名爲體，故達磨善巧，揀文傳心，標舉其名，心是名也。默示其體，知是心也。喻以壁觀，然後密傳心印。所謂默者，唯默「知」字，非總不言也。然世人不根圭峰之垂訓也，推馬鳴與文殊一宗，起信論云：利益衆生，不依文字。荷澤與達磨同派。果海離念而心傳。昧其旨者，往往有之。故耀之禪師云：馬鳴、龍樹，彼數祖師，或宗於經，或造於論，萬途開誘，在心爲得。故注結云：「自非内印聖心，外迹祖訓，則何以優游其源哉？」「君子」者，修身立德之稱也。「激彼淵海」者，達公序云：「匹彼淵海，數越九流。」「泥」，猶迷也。去聲呼。「即照境空有無差答」者，謂二智照境相即，以答空有無差也。「見實色非真空」者，非，不也。見其實有自體，不了幻色即真空也。「見斷空非幻色」者，見其虚豁斷滅，不了真空即幻色也。「玄照外契」者，以照字釋機字，蓋取下文〔一〕「内無機照之勤」耳。「開物成務」者，務，事也。謂開通物機，成乎佛事。「即縱印境智雙奪答」者，先印境智無是當，後奪能所奔逸爲患也。「誰能止絶」者，纂要疏序云：塵沙劫波，莫之遏絶。「内證寂然」，釋上句。周易云：寂然不動，感而遂通。「離心緣相」，釋下句。起信云：離心緣相，畢竟平等。「現身無身」者，居動用之域，現身也；止無爲之境，無身也。「一月」喻身，「百川」喻機。「示説無説」者，示説，則處有名之内；無説，則宅絶言之鄉。「長風」喻教，「萬籟」喻機。籟者，郭象注齊物篇云：籟，簫也。夫簫管參差，宫商異律，故有長短高下萬殊之聲。聲雖萬殊，其所稟之度一也。

「言語道斷」者，名是言語。道，路。「心行處滅」者，相是心之行處。故楞伽云：相名常相隨，是生諸妄想。所以言迹雙亡也。「庶幾」，猶幸望也。

〔一〕「文」，底本無，據東本補。

此下釋涅槃無名論。

「指名固實，推覈權迹」者，指棄隱顯〔一〕假名，確固涅槃實體。「權迹」謂有餘、無餘也。「生滅本寂」者，應機而生，來無所從；機盡而滅，去無所至。故云本寂。

「君王得一」者，一氣也。然乾卦有三畫〔二〕，夫爲人王，法於乾道，故王字三畫，表於乾卦，竪一畫，表一氣。故古人作日中王字賦云：三陽列位，配乾道以成三；一氣貫中，表聖人之得一。「濬哲舜德」者，尚書舜典云：「濬哲文明，温恭允塞。」孔安國注云：「濬，深；哲，智也。舜有深智文明温恭之德，信充塞上下。」「欽明堯德」者，堯典曰：「放勳欽明，文思安安。」注云：「勳，功；欽，敬也。言堯放上世之功化，而以敬明文思之四德，安天下當安者。」「日慎一日」者，玄宗注道經云：猶當日慎一日，不敢寧居。「蒼生」者，蒼，猶天也。言萬姓皆天之所生也。「餘年」釋「餘載」。白虎通曰：載，年也。載之爲言成也，載成萬物始終言之也。

「德不孤，必有鄰」者，包咸曰：方以類聚，同志相求，故必有鄰，是以不孤。「亦不可以

〔一〕「顯」，底本缺，據東本補。
〔二〕「畫」，原作「晝」，形訛，據下文改。

容聲」者，郭象曰：目裁往，意已達，無所容其德音也。「神契亦然」者，什公與秦主神契，亦猶仲尼見温生也。

「封安城侯」者，謂制邦國地域而正其封疆。侯者，列國之君也。百論序云：「大秦司隸校尉、安城侯姚嵩，風韻清舒，沖心簡勝，博涉内外，理思兼通，少好大道，長而彌篤，雖復形羈時務，而法言不輟。」故云「作書以難之」。然姚嵩申難，秦主答書，其文彌廣，避繁不引。「意出言象」者，周易略例云：言者所以在象，得象而忘言；象者所以在意，得意而忘象。故云「出言象」也。「妙吉祥」，佛地經云：一切世間親近供養，咸稱讚故，名妙吉祥。「即姓氏」者，由母懷時便有慈心，故以慈爲氏族。「爲法城塹」者，叡公云：真理爲法，文字爲城。城塹固則内不害，文字存則理不虧也。「昔滅斷無」者，即下文「諸家通第〔一〕一義」、「廓然空寂」是也。「玩味亡斁」者，玩，習也；斁，厭也。

「匠彼」者，匠，制也。「擬議」者，易云：「擬之而後言，議之而後動。」「十翼」，按孔穎達正義云：上彖一，下彖二，上象三，下象四，上繫五，下繫六，文言七，説卦八，序卦九，雜卦十。「論有九折」者，淮南子曰：河水九折。言河出崑崙，千里一曲，九曲入海也。「倒流」，

〔一〕「第」，原作「等」，誤，據肇論原文改。

喻賓家反難；「延廣」，喻主家順答。「曉喻近事」者，如下文云「幽谷之響，明鏡之像」、「去尺無尺，去寸無寸」是也。

「庭」他定切。「夫道」下，老子云：「道之爲物，惟恍惟惚，其中有物，窈兮冥兮，其中有精。」玄宗注曰：恍惚有無，窈冥難測，生成之用，精妙甚存。「精」字言同義異，故注云：「靈明不昧曰精。」「蔚」音尉。「閻浮」者，具云閻浮提，此云勝金洲。注云「金河」者，刊正記云：梵云染部捺陀，此是西域河名，近閻浮捺陀樹。其金出彼河中，此則河因樹立稱，金由河得名。既不説法，「罷唱」也；亦不現身，「韜光」也。而言「玉樹」者，以如來示滅，娑羅雙樹慘然變白，狀玉樹焉。

「靈明獨耀，不可爲無」者，靈明，真如也。圭峰云：以離相釋不有，諸家共明；名相雙絶。真如釋不無，諸家少説。靈明獨耀。「同老莊」者，大疏懸談亦云：莊老皆計自然。自然者，非第一義也。「勑」者，正也。王言發下，正於羣臣，無敢違者。「繕」，善也。

「大國曰夏」者，孔安國云：美服彩章曰華，大國曰夏。「淮楚」者，自淮以南，皆爲楚地。

「挾教」者，引挾權教也。「準義」者，準則了義也。「次十八章」者，許慎云：樂歌竟爲一章，故字從音從十，蓋取聲數之一終也。此論始自開宗，終至玄得，若折若演，各爲一章。又「章」者，明也，各明其義耳。

「發揮論旨」者，發，越。揮，散也。「殊未區別」者，別鄙滅切。區者，如土田分隔，此區非彼區，其區則分。故論語云：「區以別矣。」「融十界之性海」者，開宗文云：「九流於是乎交歸，衆聖於是乎冥會。」上句六凡，下句四聖。「窮迷悟之義天」者，推窮開宗九流之迷、衆聖之悟也。「辨一乘本迹」者，一乘玄道，本也；有餘、無餘，迹也。「紊」者，亂也。「宏綱」，喻十九章之總題；「綱目」，喻題下之別義。宏綱，大繩也。

「次文牒釋」者，次文云「而曰有餘、無餘者」，牒也。「良是」下二句，釋也。「上翻名」者，翻無爲、滅度二名也。「下釋義」者，釋自性清淨、悲智無住二義也。「煩惱四流」者，一、欲流，欲界煩惱，貪欲流注。二、有流，上二界煩惱，依彼有身而受流轉。三、見流，徧通三界煩惱，邪慧推求，名之爲見。四、無明流。亦通三界，一分通界外，自性愚癡，於境不了，名曰無明。「出現有餘」者，出現品云：諸佛如來，爲令衆生生欣樂，故出現於世。「處寂無餘」者，彼品又云：欲令衆生生戀慕，故示入涅槃。

「考諸唯識」者，考，校也；諸，之也；唯，遮境有；識，揀心空。「四種涅槃」者，一、本來自性清浄涅槃，謂一切法相真如理體，雖有容〔一〕染，而本性清浄，具無數量微妙功德，無生無滅，湛若虚空，一切有情平等共有，與一切法不一不異，離一切相一切分別，尋思路絶，名言道斷，准真聖者自内所證，其性本浄，故名涅槃。二、有餘依涅槃，謂即真如出煩惱障，雖有微苦，所依未滅，而障永寂，故名涅槃。三、無餘依涅槃，謂即真如出生死苦，煩惱既盡，餘依亦滅，衆苦永寂，故名涅槃。四、無住處涅槃。謂即真如出所知障，大悲般若常所輔翼，由斯不住生死涅槃，利樂有情，窮未來際，用而常寂，故名涅槃。一切有情皆有初一，二乘無學容有前三，唯佛世尊可言具四。「與此大同」者，謂初後二種，義連開宗，有餘、無餘，文載覈體，故云大同。

「一虚」者，一真虚寂也。「眺」，傍視也。「六趣」，向也。此之六道，是衆生之所趣向，故名六趣。「力負無以化其體」者，莊子云：有力者負之而趨。論主反用彼文，故云無以化其體矣。「五色」者，古德以五方五行配之：東方木青，南方火赤，西方金白，北方水黑，中央土黄。「五眼」者，肉眼見障内色，天眼見障外色，法眼觀俗諦，慧眼觀真諦，佛眼照中道。而言佛眼不可睹者，如刃不能自斫故。「五音」者，此五亦依五行别：木聲奲，其音角；火聲爁，其音〔二〕徵；土聲寬，其音宫；金聲清，其音商；水聲濁，其音羽。涅槃既非聲塵，故

〔一〕「容」，應爲「客」。
〔二〕「音」，底本缺，據東本補。

人耳、天耳絶其聞矣。

「摩竭提」下，注文有三：初翻名釋義，次引經消文，後引疏爲證。言「佛初成道」者，經云：如是我聞，一時佛在摩竭提國阿蘭若法菩提場中始成正覺。「闡法於兹」者，疏云：不起樹王，羅七處於法界；無違後際，暢九會於初成。「或以念請」者，現相品云：爾時諸菩薩及一切世間主，作是思維：云何是諸佛地？諸佛境界？諸佛加持？乃至一切菩薩智海？願佛世尊亦爲我等如是而説。演義鈔云：每衆興念，舉其問端。「能仁示相答」者，經云：於時世尊知諸菩薩心之所念，即於面門衆齒之間，放佛刹微塵數光明。教道遐舒，口生真子。又云：佛前有大蓮華，忽然出現。忽然現者，依理起土〔一〕，難測量故。又云：於如來白毫相中，有菩薩名一切法勝音，與世界海微塵數諸菩薩衆，俱時而出。圓教法門必攝眷屬。清涼云〔二〕：初光示法主，現華以表義，現衆以表教。即「示相答」也。「毗耶離」下，注文亦三，例如前段。「會諸菩薩」等者，始自法自在，終至文殊，三十二菩薩也。經云：維摩詰謂衆菩薩曰：「諸仁者，云何菩薩入不二法門？各隨所樂説之。」法自在菩薩曰：「生滅爲二，法本不生，今

〔一〕據華嚴經疏，「依理起土」應爲「依理起事」。
〔二〕「云」，原作「二」，誤。

則無滅，得此無生法忍，是爲入不二法門。」如是諸菩薩各各説已，次問文殊。文殊言：「如我意者，於一切法，無言無説，離諸問答，是爲入不二法門。」於是文殊問維摩詰曰：「我等各自説已，仁者當説何等是菩薩入不二法門？」時維摩詰默然無言。文殊歎曰：「善哉善哉！乃至無有文字語言，是真入不二法門。」叡公曰：三十一菩薩以言而遣法，文殊借言以忘言，浄名玄默而窮宗，以遣上忘言之言，遣之幾於斯矣。「彼疏[一]」，即論主本疏也。「詺」，彌正切。詺，目也。「雨華供之」者，經云：是時三千大千世界，華悉周徧於虚空中，化爲華台，端嚴殊妙。「能仁本迹俱高」者，佛現佛身也。「浄名等本高迹下」者，等取空生也。浄名本高，金粟如來也；迹下，現爲居士也。空生本高，青龍陀佛也；迹下，示爲聲聞也。

「二輪」者，華嚴經云：如因日光照，還見於日輪。又云：譬如十五夜，月輪無滅欠。「有以四德配之」者，即玉峰手記耳。「惑[二]亡而非有」，即五陰永滅也；「智存而非無」，即幽靈不竭也。「色心永滅」者，合色爲一，開心爲四。涅槃云：色是無常，因滅是色，獲得解

〔一〕「疏」，原作「説」，據東本改。
〔二〕「惑」，原作「或」，據集解改。

脱常住之色。受想行識，亦復如是。故云色心永滅也。「智如」，釋上句；「理如」，釋下句。「惑亡業亡」者，始迷一真，終成五陰。五陰之體，即惑也。惑既亡矣，業豈存焉？故云惑亡業亡。「悲智兩行無住」者，此明諸佛從因至果，但有所作，無不爲生，大悲、般若，常相輔翼，方號無住處涅槃。「約義配之」者，五陰永滅，斷德也；幽靈不竭，智德也；至功常存，恩德也。

「視聽」下二句，論文注中，皆先明所修觀，次明所造理，後引經爲證，故其字數，各無增減。向〔一〕所謂秤平辭句，而裁制文章，是所取歟。「意識不行」者，原人論説：不行有五，謂悶絶、睡眠、滅盡定、無想定、無想天。此明意識不行，由滅盡定也。「妄執心滅」者，大疏云：「彼外道異求非想天等爲解脱者，菩薩觀之，但是染縛，非是涅槃真浄之德。」故云妄執。「楞伽」，梵語，此云種種現，亦云不可往，山名也。「交互漂沉」者，圓覺疏回向偈云：自惟無始迷心海，曠劫漂沉生死波。彼〔二〕鈔釋云：漂則人天，沉則三塗。「皆歸於此」者，此，涅槃也。

〔一〕「向」，原作「何」，據東本改。
〔二〕「彼」，原作「波」，據東本改。

「覈」者，説文云：考事之實也。「而〔一〕立妙稱真名者」，即次文云「返本之真名〔二〕，神道之妙稱」。「責其異號假名」者，責前章云「良是出處□□□〔三〕，應物之假名」。「雙絶」者，即「有無絶於内，稱謂淪於外」也。

「蓋」者，康公云：蓋，是不定之辭。

「請試陳之」者，意謂未敢正説，且傍僅陳其有餘無餘也。

「大覺」，謂三覺已圓也。「自覺」揀凡夫，「覺他」揀二乘，「覺滿」揀菩薩。「法身」，即五分法身也。防非止惡名戒，静慮静緣名定，觀身有無名慧，清浄不滯名解脱，悟達顯了名解脱知見。「八解脱」者，一、内有色觀外色解脱，謂於内身有色想貪，爲除此貪，觀外不浄青瘀等色，令貪不起，名爲解脱。二、内無色想觀外色解脱，謂於内身無色想貪，雖已除貪，爲堅牢故，觀外不浄青瘀等色，令貪不起，名爲解脱。三、浄解脱，身作證具足住，謂觀浄色令貪不起，名浄解脱。觀浄色者，顯觀轉勝，此浄解脱，身中證得，名身作證，具足圓滿，得住此定，名具足住。四、空無邊處定解脱，五、色無邊處定解脱，六、

〔一〕「而」，原作「因」，據集解改。
〔二〕「返本之真名」，原作「返木其名」，據集解改。
〔三〕據肇論原文，缺字應爲「之異號」。

無所有處定解脱，七、非想非非想定解脱，上四，各能棄背下地貪故，名爲解脱。八、滅受想定解脱，身作證具足住。棄背受等，名爲解脱。「七覺支」者，支，分也。「念覺」爲自體，餘之六法，皆覺之分。一、念覺，除妄想故。是所依支。二、擇法覺，除不正知故。是自體支。三、精進覺，除懈怠故。是出離支。四、喜覺，除惛沉故。是利益支。下三出不染污支。五、輕安覺，除麤重故。由此不染污故。七、捨覺，除掉舉故。體是不染污故。「三無數劫」者，始發心至初地，一無數劫；從二地至七地，二無數劫；從七地至妙覺，三無數劫。「塵習」者，習氣也。起信云：如世間衣服，實無於香，若人以香而熏習，故則有香氣。「内具三明」者，謂破三際愚，於三際境明了證知，不虚謬。故離世間品云：天眼智，普觀察明足；除未來愚。宿住念，知前際清淨明足；除過去愚。漏盡神通智，斷衆生諸漏明足。除見在愚。即六通中三通也。餘三不爾，所以不立。孝衡鈔釋義同此，而闕引經爲證。「外現二光」者，智光、教光也。大經云：其光普照十方國土，於中顯現一切佛身，復出妙音，宣暢法海。釋曰：初即智光，後二句教光也。「四弘」者，謂觀四諦境，以發四誓願：觀苦誓度生，觀集誓斷惑，觀滅誓成佛，觀道誓學法。故光明文句云：四弘是誓願之心，四諦是所緣之境。「八難」者，三途爲三；人中有四：一、盲聾瘖瘂，二、世智辨聰，三、佛前佛後，四、北洲；天上有一，謂長壽天。

「上求」者，玄根菩提也。「下化」者，弱喪衆生也。「開八聖之正道」者，開通涅槃，故名爲道，亦名八聖道。聖者道故。一、正見，鑒理無邪故；二、正思，籌慮正義故；三、正語，無漏語業故；四、正業，無漏身業故；五、正命，身語無邪故；六、正精進，如理策勤故；七、正念，順法明記故；八、正定，無漏三昧故。「六通」者，一、神境通，智證神境故。亦名如意通，身如其意，欲往即到故。二、天眼通。三、天耳通，若見若聞，若近若遠，障内障外色聲等故。四、宿命通，能知宿世本生本事故。本生，謂已生處及受身；本事，即所行之事。五、他心通，謂於（以下東本欠）定散漏無漏心一切融知故。六、漏盡通，謂身中漏盡而能知故。「五衍」者，衍，乘也。一、人乘，謂三歸、五戒，運載衆生，越於三塗，生於人道。二、天乘，謂上品十善及四禪八定，運載衆生，越於四洲，達於上界。三、聲聞乘，謂四諦法門。四、緣覺乘，謂十二因緣法門，運載衆生，越於三界，到有餘、無餘涅槃，成阿羅漢及辟支佛。五、菩薩乘，謂悲智六度法門，運載衆生，總越三界、三乘之境，至無上菩提、大涅槃之彼岸。「寰中」者，封畿之内，一人所主，謂之寰中。國外曰畿。今諸大千界中，皆佛化境，謂之寰中。

「同歸寶〔一〕所」者，法華經云：若能前至寶所，亦可得去。又偈云：其路甚曠遠，

〔一〕「寶」，原作「實」，據集解改。

經五百由旬。慈恩玄贊疏：過彼城也。後引至寶所，大般涅槃城。言五百者，分段生死，惑業苦，爲三百；變易生死，有無明苦，爲二百。此即踰越生死險，方至佛位也。「始物出道經」者，文云：有物混成，先天地生，寂焉寥焉，獨立而不改，周行而不殆。殆，危也。

「九止」者，新云「九有情居」，謂欲界除三惡趣，取人天爲一；四禪中除第四禪，取前三爲三；無想天又爲一；四空處爲四。合有九也。此九是衆生樂居止處，故云九止。「魂能運動」等者，意取結惑也。除苦依身在，則生全矣。「金鎗」者，寶積經說：佛往劫與五百賈人渡海，佛殺一惡人，以全五百人身命，昔用鑽牟刺之。至成佛已，於舍衛城，有佉達羅刺從地而出，刺世尊，是目連以神力拔刺，三千世界皆大震動，隨刺而舉。佛言：非汝所能。爾時如來以神力昇四王天乃至梵天，復還閻浮提本所坐處，其刺亦隨焉。「金鎗」詺其刺也。「馬麥」者，本起經說：舍衛國内，有處名隨蘭然，有婆羅門名阿耆達多，聞法歡喜，恭請佛與比丘供飯三月，爲天魔所惑，而生悔心。時馬師願施馬麥。佛告諸比丘言：過去久遠時，有一大國名槃頭越，王字頻頭，太子名維衛，出家成佛，亦名維衛。父王飯佛及僧，時有梵志清潔高德，乃曰：世人甚迷，棄捐甘饍，此人應食馬麥。五百弟子同聲讚善，中有一人而諫之曰：師言非色〔一〕，佛德至尊，應食天厨。佛言：爾時清潔梵志，則吾身是；五百弟子，今汝曹是；諫其師，舍利弗是。是時舍利弗，自性天厨受食接。寶積經説：佛於婆羅門毗蘭聚落，三月之中食馬麥，爲調五百比丘貪欲之心，證羅漢果。然本起酬因，寶積顯果，隨特〔二〕導物，教迹兩端。「果位示酬」者，唯識云：如何善逝有有餘依？彼論答曰：雖無實依，而現似有。故云示酬也。「餘身餘智俱在」者，此約小乘有宗説。演義云：身智未盡，名爲有餘。義亦同焉。

「廓爾無迹，則身無餘」者，亦可「教緣都訖」，則身無餘；「靈照永滅」，則智無餘。「廓爾無朕」，則雙結身智，故曰「無餘」耳。

「大患」者，道經云：「吾所以有大患者，爲吾有身，及吾無身，吾身何患？」

「經云」者，即佛遺教經，具云：是時中夜，寂然無聲。「身智冥冥」者，「寂焉無聞」，身冥也；「怕爾無兆」，智冥也。「身智俱無遺餘」者，亦同小乘有宗。演義又云：身智盡竟，向前涅槃，轉名無餘。問曰：此覈大覺有無二餘，而引小乘爲證何耶？答曰：演義云：唯識

〔一〕「色」，疑爲「也」。
〔二〕「特」，疑爲「時」。

有餘、無餘，義通大小，而説真如爲體，即異小乘。祖師既云通於大小，今以小乘爲證，義有在焉。

「典誥」者，典，常也，世常行；誥，告也，告喻令曉。「軌轍〔一〕」者，軌，車法也；轍，車迹也。

「玄象〔二〕」，謂日月星也。

「高韻」者，劉勰云：同聲相應謂之韻。故注云：「韻，聲也。」「大明」者，日之異號也。馬融云：大明東出，月生西陂。「妙音」，即無音之音也。「絶聽」，即無聽之聽也。故淨名疏云：無聞豈曰無聽？謂能無其所聞。無其所聞，故終日聞，未嘗聞也。

「聖人大寶曰位」者，周易繫辭云：「天地之大德曰生，聖人之大寶曰位。」韓康伯注云：「夫無用則無所寶，有用則有所寶也。無用而常足者，莫妙乎道；有用而弘道者，莫大乎位。」既有用而弘道，即出處而示位也。

「外稱」者，强名也。涅槃二十一云：羝羅波夷，名爲食油蟲。無有名字，强立名字。

〔一〕底本作「軌轍萬者」，據肇論原文，「萬」字衍，今删。
〔二〕「象」，原作「衆」，據肇論原文改。

善男子，是大涅槃，亦復如是，無有名字，强立名字。故云外稱也。「維摩詰，秦言浄名」者，生公又云：秦音無垢稱。其晦迹五欲，超然無染，清名遐布，故致斯號。

「釋梵」者，帝釋、梵王也。修十善而爲帝釋，行四等乃作梵王。「魔外」者，衆魔外道也。天台云：禪定伏愛得通，以降衆魔；智慧破見發辨，以制外道。

「玉毫騰彩〔一〕」者，大經云：自毫相中，放大光明。又云：如來眉間，有大人相。疏釋云：此相若收，則若右旋如覆椀；若展，則具有十楞，有大光明。色映珂雪，以喻玉毫耳。「金棺掩耀」者，涅槃經説：世尊示滅俱尸那國，以千張白疊纏身，内金棺中，其次銀棺，其次銅棺，其次鐵棺，盛滿香油以焚之。白虎通曰：棺之言完，謂完密於尸也。

「聖人法身」等者，法喻牙明也。大經云：譬如虚空，爲蟲所食。芥子孔中，亦不滅〔二〕小；無數世界中，亦不增廣。上喻下法。諸佛法身，亦復如是。見大之時，亦無增減；見小之時，亦無增減。疏釋云：空之大小，在於世界及於芥子，非空體然，如法性之身，應器成異。應器成異，即「徧應羣品」也。隨大隨小，即「常在方圓」也。「現帝釋、宰官之身」者，楞嚴

〔一〕「彩」，原作「乘」，據集解改。
〔二〕「滅」，疑爲「減」。

云：「若諸衆生欲爲天主，統領諸天，我於彼前現帝釋身。」即「在天而天」也。又云：「若諸衆生愛治國土，剖〔一〕斷邦邑，我於彼前現宰官身。」即「處人而人」也。「會迹」釋上句，現人天身也。「歸本」釋下句，顯佛能然也。「依本起迹」，倒上釋之。

「教彌沙界」者，言教滿恒沙世界也。「身徧塵方」者，言身應刹塵方所也。「故返小成」者，楞嚴云：於一毛端，現寶王刹；坐微塵裏，轉大法輪。則爲莫之大返於小成。「了月非指」者，圓覺云：修多羅教，如標月指，若復見月，乃知所標，畢竟非月。

「方丈」者，唐顯慶中，高宗勅衛尉寺丞李義表、前融州黄水令王玄策使西域，至毗棃城東北四里許，維摩示疾之室，遺址疊石爲之。玄策躬以手版縱横量之，得十笏，因號方丈焉。「一字法門」者，新鈔云：一字即少刀，謂普眼法門也。以能詮一字，即所詮法界故。「海墨書而不盡」者，經云：大海量墨，須彌聚筆，書此無盡廣大海，乃至少分，尚不可得。「大小爲異」者，小謂毛吞巨海，芥納須彌；大謂塵會法界，量等虚空。

「經曰菩提」等者，或謂此演涅槃位體，何以引菩提爲證？按大疏謂：若攝相説，菩提乃是即理之智，涅槃乃是即智之理。即智之理不礙摩訶般若，即理之智不礙寂滅菩提。

〔一〕「剖」，原作「部」，據楞嚴經改。

以此攝之，引智證理，乎何不何〔一〕？又演義四十四云：「一毛廣容，即大包天地〔二〕；多身入毛，即細入無間。」與此注文大異，何耶？彼約法界容徧，義在别詮；此約涅槃絶待，文屬同教。故云「包天地非小也，入無間非大也」。

「安住長者」，即唐經鞞瑟胝羅居士，其法門名菩薩所得，不般涅槃際解脱，即同晉經而不般涅槃也。般者，入義。性入、真入、示現入故。「論引文前却」者，却，彼也。晉經先説去來今佛，後明佛性三昧；今文先入無盡三昧，後見滅度諸佛。故云前却。然無盡之言，亦涉一乘别教重重無盡耳。有謂：論主義熙十年卒於長安，覺賢十四年方譯晉經，豈覩斯文？此有二意：一約義例，二約文憑。義例者，此經先是支法領齎前分三萬六千偈八千〔三〕姚秦。當時論主與覺賢同會秦國，因觀梵本問其義旨。例如「阿毗曇論胡本，雖未及譯，時問中事，發言新奇」是也。文憑者，大疏釋出現品涅槃章，備引九折十演之文，而曰今多用者，亦顯肇公作論，憑此經也。既有文憑，又有義例，見經述論，不須疑也。「此

〔一〕「乎何不何」，疑爲「于何不可」。
〔二〕「大包天地」，原作「天色天地」，據華嚴經隨疏演義鈔改。
〔三〕「八千」，疑爲「入于」。

界機緣盡則〔一〕示入涅槃」者，大經云：示入大涅槃，而不斷菩薩行。「他方機緣感則不滅度」者，經又云：豈以一處示入涅槃，便謂一切悉皆滅度？

「述成玄道」，結前聖非有無也。「釋超妄想」，結前叙責惑情也。

「無乃」，乃也。

「亦斷、智、恩三德」者，法身無象，斷德；般若無知，智德；應物而形，對緣而照，恩德也。若準演義「翻三雜〔二〕染，以成三德」，其文小異。文云：般若是智，翻煩惱故；解脱是斷，翻結業故；法身是恩，翻苦依身故。以法身兼應，應物恩德。然而觀其文則小異，究其旨則大同。以舉一即具三，言三體即一也。

「金石流火，豈有燋患」者，文出莊子。彼説至人大旱，金石流火，山燋而不熱。然其本意，非是火不能燒，意云乘時處順，不以火爲患也，亦不横爲所燒也。彼約順時，此約法身，理懸隔矣。「紜紜自彼」者，紜紜，衆多也。子雲長楊賦云：紛紜沸渭。劉良曰：紛紜，衆盛貌。

〔一〕「則」，底本無，據集解補。
〔二〕「雜」，原作「離」，據華嚴經隨疏演義鈔改。

「雙樹」者，小涅槃經云：佛語阿難：汝可往至娑羅林中，見有雙樹，孤在一處，掃灑其下，使令清淨。遺教疏云：若小教，似唯一雙，蓋對小機，破斷常也。若按大涅槃經，四方各雙。故經云：此四雙樹，四王典掌，護持我法。又還源品云：佛入涅槃也，其娑羅樹東西二雙合爲一樹，南北二雙合爲一樹，垂〔一〕覆寶牀，蓋於如來。其樹即時慘然變白，猶如白鶴。圭峰云：佛於八隻中間告滅者，謂對揀凡吏〔二〕妄執常等四倒，翻破二乘無常等四倒也。清涼亦云：迹盡雙樹，並爲凡小。「腹疾」者，涅槃又說：如來示迹，將入涅槃，向拘尸羅國中路患痢。旦〔三〕夫病患之生，行業所爲，如來善無不積，惡無不消，體若金剛，何患之有？故云「豈實」。「痾癘」，腹疾也。「命〔四〕夭」者，佛壽無量，既八十示滅，豈夭折乎？而言「堅樹」者，以梵云娑羅，此云堅固，上枝相合，下根向連，一榮一枯，有似此方連理樹。顧野王瑞〔五〕圖云：木連理者，仁木也。異本同枝，傍出，上還合也。注云「金棺」而論曰

〔一〕「垂」，原作「乘」，據大般涅槃經應盡還源品改。
〔二〕「吏」，疑爲「夫」。
〔三〕「旦」，應爲「且」。
〔四〕「命」，原作「令」，據集解改。
〔五〕「瑞」，原作「端」，誤。

「天棺」者，康疏謂：佛勅阿難大衆，我滅度後，當依轉輪聖王荼毗方法。故詺金棺爲天棺耳。「爲火所燒」者，涅槃經說：六欲諸天及世間大衆，各持旃檀沈香，妙香芬馥，普薰成妙香樓，積高須彌。如來以大悲力，從心胸中火踊棺外，漸漸荼毗，經于七日，焚妙香樓，爾乃方盡。故論云「體盡焚燎者哉」。「方圓」，釋「規矩」。「涅槃」，釋「大方」。「微」者，馬融注論語云：微，無也。「虛壤」者，書傳曰：無塊曰壤。

「渾元」者，即陰陽天地未分之前，淳元之氣，清濁相和，故名渾元，亦名混沌。白虎通云：混沌相連，視之不見，聽之不聞，然後剖判。魏都賦云：泰極剖判。呂延濟注曰：剖判，分也。「三才」者，劉劭云：仰觀吐耀，俯察含章，高卑定位，故曰兩儀。儀既兩矣，唯人參之，性靈所宗，是謂三才。「萬物」者，德經云：「道生一，一生二，二生三，三生萬物。」「真妄相合」者，即起信疏說：單真不立，獨妄不成，真妄和合，方有所爲也。「三境」也，見前鈔。「萬有」者，行願疏云：總該萬有，即是一心。「跨權通實」者，跨，過也；權謂渾元三才，實謂真性萬有。「恢大」等者，莊子云：恢恑憰怪，道通爲一。郭象曰：形雖萬殊，而性同一。故此注云「無不歸有」。

「離諸障礙，無物所顯」者，唯識論明法性宗，但言離諸障礙。百法論兼取外空，云無物所顯。大疏釋十藏品亦取兩論。具說如演義。下二無爲注解，亦依大疏記文，亦準演義。「譯爲擇滅」者，唯識釋云：由揀擇力，滅諸雜染，究竟證會，故云擇滅。「及於緣闕之所顯」者，此約非擇滅釋之。緣會則生，緣闕不生。緣闕之時，名非擇滅。幽棲云：如穀芽若闕一緣，芽則不生，名非擇滅。

「例上釋之」〔一〕者，應云：妙道決定是無，即歸無境。「亦例上句」者，例云：無有異却無境，而言非有。

「有無唯攝俗法」者，涅槃云：世諦說有，我亦說有；世諦說無，我亦說無。

「高下類然」者，以「高下相傾」類「有無相生」也。

「牒前位體」者，前文云：涅槃果出有無之域。「覩神變因謂之有」者，即色境之一也。餘五皆有境耳。「會俗即中」者，十地論云：隨順觀世諦，即入第一義。中觀論云：若不知世諦，不得第一義。

「德過塵沙」者，起信論云：心性不動，則有過恒河沙等諸淨功德。

「薄伽梵」者，佛地論謂：薄伽聲，依六義轉：一、自在義，二、熾盛義，三、端嚴義，四、名

〔一〕此句集解爲「例上反釋」。

稱義，五、吉祥義，六、尊貴義。如有頌云：自在、熾盛與端嚴，名稱、吉祥及尊貴，如是六種義差別，應知總名薄伽梵。

「此約離言」者，即起信離言真如，明觀智境。故論云「從本已來，離言説相」是也。

「此約依言」者，即起信依言真如，明生信境。故論云：復次真如，依言説分別是也。

「悟惑性空，煩惱即涅槃」者，淨名疏云：一念九結，惱亂衆生，故名煩惱。煩惱真性即涅槃。慧力强者，觀煩惱即是入涅槃，不待斷而後入也。「了縛即脱，魔界即佛界」者，清涼云：以心分別，萬法皆魔；若不以心分別，一切皆佛。豈捨魔界，求佛界耶？「默此二節，備如經文」者，初節，淨名曰：不斷煩惱，而入涅槃，是名宴坐。若能如是坐者，佛所即〔一〕可。若依天台疏，有四句釋之：一、不斷不入是凡夫；二、斷之而入是二乘；三、斷而不入是通教菩薩；四、不斷而入是圓教菩薩。今取第四句也。次節，天女曰：佛爲增上慢人，説離淫、怒、癡爲解脱耳；若無增上慢者，佛説淫、怒、癡性即是解脱。若依論主，本疏有三意：斷淫、怒、癡，聲聞也；淫、怒、癡俱，凡夫也；大士觀淫、怒、癡即是解脱，故不斷、不俱。亦取後意耳。「大概」，猶大綱也。「妙悟在於即真」者，演義云：妙悟，能契也；即

〔一〕「即」，疑爲「印」。

真，所契也。「即妄即真」者，演義云：即妄即真，生即無生矣。「迷真即變起天地萬物」者，起信云：「一切諸法，唯依妄念而有差别。」天地萬物，即三境中器世間也。「悟妄即同一根體」者，起信又云：「若離心念，則無一切境界之相。」同一根體，即一法界大總相法門體也。

「六合」，謂四方上下也。「無始煩惱即菩提」者，天親十地論云：見煩惱本源性離，即集染而成大智。「羣動生死即涅槃」者，十地論又云：了生死實性本如，即苦患而證涅槃。「恬淡覺法樂」者，演義大疏云：恬淡宴安，即寂照之相也。「淵默寂静樂」者，吕向注魏都賦云：淵默，沈静也。

「窮理盡性」者，即周易説卦，彼云：「窮理盡性，以至於命。」王弼曰：命者，生之極；窮理，則盡其極也。即以極字解性。性者，極也。論借彼語，取意如注。「名曰儒童」者，梵語摩納縛迦，此云儒童。智論號須摩提，什公云：秦言妙意。本行集稱爲善慧。皆同體而異名也。「然燈」者，燈字，説文從金。徐鉉云：錠中置燭，故謂之鐙。聲類云：有足曰錠，無足曰鐙。「證無生忍，即已入涅槃」者，此亦準浄名疏釋之。彼疏云：忍即無上慧也。以能堪受實相，故以忍爲名。堪受實相，即是已受涅槃矣。「遠行地」者，此有二意，立遠行名：一、從前遠來，至功用邊；二、從功用行邊，能遠去後立。故十住論云：去三界遠，近法王位，故名遠地。仁王名爲遠達地。「不動」者，即第八地。成唯識云：無分別智，任運相續，相用煩惱，不能動故。此有三義：謂任運故，功用不能動；相續故，相不能動；總由上二，煩惱不動。「善慧」，即第九地。攝大乘云：由得最勝無礙智故，智是慧，故名善慧。莊嚴論云：於九地中，四無礙慧，最爲殊勝。「法雲」，即第十地。金光明云：法身如虚空，智慧如大雲。十住論云：於無佛世界，能雨法雨。莊嚴論云：由能雲雨法雨，故名法雲。

「法華經」，即竺法護所譯古本。「新經」，即羅什所譯秦本。「二乘止化城」者，經云：過三百由旬，化作一城。玄贊疏云：分段生死，有惑業，若離此三，故名過三百由旬。佛言施設，本無實體，故言化作。又雖是假，人各有殊，以假義同，故名爲一。諸禪三昧，名之曰城。此即令二乘權證偏真也。「權教菩薩未聞了義」者，出現品云：設有菩薩於無量百千億那由他劫，修行六波羅蜜，修習種種菩提分法，若未聞此如來不思議大威德法門，或時聞已，不信、不解、不順、不入，不得名爲真實菩薩，以不能生如來家故。大疏序云：積行菩薩曝腮鱗於龍門。「三界火宅」者，「火」喻三界煩惱，「宅」喻異熟本識。「三乘離分段」者，謂分限之年，形段之身。此皆六凡分段生死，三乘已離之。「菩薩受變易」者，夫變易生死，固分段而立號，何以明之？變麤身爲細質，離形段之身也；易短劫爲長年，離分限之年也。二乘所以不受變易者，以其灰身滅智故也。「諦、緣、六度，所乘不一」者，四諦如羊車，緣起如鹿車，六度如牛車。法華經云：即於波羅奈轉四諦法輪，羊車也。又爲求緣覺者說十二因緣，鹿車也。亦爲求大乘者說六波羅蜜，牛車也。「會三乘之權，歸一乘之實」者，法華又說：漸漸見其根熟，於靈鷲山開示如來知見，普皆與授阿耨多羅三藐三菩提記。禪詮云：法華且收二乘，至涅槃經□〔一〕普收六道。會權入實，須漸次故也。「十方國土中，唯有一乘法」者，此明究竟一乘，如四衢中白牛車也。權教牛車大乘，與實教白牛車一乘不同者，賢首云：諸經論中，具有明文。

「獨善」者，孟子云：窮則獨善一身。如麞廉獨跳也。「兼濟」者，孟子又云：達則兼濟天下。如象王擁羣也。

「人法若一體」，解上二句。「自語相違」，解下二句。「人法若異體」，解上四句。「凡不成聖」，解下二句。

「在六趣」者，既在六趣凡疏，誰證三乘聖果？「雁、鵠、燕之三禽」者，「雁」喻菩薩，謂其並翥，窮高際遠故；古詩云：萬里人南去，三春雁北飛。「鵠」喻緣覺，謂其振翮，多集庭樹；詩云：

〔一〕據禪源諸詮集都序，□應爲「方」字。

鵲鷲隨葉散，螢遠入煙流。「燕」喻聲聞，謂其翱翔，唯棲梁間。詩云：唯有舊巢燕，主人貧亦歸。故借三禽，以喻三乘。

「樊籠」者，郭象注莊子云：樊所以籠雉也。

「左傳」，即左丘明春秋經傳之辭。「皮」喻妄想，「毛」喻業累。「得盡智」者，大疏云：現在惑亡，説名爲盡。「得無生智」者，疏又云：後果不起，名爲無生。論「理無餘翳」者，無所知障也。清涼釋大經謂：此障翳心，迷所知故。故此注云「則無遺餘障翳」。

論「結是重惑」者，大經云：摧重障山。彼疏約二障釋之。此中重障，唯取所知，以順演答也。

「三箭中的」者，婆沙論説：三箭中的，以喻三乘。而論標「經曰」者，以論依經造，推本言之也。聲聞如一夫之力，箭乃没鏃作木切。緣覺如兩夫之力，箭乃没半。菩薩如三夫之力，箭乃没羽。「中的」者，如射侯中的也。「三獸渡河」者，善見經曰：如恒河水，三獸俱渡。兔身力弱小，水上而渡。馬身力稍大，小而渡。象身力强大，徹底而渡。玄義云：水喻即空，底喻即假。二乘見空，不見不空，喻如兔、馬。菩薩見空，及與不空，喻如大象。「足有長短」者，喻智淺深也。「上中下」等者，涅槃經云：十二因緣，下智觀故，得聲聞菩提；中智觀故，得緣覺菩提；上智觀故，得菩薩菩提。彼經又云：上上智觀，得佛菩提。論演三乘，故不云耳。「合則四諦」者，以十二因緣，是四諦所滅之境，開合有異。謂無明、行、愛、取、有，此五支合爲集諦；識、名色、六入、觸、受、生、老死，此七支合爲苦諦。「故同中的」者，以「箭」喻道諦之智，「的」喻滅諦之理。毛詩云：「發彼有的。」鄭玄注云：的，質也。

「四生」，即卵、胎、濕、化也。「九有」，義如前鈔。「悉知其數」者，經云：爾所國土中，所有衆生，若干種心，如來悉知。若干者，顔師古云：設數之辭也。干猶箇，謂如此數也。又漢書胡廣曰：若，順也；干，求也。當順所求而與之，故曰若干。今取初解。「身子」者，此尊者從母得名，以梵云舍利，此云身，其母名也。弗，華言子。母好身形故，是彼之子，名爲身子。故云從母得名。「滿願」者，此尊者從父母得名，以父禱梵天得子，其願獲滿，故名滿願。增一云：我父名滿，我母名慈，諸梵行人呼我（以上東本欠）爲滿慈子。故云從父母得名。「智慮」，即智慧也。净名疏云：「決定審理謂之智，造心分別謂之慧。」「辯才」者，華嚴疏云：語具圓滿，順言敦肅，故名辯才。

「書不云乎」下，雖參用老氏之語，意取日益，則修善成德；日損，則斷惡離過。故注云

「益於智」、「損於惑」也。

「七地已上」等者，地，住地也。净名疏云：七住得無生忍。已後所修萬行，皆無相無緣，與無生同體。故云「證無爲」也。「覆疏上二句」者，同體絶五陰、六入，即覆疏「不可以象測」也；心識智數寂滅，即覆疏「不可以智知」也。

論「既以取捨爲心」者，此躡六住爲難，以六住已下，心未純一，在有則捨空，在空則捨有，未能以平等身心有無俱涉耳。

「萬累都捐」等者，心要云：若無心而忘照，則萬累都捐；若任運以寂知，則衆行爰起。注文但用兩句，以釋爲無爲耳。

「有無不計」者，寶藏論云：真〔一〕知之知，有無不計。既不計有無，即自性無分別之知也。「衆庶太虚」者，衆庶有心，則生死波浪也。太虚無心，則同乎外道也。「德用恩物」者，無相云：他受用身，於十地菩薩有恩德故。有謂〔二〕：千丈大化身，於加行菩薩有恩德；千尺小化身，於三賢有恩德；丈六并隨類化身，於二乘、異生有恩德。故云德用恩物。「功

〔一〕「真」，原作「其」，據寶藏論改。
〔二〕「謂」，原作「譜」，據東本改。

成不宰」者，言亡我功成，其功不有也。老子云：功成而非有。

「施内外財」者，身命，内財也；國城、妻子，外財也。「三輪未亡」者，見己能施，見前人受，見中間物，皆未亡也。「供養然燈」者，據瑞應經，即云：昔錠光佛興世，我爲菩薩，名弘儒童，幼懷聰叡，志大包弘，以五百金錢，買五莖蓮華上佛，其華皆止空中，如根生無墮地者，乃至得記作佛，名釋迦等。注云然燈不云錠光者，以順前文引經耳。「方言」者，大品云念言。故彼經云：菩薩念言。今是行時，非證時。故清涼亦引此文釋現前地菩薩，以菩提分法未圓滿故，故此注云「非智證時也」。「終日隨相，不乖無相」者，謂見理不壞事，則終日隨相；涉事不失理，則不乖無相。

「學而證之」者，學，修學也。淺義云：以三乘修得涅槃，難涅槃無始終也。

「貫通古今，人法冥一」者，大疏懸談云：心冥至道，則混一古今。生公法華疏云：古亦今也，今亦古矣。

「真理體空義」者，即終南觀中以理奪事門，謂「事既攬理，遂令事相皆盡，唯一真理平等顯現」故。「依理成事義」者，即依理成事門，謂此門「事無別體，要因真理而得成立」故。「會萬物隨緣之相」者，由相隨緣，故妄識成事，即會前萬物無非我造。「成不變之性」者，由性不變，故妄識體空，即成前至人空洞無象，故末句結云「其唯聖人乎」。「不即色相」者，以青黄之相，非是真空之理。此遮揀執實凡夫也。「不離色性」者，然青黄之體，莫不皆空。此會收在觀聖人也。「見緣起」者，見前前爲緣，令後後起。又見由煩惱繫縛往諸趣中，數數生起，故名緣起。亦云緣生，生亦起義。

「用之照三世」者，問明品云：諸佛智自在，三世無所礙。

「耆年即身子」者，以身子僧中最老，故曰耆年。爾雅云：耆，艾。耋，老也。「天女」者，浄名疏云：法身大士也。常與浄名共弘大乘不思議道，故現爲宅神耳。「耆年解脱，亦何如久」者，疏云：將明第一義無遠近之義，故以解脱爲喻。耆年所得無爲解脱，寧可稱久乎？

「三番覈之」者，界内界外，一也；違於經文，二也；又無能證人，三也。「有志於果德」者，斯論正辨果故。「了權即實，窮折極演」者，了五陰之權，窮折也；即涅槃之實，極演也。「曲盡其數」者，是則借實以破權，權亡實不立，言窮慮絶，何實〔一〕何權？體本寂寥，翛然無寄，則曲盡其數矣。

「子」者，馬融曰：男子之通稱。今目折家爲子。「大品」下，彼經具云：斷一切結，入涅

〔一〕底本無「何實」，據東本補。

槃者，是世俗法，非第一義。注引大意耳。「了涅槃即衆生」者，以寬從緣，涅槃即衆生。故中觀云：涅槃之實際，即是生死際。如是二際者，無毫釐差别。

「譬夫性海」下，□喻對明也。謂以本性真知，融萬有而不殊，譬夫〔一〕大海鹹濕，徧千波而無異。故云「同一」也。

「分别心不忘」者，清涼云：分别心不忘，何由出生死？故涅槃非衆生也。「無念而知」者，圭峰云：正念者，無念而知。故涅槃不異衆生也。

「照體獨立」者，演義云：此明一體不可得。故生公云：照體獨立，物（以下東本欠）我皆如。物我皆如，即入法雙遣。衆生，人也，非衆生，一遣也；涅槃，法也，非涅槃，雙遣也。「依四門修」者，從有，得有門也；從無，得空門也；從有無，得亦空亦有門；離有無，得非空非有門。「涅槃性德，周徧一切」者，終南觀云：能徧之理，性無分限；所徧之事，分位差别。大經亦云：法性徧在一切處，一切衆生及國土。

「玄道」，即第一義也。故注以「所證絶於有無」。唯識疏序云：非有非無，息筌辨於言蹄之外。「妙智」，即中道智也。故注以「能證了外即中」。大經云：無有智□（外）如，爲智

〔一〕「夫」，原爲「吏」，據東本改。

所入；亦無如外智，能證於如。「大象」，即真體也。故注以「法身無形示形」。淨名疏序謂：法身無象，而殊形並應。「大音」，至韻也。故注以「圓音非扣而長演」。大經云：佛演一妙音，周聞十方國，衆音悉具足，法雨皆充滿。「融理智」者，即前能證所證也。「現身說」者，前法身圓音也。「汪洋」者，楚辭云：臨淵兮汪洋。王逸注云：水大廣無際也。

「迹賢本聖」者，「本」謂果海離念，而心傳去妙覺也。「迹」謂有餘之迹生，無餘之迹滅，即等覺也。而言「賢」者，蓋取等覺普賢，非三賢也。「結十界性海」者，結初開宗一章，融十界之性海也。餘九重問答，窮迷悟之義天。則前三句結之，注文備矣。

「序分有六」者，宗本爲一，序前之三論有三道，序後涅槃論開宗、覈體皆有序文，總之成六也。「既違常規」者，一違序分，二違流通。何者？以聖人說經，古今但分通、別兩序。演義云：彼後結歎無名。非流通分也。既夫規準，吾無取焉。

「集解題辭」者，題，號也；辭，文也。所以題號集解之意，本末文辭之表也。故趙臺鄉〔一〕注孟子，釋無外注陰符，皆述題辭焉。張鎰音溢曰：題辭即序也。

〔一〕「趙臺鄉」，應爲「趙臺卿」。

「總萬有之本，莫大乎一心」者，文出行願疏。彼文云：寂寥虛曠，沖深包博，總該萬有，即是一心。「宗一心之源，莫深乎四論」者，義依起信。謂彼論先立一心爲本源，即宗本義。次開真如、生滅二門，即前二論，次明二諦。次修止觀，即無知論，雙辨二智。乃至空竟覺。即無名論，終證三德。斯皆聖師宗經作則，義次第耳。

「遮詮」下，明遮、表二詮者，略抄云：「遮」謂遮其所非，「表」謂顯其所是。又「遮」者（以上東本欠），揀却諸餘；「表」者，直顯當體。如諸經所説真妙理性，每云不生不滅，不垢不浄，無因無果，無相無爲，非凡非聖，非性非相等，皆是遮詮。若云知見、覺照，靈鑒、光明，朗朗、昭昭，惺惺、寂寂等，皆是表詮。若無知見等體，顯何法爲性，説何法不生不滅等。如説鹽，云不淡是遮，云鹹是表。説水，云不乾是遮，云濕是表。諸教每云絶百非者，皆是遮辭；直顯一是，方爲表語。言「遮詮雖詳」者，詳，廣也。以八部般若，洎破相諸論，當姚秦時，已傳東夏，故云雖詳。「表詮未備」者，如華嚴，梵文雖齎此土，而未翻宣；楞嚴、圓覺諸經，起信、十地諸論，猶在西竺；唯法華、浄名等經，流通於此，故云未備也。「幽致既密」者，約體遮詮既密。大經云「如來心意識，俱不可得」是也。「微言亦隱」者，寄用表詮亦隱。大經又云「但應以智無量故，知如來心」是也。「遂使」下，皆約四論序文，以明所被之機。「二根」，即中、下二機。初論序云：「緣使中人未分於存亡，下士撫掌而不顧。」「三師」，即度師立心無，遁師立即色，汰師立本無。故次論序云：「夫以不同而適諸〔一〕同，有何物而可同哉？故衆論之〔二〕作，性莫同焉。」「昧〔三〕真俗之藴」者，以中、下二機，不悟不遷俗諦異執，三師未領不真真諦。「藴」，淵粹也。「紛然」者，有以般若爲等智，或云有知。故無知論序云：「然異端之論，紛然久矣。」「廓然」者，則斷空方外之談。故無名論表云：「諸家通第一義諦，皆云廓然空寂，無有聖人」是也。「惑於因果之奥」者，以紛然之士，妄執般〔四〕若之因；廓然之徒，謬通涅槃之果。奥，幽深也。

「拔邪樹正」者，剪拔四類邊邪之徑，樹立聖人中正之道也。「根理」，宗本也。「條辭」，四論也。故宗本爲四論先。賦云：義以理爲本，論以教爲宗。根中道之標準，條四絶以適從。「剖不遷、不真之義天，以救衆蔽」者，謂前之二〔五〕論，接中、下二機，正異執三師，

〔一〕不真空論無「諸」字。
〔二〕不真空論「之」作「競」。
〔三〕集解「昧」後有「乎」字。
〔四〕「般」，原作「船」，據東本改。
〔五〕「二」，底本無，據東本補。

豈非救衆蔽乎？「派無知、無名之辯浪，以洗羣疑」者，謂後之二論，導紛然異端，排廓然空寂，豈非洗羣疑乎？

「義學」者，由文而効義，故稱義學。「洞宗本一心，融貫萬有」者，則結歸向云：總萬有之本，莫大乎一心矣。然此一心，融成萬有。四論之下，具列明文，請各陳一端。文云：「乘莫二之真心，吐不一之殊教」，不遷融萬有也。「玄鑒之妙趣，有物之宗極」，不真融萬有也。「萬物雖殊，然性本常一」，般若融萬有也。「天地與我同根，萬物與我同體」，涅槃融萬有也。「非夫」下，非，不也。「千聖」，即佛界也。三乘、六趣爲九界。意云：若非論主游神智寫襟懷於十界之内，則何能至此耶？

「其書」，即論文。「由陳、隋[一]」者，當陳、隋時，因達公作序，發乎論旨，漸布四方矣。「之後」二字，即指唐朝述疏盛行。「興善」者，寺號也。疏主諱元康。「幽棲」，亦寺名也。鈔主名慧燈。故云「此二尊者，嘗述疏、鈔以廣之」。「杭烏」，山名。「永嘉」，即温州，地名。「玉峰」，即崑山别號。「好直」、「修廣」、「雲靄」，皆注人之名諱。故云「是三高僧互發淵旨而爲之注」。「繩墨」者，以能楷定曲直也。禪詮云：繩墨非工巧，工巧必以繩墨爲憑。

〔一〕「隋」，原作「隨」，據東本改。

「權衡」者，權，錘也；衡，平也。韋昭云：將錘就秤，察其輕〔一〕重。「秘思」，名也，字齊賢，族洪氏，囊〔二〕陽人也，本儒家之裔。七歲，性不喜葷血，游處必挺特。父母以其勝異，乃從本軍鹿門山浄諸大士求落髮，浄諸行業載余宗人揚少陽文集。既而往泉南具尸羅。當時，泉郡恢張禪講之任者，有若三教忍禪師、浄名紀法師，德業風聞，並振江表。故識者有言曰：紀之講，忍之禪，宅甌閩，珠藏淵。浄源少時，亦拜二師風采，未遂請道，于今永慨。時齊賢步驟二師之門。於是朝游諸肆，夕趨禪室，皆覩其奧矣。後聞丹陽雲慧上首，通于佛頂深經，肇公雄論。以是出七閩，游二浙，以務其師，以進其學之不已，乃解于惑，乃傳于道。所以深經、雄論，大播于時。故云：「久傳四絶，名冠寰中。」遷寂事迹，次文叙之。「四絶」者，文出裴休述清涼國師妙覺塔記。彼文云：肇公四絶論，生公十四科，玩味亡斁，若驪龍之戲珠也。「揮麈」者，名苑云：鹿之大者爲麈，羣鹿〔三〕行，皆看麈尾所向處，不敢有違，隨麈尾以爲準則也。今講人執此象於彼，律儀不許。而高僧傳曰：往者多執講導也。「雖駕衆説」者，即康疏五家之

〔一〕「輕」，原作「轉」，據東本改。
〔二〕「囊」，應爲「襄」，東本爲「莆」。
〔三〕「鹿」，原作「廉」，據東本改。

說。楊雄法言曰：仲尼駕說者也，不在茲儒乎。柳宗元注云：駕，傳也。「提（以下東本欠）疏鈔之繩墨」者，以康、燈二家爲繩墨。故古人云：有繩墨之制者，不可欺曲直。「舉箋注之權衡」者，以三家注文爲權衡。古人又云：有權衡之設者，不可欺輕重。「箋」者，表識也。

「忝」，辱也。「斯文」，此論也。論語云：「天之未喪斯文也。」馬融曰：斯，此也。「遽爾謝世」者，猶云忽然違代也。以至和三年歲次丙申三月二十二日遷寂。後六日荼毗，得舍利數百粒，明白潤大，擊之以石，光隨燄發。門弟子與檀信收其遺骨，建塔于虎丘山之西塢。享壽六十有三矣。于時門下諸生嘗録齊賢行業，請源述于塔記，傳於不朽。因告之曰：齊賢法師，守道以存分，博愛以體仁，臨機釋滯，清辯如流。寰中所以欽其名，四海所以服其行。竢他日集解論旨，以其行業筆于終篇，後世必有明哲偉士博讀前載，作爲僧史。儻讀吾之題辭而不掩齊賢之美業，則異代有聞矣，又何必記爲哉？今而所以云云者，蓋塞諸生疇昔之志也。「而幸朋儕請振遺風」者，幸，慶幸也。同門曰朋；儕，輩也。即鈔未詳，校二名德，請命振發遺論教風。上之二句，亦同達公通序應幸遭逢。何則？夫四絕洪論，猶方舟靈鶴；一介微僧，猶溺海墮空之者。溺巨海而濟方舟，墮長空而乘靈鶴，慶幸之至，手舞可階。「關中集解」者，謂道液法師嘗集關中羅什疏文並什門下肇、融、叡三英之注，及智者疏以解淨名也。故彼疏立題云：淨名經關中疏集解。「廓如」者，楊雄曰：古者楊、墨塞路，孟子辭而闢之，廓如也。後之塞路者有矣，竊自比於孟子。「敢竊而取焉」者，竊，私也。液公既取五家之文爲關中集解，今亦私効摭五家之義爲中吳集解。「然兹」下，通妨也。且關中集解，液公述序，冠於經首，何不倣之？故此釋云：然兹題辭，書于卷末，蓋尊昭提達法師通、別兩序耳。

纂録前訓　贊揚論宗　傳諸後裔　播□（于）無窮

附録二

夢庵和尚節釋肇論

説明

夢庵和尚節釋肇論是我國宋代禪僧夢庵普信的作品，大約成書於北宋末年至南宋初年。從題名看，此書可能是普信口頭講解，悟初、道全記録並整理而成。

此書中國已佚，日本尚存兩個手抄本，一是尊經閣文庫藏本，二是真福寺文庫藏本。前者可能抄寫於公元十三世紀，後者可能抄寫於公元十四世紀。前者卷首有脱頁，後者卷尾有錯簡。前者早在二十世紀五十年代即已附於塚本善隆編的肇論研究之後影印發行，後者則一直未能付梓。

從内容看，此書很多地方取材於北宋慈雲遵式（公元九六四——一〇三二年）的注肇論疏，但也有作者依據禪宗觀點加以發揮的地方。此外，這本書注釋很詳細。在目前尚存的十種肇論注疏中，此書堪稱最爲詳盡。

鑒於上述情況，整理此書是有意義的，它不僅對了解宋代禪宗觀點，了解後人如何歪曲肇論原意有助益，而且對閱讀肇論本文也有很多可資參考之處。

此書先由筆者在北京以尊經閣文庫藏本（簡稱尊本）爲底本，參照宋本肇論中吴集解（簡稱集解）和遵式注肇論疏（簡稱式疏），加以校勘和標點。事畢，寄往東京，由伊藤隆壽去名古屋，根據真福寺文庫藏本（簡稱真本）校勘，然後寄回北京。

此書雖幾經勘校，錯訛之處在所難免，衷心希望學者多予教誨！

張春波

注肇論疏序

姑蘇瑞光禪寺嗣祖沙門遵式述（式疏「瑞光禪寺嗣祖」作「堯峰蘭若」）

夫森羅萬象，一法印之，所謂心也。心也者，寂然幽邃，廓爾沖融。無滅無生，三際莫之能易；非大非小，十方不測其形。圓明獨曜而無方，清淨真常而有在。雖靈靈絶待，隨緣之色相千差；湛湛亡言，普應之音聲萬籟。色（式疏「色」前有「故」字）心萬物各得其宜，蓋得此也；聖賢萬行各有所至，蓋至此也。衆生迷此而輪轉不息，聖人證此而圓寂妙常。是知非一心而萬法不存，法非心也；非萬法而一心不顯，心非法也。故如來出現，憫物垂形。身雲順咸（式疏「咸」作「感」）以無邊，體離增減；圓音隨願而周普，理絶名言。無形而形，若澄潭之落月；無說而說，譬幽谷之傳聲。鹿苑鶴林，一大之因緣事畢；五天震旦，三時之像教流通。聖賢迭興，古今傳習。東晉之世，有大法師諱僧肇，生當秦國，名振異方，少習外經，後悟釋教。決疑於龜茲羅什，久居於逍遥譯場。立義論之五章，佐如來之一化。觀夫宏才落落，妙解徹於教宗；玄旨昭昭，深智窮於理域。然因緣生滅，事有千差；實相本無，理同一味。但以根後各照，二諦不融，寧知波水無差，金環（式疏「環」作「鐶」）不別。所以列多名而標異，立一義以會通。建不共之深宗，顯大乘之極致。然則俗無異真之俗，即真之俗諦不遷；真無異俗之真，即俗之真空露現。真俗不二，事理雙融。非般若無以契真，非漚和無以涉俗。入俗而真源常顯，權心悉具於實心；契真而俗事匪移，實智悉資於權智。權實之（以上文字尊本脱，據真本補）心雙運，中觀圓融；真俗之境同時，一諦凝寂。情亡解泯，諦觀渾融。復本還源，强名證道。論之深旨，綸緒如斯。然古今解釋注疏頗多，取意求文，各隨所見，推宗定教，曾無一家，遂令學者迷文，宗途失旨。杲（「杲」，式疏作「遵式」，真本作「某」）幼從師授，虛己求宗，后因習學華嚴大經，常覩清涼判釋，盡開五教，取法古師，權實之旨有歸，行解之門□□（式疏、真本「門」後均爲「可向，常」）恨此論人亡則難，致使深宗固多亂轍。今則精研譚（式疏「譚」作「覃」）思，三復竭愚，但愧流通之心，輒伸鄙作耳。熙寧甲寅仲春十有三日序（「序」，式疏爲「南峰西庵序云」）。

下判釋宗義教乘一段，亦式疏所出，并達序乃首唱發明，并當載此。

稽首真應等正覺　法性無邊智慧（真本「慧」作「惠」）門

如實修行諸賢聖　願賜冥資釋玄義

將釋此論，略啓四門：一、教起因緣，二、藏教所攝，三、宗趣總別，四、隨文釋義。

今初，夫聖賢立論，必有所由。今明起教因緣，略以二門分別：一通明諸論，二別顯斯文。通明諸論者，論有二種：一曰宗論，二曰釋論。釋論則隨文釋義，無別因緣。但由本義深玄，則爲發起。宗論者，佛法大海，深廣難量，權實多門，理非（真本「非」作「外」）一致。圓音頓説，異類各聞，則不須論。但以世尊滅後，衆生宜樂不等，宜經宜論，樂實樂權。受解緣殊，與佛有緣則宜經，與菩薩有緣則宜論。雖有（式疏「有」後有「羣」字）經而弗能領悟，是以諸宗立論，各被機宜，爲令隨論知宗，隨宗得趣，故有小乘論、三乘論、一乘論興。二別顯斯文，復二：初總明，二別顯。總明者，若原佛出現，本爲一事因緣，但由根器差殊，見聞有異，雖以三乘教化，究竟唯爲一乘。不了斯旨，多滯化門，不能（式疏、真本「不能」作「爲令」）尋派討源，得佛本意，故此論興。二別（式疏「別」後有「顯」字）復有二：一破，二立。破謂破權，立謂立實。破立之意，四論（物不遷、不真空、般若無知、涅槃無名）（式疏、真本無此四論名）即爲四門：一、俗諦。破常、無常二倒，立動静相即故。二、真諦。破（真本無「破」字）有無二見，立真俗理一故。三、般若。

破照用有無，立權實同體故。四、涅槃。破迷真執應，立真應不二故。由斯破立，即顯真俗互融，權實交映，理智冥合，心境泯亡。故立一義爲宗，以盡究竟深旨，中間雖有多緣，不過大意。

二、藏教所攝者，三藏之中，阿毗達磨藏攝；二藏之中，菩薩藏收；權實教中，實教所攝。然權實之義，理亦多途。且依賢首大師以義判教，教類有五：一、小乘教；二、大乘始教，亦名分教；三、大乘終教，亦名實教；四、大乘頓教；五、一乘圓教。此五相望，前前皆權，後後並實。若據本教自宗，許式疏「許」前有「各」字自實他權。今言權實，就始終分之。前二並權，詮未究竟故；後三俱實，通詮一心故。就此權實之中，始教有法相、破相二宗。今以終實對之，略敘十義，即知此論文義，終教所攝。一、法相立三乘定異，實教立一乘無三。下論云：誠真一之無差。又云：第一大道，無有兩正。二、法相說五性差別，三乘並無性及不定性。實教談一性齊平。下云：九流於是乎交歸，衆聖於是乎冥會。三、法相立二諦條然，俗有真無。實教乃真俗互即。下云：談真未嘗有，言僞未曾無。二言未始一，二理未始殊。四、法相說根後各照，根本智證真，後得智達俗。實教談二照相須。下云：觀空而不證，處有而不染。五、法相說四相前後，生屬過去，住、異屬現在，滅屬未來。實教顯生滅同時。下云：一切衆生即寂滅相。六、法相說理智有異，以有爲智，證無爲理。實教明能所混融。下云：此彼寂滅，物我冥一，怕爾無朕，乃曰涅槃。七、法相説真如凝然，實教顯隨緣妙用。下云：不動真際，爲諸法立處。又云：法身無象，應物而形。八、破相説真智了空，實教明靈知本寂。下云：終日知而未嘗知。又云：智有窮幽之鑒而無知焉。九、破相説諸法無性，無性爲真如。實教説本性真净。下云：涅槃之爲道也，量太虛而永久。又云：寂滅永安，無始無終，湛若虛空。十、破相説佛德亦空，一切智智亦清净。實教明如來具德。下云：理無不契，故萬德斯弘。又云：佛如虛空，無去無來，應緣而現，無有方所。以斯對辨，權實昭然，廣有義門，恐繁不敘。今此論義，終實所收真本「收」作「以」，於理無惑。其間或説權義，意在會歸。下云：般若虛玄者，蓋是三乘之宗極也。誠真一之無差。不接權門，豈名終實？又亦頓明法性，下云：言之者失其真等。又云：釋迦掩室於摩竭，净名杜口於毗耶。直顯真常，即兼頓攝。但不明法界性海緣起無礙、主伴無盡之義，非圓教收。若以深該淺，以本攝末，圓亦收此。故曰實教所攝。

三、宗趣總別者，能詮真本「詮」作「證」所尚曰宗，宗之所歸曰趣。亦有總別。總以唯心一義爲宗，真俗不二、理智混融爲趣。別有四門：一、真俗相即爲宗，第一義諦爲趣；二、權實互具爲宗，二用無知爲趣；三、以不二理智爲宗，理智不二爲趣；四、教義詮顯爲宗，絶解修證爲趣。由斯宗趣，即知四論前淺後深，別不過総。

已上推宗定教，乃見一論宗旨，大意顯然。此論若非（真本「非」作「外」）式禪教兩通，莫能深窮斯旨。下節釋文義，並依此判釋。既而節略直釋，故不用科目。每見古今大宗匠，無不用此文。石頭因悟作參同契，乃云火熱風動摇，此不遷意耳。餘釋之意，末後跋尾，具述其詳。

夢庵和尚節釋肇論卷上

參學比丘　悟初　道全　集

師云：摩竭掩室，旁蕘尊本「蕘」旁注「觀」，真本「蕘」作「荛」尚謂瑕痕；少林傳衣，正眼亦成滲漏。而况諸人將肇論諸益，欲要廣益見聞，正所謂爛泥中洗土，轉見不堪；好肉上剜瘡，番成特地。上如教外别傳，尚猶多事；更去教内展演，節上生枝。豈免漢語胡言，尋行數黑。説事即真本無「即」字理，定教推宗，引古證今，明因顯果，真俗互立，體用殊分，對待不無，强分能所，直饒與麽説得天花亂墜，塊石點頭，正眼觀來，亦未是在。然雖如是，乍可遠離佛法，不可近阻人情。苟能不泥名言，識得箇中眼目，方信道不即不離，句句通真本「通」作「道」宗；或顯或遮，言言是妙。如斯聽者，方爲流通。儻若滯句迷文，誠難開口。既乃隨言釋意，直須句下知歸；莫教落二落三，免見尋枝尋葉。分明一句，薦取當頭；擬議思量，白雲萬里。且如當頭一句：山野作麽生説？諸人又作麽生薦？乃拍禪床一拍，云：會麽？若向者裏會去，更不須向下文長。其或未然，聽取子細注脚云。

肇論

此乃總標題目，蓋後人所立也。凡經論等立題，總有七種：謂單人、單法、單（真本無「單」字）喻、人喻、法喻、人法或具足者。唯華嚴經具三。今此單人立題，論通諸論故也。論，即（真本「即」作「乃」）是法，往復問答，辨析之謂耳。以人統法，將法從人，謂之肇論。乃總名也。下四論別名，並單法立題，思之可見。次作者示名。

後秦長安釋僧肇作

後秦乃國號也。長安，城名。釋（真本「釋」後有「氏」字），乃釋氏之人。僧肇乃法師名也。作乃爲也，製也。作此之論，大行於世。下立義標宗。

宗本義

宗，崇也。崇尚之義。本者，根也，源也。義，宜也，合切也真本無「也」字。今以一義爲向下所依之本，即爲所尚之宗。下五名四論，爲能依能宗之教，與此所依所宗，義意符合，故一義。一義之立，乃爲向下名教之所宗尚也。先立宗本一義，何也？爲詮一心之法也。下有五名四論。總名肇者，乃隨総名也。故五名者，下「本無」等，上四詮理，下一詮事。理事不二，謂之一義。四論者，下物不遷等。上二論開真俗二門，下二論明理智二果。約一義，則真俗不二，理智混融，能所不分，一義顯矣。開總成别，四論不同；攝别歸總，同歸真本無「同歸」二字一義。既詮一心，而不直示，先立一義者，意欲會權入實，故先列五名，融成一義。但以義顯，不以言示，況一心之旨，唯證可知，非真本「非」作「外」字言所及。如浄名默置之謂。今此判釋宗義教乘，並依式和尚之疏，賢首之宗五教所立也。五者，一、小乘教，二、大乘始教，三、大乘終教，四、大乘頓教，五、大乘圓教。此論乃大乘終實之教。終則終於始，乃會三歸一。五名一義，正與法華宗旨不殊，乃一義爲宗本矣。

本無、

本乃真本「乃」作「即」字本來。無乃寂義。性體湛然，絶諸所有。

實相、

實乃真也。相，狀。何窺一片虛凝，亘然今古。

法性、

法乃軌則。性能融通，彌蒲真本「蒲」作「滿」字隨方，沖而不改。

性空、

性隨緣有，空體常然，了妄即真，並非它物。

緣會，

衆緣合會，諸法宛然，並攬真、成，隨處建立。

一義耳。

正立義也。上列五名，今詮一義。上四詮理，理有淺深；下一詮事，事無小大。全理成事，即事顯真，理事相須，爲之一義。又上三詮心用真本「用」作「體」。又，「體」後有「下二論心用」五字。一心體用，本自非真本「非」作「外」殊。體用同根，故一義也。下四論，釋之則有三門。物不遷、不真空，開真俗二諦門。真俗不二，顯境一。般若無知明權實二智，照前二境。權實不二，顯智一。涅槃無名明理智不二，泯前能所，境智混融，顯證一。上之五名，四論皆詮，一義之宗，從淺至深，乃顯大乘終實之教。所謂十方界中，唯有一乘法，故立一義之宗，以究（真本「究」后有「竟」字）如來出一義。是以浄名宗於不二，法華本於一乘，楞嚴究常住一心，涅槃明羣（真本「羣」作「譬」字）一性。别傳教外，故有西來借水獻花，亦明斯旨。是知一義，禪教皆宗。不善于（真本無「于」字）深心，何臻此妙？開一綫路，重説偈言：向下一一分（真本「分」后有「分」字），勿謂葛藤者也。

何則？

推上何故五名能成一義。

一切諸法，緣會而生。

一切色心諸法，盡從因緣會合而生，無不攬（真本「攬」作「攪」字）真而成也。

緣會（諸本「會」後皆有「而」字）生，則未生無有，

諸法未會，則不見有，推前際空也。

緣離則滅。

因緣潰散則無，乃後際空也。

如其真有，有則無滅。

若不假因緣所生，真實而有，有則不當滅也。

以此而推，故知雖今現有，有而性常自空。

事相現前，緣相（真本「相」作「性」字）本空。前後三際既空，是知因緣所生俱不實，乃現在空耳。此反推從下第一緣會也。

性常自空，故謂之性空。

緣會諸法，體本寂然，乃謂（真本「謂」作「爲」字）之性空。從下反推第二性空也。

法性如是，

法性常寂，本非變易，故云如是。乃即事顯真性也。反推從下第三法性也。

故云實相。

法性湛然，本非起滅。常住不變，謂之□□□（真本接續）曰實相，即事顯真相也。反推從下第四實相也。

實相自無，非推之使無，故名本無。

即諸法性空之相，謂之實相。本（真本「本」前有「故實相」三字）寂虛無，非推之使然，故名本無耳。從下反推第五本無也。從本起末，謂之本無、實相等，從末歸本，謂之緣會、性空、法性等。本末相見，理事一如。此論約教，則（真本「則」後有「乃」字）終實之教。從小至大，會權歸實，有始有終，謂終實。已上反推五名，一義顯矣。下別開四論之言（真本「言」作「宗」字）。

言不有不無者，不如有見常見之有，邪見斷見之無耳。

牒外疑也。若言緣會不無，諸法性空不有，以爲一義，何故佛教皆説不有不無二義耶？假躡爲問，以開真諦不有，俗諦不無。爲向下物不遷、不真諦（真本「諦」作「空」字）二論所宗之門。問者見前名異，論主約一義而立。不如，乃不似也。不如二字，兩句連用，乃能破之詞。有見常見未達生緣本空，執爲實有。教立真諦不有治之。小乘、外道未能即事契真，欣尚虛無，厭患身智。教以俗諦不無破耳。故有二教，爲斷常偏執。今明不二爲一義也。

若以有爲有，則以無爲無。

若有爲實有，無爲斷無，還成二見也。

有既不有，則無無無也。

既不執二邊，中道明矣。下重言無者不無也。

夫不存無以觀法者，

意謂不著有無以觀法，乃影略有字耳。

可謂識法實相矣。

既不執二邊，乃明達法之真實相也。即前緣會、性空等義。

是謂雖觀有而無所取相。

是謂，承上之語。意謂有無影略無字，雖見有無二法，不執有無二相。

然則法相爲無相之相，聖人之心爲住無所住矣。

然則，領前起後之詞。法之實相，性體空寂，聖人般若智所造。不住於理，不滯於事，乃名中道也。

三乘等觀性空而得道也。

菩薩、緣覺、聲聞，同觀諸法之性，各造其緣會性空之理。三機權教，定有實教之真本「之」作「定」字無。今之實教，會權歸實，故曰等觀。稟權而來，猶帶三乘之稱也。

性空者，謂諸法實相也。見法實相，故云正觀。

達事法之性空者，乃見真實相也。既見法之實相，故云正觀耳。

若其異者，便爲邪觀。

如不達當體即真，偏執一邊，乃爲邪觀。

設二乘不見此理，則顛倒也。

設若二乘捨權歸實，執我空，未見三諦融通，亦與在權滯寂無異，故曰顛倒也。

是以三乘觀法無異，但心有大小爲差耳。

法乃一體同觀，本無差別。但心有大小，造異不同。大乘之人，達我法二空，故能自利利他，悲智雙全。二乘之人多取證空理，不能爲物。在權不無大小之殊也。今此引進三乘，呵彼昔日自抑已虛（真本「虛」作「靈」），强分大小耳。今明真俗不二，境一之義，爲向下物不遷、不真空二論之宗本也。

漚和般若者，大慧之稱也。

假外問。若一義爲宗本者，則智境皆一也，何以智有權實之二耳（真本「耳」作「耶」字？）大慧具權實之二：權則達事，實乃窮理。所照既事理混融，能照亦權實相即，故亦（真本「亦」後有「不」字）通前之一義也。前標真俗二諦之境，乃物不遷、不真空二論，爲佛教之門。今漚和、般若，敘般若無知之論。顯權實二智，照前二境。梵語般若，此云智慧，乃實智也。漚和，亦梵語，此云方便，權智也。大慧者，具權實二智也。前所觀二境，既真俗不二；今能觀二智，亦權實相即。一義之旨可見。此爲向下般若論之宗本耳。

了（真本無「了」字）諸法實相，謂之般若，能不形證，漚和之功也。

造諸法實相，乃般若實智之功，能不現證空理，運攝（真本「攝」作「接」字）化之心，乃漚和權智之功。

適化衆生，謂之漚和，不染塵累，般若力也。

適者，出也。不見（真本「見」作「現」字）證空理，出化羣機，乃方便智耳。雖入鄽利物，不被塵勞所染，乃般若實智之功。浄名云：無惠方便縛，有慧（真本「慧」作「惠」）方便解。

然則般若之門觀空，漚和之門涉有。

實智照理，權智入鄽。

涉有未始迷虛，故常處有而不染。

雖入俗，而般若現前，孰能染也。古云：涉有而一道清浄耳。

不厭有而觀空，觀（真本「觀」前有「故」字）空而不證。

厭者，棄也。常觀空理，不住於理，乃相即故也。古云：觀空而萬行沸騰。

是謂一念之力，權惠集解「惠」作「慧」具矣。一念之力，權惠具矣，好思歷然可解。一念之中，權實二智雙具。再牒之意者，令學者深思體究，歷然自悟，自由解梵行，則般若現前。如車二輪，闕一不可。上下兩句，又謂一念□□□□惠即漚和，今明權實不二□□□□之義焉。向下般若論□□□□□□□□若謂之能觀之智，照前二諦所觀之境。能所境智猶存。故此論來，亦防外問云：既三諦融通，則真俗不二，權實智一，何故教中令真本「令」前有「皆」字行人斷妄證真，滅盡業果，方真本「方」後有「得」字泥洹耶？故今牒之。泥洹者，梵語，亦云涅槃，此云無爲、滅度，滅大患，度四流也。令妄因妄果苦盡，即第三滅諦也。法華云：滅盡諸苦，名真本無「名」字第三諦。并苦集滅道爲四。

泥洹盡諦者，直結盡而已。則生死永滅，故謂之盡耳，

直者，但也。結者，繫縛義，即無明結使，惑業爲因也。生死，即苦果也。六趣輪轉，不過於此。迷惑既甚，三業熾然，縱脱分段，未免變易，皆因惑業而招，指惑業，名之爲結，乃集諦因也。小乘雖斷惑業，直至無學位，方惑業都盡，生死永滅，方爲真本「爲」作「謂」盡耳。若實教行人，乃始覺智興，具前大惠，觀照一境三諦，悟惑業生死，皆緣會

假有。惑業體空，是大菩提；生死性寂，名大涅槃。此則於業乃斷而無斷，生死乃滅而無滅也。

無復別有一盡處耳。

既了妄即真，悟心常寂，則妄因妄果之相，當體俱空。既無妄之可滅，亦無真之可證，不同小乘實斷實證，別有真如界爲妄盡之處。故大乘不然，乃即妄即真，故二真本「二」作「云」無復別有一盡處也。圓覺云：知妄即離，不作方便。大乘教部，究竟所說，不過此也。今明境智不二，證一之義，爲向下涅槃無名論之宗本也。上各所宗，下正開能宗之四論。

物不遷論第一

此乃詮前宗本義中緣會一名也。物者，一切色心，因緣所生之法，不出此也。乃詮俗諦之門。遷者，動也。一切事法，各住自位，本不曾動真本「動」作「有」，謂之物不遷。據教中，物有三不遷之義：一性，二相，三時分。性者如火熱、風動、水濕、地堅，性不可易。相者，山高、水澄、聖凈、凡染，相不可易。時分者，朝暮、刹那、長短劫數，時不可易。世間不離三科，出世不過二果，皆屬物中收。菩提、涅槃二果浄物，亦有名相。故下云：物謂之不（真本無「不」字）然。論乃法也，往復議論、問答、折徵，故謂之論。戒定慧（真本「慧」作「惠」）三與（真本無「與」字）學中詮慧也。

夫生死交謝，寒暑迭遷，

夫者，發語之端，入文之勢。生死者，情與無情，生來滅去，未嘗間然。去來不停，謂之交謝。添住異爲□四相。寒暑迭遷，迭，互也；寒暑，陰陽之極，乃冬夏也。更加春秋爲四時，如生、住、異、滅四相耳。

有物流動，人之常情。

凡情所見，生死寒暑之物，流動不停，乃謂之遷耳。

余則謂之不然。

論主所見，不然其事。

何者？

自徵不然之意。

放光云：法無去來，無動轉者。

引經標旨。放光者，放光般若經。云：法無去來，各住自位，本無動轉故，彼蕩相顯宗。今只借文爲聖教量，不用彼意耳。

尋夫不動之作，豈釋動以求静，必求静於諸動。

尋夫者，推究義。釋者，捨也。推究經中不動之意，豈捨動而求静？定須於羣動之中見静。

必求静於諸動，故雖動而常静；

上句牒前，下句即動，而各住位也。

不釋動以求静，故雖静而不離動。

亦上句牒前，下句雖各住位[真本「位」作「何」]，(何)得動也。

然則動静未始異，而惑者不同。

然則，領前動静相即也。而迷惑之者，不造此旨，見生來滅去，有動有静。

緣使真言滯於競辨，宗途屈於好異。所以静躁之極，未易言也。

躁者，動也。遂使真實之言不能取信，反成勝負之争，宗旨屈於所好不同。動静之要，未可容易而言。

何者？

何故難言？

夫談真則逆俗，順俗則違真。

論主云：談動静不二之真旨，又乃逆於凡情。既而順之，豈免乖於至理。

違真，故迷性而莫返；

違真順俗，豈是好心？據欵公行，還成逆耳。

逆俗，故言淡而無味。緣使中人未分於存亡，下士撫掌而弗顧。近而不可知者，其唯物性乎？

老子云：樂與餌，過客止。道之出口，淡乎無味。論道乃逆於俗情，而無義真本「義」後有「味」字也。又云：上士聞道，勤而行之；中士聞道，乃可上可下，近善則善，狎惡則惡。所謂若存若亡，不真本「不」作「乃」可令□□知動静不二之義。下士撫掌者，不可與語。

然物理最近，而人不顧真本「顧」作「知」，爲之奈何！

然不能自已，聊復寄心於動静之際，豈曰必然真本無「然」字？試論之曰：

論主見前人不造動静物理，意不能止也。聊，略也。且略寄心於動静不二之間，豈可決定說也？且試論之。

道行云：諸法本無所從來，去亦無所至。

引道行般若經標宗，顯有所據。法本無所從來，去亦無所至。去來各住故也。

中觀云：觀方知彼去，去者不至方。

中觀，論也。如東方（真本「方」後有「一」字）人往西方，東乃此也，西乃彼也。往彼方不至於彼者，爲去人前步在前，後步在後，各住自位，所謂不至也。

斯皆即動而求静，以知物不遷明矣。

斯，此也。如去人往彼方，乃動也；步步自（真本「自」作「各」）住自位，乃静也，謂之動中觀（真本「觀」作「見」）静。故知不遷之理，決然如是，乃云明矣。又有（真本「有」後有「謂」字）不遷，性體湛然，本不遷動。又云：喚甚作生死，喚甚作去來，理本（真本無「本」字）不動。正是濫真之說，非此義也，切要知之。

夫人之所謂動者，以昔物不至今，故曰動而非静；

牒上。人之常情所見動者，昔物不至今時，謂之遷往。乃見動也。

我之所謂静者，亦以昔物不至今，故曰静而非動。

論主云：我見静者，昔物住昔，未曾來至今時。昔物乃生死寒暑之謂，各住曰静也。

動而非静，以其不來；

凡情見動，不來今時。

静而非動，以其不去。

論主見静，昔住昔位。

然則所造未曾（真本「曾」作「嘗」）異，所見未曾同。逆之所謂塞，順之所謂通。苟得其道，復何滯哉？

然者（「然者」當作「然則」），領前。兩皆昔物不至今。凡情謂今不見昔，謂之動耳。論主謂今不見昔，昔住昔位，謂之静耳。所造不異，所見非同。逆順之情，故不無耳。若達動静不二之理，自無疑滯，復何惑也？

傷夫人情之惑久矣，目對真而莫覺！

傷，歎前惑者不達動静不二，雖目擊而不知也。

既知往物而不來，而謂今物而可往。

而昧者見往物不來，意謂遷去，亦謂今物亦可遷往，俱爲（真本「爲」作「謂」）遷耳。

往物既不來，今物何所往？

論主謂往物不來，住真本無「住」字在昔；今物不去，住於今。何所往也？

何則？求向物於向，於向未嘗無；

推求者，物住昔，未曾無也。

責向物於今，於今未嘗有。

責，求也。復求昔物於今，今不見有，故未嘗有也。

於今未嘗有，以明物不來；於向未嘗無，故知物不去。

並牒上。今昔各住，不相去來耳。

覆而求今，今亦不往。

覆者，再也。再推求今之事在今，不去於昔。

是謂昔物自在昔，不從今以至昔；今物自在今，不從昔以至今。

是謂，領前。昔住昔，今住今真本無「今」字，曾非去來真本「去來」作「來去」耳。

故仲尼曰：回也見新，交臂非故。

仲尼，孔子字也。回，乃顔子名也。仲尼因歎顔子少亡，曰：吾終身與汝「汝」後應有一

（「交」字）一臂而失之者，可不哀歟！式疏引康注云：如交臂之頃刻，生於其人□□是知頃刻之間，便見新故各住。即明前今昔各位，祇少頃尚各住，况年劫也。

如此，則物不相往來明矣。

借外書證明前不遷之事可見。

既無往返之微朕，有何物而可動乎？

朕，迹也。微，細也。往復來去，纖塵朕迹，亦不可得。使見今昔各住，何有物之動耳？已上並破執動之見。下引喻。

然則旋嵐偃嶽而常静，

然則，領上。舉事結顯。旋嵐，梵語，此云散所至，謂之大風。所至（真本「所至」前有「此風」二字）無不散壞。偃者，倒義。所至（真本「所至」前有「此風」二字）山嶽皆倒。且風畢竟非山，山亦非風。山乃静相，風乃動性。性相各住自（真本「住自」作「自住」）位，謂之静耳。

江河競注而不流，

江河潮（尊本「潮」旁注「朝」）海争競奔（真本「奔」後有「注」字），前流在前，後流在後，前後（真本無「前後」）各住，謂之不流。

野馬飄鼓而不動，

春陽之日，陽氣鬱盛，游氣飄鼓，如奔馬不停，亦乃前後各住也。

日月歷天而不周，

天輪右轉，日月右旋，朝夕不停，何曾真本「曾」作「嘗」周耳？時刻各住。

復何怪哉！

前之四事，喻證不真本「不」作「一」遷。目擊可知，豈怪異也。下引教難。

噫！聖人有言曰：人命逝速，速於川流。

噫乃不平之聲，歎也。假設外問，前皆謂不遷。聖人有言，乃引涅槃經。人命無常，過於山水。命即第八阿賴耶識體，是受生總報主。來爲最先，去謂最後。

是以聲聞悟非常以成道，緣覺覺緣離以即真。

即行果成立前教意爲難，云：既前皆説不遷，因其聲聞人，悟苦集滅道無常教理，證其道果；緣覺悟十二因緣，緣聚誓真本無「誓」字暫有，緣離本空，故云即真。雖根差利於聲聞，破執障證我空，徧真理不別。下正難。

苟萬動而非化，豈尋化以階道？

若萬法俱不遷，何故二乘人，因遷故階級次第，證其道果？無常教理，豈虚設也？

恐前所説，未可取信。

覆尋聖言，微隱難測。

論主云：尋其所引之教，聖言微妙，深隱難可測度。

若動而静，似去而留。

聖人（真本「人」後有「之」字）言，説有説無，爲破執。故在物理，則動而長（真本「長」作「常」）静，謂不遷也。破執則似去中而語留耳。

可以神會，難以事求。

神心契悟不二之旨，事相定有相違。

是以言去不必去，閑人之常想；

教説無常，破執常者，乃言去也。閑者，防也。防人執有，謂之去矣，非（真本「非」作「外」）定無也。

稱住不必住，釋人之所謂往耳。

説住不必便留，蓋解人之遷耳，非謂住也。執見若除，教亦不立。

豈曰去而可遣，住而可留耶？

若執兩邊，還成二見。

故成具云：菩薩處計常之中，而演非常之教。

成具，經。引證上言，去不必去也，計常乃執有之人，爲說無常教。

故〔真本無「故」字〕摩訶衍論云：諸法不動，無去來處。

證上稱住不必住也。

斯皆導達羣方，兩言一會。豈曰文殊而乖其致哉？

前經論總乃接引導達不一之教，破執斷常，說去說住，兩言雖異，一理非殊，豈乖致矣？

是以言常而不住，稱去而不遷。

破二執也。

不遷，故雖往而常靜；不住，故雖靜而常往。

皆上句牒〔真本「牒」後有「前」字〕，下乃遷不遷互換相即〔真本無「即」字〕也。

雖靜而常往，故往而弗遷；雖往而常靜，故靜而弗留矣。

亦上句牒前。既動静相即，豈可去留而謂實迹也？

然則以〔真本、集解無「以」字〕莊生之所以藏山，仲尼之所以臨川，斯皆感往者之難留，豈曰排今而可往？

引莊子云藏舟於壑，藏山於澤，恐其凋變，欲之固矣。臨川者，出語中。孔子因在川上云，逝者如斯，不捨晝夜。歎逝水不復返也〔真本無「也」字〕。仲尼以人事遷變，勸進立德。二老之意，皆感歎往者難留，萬物遷變。論主意謂，今之在今，豈能推今不失也。二皆見動，非此不遷之旨也。排者，推也。

是以觀聖人心者，不同人之所見得也。

觀佛、聖人之心，不同凡外斷常所見也。

何者？人則謂少壯同體，百齡一質，徒知年往，不覺形隨。

凡情所見，少壯百年，同一體質，不覺衰盛體殊，遷變之異，此滯常之人也。

是以梵志出家，白首而歸。鄰人見之曰：昔人尚存乎？

梵志乃浄行波〔真本「波」作「婆」字〕羅門，多出家修仙道，十五出家，三十而歸，娶妻生子，以繼後嗣。至五十計〔真本「計」作「許」字〕，再入，將謂死矣，而尚存也。此隣人執常見，正與前百齡一體無異。

梵志曰：吾猶昔人，非昔人也。鄰人皆愕然，非其言也。

梵志意謂，我今老矣，少壯遷謝，乃非昔人。鄰人驚愕，非其常言也。既各執一邊，乃意不相入，所以謂非其言也。

所謂有力者負真本「負」後有「之」字而趨，昧者不覺，其斯之謂歟！

借外書結斥也。莊子謂有力者，乃無常也，亦謂力負，亦名造物。有力之力，不出無常。迷昧之者，不知盡被力負遷往之所謂也。乃鄰人執常耳。

是以如來因羣情之所滯，即集解「即」作「則」方言以辨惑；

聖人設教爲真本「爲」作「謂」字羣生滯於斷常，乃方便辨折真本「折」作「析」字，隨執見破之。

乘莫二之真心，吐不一之殊教。乖而不可異者，其唯聖言乎！

聖人運不二之心，對機有二，常無常教也。雖二而意不二也。異而不異者，獨佛言如此。

故談真有不遷之稱，導俗有流動之説。

故乃躡前之意，隨機有不同之教也。

雖復千途異唱，會歸同致矣。

教迹有異，其理不殊。

而徵文者聞不遷，則謂昔物不至今；聆流動者，而謂今物可至昔。

徵，執也。論主謂，執言滯迹者，聞説不遷，便謂不來今時，執爲静也；聞謂流動，便謂今物可去昔，乃動也。不達動静理一，徵執文言也。

既曰古今，而欲遷之者，何也？

既乃真本無「乃」字古今各住，義理顯然，惑者須欲遷者何故如此耶？

是以言往不必往，古今常存，以其不動；稱去不必去，謂不從今至古，以其不來。

謂破二見，本無來去動静耳。

不來，故不馳騁於古今；不動，故各性住於一世。

並牒上。馳騁者，來去奔走之謂，非來去也。不動故，乃今昔各住自位。

然則羣籍殊文，百家異説，苟得其會，豈殊文之能惑哉？

羣籍乃三藏之文，百家乃造論諸師所説。若能契常無常異而不二之旨，豈文異而意不同也？結成不二之義。

是以人之所謂住，我則言其去；人之所謂去，我則言其住。

牒上立教之意。爲正破二見，言教乃興。兩執既亡，教亦不有耳。

然則去住雖殊，其致一也。

隨機有別，教意不二。

故經云：正言似反，誰當信者？斯言有由矣。

二見既起，兩教迭彰，似有相違。達之者可見，惑之者不造。有此因由故也。出普曜經。

何者？人則求古於今，謂其不住；吾則求今於古，知其不去。

何，謂再徵前意。情見之人，今無古物，便謂遷之不住；論主謂古不見今物，今住於今，知其不去。

今若至古，古應有今；古若至今，今應有古。

既非來去，今古何求，乃反釋也。

今而無古，以知不來；古而無今，以知不去。

是知各住，乃順釋也。

若古不至今，今亦不至古，事各性住於一世，有何物而可去來？

今古各住，何物去來？ 決定之理，無足疑也。

然則四象風馳，璇璣電卷，得意毫微，雖速而不轉。

四象乃春夏秋冬也。 去來風馳不停。 璇璣乃尚書中云：在璇璣玉衡，以齊七政，並玉爲飾。 王者正天文之器，璇則下轉，璣則上橫。 撥轉如電卷，亦轉時前後各住。 四時寒暑亦然。 求得於毫微之轉動，而莫能得。 外人不知。 論主動中說真本「說」後有「說」字靜，立教理行果真本「果」後有「爲」字難，已明權實同異不二之旨，定爲俗諦所宗，二乘道果，正當破之，令造不二。 下因果結益。

是以如來功流萬世而常存，道通百劫而彌固。

引如來功行所證前事。 萬世常存者，因中功行不遷，至於成佛果結，然後盡未來際，豈止萬世而已！ 道通百劫彌堅固。 昔日不遷，至成佛果。 今昔各住也。 再真本「再」前有「下」字引喻。

成山假就於始簣，修途託至於初步，果以功業不可朽故也。

簣者，盛土之具。 外書云：欲成九仞之山，須假一簣之土。 一簣在初爲因，乃至末後之土爲果。疊之成山。既因果不遷，遂乃成耳。修者，長真本「長」作「承」字也。長路須假首先一步爲初，義乃例上可見。喻之功業常存，非遷動也。

雖在昔而不化。不化故不遷，不遷故則湛然明矣。

牒上。昔住於昔位，不化去，故不動也。不動之義，乃湛然可見。

故經云：三災彌綸，而行業湛然。信其言也。

三災者真本無「者」字，水、火、風。彌者，滿也。綸，遍也。三災劫時上壞至第三禪，亦各因果所招，下至空輪真本「輪」作「轉」字，無不遍也。而修行之人，道行功業殊不動耳。引經所説，佛言可信。

何者？果不俱因，因因而果。因因而果，因不昔滅；

何者，徵也。俱者，同也。果因各位不同，由因而成果。既由因成果，因不滅於昔也。

果不俱因，因不來今。不滅不來，則不遷真本、集解「遷」後有「之」字致明矣。

已知因中功行不滅去，不遷來，則因果各位之理可見。

復何惑於去留，踟蹰於動静之間真本「間」後有「者」字哉？

結責惑者。踟蹰乃猶預也。既而各住，明白可知，何更猶預不遷之理？

然則乾坤倒覆，無謂不静；洪流滔天，無謂其動。

天蓋地載，設若倒置（真本「置」作「致」字），必竟天尊地卑，乾坤定矣，故静也。洪流乃大水也。尚書云：「浩浩滔天」，其勢大也。此乃亦以諸波前後（真本無「後」字）各住位不動耳。

苟能契神於即物，斯不遠而可知矣。

若造動静即物之理，豈遠而可見也！此物不遷論説動静不二，立俗諦事法，爲佛教初門。要見因果各住，加之佛法以因果爲宗，不比外道、小乘所見。我法（真本「法」作「此」字）之輩，可不遵行耳！今不遷一論，盡明俗諦事相假有。下不真空論乃即此事相，顯真諦之理，故真俗不二，即乃朝上宗本一義也。

不真空論第二

此乃詮前宗本中即物性空、法性之二名也。真者，實也。不字爲能破智，真字爲所破執，空乃所顯中道（真本「道」作「爲」字）第一義諦。前物不遷論顯俗諦之事，今不真空明真諦之理。不真乃即前俗諦。因緣所生之法，謂之不真（真本「真」後有「實」字），當體空寂，謂之空也。所以道：因緣所生法，我説即是空，亦謂是假名，亦名中道義。前論所明事相，性空非有。不壞假名，幻相非無。不有不無，真俗不二，爲第一義諦。顯境之一也。

夫至虛無生者，蓋是般若玄鑒之妙趣，有物之宗極者也。

至者，到也，極也。虛者，寂也。理體絶諸對待，元（真本「元」作「無」字）非生滅染淨，亘古亘今，恒然不變，不可識識智知，非般若玄鑒，莫能觀照至虛之理。般若，能鑒能趣；至虛，爲所鑒所趣。鑒而無鑒，趣而無趣，乃曰玄鑒妙趣。故與下般若無知論境智爲對。有物即前緣會俗諦諸法，無不攬真而成。所謂有物之宗極者也。全理成事，謂之緣會；全事顯理，謂之不真空。與前論相即，真俗不二爲對目。

自非聖明特達，何能契神於有無之間哉？

若非般若妙智，不能即俗見真。使有無相即，唯智可到，非情所及也。

是以至人通神心於無窮，窮所不能滯；

至人以般若不測之智鑒之。下云智有窮幽之鑒，窮盡幽深之理，照鑒而不滯礙，乃上明智體，下顯照用。

極耳目於視聽，聲色所不能制者，

極，縱也。視聽乃見聞也。制，礙也。雖俱見聞之境，不爲聲色所迷也（真本無「也」字。）

豈不以其即萬物之自虛，故物不能累其神明者也（真本無「也」字。）

牒前不滯之意。蓋明所照事法，無不虛寂，故不能所累於大智。

是以聖人乘真心而理順，則無滯而不通；

運無知之智，照理照事，無不通順。上釋通神心於無窮，下釋極耳目於視聽也。

審一氣以觀化，故所遇而順適。

一氣乃出外書，道體也。審，詳（真本「詳」後有「也」字。）觀化，乃謂萬（真本「萬」作「方」字）變事法，從緣有也。故即理之事，無不順通也。

無滯而不通，故能混雜致淳；

再牒前。雖混羣雜，而轉淳一。

所遇而順適，故則觸物而一。

上亦牒前。觸物乃所對皆如也。

如此，則萬象雖殊，而不能自異。

領上理事不二之義。萬物之殊，無非理成，其事乃非自異。

不能自異，故知象非真象。象非真象，故則雖象而非象。

不自異，蓋由理出。象乃非真，並如波全水，水體現故，乃不真空也。

然則物我同根，是非一氣，潛微幽隱，殆非羣情之所盡。

然則，總結上意也。理智事三，乃是非物我，皆同一致真本無「一致」二字。一致之理，幽隱潛微。殆，且也。非般若現前，曷能致彼？羣情所測，何啻天淵？

故頃爾談論，至於虛宗，每有不同。夫以不同而適同，有何物而可同哉？故衆論競作，而性莫同焉。

故者，亦因前所説至虛之真本「之」作「云」字理。復思向者諸家異見造論，至理不同。不同極之性，何物同哉？各既道理，乃多岐亡真本「亡」作「立」字羊也。論主因而破耳。

何則？心無者，無心於萬物，萬物未嘗無。此得在於神静，失在於物虛。

此破支愍度心無論。度公所説心無，但無心著於萬物。萬物實有，未曾無也。論主謂渠自得於神静，不達物之虛也。下兩句，上縱下奪。

即色者，明色不自色，故雖色而非色也。

此乃支道林造即色論。林謂即色者，緣色成其果色，故不自色。既衆緣成就，謂之非色耳。

夫言色者，但當色即色，豈待色色而後爲色哉？

論主云：何不只緣色，當色便空，何待成其果色方空也？ 當色乃緣色也，衆色也，亦謂之因色耳。

此直語色不自色，未領色之非色也。

結責上意。 但會果色衆色成就，未解衆色各空。 只了果色，不達緣色亦空也。

本無者，情尚於無，多觸言以賓無。

此竺法汰（真本「汰」作「駄」字）造本無論。 尚者，好也。 觸者，對也。 賓，伏也，歸也。 凡見說有無，皆謂無也。

故非有，有即無；非（真本無「非」字）無，無即無。

聞教非有，乃謂無，無於有，非無乃無於無。 故云非有非無也。

尋夫立文之本旨者，直以非有非真有，非無非真無耳。

論主推教意有無，直破二見非一向也。

何必非有無此有，非無無彼無？

責彼一向俱無，非中道教意，故云何必。乃責彼也。

此直好無之談，豈謂順通事實，即物之情哉？

既一向好無之說，不能順通物理有無不二之義。三法師並晉朝人也。上破三家異見，造理不同。此真本「此」前有「故」字論之興，亦因彼也。

夫以物物於物，則所物而可物；

上物字萬物也，下物物名也。於物，所見物相也。所見之物，必可名之其物。

以物物非物，故雖物而非物。

以物名對於無物，雖有物名，定無物體，如謂兔角耳。

是以物不即名而就實，名不即物而履真。

是以，領前之意。物上無名，名真本無「名」字下無體，謂之各不相就也。履者，到也。如人言火不燒口，嬰兒弄物不知名。名與體而各不相到。

然則真諦獨靜於名教之外，豈曰文言之能辯哉？

前來物理名實可見之事，尚不相到，而況真諦出於名相之外，豈可名相文言辨別也？

然不能杜默，聊復厝言以擬之。試論之曰：

然，領上。理雖不可言，見前諸家異解，故不能杜口，略置言於旁邊擬議耳。

摩訶衍論云：諸法亦非有相，亦非無相。中論云：諸法不有不無者，第一真諦也。

摩訶，此云大也。衍，乘也。乃大乘論。緣生故，體寂非有也。亦非無者，緣起不無也。中論乃中觀論也。有無相即，顯第一義。

尋夫不有不無者，豈謂滌除萬物，杜塞視聽，寂寥虛豁，然後爲真諦者乎？

滌，洗。除，去也。杜塞，皆閉也。視聽，聞見也。論主推窮前二論不有不無立教之意，乃互換相真本「相」後有「即」字，豈去除名相，杜塞見聞，一切皆無，方爲真諦？如此正是斷滅之空，非真諦也。要須即事見真，順通物理，方爲達者。

誠以即物順通，故物莫之逆；即僞即真，故性莫之易。

誠以，領前。順通物理，皆如非逆故也。即僞即真，乃隨緣而不變。

性莫之易，故雖無而有；物莫之逆，故雖有而無。

性爲相，則萬象森然；相歸性，則名相斯泯。

雖有而無，所謂非有；

幻有不真。

雖無而有，所謂非無。

性空假有。

如此則非無物也，物非真物。

結上。幻有之相不無，乃假耳。

物非真物，故於何而可物？

牒上虚妄不真。既不真實，何爲物也？

故經云：色之性空，非色敗空。

引經證前意，幻色之有，性體自空，不待滅而空也。

以明夫聖人之於物也，即萬物之自虚，豈待宰割以求通哉？

宰割乃滅壞之義。聖人造理，即物之虚，不待滅除，方不滯耳。

是以寢疾有不真之談，超日有即虚之稱。

浄名經云：維摩獨寢一室，云：衆生病非真非實有，菩薩病亦非真非實有。乃超日光明經云：不保命，四大虚也。四大真本無「四大」二字與前所説之病，皆因緣故有，乃不真，虚耳。已上三經固真本「固」作「同」字證俗諦非實有、實無也。

然則三藏殊文，統之者一也。

經律論之三藏，文雖殊，而統之一教真本「教」作「致」字。

故放光經真本無「經」字云：第一真諦，無成無得；世俗諦故，便有成有得。

放光般若經也。真諦本非名相，亘然今古，既各具足，復何更得之也？得謂得涅槃，成謂成真本無「謂成」二字菩提，真不有也。俗諦有得，二果顯然，俗不無也。

夫有得即是無得之僞號，無得即是有得之真名。

牒上。有得有成，是菩提涅槃，真諦上假名。無得無成，理智二果，乃俗諦上真號。

真名故，雖真而非有；僞號故，雖僞而非無。

俗諦雖真真本「真」作「有」字，非有；真諦雖僞，非無。

是以言真未曾真本、集解「曾」作「嘗」有，言僞未曾真本、集解「曾」作「嘗」字無。

真之非有，僞乃不無。

二言未始一，二理未始殊。

言雖殊，而理不異。

故經云：真諦俗諦，謂有異耶？答曰：無異也。

二諦雖别，相即不異。

此經直|真本「直」作「真」字辨真諦以明非有，俗諦以明非無。豈以諦二而二於物哉？

此經先乃|真本無「乃」字各立，後相即故也。

然則萬物果有其所以不有，有其所以不無。

然則，領前也。果，決也。決有不有之理，決有不無之理。

有其所以不有，故雖有而非有；有其所以不無，故雖無而非無。

牒前。幻有非真有，性空非實無。

雖無而非無，無者不絶虚；雖有而非有，有者非真有。

雖無乃性空之無，非斷絶無也；雖有緣會之有，非真常有也。

若有不即真，無不夷迹，然則有無稱異，其致一也。

即，是也。夷，平也。迹，蹤也。有不是真，無不除跡，有無二，而理不二也。

故童子歎曰：「説法不有亦不無，以因緣故諸法生。」

童子，經也。聖人説教不同，隨機因緣故也。

瓔珞經云：轉法輪者，亦非有轉，亦非無轉，是謂轉無所轉。此乃衆經之微言也。

輪（真本無「輪」字）乃運轉之義，如世尊說法，流通不斷，亦隨機因緣故，謂之轉也。無所轉，又云：四十九年說未曾（真本「曾」作「嘗」字）說一字。若執言定旨，難造此宗。衆經微言，皆同一致。

何者？謂物無耶，則邪見非惑；

謂無邪見，執無乃是。

謂物有耶，則常見爲得。

謂有常情，執有者（真本「者」後有「不」字）非。此上縱下奪。

以物非無，故邪見爲惑；以物非有，故常見不得。

邪見執斷，不達緣起非無；常見執有，不悟物虚非有。並乃迷微之甚也（真本無「也」字）。

然則非有非無者，信真諦之談也。

總結前意，雙破二見，顯於中道真諦之說。

故道行云：心亦不有亦不無。

道行般若也。不有，湛然常寂，不無，鑒照昭然。乃體用相即耳。

中觀云：物從因緣故不有，緣起故不無。尋理即其然矣。

聖心隨機緣而有，凡夫逐情境而生。既因緣，故有非實有，無非實無。此理事相即。推尋二經論之意，符合前文。

所以然者，夫有若真有，有自常有，豈待緣而後有哉？

再牒前意。有既真本「既」作「即」字真實之有，不待緣生，當須常有。

譬彼真無，無常自真本、集解「常自」作「自常」無，豈待緣而後無也？

喻如太虛之無、真理之無，虛寂湛然。此二常無，雖藉緣顯，不待緣成，故云不待緣而後無也。

若有不能自有，待緣而後有者，故知有非真有。有非真有，雖有不可謂之有矣。

待緣生者，非實也。雖幻有，決非真有也。結上心境有而不有之義。

不無者，夫無則湛然不動，可謂之無。萬物若無，則不應起，起則非無，以明緣起故不無也。

無則湛然，無起無滅真本「無起無滅」作「無滅無起」，如太虛空，乃謂之無。因甚緣起歷然，乃不無也。

故摩訶衍論云：一切諸法，一切因緣故應有；

引大乘論證前。上二句明緣生故有，緣假故無。後二句即無顯不無，即有顯不有。

一切諸法，一切因緣故不應有；

既知緣會，不應實有。

一切無法，一切因緣故應有；一切有法，一切因緣故不應有（真本無「一切有法一切因緣故不應有」十二字）。

此躡前初句，幻有非實有，故云不應有。前云，雖有不可謂之有。

尋此有無之言，豈直反論而已哉？

此上四句，非相反之説，蓋即事即理，明一義之宗。恐人謂前論但將有遣無，無遣有，只破二邊。論主尋此有無之説，前初句説有，末句説無。第二説無，第三説有。今推尋，非謂反其議論，有無互（真本「互」作「在」）破而已。

若應有即是有，不應言無；若應無即是無，不應言有。

物若是有是無，不當反説。法若定有，論中只合初句説應有。應有，不當説第四不應有。若定無，只合説第二句不應有，不當説第三應有。

言有是爲假有，以明非無，借無以辨非有。

假幻之有，以明非斷無也。借無非實有也。是知因緣心境，有非實有，無非斷無，故乃義圓。

此事一稱二，其文有似不同，苟領其所同，則無異而不同。

結上四句不二之義。其文異而不異，故云似不同也。若領解緣義之之同（真本「緣義之之同」作「一義之同」），則有無、因緣、性相，無不同歸一致耳。

然則萬法果有其所以不有，不可得而有；

然則，領前之意。諸法決有不有之理。

有其所以不無，不可得而無。

果有不無之理。

何則？欲言其有，有非真生；欲言其無，事象既形。

何則，徵上不可得有無之意。言物謂（真本無「謂」字）之有，有非真實，物謂（真本「物謂」作「謂物」）之無，事相現前。

象形不即無，非真非實有。

即者，是也。象形乃幻相，幻相不是無，但非真實有也。

然則不真空義，顯於茲矣。

結前。所説一義，無不朝宗。不真空論立題可見。

故放光云：諸法假號不真。譬如幻化人。非無幻化人，幻化人即（集解無「即」字）非真人也。

引經證前標（真本「標」後有「後」字）義。一切心境諸法，名體皆幻有不實，明即空之義。物之名體，假號本非實有，如幻化之人。幻乃虚也，如幻術故，造人物體態如實，凡情聞見亦謂實然。非無幻化人也（真本無「也」字）。喻諸法名相宛然，既知幻化，定非真也。

夫以名求物，物無當名之實；

以者，用也。當，是也。實，體也。用名求物，物體上定無名之真實，故知物假也。

以物求名，名無得物之功。

用物求名，名定無得物之功用。若謂有得物功用，道火必能燒口。既不然，乃名假也。

物無當名之實，非物也；名無得物之功，非名也。

名物既不實，何名相之有？圭山云：色是虚相，無纖毫之罪（真本「罪」作「體」字）。

是以名不當實，實不當名，名實無當，萬物安在？

俗諦事相，無非名體。既不相到，虚妄可知。

故中觀云：物無彼此。

引中觀論證上萬法體上本無虚名。

而人以此爲此，以彼爲彼，

如東方人以東爲此，非真本「非」作「以」字西爲彼。

彼亦以此爲彼，以彼爲此。

西方人反以西爲此，東爲彼也。

此彼莫定乎一名，而惑者懷必然之志。

二人既各執信之名浮，彼此不可定也。在惑者以謂決然信之。名由執有也。

然則彼此初非有，惑者初非無。

初乃本也。彼此之名，物上本來不有。惑者所執，本來不無，但由情執故。

既悟彼此之非有，有何物而可有哉？

既不執名滯迹，何物之有哉？以例萬法皆然。

故知萬物非真，假號久矣。

物無實體，號亦非真，結歸放光之旨。

是以成具立强名之文，園林託指馬之況。

引成具經，云：是法無所有，强謂其名。莊子曾爲漆園吏。以指喻指之非指，不若以非指喻指之非指。以馬亦例上可知。指，萬體之（真本「萬」作「百」，「之」作「云」）一體；馬，萬物之（真本「之」作「云」字）一物。天地一指也，萬物一馬也。指乃手指，馬乃戲籌。如兩人各執我是爾非。指（真本「指」後有「與」字）與馬上本無定名是非優劣也。今借語以彼此是非之體，皆由人執，證上體不真也。成具證上名不實耳。

如此，則深遠之言，於何而不在？

結上所引經書論之名相，俱非實耳。契理之言，何所不在？

是以聖人乘千化而不變，履萬惑而常通者，

舉人顯證。乘，運也。履，踐也。萬惑，羣機事相不一。聖人運悲心入鄽利物，隨事俱通。净名云：菩薩行於非道，是名通達佛道也（真本無「也」字）。

以其即萬物之自虛，不假虛而虛物也。

既能即事皆虚，不比權小析滅證理，滯寂自如。今正簡異，故云不假。下引經（真本「經」作「證」字。）

故經云：甚奇世尊，不動真際爲諸法立處。非離真而立處，立處即真也。

真際，理也。理能成事，事攬真成。既全真建立，立處之（真本「之」作「云」字）事相，無不皆真，所以履萬惑名相無滯礙也。

然則道遠乎哉，觸事而真；聖遠乎哉，體之即神。

道乃真理也。可履可向。所照之理遠乎哉？蓋言不遠也。觸物皆真故。結上，與物不遷，真俗爲對，乃中道第一義諦，境一也。聖乃智也。體乃證也。非能證不測之智，安能契前即真也？又乃生後般若無知論，爲能觀之智。合前二論，爲所觀之境。三論同時，乃境智相對，爲一義耳，朝上宗本之義也。

般若無知論第三

此乃詮前宗本中實相一名也。般若，梵語，此翻曰智，即用也，通權及實。或謂真智、俗智（真本無「俗智」二字）、根本後得。或在因爲惠，在果爲智。權實體用不二，顯智一之義。此論來者，前顯真俗不二之境，今明權實不二之智。境非智無以顯融通，智非境無以發互照。乃一心三觀，照前一境三諦，前宗本篇中漚和般若，權實大惠耳。無智真本「智」作「知」字者，體也。是本覺真心，體相寂然，本無知覺，乃權實之體。本覺起其照用，照用還契本覺，故體用不二也。所謂如珠發光，光還自照。能照所照，理智互融。般若無知之旨，良在斯矣。

夫般若虛玄，蓋是三乘之宗極也，誠真一之無差，

標宗也。般若，用也。虛寂玄微，不可名相，故云無知。乃三乘所證有三，理唯一也，故曰無差也。今即理之智，爲此論所宗。下陳惑。

然異端之論紛然久矣。

異端，不一也。紛，允，雜亂也。權宗迷實，不知境智體用相即。異端各興，權多亂實，久之如是。

有天竺沙門鳩摩羅什者，

標人歎德，人能弘道故也。歎息前異端之意，有此明師也。天竺有五，此師祖是南天竺之國相。什生龜茲，出家後往天竺傳道。鳩摩羅什乃梵語，此翻云童壽。高行勝

業，善解文什，謂之羅什。童子之年，有壽者之德，謂之童壽。餘本傳備載。乃論主之師。

少踐大方，研機斯趣，獨拔於言象之表，妙契於希夷之境，

踐，履也。研，窮也（真本「也」後有「機，心也」）。斯趣，此旨也。大方，語出道經，大方無隅。喻佛道廣大。少而研究此旨，悟達出於言象之外。易謂：言生於象，象生於意。得象忘言，得意忘象。今美其師，造理不滯於言象，契合希夷之理。希夷（真本無「之理、希夷」四字）乃道書云：視之不見曰夷，聽之不聞曰希。

齊異學於迦夷，揚淳風以東扇。

齊者，平也。異學，外道也。迦夷，國也。揚者，興也。淳風，道也。東，來此土也。扇，傳風也。什師在彼國，以智惠平休（真本「休」作「伏」字）外道。欲過於此傳道。下美其來由。

將爰燭殊方而匿耀涼土者，所以道不虛應，應必有由矣。

爰，欲也。燭，照也。殊方，異國也。匿耀，掩智用也。涼有五，在後涼也。法師本國此土。前秦符主諱堅，遣驍騎將軍呂光率兵往龜茲取之。同歸。至涼，聞本主被姚

萇所篡，光乃竊號關外，遂稱後涼。父子承襲，三主一十八年。師亦同在彼，所謂匿耀也。不虛應，亦有所以也。待根熟時至，方乃流通。

弘始三年，歲次星紀，

秦王諱興，立位，歲號弘始，乃借月號年。星紀，歲在丑位故也。

秦乘入國之謀，舉師以來之。

後涼呂隆懼南北涼所逼，表奏秦，請迎什師歸。秦遣石德迎請入關。乘者，運也。謀，計也。師者，衆兵也。秦王爲呂有入國之計，用兵伐涼，迎師之來。

意也。北天之運數其然矣。

牒上有由不虛應耳。前秦取什，後秦次主方來，蓋時至根熟故也。大品云：般若於佛滅後，先旺南方，次西至北。北天竺般若正興，東國時機未至，亦運數使然。下明時至機熟，般若流通。

大秦天王者，道契百王之端，德洽千載之下，

標號歎德。天王者，法天而治，使民同歸，以道而化。契合百王，以德洽潤，何啻千載？

遊刃萬機，弘道終日，信季俗蒼生之所天，釋迦遺法之所仗也。

遊，歷也。刃，智也。萬機，生靈也。季，末也。俗，世也。蒼生羣機倚仗之主。運智刃治萬機之暇，更能大興佛法，乃世尊遺屬之王，亦生民仰託之天。

時乃集義學沙門五百餘人於逍遥觀，躬執秦文，與什公參定方等。

率義學僧衆，於逍遥園作譯場，翻譯般若大部。躬乃親也。秦王親執秦文，與什公參詳教定般若方等之經。

其所開拓者，豈唯當時之益，乃累劫之津梁矣。

如是開拓，豈一時之益，向後津濟何窮！

余以短乏，曾厠嘉會，以爲上聞異要，始於時也。

短乏，疏拙也。厠，預也。嘉會，譯場也。上聞，聞般若上義也。異要，奇異要節也。論主自嫌短拙，得預於秦王什公譯場，日益於異聞。

然則聖智幽微，深隱難測，無相無名，乃非言象之所得。爲試惘象其懷，寄之狂言耳，豈曰聖心而可辨哉？試論之曰：

然則，牒上。領解般若上義，謂聖智幽深，微妙淵默，量超數表，測度莫能，欲開未悟，不可名言，試以惘象，無心言之（真本無「心」「之」）。罔象出莊子，無心之義。狂言乃不定之語。況（真本無「罔象……語況」十七字）聖心（真本「聖心」作「無言」）妙體，本非言說，爲前異論之論故，乃强勉說之，曰試言。

放光曰（真本「曰」作「云」字）：般若無所有相，無生滅相。

引放光經立宗標體，般若乃能觀之智。所有相者，即現在所有色心諸法也。生滅者，過去未來，般若體上，俱無如是之相。

道行云：般若無所知，無所見。

引道行經成就上義。體本寂然，故無所知所見也。既無知見，乃能知見，如鏡體無象，故能照物。又云：有知曰無明，有見曰妄想。此無知體上，無無明，亦無於妄想。

此辨智照之用，而曰無相無知者，何耶？

辨者，明也。何耶，疑詞。此論正明能照之智必有知，而放光曰無相，道行曰無知，何謂耶？

果有無相之知，不知之照，明矣。

果，決定也。約體明用，體本無相，應用而知。雖體無知無相，應用則明矣。果有是義。圭山云：正念者，無念而知，若總無知，何明真本「明」作「名」字正念？體必具用，可見。

何者？夫有所知，則有所不知。以聖心無知，故無所不知。不知之知，乃曰一切知。

何故果有不知之義，妄心既有知有見，則局在一隅，定有所不知也。般若無知之體，乃能應用無所不知也。

故經云：聖心無所知，無所不知。信矣。

體本無知，知莫大也。佛語可信。

是以聖人虚其心而實其照，終日知而未嘗知也。

約人辨智。無知真本無「知」字之心，應緣即有，雖終日照理達事，未嘗實有知也。結上體用不二。下會歸體上。

故能默耀真本無「耀」字韜光，虚心玄鑒，

默、韜、虚、玄，明體也。耀、光、心、鑒，顯用也。此之體用，二而不二，唯聖人如此。

閉智塞聰，而獨覺冥冥者矣。

閉塞明耀，獨照歸體，乃全用是體也。起信云：遠離微細念，故得見心性，即常住究竟覺，乃般若無知之義。

然則智有窮幽之鑒，而無知焉；神有應會之用，而無慮焉。

然則，承上之詞。此明權實同體，全體爲用。上二句即事造理，無不盡窮，而體本無知。此明實智也。次明權智。神乃不測也。應屬聖，感屬機。機感聖應，本無知無慮。權用隨機撫接，而體無念慮，故曰無慮。明權也。

神無慮，故能獨王於世表；智無知，故能玄照於事外。

王者，獨尊之義。表者，外也。上二句明權，下造理。豈證於偏空？

智雖事外，未始無事；神雖世表，終日域中。

實無知，不離於事；權無慮，日混於鄽。

所以俯仰順化，應接無窮，無幽不察，而無照功。

俯，下也。仰，望也。權則隨高就下，撫接無虧；實則隨理淵微（真本無「微」字），不宰功用。

斯則無知之所知，聖神之所會也。

結上。權實即體，體用同時。

然其爲物也，實而不有，虛而不無，存而不可論者，其唯聖智（真本「智」作「知」字）乎！

然其，領前也。實不有，用即體，虛不無，體乃（真本「乃」作「即」字）用。存其體用之間，不可有無義者，聖智方爾。

何者？欲言其有，無狀無名；欲言其無，聖以之靈。

何故不可有無義耶？若謂有，體本虛寂；若言其（真本無「其」字）無，用能鑒照。

聖以之靈，故虛不失照；無狀無名，故照不失虛。

牒上各宜。乃體用同時，權實互具。

照不失虛，故混而不渝；

混，融也。渝，變也。用即體，雖混而不變。

虛不失照，故動以接麤。

麤者，事相也。體即用，接應而當體虛也。

是以聖智之用，未始暫廢；求之形相，未暫可得。

據用則照理達事，未始暫無；約體則求名覓相，實不可得。

故寶積曰：以無心意（真本無「意」字）而現行。

引淨名經證前無心意。如無知無慮，故能現前，不無鑒照之用也。

放光云：不動等覺而建立諸法。所以聖迹萬端，其致一而已矣。

等覺乃平等本覺之體，體雖寂而能建立境智諸法。上二經證前體用不二。萬端者，有知無知，有應無應，權實理事等。二而不二之義，並結正真本「正」作「上」字也。下結會境智。

是以般若可虚而照，真諦可亡而知，

實智無知，真境無相。境既無相，智亦無知。

萬動可即而静，聖應可無而爲。

萬動，事相也。緣生性空即動而寂静，聖應權用，無慮而應也。此權智對上物不遷，真智對上不真空。真俗既能相即，權實亦乃互融。

斯則不知而自知，不爲而自爲矣。復何知哉？復何爲哉？

結上權實同體。曰此則不知不爲者，體也；自知自爲者，用也。全體具用，用分權實耳。復何者，豈有實知實用也？蓋無知無爲，乃用不窮耳，思之可見。向下問答，有十八段皆展轉躡跡，假致疑難，以導深旨。式疏云：古爲十八科，今合爲九重：一、體用；二、名實；三、心境；四、兩關；五、是當；六、取捨；七、應會；八、真妄；九、寂用。第一體用，因前初會有無，似有相違，乃爲問。下牒用難體。

難曰：夫聖人真心獨朗，物物斯照，

第一重，以體用中，約人辨智。朗，明也。不因境有，謂之獨明。對物俱照，乃實智也。

應接無方，動與事會。

隨機不定，入俗合宜，乃權智也。

物物斯照，故知無所遺；動與事會，故會不失機。

無遺者，盡理也。不失者，應物也。

會不失機，故必有會於可會；知無所遺，故必有知於可知。

據難者，定有能會能知之智，可以應機照物。

必有知於可知，故聖不虛知；必有會於可會，故聖不虛真本無「知……不虛」十一字，疑脱文會。

各再牒上句。必有者，決定也。不虛者，定有也。

既知既會，而曰無知無會者，何耶？

既決有知會，而前云無知會，其義何耶？乃疑上相違耳。

若夫忘知遺會者，則是聖人無私於知會，

忘，捨真本「捨」後有「也」字。遺，棄也。私，己也，心也。難者又疑，莫是捨棄知會之心，謂聖人不自取知會之功耳。上縱下奪云。

以成其私耳。

既不取知會歸己，反欲取無知無會之功歸己，其心尤不善也。豈不却成其私心耳？

斯可謂不自有其知，安得無知哉？

結上既不自取知會，反取無知無會，何得無知哉？

答曰：夫聖人功高二儀而不仁，

體用同時答。二儀，天地也。不仁，出道書，曰：天地不仁，以萬物爲蒭狗。蒭，草也。祭祀所用。用棄自然耳。又如蒭狗防家，本無守禦之心，乃不取功也。如天地育萬物，不取仁德之心，謂之不仁。任自然故也。今聖人權智利生，令獲出世之益，其功高勝。能應之心無慮，同彼不仁，答上權智應無慮耳。

明逾日月而彌昏。

逾，過也。彌，極也。昏，暗也。日月唯明世事，般若能鑒出世真理，故明過二耀。本體無知，極同昏昧。此答上實智知而無知也。

豈曰木石瞽其懷，其於無知而已哉？

木石，無靈覺之物。瞽者，盲也。責上執者聞説無知無會。此聖智又豈同木石無知哉？

誠以異於人者神明，故不可以事相求之耳。

誠，實也。異，别也。責上執有知有應。蓋凡夫妄計，不達般若知（真本無「知」字）而無知，會而無會。以事相求之，有，同人心；無，比木石，故不可也。

子意欲令聖人不自有其知，而聖人未嘗不有知。

論主謂，難者之意，欲令聖人不自取知應之功，定是有知，故云未嘗不有知耳。

無乃乖於聖心，失於文旨者乎？

無乃，斥辭。乖，背（真本「背」作「皆」）也。文旨，教意也。責上惑者背（真本「背」作「皆」）其聖心，不合教意。

何者？經云：真般若者，清淨如虚空，無知無見，無作無緣。

何者，徵上。意引大品爲聖教量。所謂無知見等，體性本來清淨，豈有知有見也？

斯則知自無知矣，豈待返照然後無知哉？

結責前解皆非也。般若體用相即，非謂返照，亡其知會，謂無知也。

若有知性空而稱淨者，

此躡前，語意有迹。論主恐人生疑，躡而斷之。疑者見經云般若清淨等意，疑曰：般若必有知，但謂智體性空，故稱無知清淨也。故牒之。

則不辨於惑智。三毒四倒皆亦清淨，有何獨尊淨於般若？

辨，别也。惑，妄也。三毒，貪、瞋、癡也。四倒：常、樂、我、淨，或執有或執無，共爲八倒。尊，宗真本「宗」作「崇」也，敬也。惑智、三毒四倒等法，皆因妄想心生，總屬有知性空，亦可同般若清淨之義，何以辨别？既決定是同，因何經中唯推崇清淨無知在真般若也？故知聖教獨崇之智，非同惑妄有知性空也。若有知性空，乃所對照之境也。

若以所知美般若，所知非般若。所知自常淨，故般若未嘗淨，又恐疑者云：聖智定有知，但因照真境時，所知無相，故歎□□（真本無空白）也。所知曰境，般若曰智。定其宗旨，境智自異，故曰非也。若□□□□者，執所知境常淨，般若定是有知，故云未嘗淨也。

亦無緣致淨歎於般若。

緣，由也。致，立也。論主意云：既因境無相，而曰智無知，教中亦無緣由致清淨之言，歎於般若，何不只歎真境耳？

然經云般若清淨者，將無以般若體性真淨，本無惑取之知。

再牒前經。將無以者，擬議經旨。般若體性寂然，本無惑取，非知，非見，故謂無知。

本無惑取之知，不可以知名哉。

結上。既無惑取，不可執知名也。上破前疑執，下結顯前義。

豈唯性（真本、集解無「性」字）無知名無知（真本無「名無知」三字），知自無知矣。

非獨體無知，照用之時，照自無知也。體用不二，總皆清淨。

是以聖人以無知之般若，照彼無相之真諦。

能觀所觀，體相清淨，本非外得。

真諦無兔馬之遺，般若無不窮之鑒。

法華云：象、馬、兔三獸渡河，喻聲聞、緣覺、菩薩證理淺深。大象截流而過，喻所造一乘真境，盡理無餘，能觀般若妙智，鑒無不徹，所謂無兔馬之遺餘也。

所以會而不差，當而無是，寂怕無知，而無不知者矣。

權智會應隨機，少無差忒，應惑亦無念慮，故曰當對而無不是也。下二句明實知體本寂然淡泊，雖無知而不無照用。

難曰：夫物無以自通，故立名以通物。

第二重，以名實問答，躡上答中以名異故也。通乃運轉（真本「轉」作「將」）也。凡世間之物，不能運轉，故立名召之，乃通用。

物雖非名，果有可（真本無「可」字）名之物當於此名矣。

物體上本無名字，果有可名當之。

是以即名求物，物不能隱。

因名得用也。

而論云聖心無知，又云無所不知。

牒上寂泊無知無不知之義耳。

意謂無知未嘗知，知未嘗無知。

難者意謂無知定無知，有知（真本「知」後有「有知」）則定有知，乃歸於一。

斯則名教之所通，立言之本意也。

若定歸一，是能詮名教之本意，如前立名召物之説。

然論者欲一於聖心，異於文旨，尋文求實（真本「實」作「意」字），未見其當。

指作論之人，欲聖心體一，背於論文，推求未見相當也。

何者？若知得於聖心，無知（真本無「無知」）無所辨；若無知得於聖心，知亦無所辨；

乃兩闕難。辨，明也。若有知而得，無知明何事也？若無知而得，知亦復何論？

若二都無得，無所復論哉！

論字平呼。既知與無知都不得聖心，必竟復論何事？已上難者不達體用相即也。

答曰：經云：般若義者，無名無説，非有非無，非實非虛。

雙拂顯玄答。引經標意，般若體上，本非名相。

虛不失照，照不失虛。斯則無名之法，故非言所能言也。

體雖虚寂，未嘗失照；用雖鑒照，未曾有知。既體用不二，故非實非虚，豈可名召？無名之法，非真本「非」前有「故」字言所及。前難者以名求體，未造此之深旨。

言雖不能言，然非言無以傳。是以聖人終日言，未嘗言也。

然者，躊躇經旨也。然理非詮表，又無以傳達於後，故假言耳。聖人説教，但爲真本「爲」作「謂」字破執，於理未嘗有言，所以終日言而未嘗言。

今試爲子狂言辨之。

試，且也。狂乃不定之語。般若非爲真本「爲」作「謂」字可説，且以狂言辨耳。

夫聖心者，微妙無相，不可爲有；用之彌勤，不可爲無。

妙體寂然，不可有之。應用隨機，豈謂無也？

不可爲無，故聖智存焉；不可爲有，故名教絶焉。

放行乃妙用現前，把定則口當掛壁。

是以言知不爲知，欲以通其鑒；不知非不知，欲以辨其相。

謂前言無知不知，非謂有知，欲通照用也；非謂無知，乃辨體相耳。有知，非同妄心；無知，豈比木石？

辨相不爲無，通鑒不爲有。

正破難者執知與無知之言。爲説體説用，不是定有定無。

非有，故知而無知；非無，故無知而知。

智用體相相即，故非有非無也。

是以知即無知，無知即知。無以言異而異於聖心也。

結上不二深旨。體用雙，其如水波不别。無以者，勸前執者，不可言謂聖心亦異也。

難曰：夫真諦深玄，非智不測。

第三重，以境智問答。前云無知般若，照無相真諦。先敘境智反（真本「反」作「及」字）難無知也。真諦既而無相，非無知般若，莫能鑒照，故云非智莫測。

聖智之能，在兹而顯。

般若能鑒之智，非真諦所觀之境，莫能顯之。智非境無以互照耳。

故經云：不得般若，不見真諦。真諦則般若之緣也。

引經證上。般若能照真諦，真諦發生般若，相因緣也。境非智無以融通。

以緣求智，智則知矣。

般若既緣真諦，發生能照之智，必有知也。何謂無知耶真本「耶」作「耳」字？

答曰：以緣求智，智非知也。

境智同如答。境無相，智無知。智非智非知也。乃智體無自，即是證如。

何者？放光云：不緣色生識，是名不見色。

推上，何故以緣求智，智無知也？引經爲證。緣者，慮也。識，分别也。妄心緣色境，乃生分别真本「别」作「名」字，故有知有見。難者以智爲知，認妄爲真，故謂知也。般若本非分别，是名不見色。

又云：五陰清浄，故般若清浄。般若即能知也，五陰即所知也。所知即緣也。

五陰乃色、受、想、行、識也。色心諸法，本自清浄。能觀之智亦然。能所體相既同，故知以緣求智，智非知也。義分能所，理實同如，結上義也。所知即緣者，牒前生後。

夫知與所知，

總標真妄二智，俱曰能知；真妄二境，俱曰所知。下真妄對辨，爲前以緣求智，執妄爲真，故乃簡辨。下云。

相與而有，

難者以妄智對妄境，相共有知有相故也。

相與而無。

答者以真智對妄真本「智」作「知」，「妄」作「真」境，無相無知，故云相與俱無。

相與而無，故物莫之有；

物謂心境也。心境同其虛寂，莫之有乃真也。

相與而有，故物莫之無。

幻有相對，不無，乃妄也。

物莫之無，故爲緣之所起；

既妄境之有，起妄智分別。

物莫之有，故則緣所不能生。

所緣之境既空寂，能緣之智不能生。

緣所不能生，故照緣而非知；

境智既寂，能所兩亡。答上以緣求智，智非知也。

爲緣之所起，故知緣相因而生。

妄境爲緣，而起妄智分別。古者曰：未有無心境，曾無無境心。乃相因故也。明難者以緣求智，智則知矣。

是以知

妄智。

與無知，

真智。

生於所知矣。

妄智因境而起，曰知；真智心境俱空，曰無知。故前問答，俱曰以緣求智，有知無知之異，蓋悟惑不同也。已上結示起因。下再釋。

何者？夫智以知所知，取相故名知。真諦自無相，真智何由知？

徵上二智同生所知。妄智取相，故名有知，真境無相，故智亦無知。故曰何由知也。

所以然者，

釋上所以妄。境智相因而生。真境智不能生。向下辨之。

夫所知非所知，所知生於知。所知既生知，知亦生所知。

事相本空，妄情執之爲有，自然分别智生。

所知既相生，相生即緣法。緣法故非真，非真故非真諦也。既非境緣於智，智生於境。既而相生，境智同有。妄因妄緣，有生有滅，故非真也。既非真，乃非真諦境也。皆妄境耳。

故中觀云：物從因緣有，故不真；不從因緣有，故即真。

明上以妄緣求智，俱非可見。因緣之有，定不真。不從緣者，可名真也。

今真諦曰真，真則非緣。

明真諦境也。境自無相，智本無知，同一心虛寂，假分能所，實無二相，非真本無「非」字緣相因，故曰真也。

真非緣，故無物從緣而生也。

既非相因，亦非能所。真作麼生見，道得一句也好。

故經云：不見有法，無緣而生。

引經爲證。真諦門中，無相因所生之法。是知難者以妄問真，非合理也。上簡辨真妄竟，下結答前問。

是以真智觀真諦，未嘗取所知。智真本「知」作「智」，「智」作「知」不取所知，此智何由知？

結上真境真智，無相無知之義。

然智非無知，但真諦非所知，故真智亦非知。

然，領前也。又防疑。既無知，如何契理？智非木石之無，但照而常寂，與真諦相符。

而子欲以緣求智，故以智爲知。緣自非緣，於何而求知哉？

結前難問執妄求真。既真境非緣，緣體自寂，真智亦非真本「非」後有「智」字知，何智之有？乃求之非也。

難曰：論云不取者，

第四重，以兩關問答。不取，違知難。牒上云，智不取所知。

爲無知故不取，爲知然後不取耶？

兩關問。下正難云。

若無知故不取，聖人則冥若夜游，不辨緇素之異耶真本無「耶」字？

冥、夜，皆暗也。緇素，黑白也。若無知不取，何異夜游，不分黑白之異？前云智不取所知。

若知然後不取，知則異於不取矣。

既先有知，後不欲取者，知與不取□□有異。前云真智觀真諦也。

答曰：非無知故不取，又非知然後不取。

雙非有無答。無知不同木石，無靈覺耳。知不同凡夫，居攀緣，然後不取著也。般若離二邊，故不取。

知則集解「則」作「即」不取，故能不取而知。

智雖鑒照，本非取著，而常照耳。如摩尼珠，本無色而現色，故體用同時，說有前後也。

難曰：論云不取者，

第五重，是當問答。因前知即不取，不取而知也。

誠以聖心不物於物，故無惑取也。

誠，實也。聖心不執物爲物，故云不真本「不」作「無」取。

無取則無是，無是則無當。

是當之言，論主自立，諸教並無。如兩物不別曰相是，兩物敵對曰相當。亦猶彼此是非諸法相望之名。今明境智相當、相是，故曰是當。以智曰是，境曰當。真心境同虛，故無惑取。此難者解不取之義。下以無難有。

誰當聖心，而云聖心無所不知也？

既心境無是無當，但云無知，何當聖心，無所不知耶？乃有知也。難者但解其體，未明（真本「明」作「有」字）其用。

答曰：然，無是無當者，

有無雙融答。先領彼所解，下示雙融。

夫無當則物無不當，無是則物無不是。

論境則無相即相，言智則無知即知。

物無不是，故是而無是；物無不當，故當而無當。

全用之體，乃是無是也。全事之理，乃當無當也。若明境智體用相即，何疑前知即不取，不取而知？

故經云：盡見諸法，

境智現前。

而無所見者也。

相與俱寂。

難曰：聖心非不能是，誠以無是可是。

第六重，取捨問答。遣後人之餘疑。非不能是者，是也。是乃知也。顯有鑒照。實以無是可是者，意謂境無所知之相可知，曰無知。難者將有智|真本「智」作「知」字之智，對無相之境，故曰是而無是也。

雖無是可是，故當是於無是矣。

雖境無相可知|真本「知」作「之」，必有知對無相境也。

是以經云「真諦無相，故般若無知」者，誠以般若無有有相之知。

難者引經，意謂般若必有知。因真諦無相可得，故云無知。誠以者，領經之意。般若定無照有之智，唯照無也。殊不知經正意：境無有無之相，智乃無有無之知。

若以無相爲無相，有何累於真諦也？

爲，是也。累，滯也。若以無相是無相，真智何故滯在真諦無相上也？雖不取於有，少異妄心。既取於無，又何殊斷見也？故有此疑而問。

答曰：聖人無無相也。

取捨俱離答。上無字，不取也真本無「不取也」三字。不取著無相也。

何者？若以無相爲無相，無相即爲相。捨有而之無，譬猶逃峰集解「峰」後有「而」字赴壑，俱不免於患矣。

牒上。若取無相爲相，正是捨有著無真本「無」後有「相」字，非般若真智也。何異逃避山峰危峻，而近深淵？俱非安處。正所謂棄有著空，病亦然。

是以至人處有而不有，居無而不無。雖不取於有無，亦真本「亦」前有「然」字不捨於有無。

居處者，智所到處也。有無，事理也。照理照事無礙，即前是當相即。不取則不在兩邊，不捨則有無相即。所觀非異，能觀豈殊？前無是無當之義可見。又初句明不有，離增益；次句不無，離損減；第三雙非，離相違；第四雙照，離戲論。既離四謗，則絕百非。前是當之義，又如何話會？既明此理，不碍入鄽。下云：

所以和光塵勞，周旋五趣，

前明説教，此顯應機。和光同塵，涉世利生，令出五趣，造詣一乘。天、人、鬼、畜、地獄爲五，修羅亦是鬼趣，分開謂之六道。

寂然而往，怕爾而來，

聖人撫接往來三界、六道，亦無去來之相，謂之寂然怕爾也。

恬淡無爲而無不爲者也集解無「者也」二字。

性靜曰恬淡，乃無作爲之心，機感即應。答上取捨非偏不離故乃俱離也。

難曰：聖心雖無知，然其應會之道不差。

第七重問答。因前會而不差。既不差失機宜，下真本「宜」作「冥冥冥」，「下」作「不」云：

是以可應者應之，不可應者存之。

根熟則應，令之入道。未熟則存，令之熟耳。金剛經護念付屬真本「屬」作「囑」之義。

然則聖心有時而生，有時而滅，可得然乎？

領上應會之意。根熟，能應心生；未熟，應之心滅。前云真本「云」作「去」當而無是。既無知，則無知無爲，又何得有此生滅也？

答曰：生滅者，生滅心也。聖人無心，生滅焉起？

用無生滅答。妄心取相，故隨境有生滅。真心本無取著，故云焉起。

然非無心，但是無心心耳。

然，牒前起後。無心非同木石。既而無心無不應也。經云：菩薩清涼月，游於畢竟空。

又非不應，但是不應應耳。

不同二乘自利。大乘之人，雖不分別，而應機感則生，又云衆生心水浄，菩薩影現中。

是以聖人應會之道，則信若四時之質。直以虚無爲體，斯則集解無「則」字不可得而生，不可得而滅也。

舉喻明之。質，實也。直，但也真本無「直但也」三字。聖人應物不虧，但以無心而應。如虚空本無春夏秋冬，寒暑不失其時。雖不失時，實無能生能滅之心，故云不可得也。

難曰：聖智之無，惑智之無，

第八重，以真妄問答。聖智本自無知，惑者真本「者」作「智」見境空故，方謂之無。難者因前所解，故此爲問。

俱無生滅，何以異之？

真妄俱無，何爲真本「爲」作「謂」别也？

答曰：聖智之無者，無知；惑智之無者，知無。

真妄同異答。雖問謂之俱無，無知本自無耳；知無了境方無也。

其無雖同，所以無者異也。

真妄雖同無生滅，其奈知無、無知有異。不無所以也。如僧問仰山：今時人還假悟去否？仰云：悟即不無，争奈落第二頭何？此意大同小異。非具參學眼目，莫能知之。一向説妄説真，未免葛藤在。更未知有，向下又隨文解義去也。

何者？夫聖心虚静，無知可無，可曰無知，非謂知無。

再推上異之所以。真智本自虚静，不比惑智因生滅了知，方可無也。

惑智有知，故有知可無，可謂知無，非曰無知也。

惑智因境有生滅。了境相空寂，智性方乃無，可謂知無，豈比真智本自無知也。

無知即般若之無也，知無即真諦之無也。

結會境智。般若本無知也，真諦了知無也。難者了惑妄性空，爲所了境，由了境空寂，曰真諦無也。真（真本「真」前有「然」字）妄俱無生滅，但本無與今無有異。

是以般若之與真諦，言用即同而異，言寂即異而同。

領上境智同異。雖是同如，境智歷然，乃用也。下句雖分能所，同一體性，乃寂也。

同，故無心於彼此；異，故不失於照功。

體同，無彼無此；用異，有所有能。

是以辨同者同於異，辨於（真本、集解無「於」字）異者異於同。斯則不可得而異，不可得而同也。

欲同，須於異處；欲異，須向同中。互相即也。既而相即則同異兩亡。此答前俱無生滅，何以異之。用寂一如，熟臻此耳。然又道，喚作如如，早是變也。到這（真本「這」作「者」）裏說甚真（真本無「真」字）妄能所。凡聖混融，一體同觀，直須妙會。

何者？內有獨鑒之明，外有萬法之實。

徵前同異不可得。智爲內，境爲外。本非內外，且指注（真本「注」作「柱」）而論，乃能觀所觀也。實者，理也，萬法之體也。

萬法雖實，然非照不得。內外相與，以成其照功。此則聖所不能同，用也。

事相雖真，亦須照用。理智互顯，不無其功。結上用不可得，明用也。

內雖照而無知，外雖實而無相，內外寂然，相與俱無。此則聖所不能異，寂也。

内外境智俱寂，欲異莫可得之。此明寂也。

是以經云諸法不異者，

心境諸法，體寂一同。「者」字牒經，乃下釋之。

豈曰續鳧截鶴，夷嶽盈壑，然後無異哉？

續鳧出真經。鶴脛雖長，斷之則悲，鳧脛雖短，續之則憂。彼意皆共自然耳。夷者，平也。盈，滿也。高、低、長、短，性相體空，豈待續截平滿方無異也？蓋非此説。

誠以不異於異，故雖異而不異也。

實以同於異中，異於同中，同異相即故也。

故經云：甚奇！世尊，於無異法中而説諸法異。

引大品空生贊佛於無異法中説於異法，證上同異不二之義。

又云：般若與諸真本無「諸」字法，亦不一相，亦不異相。信矣。

有能有所，不可同也。境智體同，不可異也。佛語乃不虛耳。

難曰：論云言用則異，言寂則同，

第九重，以寂用問答。牒上不同異。

未詳般若之内，則有用寂之異乎？

此末後益問之。般若既真一無差，何故有用有寂之異？未能詳審，願復誨之。

答曰：用即寂，寂即用。用寂體一，同出而異名，

能所雖異，理智同如，不二而二，思之可見。如全水全波，本同一體，故同出而異名也。

更無無用之寂而主於用也。

意云：決無無用之單寂，爲照用之依主。又合云：更無無寂之單用而主於寂。文乃影略耳。寂用同時，本非相捨。

是以智彌昧，照逾明；神彌静，應逾動。

結承上不二之故。彌，極也。逾，過也。彌極無知，故能無幽不察。上二句明實用，下明權用。權體無慮，彌静，感而後應。

豈曰明昧動静之異哉？

總責惑者不可執異爲異。

成具云：不爲而過爲。寶積曰：無心無識，無不覺知。

引二經爲證，成具證權智，静而應感；寶積證實知，昧而逾明。

斯則窮神盡智，極象外之談也。

總指一論問答等文，體用權實，盡極出於有無名相之外所説也。

即之明文，聖心可知真本「知」後有「矣」字。

總結。明文者，引上二經爲證。又標宗已下問答引證出意詮顯。般若聖心，明白可解。第三般若無知論，正文已畢，下答外問。

劉公致問

因見前般若論，作書致問。惠遠法師傳云：劉程之字仲思，彭城人，漢楚元王之裔。承積慶之沖粹，體方外之虚心。百家淵談，靡不游目。精研佛理，以盡斯妙。晉文帝義熙中，曾宰江州柴桑縣。後棄官林藪，朋親遠師，同結蓮社。因生上人入關回，以論示之，歎曰：「不意方袍復有平叔。」因呈遠公。公撫机曰：「未嘗有也。」下乃致問。

遺民

此亦扣擊玄微，欲自他無昧耳。

未見傳文，疑其隱山之稱也。

和南！

致敬之辭。

頃餐徽聞，

餐，服也。聞乃去呼。徽，美也。向來常服美譽故。

有懷遥佇。

遥，遠也。竚，立也。立而遥望。

歲末寒嚴，

十二月。

體中如何？音寄壅隔，增用抱藴。

問候也。音信相遠，隔塞不通，但增懷抱藴積而攀詠也（真本無「也」字）。

弟子沉痾草澤，常有弊瘵（真本「瘵」後有「耳」字）。

弟子，對僧自謙。痾瘵皆病，故沉隱山林也。

因慧明道人北游，裁通其情。

盧阜、長安相望曰北，有書通信。

古人不以形疏致淡，悟涉則親。

不面乃形踈，同道則密爾。

是以雖復江山悠真本無「悠」字邈，不面當年，至於企懷風味，

悠、邈，皆遠也。企懷，思仰也。風味，道風義味也。蓋江山隔越，未會音容。

鏡心象迹，佇悅之勤，良以深矣。

鏡乃虛心。向師想象，佇望悅服，良用之深。

緬然無因，瞻霞永歎，

緬，遠也。無因，秦晉相遼，恨未一見。仰瞻如在雲霄，歎恨未已。古詩曰：日暮碧雲合，佳人殊未來。意類此也。

順時愛敬，冀因行李，數有承問。

冀，望也。數，頻也。恐因人來，時望示音。

伏願彼大衆康和，外國法師常休納。

問候逍遥譯場清衆。外國乃什公、跋陀等。常納休美之事。

上人以悟發之器而遘茲淵對，

遘，遇也。淵，深也。指論主明敏了悟之人，又遇什公諸師淵對異聞，但歎仰而已。

想開究之功，足以盡過半之思。

開悟窮究大法深旨。繫詞云：觀其象詞，思過半矣。教謂科合半義。

故以每惟乖闊，憤愧何深！

每思見面，隔闊未能，恨之深也。故云憤愧。

此山僧清常，道戒彌厲，禪隱之餘，則惟研惟講，

敘蓮社之事，僧衆道業功行彌勤。禪寂之外，研究至道，講論教乘耳。

恂恂穆穆，故可樂矣。

語云，恂恂，恭也。穆穆，和也。况僧家乃六和共聚，日益快樂。

弟子既以遂宿心而覩茲上軌，

昔有山林究道之志，得預蓮社勝軌，莫之不（真本「莫之不」作「卓不之」）幸。

感寄之誠，日月銘至。

感慶寄懷，深有所託（真本「託」作「説」），不昧同日月之銘也。

遠法師頃恒（真本「恒」作「怕」）履宜，思業精詣，乾乾宵夕。

頃，向也。恒（真本「恒」作「怕」），常也。履於動静也。宜，合也。乾，健也。宵夕，晝夜也。

法師晝夜精健，神思無疲。

自非道用潛流，理爲神御，孰以過順之年，湛氣若兹之勤。

潛，密也。流，注也。御，控也。故乃法味滋神，造理不怠。何以過順之數，道韵如此。順者，孔子云：六十而耳順。若兹乃如此也。

所以憑慰既深，仰謝逾絶。

憑，依也。慰，愛也，安也。既深，有託也。究出世之法，仰謝莫之能況，曰逾絶。

去年夏末，始見生上人示無知論。才運清雋，旨中沉允，推涉聖文，婉而有歸。

文理雙美，深沉允當。引證聖文，所詣有歸。

披味殷勤，不能釋手。真可謂浴心方等之淵，而悟懷絶冥之肆者矣！

披，翫也。味，啖也。殷勤，再四也。釋，捨也。浴，洗也。方等，大乘教也。淵，深也。肆，陳列不一之義。洗（真本「洗」前有「乃」字）滌塵垢，而能開悟大乘，破劣機冥昧之肆。

若令此辨遂通，則般若衆流，殆不言而會。可不欣乎！可不欣乎！

此辨，論文也。遂，得也。通，明也。衆流乃八部，謂大品、小品（真本「小」後有「乘」字）、放光、光贊、道行、文殊問、金剛、實相，故曰衆流。殆，且也。若明此論，八部且不言而自會。重言欣者，歎之不已。

然夫理微者辭險，唱獨者應希，苟非絶言象之表者，將以存象而致乖乎？

險，峻也。希，少也。詮理深，故言詞險峻。唱高和寡，孰能繼之？若非絶言象得意之人，莫能造此深旨。將以執言滯迹，遠之遠矣。

意謂答以緣求智之章，婉轉窮盡，極爲精巧，無所間然矣。

宛轉，美而連環，句義不斷。窮極精當，逾（真本「逾」作「愈」）見功巧，披味不能少間。

但暗者難以頓曉，猶有餘疑一兩，今輒題之如別，

自謙暗昧之人，敘其問意，有數段疑，未能領解。題之別紙。

想從容之暇，復能粗爲釋之。

暇，閑也。粗，略也。因閑略爲解之。

論序云：

指般若論序中也。先敘大蓋之疑，下直勸自悟。下別致三疑，共爲四段。

般若之體，非有非無，虛不失照，照不失虛。故曰不動等覺而建立諸法。

前立宗序中云，其爲物也，實而不有等，已釋之。

下章云：異乎人者神明，故不可以事相求之耳。

前十八章中問答中云，異乎等，答體用中文。

又云：用即寂，寂即用，神彌靜，應逾動。

第十八章文。劉公見文理相違，牒此爲問。式疏云：「劉公乃遠法師之座賓，豈不能開決所疑，不遠（式疏「遠」後有「於」字）千里而求悟也。蓋抑揚論旨，窮詰微妙，以曉於未來。此如先佛會中，本高迹下諸大士也。」共相建立，使教流通故耳。此已上論序云，至向下常所迷昧者，只作一段，義意詳省。下論主直勸除疑，便是不別答耳。

夫聖心冥寂，理極同無，

此總敘前般若非有非無等也。先明體。聖心者，總權實也。冥寂者，顯體也。理者，道理也。同無，如太虛之無。太虛本無生滅，智體道理亦然。

不疾而疾，不徐而徐（真本「不徐而徐」作「不除而除」）。

此語出南華經，如得之於心，應之於手，口不能言也。疾，速也。徐，緩也。今敘全體之用。體則不疾不徐，用則而疾而徐真本「而疾而徐」作「而徐而疾」。有感疾應，未感不應。體用難可測之。

是以知不廢寂，寂不廢知，未始不寂，未始不知。

是以，承上權智體用應感也。今敘實智知用也。寂，體也。廢，除也。上二句明體用不相捨；下二句明相疑前寂即用，用即寂也。

故其運物成功化世之道，雖處有名之中，而遠與無名同。

聖人運悲心導迷拯物爲功。入俗化世，令獲出世之益。隨類應感，差別不同。雖處有名有相之中，而能應之體本寂，故云遠與。遠乃深也，深與無名同也。此疑前應逾動之説也。

斯理之玄，固常所彌昧者矣。

指上。此理之玄妙，故常所彌昧不曉。蓋自謙之。觀前所敘之疑，豈不知有無體用深旨？但假設疑詞，以開未悟故也。下別問三疑。

但今談者所疑於高論之旨，欲求聖心之異，

又别致問也。今談者，劉公指問觀此論之人，疑論中權實體用有無有異也。此「但今談者」，下至「試真本「試」作「誠」爲辨之」，只作一段義意看之。除前大蓋問之，此乃第一段疑問。

爲謂窮靈極數，妙盡冥符耶？

此因前體中非有無，用寂相即。爲謂，乃審定之詞。窮，極也。靈，知照也。極數，照用也。妙盡，智體無知也。冥符者，體無知與無相理冥合。耶，乃疑也。意云，爲當窮極智數，冥符虚無之理，故曰體無知耶？上敘體，下敘用。

爲將心體自然，靈怕獨感耶？

次定用也。爲，復是。自然，無作爲。獨感，自照也。感屬機，應屬聖。意謂爲當心體自然，獨自感悟，不能應機耳真本「耳」作「耶」。

若窮靈極數，妙盡冥符，則寂照之名，故是定慧之體耳。

領上智體與理，同無冥符一致。意謂體上必有照用，可立寂照定慧真本「慧」作「惠」之名。故知情解未忘，乖於法體，論主向下不允。

若心體自然，靈怕獨感，則羣數之應，固以幾乎息矣。

牒上自感，不應機宜，不百（真本「百」作「一日」）羣數。智爲能應，機爲所感。幾，近也。息，止也。劉公雖知體寂無知無慮，未達無心普應，故謂獨感不應機宜，近於止息耳。

夫心數既玄而孤運其照，神淳化表而惠明獨存，

牒上體也。體（真本無「體」字）雖虛寂，照用常然。欲爲寂照之名，可以呼召。不測之智淳一，自然獨感曰化表，故自照獨存也。□（真本爲「劉」）公以會般若體用，但不合立寂照之名於體上，用中以無心爲不應耳。

當有深證，可（真本「可」後有「證」字）試爲辨之。

論旨既深，難以盡曉，且爲辨別分析，以解所疑。

疑者當以撫會、應機、覩變之知，不可謂之不有矣。

二照用空有不同問。疑者，因（真本「因」作「同」）諸人也。因前云：俯仰應接，而無照功。既撫會隨機，必有知照之功用也。何謂無功也？故曰不可謂之不（真本無「不」字）有。不有乃無知也。「疑者」下至「幸復誨之」，作一段義意看之。次前乃第二段疑問耳。

而論旨云本無惑取之知，未釋所以不取之理。

前第一問答體用中云，本無惑取之義。今再牒爲疑。若爲本無惑取，故曰無知者，而

論主未曾解釋不取之理。有何所以？下兩關正難。

謂宜先定聖心所以應會之道，

欲定聖心，必竟知有知無，方能明應之所以。

而真本、集解「而」作「爲」當唯照無相耶？爲當咸覩其變耶？

爲是只照理爲無知？爲當只隨變照物也？變即萬變事真本「事」後有「照」字相。

若覩其變，則異乎無相；若唯照無相，則無會可撫。

既照事相，與理相乖，若獨照理，不能應接。下真本「下」作「不」答云：豈真僞殊心，空有各照？

既無會可撫，而有撫會之功，意有未悟，幸復誨之。

牒上。既無心應物，前論云：聖心有應會之功。必須有知，不可云無知也。未明論之深旨，幸乞重爲誨示。下是真本「是」後有「當問」二字。

論云：「無當則物無不當，無是則物無不是。物無不是，故是而無是；物無不當，故當而無當。」

三是當問。牒上論意。已曾釋之。已上「論云無當」，下至「祛其惑矣」，只作一段義意。次前乃第三段疑問也。劉公所問大蓋，共四段疑問耳。

夫無當而物無不當，乃所以爲至當；無是而物無不是，乃所以爲真是。

劉公已知，真境真智，無相無知，爲至極當對也。但不曉□（真本爲「拂」）迹，是而無是，當而無當，故有此疑爲問也。

豈有真是而非是，至當而非當，而云當而無當，是而無是耶？

疑云，論主恐是對至當説非當，真是立非是，故云是無是，當無當也。疑之未決耳。

若謂至當非常當，真是非常是，此蓋悟惑之言本異耳。

常者，尋常也。是（真本「是」前有「尋常」二字）當境智也。本者，從來也。劉公又疑，對悟者説前至當真是，約迷者説今常（真本「常」作「當」）是常當，故云當（真本無「當」字）而無當。若如是，一悟一惑，從來各别，何必如此言之耶？

固論旨所以不明也。願復重喻，以袪其惑矣。

固者，牒上。雖悟惑，疑其所説未明決定，故論旨未能明曉，更願重爲曉喻，以遺不達。

論至日即與遠法師詳省之。法師亦好相領得意，總結。生法師將論至蓮社。生公乃石點頭者也。劉公與遠法師同看詳究，尋而省之，共愛此文，領其意趣。下明疑意。

但標位似各有本，或當不必理盡同矣。

標指師承。各自有據。論主師什，一音爲宗。劉公師遠，法性爲宗。宗本各別，故有此疑。不必盡同。宗，旨也。

頃兼以班諸有懷，屢有擊其節者，而恨不得與斯人同時也。

頃，向也。班，分布也。屢，數也。擊，扣也。節，要也。非唯法師同問，兼諸懷道真本「道」作「是」之士，疑意亦然。其間甚有造其節要者，恨不得與論主同時議論，乃謂斯人耳。下論主復答之。

節釋肇論卷上

夢庵和尚節釋肇論卷下

參學比丘　悟初　道全　集

法師釋答

論主答劉公書，并釋來問。

不面在昔，佇想用勞。慧明道人至，得去年十二月疏并問。

平昔未嘗會面，佇立想望，介懷不忘。人至得書，方乃疏通情意。問候曰并問。

披尋返覆，欣若暫對。涼風届節，頃常如何？

披味尋翫再三，欣如面對也。即時候而問安，故云如何。

貧道勞疾，多不佳耳。

自謙道德貧乏。勞苦未息，患不造玄，曰不佳。又修行之人，常如病，故亦不佳也。

信南反不悉。八月十五日釋僧肇疏答。

信，書也。復至南方，草略不備悉。書有廣略。上略，下廣，陳意。

服象雖殊，妙期不二；

服之與象，雖各不同，妙理相期，何嘗有異？

江山雖緬，理契即鄰。

同風千里，對面何殊？

所以望途致想，虛襟有寄。

常望途而攀仰，寄懷抱以虛心。

君既遂嘉遁之志，標越俗之美，獨恬事外，歡足方寸，每一言集，何嘗不遠

謂劉公高遁得志，標格（真本「格」後有「越塵」二字）美譽遠聞，恬然物外，歡慶於心。每注述言論，旨趣深遠，孰可比之？

俞（真本、集解「俞」作「喻」）林下之雅詠，高致悠然。

喻，況也。林下有七賢，乃劉靈、向秀等。隱山陽竹林。高上之士，況劉公亦然。

清散未期，厚自保愛。每因行李，數有承問。

清閑散誕之人，未期相見，因以便風，無悋示書（真本「書」作「云」）。

願彼山僧無恙，道俗通佳。

恙，患也。指蓮社僧衆，并周、雷諸儒士，曰通佳。

承遠法師之勝常，以爲欣慰。

承書諭法師動静，且欣真本無「且欣」二字且慰。雖未清承，然服膺高軌，企佇之勤，爲日久矣。雖未承稟誨言，食服高範，仰慕之久。

公以過順之年，湛氣彌厲，養徒幽巖，抱一沖谷，遐邇仰詠，何美如之？

再歎。若非所養高節，道真本「道」作「是」行過人，何以過順之後，氣宇湛然，彌勤真本「勤」作「勤」不息？足見抱道，相繼慧燈，德播遠方，孰不仰詠！

每亦翹想一隅，懸庇霄岸，無由寫敬，致慨良深！

翹，立望也。隅，角也。懸，遠。庇，陰真本「陰」作「廕」也。霄岸乃雲霄之下。在下被恩真本無「在下」，「恩」作「息」庇。恨不得親致敬於左右。致慨乃恨之深也。

君清對終日，快有悟心之歡也。

指劉公對法師，日有開悟，每益異聞之樂耳。

即此大衆尋常，什法師如宜。

答問逍遥園衆，并什法師、外國諸師。

秦王道性自然，天機邁俗，城塹三寶，弘道是務。由使異典勝僧遠方而至，靈鷲之風萃真本「萃」作「華」於兹土。

稱美國主道德好尚佛乘，出其自然。城外曰塹，重重外護三寶。應萬機之餘，弘佛道爲心。聖教高僧，不憚遠涉而至。靈山之風，總聚於此。

領公遠舉，乃千載之津梁也。於西域還，得方等新經二百餘部，

支法領往西土取經回，並大乘方等之教，如津濟橋梁，何啻千載，但多數而已。

請大乘禪師一人，三藏法師一人，毗婆沙法師二人。

禪師乃佛度跋陀，當時惠觀等。於西域請一大德東歸。彼諸德罪真本、式疏「罪」作「曰非」佛陀，餘人不可遂共來之。三藏乃弗若多羅。毘婆沙論師，曇摩掘多與曇摩耶舍等。

什法師於大石寺出新至諸經，法藏淵曠，日有異聞。

即法華、金剛等。

禪師於瓦官寺教習禪道，門徒數百，夙夜匪懈，邕邕肅肅，致可欣樂。

門人，徒衆也。數，三、四已上皆爲數。夙夜，朝夕也。匪懈，不息耳。邕，和也。肅，整也。

三藏法師於中寺出律藏，本末精悉，若覩初制。

經、律、論曰三藏。般若多羅譯律。婬、盜、殺、妄四爲根本罪。僧伽已下謂之末，譯之備悉乃精當，如見佛之初制戒耳。

毗婆沙法師於石羊寺出舍利弗阿毗曇胡本，

秦言無比法。胡本，梵本也。

雖未及譯，時問中事，發言奇新集解「奇新」作「新奇」。

問什法師。弘始十年譯。即知此書九年中事。云時問發言新奇真本「奇」作「耳」。

貧道一生，猥參嘉運，遇茲盛化，自恨不覩釋迦祇桓之集，餘復何恨！

猥，自稱弊猥之人。參，預也。盛化，國之明治也。只恨不在祇園，親覩佛之音容，餘無所恨。

而慨不得與清勝君子同斯法集耳。

更少不足者，未能與劉公朝脯真本「脯」作「晡」聚首。

生上人頃在此，同止數年，至於言語之際，常相稱詠。中途還南，君得與相見，未更近問，惘悒何言。

生法師同在秦三年，常歎美劉公高道之士。已歸廬阜，日與面言也。未更作書，但增悵惘。

威道人至，得君念佛三昧詠，并得遠法師三昧詠及序。

三昧，此云正受，通理事。正念於佛。詠乃歌詩頌等之類也。

此作興寄既高，辭致清婉，能文之士率稱其美，可謂游涉聖門，扣玄關之唱也。

興者，毛詩序云：詩有六義，曰風、賦、比、興真本無「興」字、雅、頌。念佛之詠，乃寄之興義也。歎其佳作清而且美。此能文俊傑之士，盡乃伏膺稱美盛製，非深造玄關，安有是之唱也？

君與法師當數有文集，因來何少？

欲求廣集之觀。

什法師以午年出維摩經，貧道時預聽次。參承之暇，輒復條記誠集解「誠」作「成」言，以爲註解。

弘始八年丙午歲譯也。論主預衆而聽，什公隨譯而講，論主隨聽而註。今見行四註之一是也。條記者，逐文下記録。依講者諦實之語，謂之誠言。

辭雖不文，然義承有本。今因信持一本往南，君閑詳，試可取看。

不文真本「文」後有「乃」字，自謙。承師所説，乃有本據。因便附去，謾閑詳試一觀耳。

來問婉切，難爲郢人。

敘問之詞，婉美切當。莊子真本「子」後有「云」字郢人以堊謾其鼻端，若蠅翼。使匠石斲之。匠石運斤承風，聽而斲之，污盡而鼻不傷。郢人亦不失容。今比劉公來問，如彼匠者好手。論主自謂難爲對受，故比郢人。

貧道思不關微，兼拙於筆語，且至趣無言，言必乖趣，云云不已，竟何所辯。聊以狂言，示訓來旨耳。

亦自謙。神思不關於微妙，兼不能揮毫造語，而况理絶言説，言説乖宗。既來問，云竟何辯也。且以狂言，謾試言之。

疏云：稱「聖心冥寂，理極同無」，「雖處有名之中，而遠與無名同。斯理之玄，固常所彌昧者」。

疏乃前書中稱者，指劉公牒論意也。下者字，牒彼所疑。下勸令悟入。

以此爲懷，自可忘言内得，取定方寸，復何足以人情之所異，而求聖心之異乎？

劉公所述前疑，皆順正理，自稱迷昧，不合生疑。勸令但除疑心，理當自顯。取定在心，不在言也。豈可以斷常情執有異，而求聖心之異乎？已上大蓋所敘之意，皆順正理。直勸悟入，但除其疑，莫除所解。下別真本「別」後有「答」字三段之疑。先第一段。

疏曰：談者謂「窮靈極數，妙盡冥符，則寂照之名，故是定慧真本「慧」作「惠」之體耳。若心體自然，靈怕獨感，則羣數之應，固真本「固」作「同」以幾乎息矣」。

牒彼疏曰，又指彼談論之人前言，謂窮靈等。前釋畢。

意謂妙盡冥符，不可以定惠爲名；靈怕獨感，不可稱羣數以息。

意謂，論主之意也。謂劉公以知體性虛寂，但不合立定惠寂照之强名。是知解未亡也。又知靈怕獨感，但未明獨感爲能應之本。機感則應生，何嘗息也？故云不可。

兩言雖殊，妙用常一。迹我而乖，在聖不殊也。

體用，知無知，應無應，皆謂之兩言。全體全用，未嘗相捨，謂之常一。執言迹之異而乖也。在聖則體用本不殊也。所謂照不失虛，虛不失照。

何者？夫聖人玄心默照，理極同無。既曰爲同，同無不極，

約人辨智。玄心，乃智體虛玄。默照，乃冥照無相之體。理極同一虛無，乃前妙盡冥

符也。既同無至極之理，乃理智混融，泯絕能所耳。

何有同無之極而有定慧之名（真本、集解「名」後有「定惠之名」）？非同外（真本、集解「外」後有「之」字）稱也。

豈有同無至極之體上，却分可定可惠之名？責云何有，是知體上不可立，立則非同，乃外之所稱也。

若稱生同内，有稱非同；若稱生同外，稱非我也。

名字既稱，生於内，非同無至極之體，曰有稱非同。既内證知體外之名字，即知非我智體所有。物謂之然，彼不然也，故云非我也。

又聖心虛微，妙絕常境，感無不應，會無不通，

推上何故。用不可言息矣。能應之心，虛寂玄微，不滯斷常之境，無慮長（真本「長」作「垂」）存，以爲應本。機感則應，會合羣物，無所不通。

冥機潛運，其用不勤，

機乃樞也，運轉之義。喻智用冥寂潛密無心而應，乃不勤也。前云：神彌靜，應逾動。下責所問。

羣數之應，亦何爲而息耶？

既感而後應，何爲〔真本「爲」作「謂」〕息之所説。然劉公所問，以會心體虚無，用常無作。但體上不合立定惠之名。用中疑無心爲不應。今但除其疑，勿除其解。不二體用之理，自然明顯。下敘有境揀異。

且夫心之有也，以其有有。有不自有，

揀異斷常，答前問意，欲求聖心之異故。且夫乃汎敘之語。心之有者，妄心有知用也。有有者，上有字境也。次有因境心有知用。下有牒上知用。因上境，故不自有也。此妄心由境有心有境，無心無不離斷常也。

故聖心不有有。不有有，故有無有。

聖心體用真常，不比前妄心有境而暫有也。下二句，上句牒上，下句有體有用，同虚無之有也。又道佛真法身，猶若虚空。

有無有故，則無無。無無故，聖心不有不無。

真心既體用常有，不比斷見永無，故云則無無。下無字乃斷也。又無無牒上。既無斷見，并無上常見，故云不有不無。

不有不無，其神乃虛。

亦牒上也。聖智體用，不可有無測之。同其虛寂，非斷常之有無也。

何者？夫有也無也，心之影響真本、集解「響」後有「也」字；

何謂妄心不離有無，真心不有不無？夫有之與無者，妄也。心字真也。影響不實也。影響喻真心上所起有無之境。有無妄心，乃真之影響也。

言也象也，影響之所攀緣也。

言象有無，並是妄心攀緣影響。此明劉公執言象有無爲問。略例云：言生於象，尋言以觀象。象生於意，尋象以觀意。又云：得象忘言，得意忘象。若悟心境有無不實者，豈不以即妄契真也。

有無既廢，則心無影響；影響既淪，則言象莫測。

廢，除也。淪，沒也。既不執有無，真心本絶影響虛言，如即波了水，波相自盡。體用既一，境智混融，言象莫測，唯證可到。

言象莫測，則道絶羣方。

道謂教道也。方，法也。法義不一，乃體用有無等，本爲遣情所立。既情忘解泯，法義亦絶，曰道絶羣方。觀云不可亦不可。

道絶羣方，故能窮靈極數。窮靈極數，乃曰妙盡真本無「妙盡」二字。妙盡之道，本乎無寄。

上句躡前，下牒難詞領解。既理智不二，迥絶無寄。清涼云：照體無自，即是證如。前云妙盡冥符，是此之義。但不可立定惠之虚名也。

夫無寄在乎冥寂，冥寂故，虚以謂集解「謂」作「通」之。妙盡集解無「妙盡」二字。

明體也。以智合理，名同寂滅，謂之虚也。

妙盡存乎極數，極數故，數以應之。

顯用也。體具用。應用不虧，曰數以應之。

數以應之，故動與事會；虚以謂集解「謂」作「通」之，故道超名外。

言用則與事會合，言體則理絶名言。

道超名外，因謂之無；動與事會，因謂之有。

但詮體不可實無，且言用勿便定有。

因謂之有者，應夫真有，强謂之然耳，彼何然哉？

用則故有知應之名，體則本無名相之謂。有之，則强立，彼乃不然。

故經云：聖智無知而無所不知，無爲而無所不爲。

實智權智，並即體而用，照理達事，體用未嘗相失。上二句實也，下二句權也。

此無言無相寂滅之道，豈曰有而爲有，無而爲無，動而乖静，静而廢用也？

牒上之意，本非言説。離心緣相，唯證可知。識情難測。執無執有，動静相乖，不離斷常，何臻此旨？此上結顯不言（真本「言」作「二」）之義也。

而今談者，多即言以定旨，尋大方而徵隅，懷前識以標玄，存所存之必當。

責問非真。談者，大蓋汎敘談論之人。意在責於問者。多謂多分也。執言迹以爲旨趣。大方、前識出道書。大方無隅而執隅角，非也。前識者之華也。又認前識爲玄道，豈不遠乎？借外書以斥學者執言教而迷（真本「迷」後有「至」字）理。如劉公所云。欲求聖心之異是也。存，執也。心爲能存，道理爲所存。既存異解以爲必然。

是以聞聖有知，謂之有心；聞聖無知，謂等太虚。有無之境，邊見所存，豈在（真本、集解無「在」字）是處中莫二之道乎？

執言教也。聞説聖心有知無知，便滯兩邊，不造有無不二之旨。

何者？萬物雖殊，然性本常一。

何謂不二中道？物相雖殊，性本虚寂，即幻即真，不二顯理真本「顯理」作「理顯」。

不可而物，然非不物。

可，執也。不物，壞相也。不可執有爲實，亦不可壞相爲無。

可物於物，則名相異陳；不物於物，則物而即真。

執物爲有，名相競生；不執爲實，性相平等。乃即真也。

是以聖人不物於物，不非物於物。不物於物，物非有也；不非物於物，物非無也。

不物，不執也。不非物，不壞也。不執爲有，不壞爲無。緣相非有，緣起非無。非無則不壞假名，非有則而明實相。

非有，所以不取；非無，所以不捨。不捨，故妙存即真；不取，故名相靡因。

物相既虚，復何取之。名相顯然，孰能捨耳？即事即理，妙存不二。名相斯泯，故曰靡因。萬物既攬真本「攬」作「攪」字真而成，真理外無片事可得。

名相靡因，非有知也；妙存即真，非無知也。

明體則不變，顯用則隨緣。

故經云：般若於諸法，無取無捨，無知無不知。

引經證上。諸法乃境物事相情妄也。真智本無取捨之心，謂之無知之體。體本具用，乃乃（真本無「乃」字）無不知也。

此攀緣之外，絶心之域，而欲以有無詰者，不亦遠乎？

此結責情執。攀緣乃妄想也。絶心乃妄心也。詰，問也。聖智出於此境之外，何故却以有無情執而問聖心妙智，豈不遠之甚也？

請詰夫陳有無者，

反詰玄旨。於論主意，再請問陳有無者。前劉公説般若體用有無之異，今推求詰問，必無此理也。者是牒辭。

夫智之生也，極於相内。法本無相，聖智何知？

妄智之生，因境而起，故曰相内。真法無相，真智何知？此乃求有不成。

世稱無知者，謂等木石太虚無情之流。靈鑒幽燭，形于未兆，道無隱機，寧曰無知？

無情者，無靈覺照用也。流者，類也。乃爲無知之智，非無照用。幽燭，深照也。形，現也。未兆（真本「兆」後有「乃」字），朕迹未生前也。機，關也。喻智用運轉，照理達事，未嘗潛隱，豈謂無知？故不同木石太虚耳。乃推無不是。

且無知生於無知，無無知也，無有知也。

牒上。世謂無知之名，生真本無「生」字於木石等上。般若寂而常照，非彼無知，故曰無無知也；亦無妄想有知，故云無有知也。

無有知也，謂之非有；無無知也，謂之非無。所以虚不失照，照不失虚，

皆上句躡前，下句直釋。體用相即，云不失。

怕然永寂，靡執靡拘。孰能動之令有，静之使無耶？

怕，净也。靡，無也。拘，執著也。孰，何也。智體常寂，本無拘執。豈可動之與静，謂有謂無也？

故經云：真般若者，非有非無，無起無滅，不可説示於人。

引經證上。般若智體，本非有無生滅，離四句，絶百非。到這裏又且如何？苟非親證，莫能直饒妙辯瀾翻於此也。甘結真本「結」作「拮」舌。

何則？言其非有者，言其非是有，非謂是非有；

何則真本「則」作「者」，推上玄旨。既言非有無等，爲其般若，何故又云不可説示耶？經

云非有，非實有其照用，故云非有。又不可聞説，非有便謂無也。

言其非無者，言其非是無，非謂是非無。

亦牒經。非頑嚚之無，故云非無。上非實有知用，下非頑嚚之無，勿使謂有也。並皆遣執，必竟於般若何嘗言也？

然則真本、集解無「然則」二字非有非非有，非無非非無。

此二句拂上言迹，恐有云般若雖離二邊之説，既非有非無，又豈不是説也？故更拂之。並上二字牒上，中間非字爲能拂，下二字非有非無，爲所拂之迹。既非名迹，如病瘥藥除，細思可見。

是以須菩提終日説般若而云無所説。此絶言之道，知何以傳。

大品經云：諸天子聞須菩提説般若云，夜叉語上可解，須菩提語不可解。須菩提云：諸天子不解不知，我無所説也。是知真智絶言，言不可及，何以爲言耳？

庶參玄君子有以會之耳。

庶，望也。指劉公究道諸人，契會玄旨於名相之表，豈不千里同風也。下釋第二段疑聞。

又云：「宜先定聖心所以應會之道，爲當唯照無相也？爲當咸覩其變也？」

牒上問辭。下乃照用空有同時答。

談者似謂無相與變，其旨不一，覩變則異乎無相，照無相則失於撫會。然則即真之義惑有滯也。

談者，指上疑問之人。似真本「似」作「自」謂者，不欲直破執無相與變。謂前問照用空有不許雙行，甚違大乘不二之理、即事即真之義。迷之太甚。

經云：「色不異空，空不異色。色即是空，空即是色。」

引大品經。對境明智，智用真本「明智智用」作「明用智智」雙行，顯上即真之義。色相當體空寂，曰色不異空；雖空寂不懷色相，云空不異色。下二句互換相即，簡異斷常。

若如來旨，觀色空時，應一心見色，一心見空。若一心見色，則唯色非空；若一心見空，則唯空非色。

如劉公來問之旨，不許互照，觀色觀空，其心不一。既而各照。即上覩變，異於無相；觀空，失於撫會。

然則空色兩陳，莫定其本也。

領結錯解，滯在兩邊，未造不二之本旨也。

是以經云非色者，誠以非色於色，不非色於非色。

牒上經中即色明空。誠，實也。非色，真空也。於色，幻色也。故云空不異色。下句上非色，真空。下非色，斷空。不説真空是斷滅故。

若非色於非色，

上非色，真空也；下非色，斷滅也。

太虚則非色，非色何所明？

既空於斷滅之空，則太虚何異？太虚斷滅，無知無用，又何必辨明？非此理也。

若以非色

真空也。

於色，

幻色上也。

即非色不異色。

空即是色也。

非色不異色，

既空即是色。

色即爲非色。

色即是空。色空相即，是經正義。

故知變即無相，無相即變。羣情不同，故教迹有異耳。

結顯上無相與變相即實。故（真本「故」作「教」）不二之宗，教迹有異，爲破執心。情執既亡，教亦不立。

考之玄籍，本之聖意，豈復真僞殊心，空有異照耶？

考究經旨也。僞，假也。考窮教之本意，豈能真僞兩心，空有各照也？

是以照無相，不失撫會之功；覩變動，不乖無相之旨。造有不異無，造無不異有。未嘗不有，未嘗不無。

根後互照，理事相即，未暫相捨。

故曰不動等覺而建立諸法。

前引經爲問，今却引前經復證不二之義。

以此而推，寂用何妨？ 如之何謂覩變之知，異無相之照乎？

結責前問。 用經推前之意。 聖智寂用同時，不妨礙也。 如何却謂覩變異乎無相？

決無是理也。

恐談者脱謂空有兩心，静躁殊用，故言覩變之知，不可謂之不有耳。

就解推破。 恐劉公諸人，所見未必如此。 或恐一期脱錯，而言動静殊用，空有各照也。 故言不可謂之不有。 乃覩變事相屬有也。

若能捨己心於封内，尋玄機於事外，齊萬有於一虚，曉至虚之非無者，

封，執也。 齊，平也。 勸令探玄内，除所執，即物造真，自然出於有無言象之外。 本有之智，豈獨在於聖心，凡心亦爾。 乃全真而起。 但即妄即真，回光返照。 既造淵默，信非外來，凡聖同源，誰曾欠少。

當言至人終日應會，與物推移，乘運撫化，未始爲有也。

當言，領上之意。 既除執見，造至虚寂默之理，可言撫接應會，照理達事，未爲有也。

聖心若此，何有可取，而曰未釋不取之理？

既若如是，何取著之有耳？ 意已顯然，復何解釋也？ 結責劉公所問未釋不取之理。

下釋第三段疑問。通前直勸，共四段耳。

又云：無是乃所以爲真是，無當乃所以爲至當。亦可如來言耳。

雙非是當悟惑答。又（真本無「又」字）云，乃牒前所問，亦可如來旨。但劉公以真智無知（真本「無知」後有「而知」二字），真境無相即相，但未曉知而無相即無相即無，故（真本「無」後有「相」字，「故」後有「相」字）立至當非當，真是非是爲對。先領後破，故云亦可。

若能無心於爲是，而是於無是；

若無心立真是，而對於非是，乃甚善也。

無心於爲當，而當於無當者，

至當乃例上可見。既爲是非對待，即不可也。

則終日是，不乖於無是；終日當，不乖於無當。

既除先執見，不立對待（真本「既」前有「即」字，「先」作「前」，「待」作「從」）是非，其理自彰，不待言耳。

但恐有是於無是，有當於無當，所以爲患耳。

既若執心不除，是非對立，真心真境，爲患可知。

何者？若真是可是，至當可當（真本無「可當」二字），則名相以形，美惡是生。生生奔競，孰與止之？

徵上。何爲患也？若立真境真智可是可當爲實，則名相已現，自然美惡心生。美（真本無「美」字）則美好，真名真相。惡則厭惡，非是非當。既而，美惡紛然，輪回奔競，何以止之。下顯正義。

是以聖人空洞其懷，無識無知。

洞亦空也。懷，心也。聖智體寂，空之又空，本絶識知，寧有分别？

然居動用之域，而止無爲之境；處可（集解「可」作「有」）名之内，而（真本無「而」字）宅絶言之鄉。寂寥虚曠，莫可以形名得。若斯而已矣。

空（真本「空」前有「聖心」二字）洞又不比頑空，能於動用可名之境，而絶視聽，觸對皆真。既即妄以同如，豈名相而可得？

乃曰：真是可是，至當可當。未喻雅旨也。恐是當之生，物謂之然，彼自不然，何足以然耳？

若立真是至當於般若與真境體上，則不可也。未曉欲立之意，必竟如何。又恐立於俗諦，可説如此。乃謂之然也。彼真體本絶能所異相，何以强名之有。曰不然，故不許之。何足然者，決不可也。

夫言迹之興，異途之所由生也。

言，教也。迹，義也。且立教詮義，爲所不達之人，如指標月。情執既多，教興不一。凡俗取捨紛繞，皆因名之與相，異途所生，是生死根本也。

而言有所不言，迹有所不迹。

至理妙心，非言辯可及，故曰不可言，不可迹也。

是以善言言者，求言所不能言；善迹迹者，尋迹所不能迹。

善能求言尋迹，須達於無言無迹之理。言迹既亡，情解自絶。無名無相之旨，其在此焉。

至理虚玄，擬心已差，況乃有言。恐所示轉遠，庶通心君子有以相期於文外耳。

虚玄妙理，不可擬心。言解欲窮，遠之尤甚，通心之士，文外相期，反契自如，何嘗遠耶？

涅槃無名論第四

此乃詮前宗本中本無一名也。涅槃，梵語，此翻無爲、圓寂，滅度，乃涅槃真體外之所稱。本絕名相，爲之無名也。論，乃是法往復問答之所謂耳。第四，次前三論之後。前二論真俗不二，顯境一。第三般若權實不二，顯智一。境智不二，顯證一。前乃境智相望，能所未亡。今境智混融，泯絕能所，證亦不立，故謂之無名。從淺至深，故此論來。又雖理由前論，發起亦在秦王。因秦王先唱此宗，論主次而仰述幽旨，故作此論。一則圓滿教意，二乃成立主宗。論成有表上進也。

上涅槃表真本「槃」後有「論」字

下奉上曰上。表，外也，文也。伸明本意，具在表文，并論進上。

僧肇言：肇聞天得一以清，地得一以寧，君王得一以治天下。

總歎王德。聞，外書云。「得一以」等出道德經。彼云：侯王得一爲天下政真本「政」作「故」。少改其文。

伏維陛下濬哲欽明，道與神會，妙契寰中，理無不統真本無「妙契……不統」八字，

指陛下之，不敢直言。濬哲，舜德也。欽明，堯德也。無爲之道，主之神解，契合。

游刃萬機，弘道終日，威被蒼生，垂文作則。

刃，智也。智刃天下，大興佛法。威德覆被生靈，能以禮樂文義垂訓耳。

所以域中有四大，而王居一焉。

出道書，云：道大，天大，地大，王亦大。已上並歎王之道德耳。

涅槃之道，蓋是三乘之所歸，方等之淵府，

聲聞、緣覺、菩薩，三乘也。方等，大乘了義教也。淵府，衆所歸處。歎理深玄。涅槃乃衆聖之所宅也。

渺漭希夷，絶視聽之域，幽致虛玄，殆非羣情之所測。

渺漭，水大之貌。殆，且也。喻智理幽深，且羣情視聽，莫之所及。

肇以人微，猥蒙國恩，得閑居學肆，在什公門下十有餘載。

微猥，自謙鄙猥卑（真本「卑」作「微」）劣之者，如（真本「如」前有「肆」字）市肆陳列之謂也。師什法師席下，如學肆之間。十九師什，三十一亡。則知論成不久示寂也。

雖衆經殊致，勝趣非一，然涅槃一義，常以聽習爲先。

涅槃了義，教中爲最勝，故曰聽習在先也。

肇才識闇短，雖屢蒙誨喻，猶懷疑漠漠，爲竭愚不已，亦如似有解。然未經高勝先唱，不敢自決。不幸什公去世，咨參無所，以爲永慨。

論主自恨才識不遠，涅槃義屢蒙什公誨喻，雖盡愚誠，解猶未徹，又未別經作者高唱，自決不能，但悵惘也。

而陛下聖德不孤，獨與什公神契，目擊道存，快盡其中方寸，

語中云：德不孤，必有隣。目擊者，仲尼曰：若夫人者目擊而道存，不可以容言也。方寸，心也。美秦王與什公深明涅槃妙心，道義相契。

故能振彼玄風，以啓末俗。

秦王乃什公亡後通四科義。第四，一切法空義，即涅槃義也。論主謂涅槃玄風將墜，秦王再能振舉，以開末運世俗。末俗，非小補哉真本「哉」作「義」。

一日遇蒙答安城侯姚嵩書，問無爲宗極。

姚嵩乃秦王叔。有書問一切法空義，云：不審明道之無爲，以何爲體。秦王答云：吾意以無爲爲道，道止無爲，未詳所以宗也。論主蒙答，即決疑心。故作論之因，亦由此也。

「何者？夫衆生所以久流轉生死者，皆由著欲故也。若欲止於心，即無復於生死。

何謂無爲之宗？心境冥合，體寂淵玄，衆生背此，輪轉無休，蓋爲著欲故也。欲者，愛也。種種所愛，皆謂之欲，乃生死之根。但止於心，生死何有也？

既無生死，潛神玄默，與虚空合其德，是名涅槃矣。

潛心默契，理合虚無，横徧竪窮，恒（真本「恒」作「怕」）然獨脱。

既曰涅槃，復何容有名於其間哉？」

涅槃，無爲也。本無作爲，性體湛（真本「湛」後有「然」字）寂，萬法同如，並非異稱。名相詮召，豈不乖宗？已上並秦王語。

斯乃窮微言之美，極象外之談者也。

論主歎上文，乃秦王窮極至理微妙之言，出於言象之外。

自非道參文殊，德侔慈氏，孰能宣揚玄道，爲法城塹，

參，廁也，同也。侔，並也。孰，何也。塹，城外河也。文殊，此云妙吉祥。彌勒，此云慈氏，姓也；名阿逸多，此云無勝，勝德過人。美秦王道德與二大士參並，方能宣揚玄道，爲佛法之城塹也。

使夫大教卷而復舒，幽旨淪而更顯。尋翫殷勤，不能暫捨。欣悟交懷，手舞弗暇。豈直當時之勝軌，方乃累劫之津梁（真本「梁」後有「矣」字）。

淪，沒也。翫，看也。手舞弗暇。暇，閑也。喜之至極，乃手之舞之，足之踏之。能使大教復興。披閱前文，欣悟交集，豈止一時之勝事，爲累劫濟渡之津梁也（真本無「也」字）。

然聖旨淵玄，理微言約，可以匠彼先進，拯拔高士。懼言題之流，或未盡上意。

領上文義。聖心妙旨淵微，言辭簡約，可作先進上機之師匠。中下之者，恐懼言題深浚，必未能盡於上意。下欲作論備之。

庶擬孔易十翼之作，豈貪豐文，圖以弘顯幽旨，

擬，比也。孔易（真本「易」作「子」）作周易十翼，以備易卦。論主欲擬彼所作，贊秦王幽旨，豈貪文之多也？

輒作無名涅槃論。論（真本無「論」字）有九折十演，博採衆經，託證成喻，以仰述陛下無名之致。

標題目，并向下問答綱領，乃廣博採摭經論，託證爲量，讚述上無名之義。

豈曰關詣神心，窮究遠當，聊以擬議玄門，班喻學徒耳。

雖不能闚涉造詣上心，明其深旨，且以擬傍玄關真本無「闚」字，班布曉喻後學。

論末章云：「諸家通第一義諦，皆云廓然空寂，無有聖人。

秦王通第四義，末章有此。云逍遥園諸家，説一切法空義，泯絶歸空，全同斷見。

吾常以爲太甚逕廷，不近人情。若無聖人，知無者誰？」

「太甚逕廷」出莊子。注云：逕廷，激過真本「過」後有「也」字。秦王謂諸家著空過甚，不近於人情。既無聖人，誰證於無理。已上亦王語也。

實如明詔！實如明詔！

論主歎王破衆義甚當。王言曰詔，詔曰明矣。

夫道恍惚窈冥，其中有精，若無聖人，誰與道游？

恍惚窈冥出道書：恍恍惚惚，其中有物；窈窈冥冥，其中有精。今借文，恍惚自有如無。窈冥，深邃也。二義皆不可測度，故知不可定有定無。既若定無，誰游於道？要須即事即真也真本「也」作「耳」。

頃諸學徒，莫不躊躇道門，怏怏此旨，懷疑終日，莫之能正。幸遇高判，宗徒儘然，扣關之儔，蔚登玄室。

頃，向也。躊躇，猶預真本「預」作「豫」也。高判乃秦王判斥也。慉然，快意也。儔，侶也。蔚，盛也。既懷疑不決之旨，慉然明了，進道扣關之侶，玄室蔚登，輻湊駢集。

真可謂法輪再轉於閻浮，道光重映於千載者矣。

佛道光映，出自秦興，再輪法輪，何啻千載？

今演論之作旨，曲辨涅槃無名之體，寂彼廓然排方外之談。

演論，下九折十演也。委曲明涅槃體也。寂乃滅也。排，推也，斥也。助秦王滅諸家廓然之見。莊子云：六合之外，聖人存而不論，乃方外之談也。今論明即事即真，故非方外之説。造真本無「造」字論之意，其在兹焉。

條牒如左，謹以仰呈。若少參聖旨，願勑存記，如其有真本無「有」字差，伏承指授。僧肇言：

條，枝也。牒，葉也。劉子謂短簡編牒，如葉在枝。左，後也。仰，上也。參，合也。存，留也。授乃上與下曰授。少合聖心，勑而存記。恐有差訛，願賜指授。嘉祥傳曰：秦主答旨殷勤，倍加讚述，勑令繕寫，班諸子姪。其爲時所重也。

泥曰、泥洹、涅槃，此三名前後異出，蓋是楚夏不同耳。云涅槃，音正也。

西土五天竺梵音，訛正不同。涅槃音正也。如此方夏音正，梵音訛。譯場三藏，前後異出也。此一翻爲無爲。爲者，作也。至極之理，本自無爲。此名最深。二翻圓寂。德無不備曰圓，障無不盡曰寂。涅槃有三德：般若、解脱、法身，又有四德：常、樂、我、淨。仍具萬德斯弘，乃德無不備也。無有有罪聖人，障無不盡也。三翻滅度。滅謂滅（真本無「滅」字）大患，度乃度四流。四流：欲、有、見、無明也。大患，老子曰：吾有大患，爲吾有身耳。

九折十演者

折者，屈也。屈難偃折。爲有名難者之立。演者，流通不斷之義。難者雖以有名屈折，主者常以無名流通，故謂之九折十演也。向下共一十九章，先以開定義，次乃難問往復，故成九重。原始要終，竟不離一義。乃朝上宗本義也。者之一字牒前。下列章次。

開宗第一

涅槃無名之旨，爲下十八篇所宗，如孔子談孝爲先，乃開宗第一也。

無名曰：經稱有餘涅槃、無餘涅槃者，

無名乃主者之宗，標其所稱也。涅槃已釋。餘，殘也。引經標有餘者，煩惱障盡，身智猶存，曰有餘；無餘者，灰身滅智，謂無餘殘也。此乃小乘所證。若回心二乘及大乘菩薩，不入無餘，異彼故也。

秦曰（真本「曰」作「言」）無爲，亦名滅度。無爲者，取乎虛無寂寞，妙絶於有爲。

爲者，作也。本無作爲，體本虛寂，名相莫詮，即事即真，妙絶於有。三際平等，橫徧竪窮，境智冥符，理同一致耳。

滅度者，言其大患永滅，超渡（集解「渡」作「度」）四流。

大患、四流，上已釋之。若達生死四流，妄因妄果，當體常寂，即是滅大患度四流。不歷僧祇，而登妙覺。豈同小乘實斷實證。

斯蓋是鏡像之所歸，絶稱之幽宅也。

就理釋（真本「釋」後有「世」字）無名之義。鏡像者，如鏡中現像，似有實無。幽深之宅，莫測涯際，乃聖賢所歸之處，如宅堂也。一切有爲色心諸法，並同鏡像不實。若知如是，方知一性平等，本絶異號，乃曰涅槃無名，如百川歸海，同一味耳。

而曰有餘無餘者，良是出處之異號，應物之假名耳。

二涅槃之名，從真起應，成就大事因緣，示有（真本缺「有」以下九字）示無，信是隨機假號。

余嘗試言之：夫涅槃之爲道也，

立義推宗，體超數量。然此之道，凡聖同途，迷悟有殊，寧無得失。所謂背之則凡，順之則聖。先標此句爲總，下多句皆以此句爲宗。

寂寥虛曠，不可以形名得；

沖虛妙理，本絕形名。

微妙無相，不可以有心知。

妙體凝寂，有心莫測。

超羣有以幽昇，量太虛而永久。

超然羣有，量比虛無。

隨之弗得其蹤，迎（真本無「迎」字）之罔眺其首，

蹤跡莫求，面目何覩？

六趣不能攝其生，力負無以化其體。

趣境非攝，造物難遷。

潢真本「潢」作「漠」漭惚恍，若存若往真本「往」作「亡」。

淵曠難窮，有無豈測？

五目不覩其容，二聽真本「聽」作「德」不聞其響。

容音妙絶，視聽何期？

冥冥窅窅，誰見誰曉？

深遠無極，情見愈乖。

彌綸靡所不在，而獨曳於有無之表。

凝眸總是不墮兩邊。涅槃妙道，體本難窮。上一句總標真本「總標」作「標總」，下多句釋之。若更義廣真本無「廣」字句廣陳，盡海水書而莫盡。

然則

承上之謂。

言之者失其真，

道不熟言，言之遠矣。

知之者返其愚，

反者，背也。智知罔及，道體如愚。

有之者乖其性，

性體湛然，有之不可。

無之者傷其軀。

卓然獨耀，斷滅乖宗。

所以釋迦掩室於摩竭，

因上言知有無四句比量，求之不可。今引現量以證前義，故云所以也。世尊初成道在摩竭陀國阿蘭若菩提場中，七日不（真本「不」後有「見」字）説法，同掩室也。又（真本無「又」字）謂名言路絶，狀（真本「狀」作「慘狀」）同掩室。乃以心傳心，唯證相應。離言説相，乃現量親證，故無所説。別有多意，不一具述。

淨名杜口於毘耶，

淨名居士，在毘耶離城，與五千菩薩室中共談不二法門，至末後，淨名所談，乃默然不語。文殊讚曰：乃真（真本「真」後有「入」字）不二法門也。

須菩提唱無說以顯道，釋梵絕聽而雨花。

大品經曰：空生於岩中晏坐，釋梵諸天雨花爲供。空生曰：空中何以雨花？天曰：我見尊者善說般若波羅蜜多。曰：我於般若未嘗說一字。天曰：尊者無說，我乃無聞，是真說般若波羅蜜多。又復雨花而去。初則果佛無說，次則菩薩無說，三則二乘無說，四則天人無說。是知證之此事，則聖凡皆爾。背之則比量俱非，故引四事證之。涅槃義乃明矣。

斯皆理爲神御，故口以之而默。豈曰無辯，辯所不能言也。

御，控也。辯，言也。此之深理難測，妙智方能冥契，故以默之。豈曰一向無辯？必竟辯之莫及。雨花、晏坐、杜詞、掩室，並皆神控，口故難言。不自肯，而莫能知。非大智而安可造化不乏（真本「化」作「代」，「乏」作「之」）賢，今誰能耳？

經云：真解脫者，離於言數，寂滅永安，

引教明上深義。解脫，涅槃三德中一德也。三乘皆具解脫。解脫，離傳（真本「傳」作「縛」）之義。今一乘三德，簡異於彼，故云真也。本絕名言數量，寂然不動，故曰永安。

無始無終，不晦不明，不寒不暑，湛若虛空，無名無說。

既而，寂滅永安，則生死、晦明、寒暑、數量，並皆絶矣。如太虚空，亘（真本「亘」作「冥」）然常住，言説莫能，況之如是。

論曰：涅槃非有，亦復非（真本無「非」字）無，言語道斷，心行處滅。

有之與無，不可也。言之與知，則乖耳。

尋夫經論之作，豈虚搆哉！果有其所以不有，故不可得而有；有其所以不無，故不可得而無。

搆，成也。推究經論，以義立文，豈虚成而無詮表也。果，決也。決有不有不無之理也。

何者？本之有境，則五陰永滅；推之無鄉，則幽靈不竭。

推上。何，故也。本之，乃推窮義。推五陰，色、受、想、行、識諸法，即當體寂滅，謂之涅槃，則不可以涅槃爲有也。又推何有之鄉，又乃幽靈不竭。雖寂寂而惺惺體用，不可曰無也。

幽靈不竭，則抱一湛然；五陰永滅，則萬累都捐。

牒上。幽靈抱一，乃理智相合，同體湛然，萬像都捐，則真外無物，物體皆如。

萬累都捐，故與道通洞；抱一湛然，故神而無功。

亦皆上句牒上。萬累，事也。道，理也。理事不二真本「二」作「一」，智用同根，能所混融，泯絶功迹。

神而無功，故至功常存；與道通洞，故沖而不改。

絶修證之大功。功之永久，顯即事之至道，道之何窮。

沖而不改，故真本無「故」字不可爲有；至功常存，故不可爲無。

妙體至功，不可定無定有，常存不改，且非識識智知。苟能不滯二邊，妙體自然獨靈真本「靈」作「露」。

然則有無絶於内，稱謂淪於外，視聽之所不暨，四空之所昏昧。

然則者，領上之義。内絶有無之相，外絶有無之名。是知聞見莫能。四空昏昧之甚，外道所修。四空定，乃無色界四天也。妄計斷滅，以爲究竟。於此不有不無之理，昏昧轉不能及也。

恬焉而夷，怕焉而泰，九流於是乎交歸，衆聖於是乎冥會。

恬，淡。怕，寂。夷，平。通，泰。體之如是也。九流乃三界九地，亦謂九流。流乃類也。衆聖，三乘也。上兩句顯真本「顯」作「歎」理，下二句會歸。凡聖雖殊，即事造理不別。交歸冥會，平等一如，物我圓真本「圓」作「圖」成，孰不爾耳？

斯乃希夷之境，太玄之鄉，而欲以有無題牓，標其方域，而語其神道者，不亦邈哉！

結超情量，希夷，乃絶聲色也。太玄，揚子有太玄義。玄者，黑也。六合冥然，千差俱泯。冥黑不分，難可測度，乃喻涅槃之道，淵默不可窮之。題牓謂書題牓示。方域，未出名相生滅之境。二乘凡夫，多執有餘無餘名相爲實，標牓神妙不測之道，豈不遠也。此論正欲會權歸實，令二乘即妄即真，同歸一道。下九重十八章問答，開解行證之次第也。下真應異同問真本「問」作「門」。

覈體第二

覈乃窮也。爲真本「爲」後有「前」字云有無絶於内，稱謂淪於外。今執示現生滅之相，推究窮覈涅槃真真本「真」後有「諦」字體，何以絶有無名相？據人、天、二乘所見，應化爲實，疑真身何以離於名相。

有名曰：夫名號不虚生，稱謂不自起。

有名，標難者之問辭。名因相起，言由名生，故不虚稱也。

經稱有餘涅槃、無餘涅槃|真本、集解「槃」後有「者」字，蓋是返本之真名，神道之妙稱者也。

前經也。有無二涅槃，乃聖人示迹還源所稱也。今有名者，以二乘所見應化爲真，未達真身寂滅，報體相續無窮，執生滅之身，爲返本真實。則知向下所説，認化身示迹，爲大覺法身。所説行相，正符小教。雖法報標名，釋義多論化相。欲破二乘、凡夫執化爲真，令造真化不一不二之旨耳。

請試陳之|真本有注，云：「此句主家語，請陳行相如何。」：有餘者，謂如來大覺始興，法身初建，

如來，從如實道來應羣機。大覺，乃自覺、覺他、覺行圓滿。始興，乃初也。斷盡惑業，於金剛座上水菩提樹下，成道之時。法身者，戒、定、惠、解脱、解脱知見，五分法身初圓也。乃八相中成道相也。又丈六金身、三十二相、八十種好，二乘認以爲真，故今指之。

澡八解之清流，憩七覺之茂林；

澡，浴也。憩，歇也。茂，盛也。八解乃八解脱也。覺乃七覺支也，即菩提分法。成道，故如澡浴憩歇於彼林耳。

積萬善於曠劫，蕩無始之遺塵；

因行已圓也。因中積行，果滿絶塵矣。

三明鏡於内，神光照於外；結僧那於始心，終大悲以赴難；

鏡，照也。僧那，梵語，此云四弘誓願。赴難者，衆生患難之中救度，乃滿度生願。三明者，乃天眼，知現在；宿命，知過去；漏盡，知未來。乃内證根本，外發後得，故謂三明神光照内外也。此乃智行已滿，始發四心，終悲願足，此願行圓也。已上自利、利他，悲智雙興[真本「興」作「具」]。

仰攀玄根，俯提弱喪；超邁三域，獨蹈大方；

攀，折也。俯，下也。弱喪乃迷背衆生也。超邁，出也。蹈，踐也。大方，道也。上乃仰窮至道，下則俯拔羣機。三有已過，大方獨步耳。

啓八正之平路，坦衆庶之夷途；騁六通之神驥，乘五衍之安車；

開八正路也。坦，平也。衆庶，不一也。夷途，邊見也。騁，奔也。六通，三明外加天耳、他心、如意。驥，快馬也。乘，運也。衍，乘也。三乘更加人、天爲五安車。乃安載車也。坦平正道，使邊見同歸；驟騁神威，令衆車離宅。

至於出生入死，與物推移；道無不洽，德無不施；

洽，潤也。生死界中，應機隨順，道德普施，洽潤周廣耳。

窮化母之始物，極玄樞之妙用；廓虛宇於無疆，燿薩雲於幽燭；

窮，極也。化母，造物也。窮極盡化母，一切事相，色心諸法也。極，縱也。玄樞，後得智也。廓，徹也。虛宇，真理也。疆，邊也。薩雲（真本「雲」作「曇」），梵語，具（真本「具」作「輿」）云薩雲若，此云一切智。上二句，後得達俗。下二句，根本證真也。

將絶朕於九止，永淪太虛，而有餘緣不盡，餘迹不泯，業報猶魂，聖智尚存，此有餘涅槃也。

將，近也。朕，迹也。九止，九地也。淪，沒也。餘緣，殘機也。餘迹，身相也。聖人將欲示滅，滅同太虛，餘緣殘迹（真本「迹」作「機」）未盡，化母（真本「母」作「身」）未泯，無漏業報所招，神魂聖智尚存，乃有餘也。

經云：淘冶塵滓，如鍊真金，萬累都盡，而靈覺獨存。

引經證成上義。引喻如鍊金，陶汰溶冶，滓鑛俱盡，金體自現，如修行證理，業惑俱亡，覺性自顯現。存身智，乃有餘。下陳無餘行相。

無餘者，謂至人教緣都訖，靈照永滅，廓爾無朕，故曰無餘。

今敍無餘行相。教乃法也。緣乃機也。靈照，智也。迹乃相也。示迹應機，教緣俱了。不存身智，以顯無餘。

何則（真本無「則」字）？夫大患莫若於有身，故滅身以歸無；勞勤莫先於有智，故絶智以淪虛。

何則，推上也。有身有智，故有大患勤。若約小乘詰難，灰身滅智以謂實然。

然則智以形倦，形以智勞，輪轉修途，疲而弗已。

形智相害，流轉生死，疲極之勞，何而止也。

經曰：智爲雜毒，形爲桎梏。淵默以之而遼，患難以之（真本、集解「之」後有「而」字）起。

雜毒，藥也。桎梏，山海經云：桎其足，梏其手，乃杻械也。淵默，道也。遼，遠也。起，生也。雜毒之智數生，使身勞役，桎梏之身所縛，智不自如。造淵默之莫能，使患難而競起。下云。

所以至人灰身滅智，捐形絶慮；內無機照之勤，外息大患之本；超然與羣有永分，渾爾與太虛同體；寂焉無聞，怕爾無兆，冥冥長往，莫知所之。

小乘之人，不了化相，執示迹爲真，故有生滅。乃滅身絶智。內無照根，外無患本，離三界羣有。混廓爾太虛，聲色既絶（真本無「絶」字）蹤由，視聽莫知所往。下引喻。

其猶燈盡火滅，膏明俱竭，此無餘涅槃也。

引喻結證上意。膏明喻身智。俱滅方乃無餘。膏，身也。明，智也。

經云：五陰永盡，譬如燈滅。

又引經證無餘之名可立也。

然則有餘可以有稱，無餘可以無名。無名（真本無「無名」二字）立，則宗虛者忻尚於沖默；有稱生，則懷德者彌仰於聖功。斯乃典誥之所垂文，先聖之所軌轍。

然則領上所陳涅槃有餘無餘行相。次是如此。可立二名。名立，不無所益。立無則趣寂之者，忻尚沖默；立有則欽慕功行之人，崇仰聖功也。勝髣（真本「髣」作「髴」）諸經並說先聖軌轍如是也。

而曰「有無絶於內，稱謂淪於外，視聽之所不暨，四空之所昏昧」，使夫懷德者自絶，宗虛者靡託，

牒前序中文。若總不立名稱，懷德宗虛，並無歸託。下立喻責之。

無異杜耳目於胎㲉，掩玄象於霄外，而責宫商之異，辨玄素之殊者也。

舉喻。杜，閉也。玄象，色相也。責，求也。宫商，五音之二。玄素，黑白，五色之二。既掩耳目在胎殼之中，使玄象音響於雲霄之外，如何令辨黑白、宫商之異？定無此理。

子徒知遠推至人於有無之表，高韻絶唱於形名之外，而論旨竟莫知所歸，幽途故自蘊而未顯，

子者，指論主也。徒，虚也。幽途，理也。蘊，藏也。難者謂論主徒能遠推聖人，出於有無、名相之外，所説之旨，並無所歸，淵默之理，曷能明顯也？

静思幽尋，寄懷無所，豈所真本無「所」字謂朗大明於冥室，奏玄響於無聞者哉？

結顯乃無所益。静其思慮，冥究論旨，寄懷實無所託。爭似燭巨焰於闇室，奏大音於不聞。既而不立名稱，作論有何所益也？下真應異同答。

位體第三

位，次也。從真起應，示生示滅，從有而無，位次道理如是。體，依也。涅槃本非名相，能爲萬有所依。難者見出現入滅位次，執化相以爲真身，故以名相有無，難前章絶名名相之體。今令達化位即體，故曰涅槃真本「涅槃」作「位體」。

無名曰：有餘無餘者，蓋是涅槃之外稱，應物之假名耳。

牒難者欲立有無二涅槃之名，蓋不知外稱假名。今乃真真本「真」作「直」破也。

而存稱謂者封名，志器象者耽形。

封，執也。志，慕也。器象乃色相也。耽亦執也。不達聖人示現之迹，執名慕相爲實，既不了依它真本「它」作「他」，而乃執遍計，殊不知情有理無，直下圓成耳。

名也，極於題目；形也，盡於方圓。方圓有所不寫，題目有所不傳。焉可以名於無名，而形於無形者哉？

世間稱呼，不出題目；相狀不出方圓。涅槃之體，本非名相，安能方圓圖寫，題目傳流？

難序云有餘無餘者，信是權寂致教之本意，亦是如來隱顯之誠迹也。

牒前難者所陳。權，有也。寂，無也。執如來有無二相爲實，乃非也。須知示權示滅，立教隨機之意。隱顯者，亦示現生滅之現事迹也。

但未是玄寂絶言之幽致，又非至人環中之妙術耳。

玄寂乃涅槃。有無雙寂，即事即真之幽致。環，空處也。術，法也。權寂，有無也，非玄寂之深理也，又非即相無相中道不二妙術也。

子獨不聞正觀之説歟？維摩詰言：我觀如來無始無終，六入已過，三界已出；不在方，不離方；非有爲，非無爲；

謂難者曰子。經有正觀此説，何獨不聞？浄名答世尊問云：我觀如來無始無終，豈有初生後滅？六入：眼、耳、鼻、舌、身、意。三界：欲界、色界、無色界。真身湛寂，非根塵器界所拘，又不離不在也。法身徧在一切處，不離方，亦無形相而可得。不在方，非有；不造作，非無，離斷空。

不可以識識，不可以智知；無言無説，心行處滅。以此觀者，乃名正觀；以他觀者，非見佛也。

既體離有無名相，不可以（真本無「以」字）識識智知、名（真本無「名」字）言詮顯。不即不離，乃名正觀；執有執無，非真佛體。即知難者但認應化，不明此理也。

放光云：佛如虚空，無去無來，應緣而現，無有方所。

佛，此云覺，有三身：法、報、化。約理體爲法身，約智用爲報身，約事用爲化身。始覺合本爲真。全真起用爲應，喻虚空。空有三義，乃横徧、竪窮、合（真本「合」作「含」）容也。

真身徧一切處，具河沙功德，本絶去來動静。乃明體也。下二句明位次之用，全真之應，隨類差殊。小大之機，無不隨順。所謂應以佛身得度之謂也。良由悲願稱法性，故云應緣而現也。

然則聖人之在天下也，寂寞虚無，無執無競，導而弗先，感而後應。

領上經意曰然則。繫辭〔真本無「繫」字〕云：寂然不動，感而遂通天下之故也。全真之應，無處不周。名相之求，何窮面目。機緣未熟，無先導〔真本「導」作「等」〕之心；感而後應，有相好之説。

譬猶幽谷之響，明鏡之像，

引喻證上真應不一不二之理。谷、鏡，喻真體；響、象，喻應身。谷幽，故能答響；鏡明，故乃現象。

對之弗知其所以來，隨之罔識其所以往。恍焉而有，惚然〔真本「然」作「焉」〕而亡。

釋鏡喻，對之來無所從，去無所往。先以鏡喻應身來去之相，應機如鏡象，恍有惚無。

動而逾寂，隱而彌彰。出幽入冥，變化無常。

次以谷喻應身去來之名。名隨迹而有出幽也。谷隨召而有彰顯耳。無聲曰逾寂，答響曰彌彰。如佛應機説教。感不感（真本無「不感」二字）有去來之名，隱不隱有不常之變，但隨機感不感故也。

其爲稱也，因應而作，顯迹爲生，息迹爲滅。生名有餘，滅名無餘。然則有無之稱，本乎無名。無名之道，於何不名？

上涅槃之名，因應緣而乃有。稱呼體本無名，隨機感而故成異號。

是以聖人居方而方，止圓而圓，在天而天，處人而人。

牒上。全真之應，隨（真本無「隨」字）方圓現方圓之相，處人天作人天之身。身爲正報，相爲依報。乃依乃正也。

原夫能天能人者，豈天人之所能哉？果以非天非（真本無「非」字）人，故能天能人爾。

先反先反原夫乃推窮義。能天能人乃體也。□□□□隅也。□□□□（真本無空白）既非天非人非方（真本無「非方」二字，以下無空白。）□□□□能圓也。又以性就相，能方圓天人，乃依正體殊矣。又以相就性，非天人方圓，身上體同，乃偏歸正位。

其爲治也，故應而不爲，因而不施。因而不施，故施莫之廣；應而不爲，故爲莫之大。

治乃治化，雖治化應機，體絶施爲之相。前云因應而作，牒上。雖無施爲之迹，施爲大莫可加。

爲莫之大，故乃返於小成；施莫之廣，故乃歸乎無名。

大用無方之體，復返成丈六小身。稱真萬德之號，却歸乎絶稱無名。

經曰：菩提之道，不可圖度，高而無上，廣不可極，淵而無下，深不可測，大包天地，細入無間，故謂之道。

引經證上。菩提乃智用，不可圖量測度也。無間乃隣虚塵也，更無中間之位。全真道體，仰之無上，俯之無下。大無不包，細無不入。能如是者，非它（真本「它」作「他」）莫能。

然則涅槃之道，不可以有無得之，明矣。

上菩提，智用。既不可圖度，例涅槃理體，故當如此也。

而惑者覩神變，因謂之有；見滅度，謂（真本、集解「謂」前有「便」字）之無。有無之境，妄想之域，豈足以標牓玄道而語聖心者哉（集解「哉」作「乎」）？

結責難者不了真應之身。覩神變示有示無之相爲實。有無名相，乃凡情顛倒之境，豈可執爲玄道聖心？

意謂至人寂怕無兆，隱顯同源，存不爲有，亡不爲無。

真體湛寂，生滅示迹，同源。存之非有，亡乃非無。

何則？佛言：吾無生不生，雖生不生；無形不形，雖形不形。以知存不爲有。

何則，徵上不有無也。先單釋不有。佛應機生，必兼形也。若十重身土真本「土」作「上」，形不兼生，乃隨機而化也。所謂三尺、一丈六，且圖携手歸。既曰示迹，體常寂滅。雖形不形也。故曰存不爲有。

經云：菩薩入無盡三昧，盡見過去滅度諸佛。又云：入於涅槃而不般涅槃。以知亡真本無「亡」字不爲無。

引經。此亦單釋不無。菩薩，此云覺有情。三昧，此云正受。般乃入也。既見過去諸佛，又云入真本無「入」字而不入也。示現入滅，其實不曾滅也。故曰亡不爲無。

亡不爲無，雖無而有；存不爲有，雖有而無。雖有而無，故所謂非有；雖無而有，故所謂非無。

宛轉釋成不有不無之義。不可存亡爲實，須信即應即真，本絶去來名相。

然則涅槃之道，果出有無之域，絶言象之逕，斷矣。

逕，路也。斷，定也。領上之義，決定如此。

子乃云：聖人患於有身，故滅身以歸無；勞勤莫先於有智，故絶智以淪虛。無乃乖於集解「於」作「乎」神極，傷於玄旨者也。

牒前難者之文。謂聖人厭患身智，豎真本「豎」作「竪」執示相，故責之也。無乃，責辭。若實如是，豈不乖於全真之應，教意玄妙深旨也？

經曰：法身無象，應物而形；般若無知，對緣而照。

引經證前，無象而應，無知而照。即體之用，可知前即真之應不別。既見智即真而應，應本自真，故即身無身，即智無智，何厭患難而取於寂滅耶？

萬機頓赴而不撓其神，千難殊對而不干其慮。

羣□□□感，頓往不差，衆難俱臨，殊應並對，蓋體真本「體」後有「本」字無知無慮，應用方能如此耳。

動若行雲，止猶谷神，豈有心於彼此，情係於動靜者乎？

雲本無心，喻頓赴不擾於神也。谷本無聲，喻殊對不動其慮也。二物如是，彼此無情。應對隨機，何嘗動靜？

既無心於動静，亦無象於去來。去來不以象，故無器而不形；動静不以心，故無感而不應。

既不以象以心，自然隨器現形。有感即應，道理如是，無足疑也。

然則心生於有心，象出於有象。象非我出，故金石流而不燋；心非我生，故日用而不動。紜紜自彼，於我何爲？

我者，法身真我也。前執有餘相好之象。蓋機感能招，非我所有，故劫火壞時，金石流亦不壞。蓋全真之體也。心非我生，即智用隨機感而紜紜，於我何嘗動也？上破執有，下破執無。

所以智周萬物而不勞，形充八極而無患。益不可盈，損不可虧。

身智隨機，徧周法界。即真之應，無患無勞。雖應不可爲有，雖滅不可爲無。故曰不可盈，不可虧也。八極，四方、四維也。下責云：

寧復痾癘中逵，壽極雙樹，靈竭天棺，體盡焚燎者哉？

寧復者，豈有也。泥洹經云：佛將般涅槃，赴拘尸長者齋回，中路患痢。雅書云：逵乃路也。此取中路曰逵。雙樹即娑羅樹，此云堅固。四雙八隻，四榮四枯，表常、無常真本無「無常」二字八倒。於中，顧真本「顧」作「以」西面南，右脇示滅。靈竭者，智滅也。體盡真本無「盡」字者，身滅也。依輪王古式棺法，化火焚之。廣有異事，不一具述耳。

而惑者居見聞之境，尋殊應之迹，秉執規矩而擬大方，欲以智勞至人，形患大聖，謂捨有入無，因以名之，

責執有執無，不達示迹，見應機殊異以爲真實。如將方圓小相，擬大方無隅之道。又見示滅，謂捨有入無，爲返本實然，可謂色見聲求，謗佛之甚矣。

豈謂採微言於聽表，拔玄根於虛壤者哉？

採，摭也。微言乃諸經妙言也。拔，取也。玄根，道也。壤乃如土真本「土」作「上」之不實，以喻化相。前難者執示迹有餘無餘，豈能採實教微言於名相之外，拔玄道於化迹真應不實不二之間？釋真應異同畢，下有無即離問。

徵出第四

徵，推也，問也。前章明涅槃出有無，故今徵問出之所以。

有名曰：夫渾元剖判，萬有參分。有既有矣，不得不無。無不自無，必因於有。

渾元乃混沌也。儒書謂天地未分，三才混真本「混」後有「爲」字一氣。至於剖判，清昇爲

天，濁墜爲地，和氣於中，曰人。三才啓運，不過三而分之。難者引而爲問。諸法不出有無之數。前來論中，何謂出於有無？既三才啓運，無非屬有。對有立無，無因有而所立也。

所以高下相傾，有無相生，此乃自然之數，數極於是。以此而觀，化母所育，理無幽顯。恢詭譎怪，無非有也。有化而無，無非無也。

所以，領前。有無相對，如高下相傾。對待之法，自然如此。化母，道也。育，養也。幽顯名相，皆從道之所生。莊子云：恢詭譎怪，道通（真本無「通」字）其一。恢，大。詭，戾。譎，乖。怪，異。上所引亦屬有。既而變滅，未免於無也。

然則有無之境，理無不統。

難者意謂涅槃亦屬二法統攝。

經云：有無二法，攝一切法。

引經證前，以爲聖教量。

又稱三無爲者，虚空、數緣盡、非數緣盡。

小乘教説無爲有三：一、虚空。太虚非生住異滅，性離作爲。二、數緣。太數乃智數也。以智爲緣，揀擇諸惑，顯滅盡理，即擇滅無爲也。正是小乘斷妄證真，滅盡業果，方得泥洹。三、非數緣盡。非擇滅無爲。不假智數擇斷而得滅盡，故云非擇滅也。乃本性自清浄故。

數緣盡者，即涅槃也。

指擇滅所顯爲真實無爲。前難者雙執有無二相爲真，今則已知有相非真，故疑無相必實。雖則捨有取無，意謂亦不過二相，故責無爲何離有無也？

而論云：有無之表，別有妙道。妙於有無，謂之涅槃。請覈妙道之本。

牒前論主所云，果出有無之文。請無名者細窮有無真本無「有無」二字，豈出有真本「出有」作「有出出」無之理耶？

果若有也，雖妙非無真本「無」後有「雖妙非無」四字，即入有境。

牒前即體而有，雖妙，當入有境。

果若無也，無即無差。無而無差，即入無境。

亦牒前。即用而無，雖入無差真理，實入無境耳。

總而括之，即而究之，無有異有而非無，無有異無而非有者，明矣。

總括，窮究。豈有離有言有，離無言無？

而曰有無之外，别有妙道，非真本「非」作「外」有非無，謂之涅槃。吾聞其語，未即於心也。

牒前書真本無「書」字出有無之文。未契於心，有此疑也。下雙超不離答。

超境第五

超乃出也。境謂色等六塵。難者先以有無求真，次問出之所以。今明真體超出色聲妄境，不可執化迹爲真。前曰果出有無之域。

無名曰：有無之數，誠以法無不該，理無不統。然其所統，俗諦而已。

先縱有無事相，生則名有，滅則名無，實不出有無所該，云俗諦而已。乃上縱下奪也。

經曰：真諦何耶？涅槃道是。俗諦何耶？有無法是。

真諦非如是。

出大品經，乃證前。然真俗二諦，不即不離。謂難者以俗混真爲問。今且就不即問真本「問」作「門」中示之。有無名相，乃俗諦之謂。真諦絶稱，即不可也。

何則？有者，有於無；無者，無於有。有無所以稱有，無有所以稱無。

何謂有無是俗諦也？有出於無，無生於有。所謂有，所謂無也。

然則有生於無，無生於有，離有無無，離無無有。有無相生，其猶高下相傾，有高必有下，有下必有高矣。

然則，領上。傾，奪也。高下相傾，如有無相生。決定如此。

然則有無雖殊，俱未免于有也。

上有無高下，既爲對待之法，總屬於有，乃俗諦之有法也。

此乃言象之所以形，是非之所以生，豈足以統夫幽極，而擬夫神道者乎？

結責難者之非。豈以對待有無、是非、言象，擬並幽極不測之妙道耶？

是以論稱出有無者，良以有無之數，止乎六境之内。六境之内，非涅槃之宅，故借出以祛之。

論乃前位體中云果出有無之語。乃自牒之也。凡有無數量，不出六境。然而大乘境界，不即不離。因位體中答難者覈體中執應爲實，故就不即問（真本「問」作「門」）中遣之，故曰假借出乃祛之也。

庶悕道之流，髣髴幽途，託情絶域，得意忘言，體其非有非無，

庶，望也。悕，求也。髣髴，近也。幽途，道也。託，寄也。絶域，境也。望（真本「望」後有「求」字）道之士，離於邊執，近於正道，如此操心，自然得意忘言，契證不有不無之理。

豈曰有無之外，別有一有而可稱哉？

前借出乃不即義，今朝（真本「朝」作「明」）不離之義。豈曰有無真應之外，別有一有可稱？此乃即境超境之義耳。

經曰「三無爲」者，蓋是羣生紛繞，生乎篤患。篤患之尤，莫先於有，絶有之稱，莫先於無。

牒前難者所引之經。紛，飛也。繞，纏也。篤，重（真本「重」作「重霊」）也。患，害也（真本無「患害也」三字）。尤，深也。前難者引經，意不出無境。不達經意。蓋謂衆生著於紛冗有境。欲絶執有，莫先於無破之。

故借無以明其非有。明其非有，非謂無也。

故權教三乘，皆説擇斷惑業，而證無爲。故借無爲真實，以破執有顛倒，故云非有。非有亦非斷滅之無，故云借耳。謂難者執權經，疑其實旨也。今但破執，非謂無也。

下真本「下」作「不」雙非即離問。

搜玄第六

搜，求也。玄，旨也。搜前不即不離，玄妙旨趣，何故非即又非離也？

有名曰：論旨云，涅槃既不出有無，又不在有無。

不出，非離也。不在，非即也。

不在有無，則不可於有無得之矣；不出有無，則不可離有無求之矣。求之無所，便應都無。

論旨，前章所説也。不可即之而求，又不可離之而求。二既都不可，恐應無道可求也。

然復不無其道。其道不無，則幽途可尋。所以千聖同轍，未嘗虛返者也。

難者又疑，道豈可無耶？故云然復。幽途，道也。轍，車路也。返，還也，歸也。道既有在，進修可窮。衆聖同路而還源，未嘗無道而可證也。又涅槃乃衆聖之所宅。盡歸於彼宅也。

其道既存，而曰不出不在，必有異旨，可得聞乎？

既不虛歸，則其道存焉。已知不出不在之間，未達不出不在深旨。求可示誨也。爲前難不正〔真本「正」作「止」〕，乃請益而問。已上解心將圓耳。下乃即離同時答。

妙存第七

妙，微也。存，在也。謂前難者，求誨不出不在之旨，今答妙存於不出不在之間，曰妙存。

無名曰：夫言由名起，名以相生，相因可相。

言因名而有，名因相而生。凡夫徧計，執之爲實，曰可相可名也。

無相無名，無名無説，無説無聞。

可相可名，蓋妄情所有。若知徧計名相，依它即相，圓成復何言説？而求説者，道之何可論耶？

經曰：涅槃非法，非非法，無聞無説，非心所知。

引經證前。非即非離，本絶聲名句文，故不可測。

吾何敢言之，而子欲聞之耶？

擬心即差，言生理喪，既而求誨，何以阻情？

雖然，善吉有言，衆人若能以無心而受，無聽（真本「聽」後有「者」字）而聽者，吾當以無言言之。

領上不已而然也。梵語須菩提，此云善吉、善現、空生，三名。彼經云，受言無執心，聽言無聞惑。前理絶名言，今不欲違來問，乃假言顯旨。問者受義，若不執滯斷常，説者乃可寄言耳。浄名亦云：夫説法者，無説無示；其聽法者，無聞無得。

庶述其言，亦可以言。

若不滯言，乃當言也。下正引經。

浄名曰：不離煩惱，而得涅槃。天女曰：不出魔界，而入佛界。

此正顯妙存之義，引維摩經呵舍利弗章文。煩惱即根本惑業也。小乘實斷而證真，大乘了性空而同道。永嘉云：無明實性，即佛性。故云不離煩惱，即涅槃也。天女者，同一經也，觀衆生品。天魔者，具云魔羅，此云殺者，即婬、怒、癡等，殺惠命故。佛，覺也。界，性分也。婬怒當體，即真佛界不別，故曰不離魔界（真本無「界」字），而即佛界也。既了真妄同體，方能不出不離。妙存之義可見。

然則玄道在於妙悟，妙悟在於即真。

能了妙契，不滯所造，即事皆真。

即真則有無齊觀，齊觀則彼己莫二。

有無相即，一義而已。彼之與己，物我同如。

所以天地與我同根，萬物與我一體。同我則非復有無，異我則乖於會通。

所以，領上義。天地萬物乃有無之數。我者，涅槃真我也。事相既當體即真，與我同根一體，同則有無自絶，異乃不能融通。

所以不出不在，而道存乎其間矣。

理事存泯，同時此無。妙存之義，乃正解也。

何則？夫至人虚心冥照，理無不統。懷六合於胸中，而靈鑒有餘；鏡萬有於方寸，

而其神常虚。

冥，默也。統，攝也。六合，四方上下也。懷，包也。鏡，照也。方寸，心也。神亦心也。能鑒之心冥寂，所照之境無不統攝。乃六合胸内，尚有餘照之多；萬有心中，猶剩虚閑之廣。絶待之體，何處不周？至人如是，誰獨不然？但自回光，各非欠少。

至能拔玄根於未始，即羣動以静心，恬淡淵默，妙契自然。

乃顯能德也。蓋能證玄理於未形，即有境而恬寂，非真本「非」後有「造」字道以淵默真本無「默」字源，安妙契之如是。

所以處有不有，居無不無。

領上不坐二邊。

居無不無，故不無於無；處有不有，故不有於有。故能不出有無，而不在有無者也。

牒上。展轉釋成不有不無，不即不離之旨。下正釋不二之旨。

然則法無有無之相，聖無有無之知。聖無有無之知，則無心於內；法無有無之相，則無數於外。

法體本真，真無有無之虛相；聖本無知，知無有無之分別。無虛妄分別曰心無內，無名相觸對則數無外。

於外無數，於內無心，此彼寂滅，物我冥一，怕爾無朕，乃曰涅槃。

所觀無相，能鑒無知，物我同如，此彼寂滅，能所泯絕，非證莫知。

涅槃若此，圖度絕矣，豈容可責之於有無之內，又可徵之於有無之外耶？

結責難者。涅槃即絕名相、有無、數量，豈可徵問於有無，離有無而求？前覈體中，以有無名相推責真體。又前徵出中，問出有無。搜玄中，雙問不出不在。今雙遣之。須知不即不離，妙存之間真本「間」作「聞」矣。上就真應明等解已竟。下即解明等行。先解一疑三問。

難差第八

難，問也。差，別也。因上說物我冥一，乃曰涅槃。何故修證人有三乘不同？以解中法一，難行中人三，曰難差。

有名曰：涅槃既絶圖度之域，則超六境之外。不出不在，而玄道獨存。

牒前論意。

斯則窮理盡性，究竟之道，妙一無差，理其然矣。

易云：「窮理盡性，已至於命」。今窮諸法，已至於性。真性平等，人法不二，境智混融，究竟妙一之道真本無「道」字，本無差也。前曰物我冥一。

而放光云：三乘之道，皆因無爲而有差別。

前章云涅槃妙一無差，而經中真本「中」後有「都」字有三乘差別。二乘證我空理，菩薩了我法二空。證理差別也。金剛亦云：一切賢聖，皆以無爲法而有差別。

佛言：我昔爲菩薩時，名曰儒童，於燃燈佛所已入涅槃。儒童菩薩時於七住，初獲無生法忍，進修三位。

經説釋迦因中爲摩衲婆仙人，此云儒童。於三阿僧祇劫修行。初劫滿，遇寶髻佛，時在初地。次劫滿，遇燃燈佛，時位居七地。後劫滿，遇勝觀佛，時在十地。今據次劫七住。初已入涅槃者，證無爲理也。進修三位，如順流舟，自然流入薩婆若海。古譯七地云七住。

若涅槃一也，則不應有三，如其有三，則非究竟。

放光説三乘，儒童有三位。既有三，則非究竟妙一無差之理耶。

究竟之道，而有昇降之殊。衆經異説，何以取中耶？

昇，上。降，下也。既而究竟，何有高下之殊？而衆經與論旨有異，如何取其上真本「上」作「正」義？下第十四章，再問此三位。下開一成三答。

辨差第九

辨，明也。差，別也。謂前難者，不達法一人有三乘。今明即一而三，三真本「三」後有「皆」字即一，曰辨差。

無名曰：然究竟之道，理無差也。

顯難者之意，究竟無爲之理實無差别也。然此一乘，即一心法也。本具智惠德相，生、佛平等。正欲會歸也。

法華經云：第一大道，無有兩正。吾以方便，爲怠慢者於一乘道分别説三。

經乃古譯法華。引顯前文也。無有過上，謂之第一。道之絶待，故無兩正。佛以權教方便，於一乘道隨機有三，故云爲（真本「爲」作「謂」）怠慢。乃有多種，不能速（真本無「速」字）進。懈怠之機，但機劣根鈍之故，是以隨機有三也。

三車出火宅，即其事也。

車乃運轉之義。火宅喻三界不安之處。長者語諸子云，羊、鹿、牛車，今在門外。乃方便委曲耳。

以俱出生死，故同稱無爲。所乘不一，故有三名。統其會歸，一而已矣。

如諸子同出生死火宅，到無畏處，即門外也。登車有異，故所乘不一，乃諦緣六度之三也。賢首云，先以三乘令得益，後乃方便，得一乘，屬同教攝。本無差别，方便不同，會歸一而無三也。

而難云「三乘之道，皆因無爲而有差別」，此以人三，三於無爲，非無爲有三也。

牒前難者窮差別之理。佛之方便，隨機設教，究竟理無差也。

故放光云：涅槃有差別耶？答曰：無差別。但如來結習都盡，聲聞結（真本「結」後有「盡」字）習不盡耳。

結乃結惑（真本「惑」作「使」），習謂習氣，即煩惱、所知二障等。或種子之後，開習氣也。二乘但斷煩惱結習，未斷所知，故結習不盡。望佛斷（真本無「斷」字）惑證理，淺深（真本無「深」字）有異，理無差別，斷證有三也。

請以近喻，以況遠旨。如人斬木，去尺無尺，去寸無寸。修短在於尺寸，不在於無也。

立喻證前意。況，比也。遠旨，道也。斬，刀也。喻三乘人惠刀。木，障惑也。修，長也。無，太虛也。去尺喻如來斷二障，證二空，乃去尺無尺也。去寸喻聲聞，斷煩惱，證我空。已上喻人（真本「人」作「上」）有差別。以此將近事比況可知。長短在於尺寸，不在於虛無。無喻真性，木喻所斷惑。去一尺木，得一尺無。去一寸木，得一寸無。故不在無也。

夫以羣生萬端，識根不一，智鑒有淺深，德行有厚薄，

有情羣數，端緒不一，各稟根識，利鈍差殊，智鑒熏習，從聞思修，而超智性。造理各異，生空二空有殊。行所招曰德。小乘我空，多只自利；大乘二空，兼四心六度，自利利它（真本「它」作「他」）。故行之厚薄不同可知也（真本「也」作「耳」）。

所以俱之彼岸，而昇降不同。彼岸豈異，異自我耳。

所以，承上之義。俱，皆也。之，往也。彼岸，梵語波羅密也。此岸乃生死界中，彼乃無爲那岸。三乘共到，岸實無二，故曰俱之。其三乘根性有異，不無昇降之殊，故云異也。

然則衆經殊辨，其致不乖。

結顯諸經與論，義意相符。理同一致，酌然如此，不復疑也。前云衆經異說，何以取中，乃難之非也。下一異無三問。

責異第十

責，求也，問也。異謂能證三乘之人，與所證之法一，乃無三；與異，亦無三。求同三乘，何故有異？前難差中，但約人法一體，法一不合有人三。今問一異，但（真本「但」作

「俱」無三乘。此欲知會權歸實之旨，不壞三而常一故也。

有名曰：俱出火宅，則無患一也；同出生死，則無爲一也。而云「彼岸無異，異自我耳」。

牒前難（真本無「難」字）意。無患喻到門外也。同一無爲，乃證同一之道也。何謂異自我耶？

彼岸則無爲岸也，我則體無爲者也。

彼岸，所證理也。我則能證人也。

請問我與無爲，爲一爲異？若我即無爲，無爲亦即我，不得言無爲無異，異自我也。

有名者請求之謂。前云法一，人有差別，未審人法同一體也，各異也。若人法相即無二，何謂法一人三也？

若我異無爲，我則非無爲，

若人與法別，三乘人無法可證也。

無爲自無爲，我自常有爲。冥會之致，又滯而不通。

法自法，人自人。人法既殊，冥會不能一致。前云物我冥一，何有是理？

然則我與無爲，一亦無三，異亦無三。三乘之名，何由而生也？

然則牒上人法各異。人法若一，一不可言三。人法若異，異不可言三。意謂人異法，則人無法可證，何有三乘之名？但衆生而已。此上因前妙存中物我冥一，辨差中法一人三，難者責問：人法既一，不當有三；人法既異，亦不當有三。既人與法異，無相（真本「相」作「猶」）有三乘之名也。下人法一異答。

會異第十一

會，融也。異謂三乘之别。前問人法一異俱無三也。今明一中有三，非異中有三。非異中有三，此一乘欲會三乘之由，本一乘法。巧順三機，故今融會，故曰會異。如即水之波，復（真本「復」前有「會波」二字）歸水也。

無名曰：夫止此而此，適彼而彼。所以同於得者，得亦得之；同於失者，亦（真本、集解「亦」前有「失」字）失之。

止，住也。適，往也。此，生死界。彼，無爲理。隨迷，止生死此岸；隨悟，往無爲彼岸。實以隨得得之，隨失失之，故有聖凡高下之殊。理本無得失。然而失亦非失，但只皆之也。

我適無爲，我即無爲。無爲雖一，何乖不一耶？

我即三乘，同造一理。理無三也。證理淺深，不無差別。

譬猶三鳥出網，同適無患之域。無患雖同，而鳥鳥（真本「鳥鳥」作「音音」）各異。

在網喻凡，出網喻聖。至空無患。飛騰有小大勢力。遠近有殊，虛空無異也。

不可以鳥鳥（真本「鳥鳥」作「音音」）各異，謂無患亦異。又不可以無患既一，而一於衆鳥（真本「鳥」作「音」，下同）也。

不可衆鳥之異，空有三也。又不可無患之一，一於衆鳥。喻能證之者自異。

然則鳥即無患，無患即鳥。無患豈異，異自鳥耳。

結上，三鳥昇虛，空無遠近。三乘能證理，理有淺深。

如是三乘衆生，俱越妄想之樊，同適無爲之境。無爲雖同，而乘乘各異。

三乘，人也。衆生，衆鳥也。越，出也。樊，籠也。法喻同釋俱出樊籠。無爲空理是一，根器有三也。

又（集解無「又」字）不可以乘乘各異，謂無爲亦異。又不可以無爲既一，而一於三乘也。

不可以執三廢一，又不可存一泯三。

然則我即無爲，無爲即我。無爲豈異，異自我耳。

同證一理，一理隨機。理雖一致，不礙三也。答前物我冥一，異自我也。

所以無患雖同，昇虛（真本「虚」後有「空」字）有遠近；無爲雖一，而幽鑒有淺深。

上二句喻，下二句法。昇虛證理，所造不同。

無爲即乘也，乘即無爲也。此非我異無爲，以未盡無爲，故有三耳。

結上人法不異，但能證未盡，故不無三。前難差（真本「難」作「辨」）中，則異中辨同，即一而三，三即一也。此即（真本「即」作「則」）同中辨異，答上一異無三。下法同人異問。

詰漸第十二

詰，問也，窮也。漸，次也。因前法一人異詰之，既同證一法，何有三之漸次也？

有名曰：萬累滋彰，本於妄想。妄想既袪，則萬累都息。

萬乃多數也。累，縛也。滋，多也。彰，顯也。妄想，無明也。無明是本，萬累，末也。

袪，遣也。息，滅也。既迷至理，妄惑俱生。若脱塵勞，同歸一理。

二乘得盡智，菩薩得無生智，是時妄想都盡，結縛永除。

敍所得皆同。二乘證生空，我生已盡，乃盡智也。因亡曰盡，意在取滅，爲滅諦也。菩薩兼果喪爲滅，曰無生智，乃道諦。智有上下，取滅有淺深耳。菩薩證我法二空也。妄想，本也。結縛，末也。都盡乃惑除也。三乘無學位，俱無發業潤生，故所知障便（真本「便」作「即」）無此能，故曰結縛永除也。

結縛既除，則心無爲。心既無爲，理無餘翳。

三（真本「三」作「二」）乘既無十使繫縛，則障盡智圓，同契真理。但斷煩惱，未了所知也。

經曰：是諸聖智不相違背，不出不在，其實俱空。

引證。所得智同，雖生、法二（真本無「法二」二字）空不同，能了之智不相違背。菩薩利物涉有，了三界而不出。小乘趣寂，離三界而不在。同證空理曰俱空。

又曰：無爲大道，平等不二。既曰無二，則不容異心。

引證理智同一之義。既所證理無二，能證心亦不可説異也。下詰問漸次。

不體則已，體應窮微。而曰體而未盡，是所未悟也。

難者因前云未盡無爲，故有三耳。三乘之人，斷惑證理既同，合當歸一。不證則休，證則必盡其妙，何云未盡？故未曉悟也。此下聞實教談一理無差，便欲壞三歸一，未明權中差別之意。即三而一，一不妨三。今會權歸實，義當如此。下就法顯人答。

明漸第十三

明，辨也。漸，次也。今明從權入實，三乘漸次，全（真本「全」作「合」）一成三，漸次如此（真本「此」作「是」）。

無名曰：無爲無二，則已然矣。結是重惑，而可謂頓盡，亦所未喻。

難者未悟之意，理本無二，未知所斷不同。方便教中，三乘顯然。結者，二障分別俱生，即用也。惑是無名體也。無明體上，重重之結，故云重惑。二乘伏斷煩惱，菩薩伏斷二障。五位中位位漸除，而曰都盡永除，是知難者未曉。豈頓除之也？

經曰：三箭中的，三獸渡河，中渡無異，而有淺深之殊者，爲力不同故也。

引經證上斷證不同也。的乃紅心，喻理。河亦喻理。箭與獸，喻能斷能（真本無「能」字）證者。獸乃象、馬、兔也。與獸箭（真本無「獸」字，「箭」作「前」）入水中的（應爲「獸與箭入水中的」），淺深有異。河的無殊，力勢不同，故有大小。

三乘衆生，俱濟緣起之津，同鑒四諦之的，

三乘，人也。衆生，獸等。俱，同也。緣起，十二因緣也。津，河也。四諦，苦、集、滅、道也。的，箭也。此乃法喻，同釋渡河緣起，如緣覺斷證。中的四諦，喻聲聞造理。喻之與法，淺深之殊可見也。

絶僞即真，同昇無爲，然其所乘不一者，亦以智力不同故也。

僞，妄也。真，理也。乘，人也。智，亦人也。力，獸、箭也。真妄本非殊，爲力不同耳。

夫羣有雖衆，然其量有涯，正使智猶身子，辯若滿願，窮才極慮，莫窺其畔。

羣有乃世間一切名相，有境之物。然在佛智，必知其數，十號中偏知義耳。舍利弗，此云身子，弟子中智惠（真本「智惠」作「第一」）。富樓那，此云滿願，亦云滿慈，辯才第一。若盡才盡慮，亦不能窺度羣有之邊際。

況乎虚無之數，重玄之域，其道無涯，欲之頓盡也。

引身子、滿願，智辯過人，亦預二乘之位，有邊事相，猶不能盡，而況虚無重玄一乘妙道，竪窮横遍，無涯法體，欲令頓盡，豈能如是耳？

書不云乎，爲學者日益，爲道者日損。爲道者，爲於無爲者也。爲於無爲而日（真本「日」作「日日」二字）損，此豈頓得之謂？

書乃道經也，今借文明漸意。爲學之務，要日益於見聞知解。爲道要日損知解，斷其惑結。無爲之道漸明，豈謂頓（真本無「頓」字）得之也。

要損之又損之，以至於無損耳。

要，欲也。損，斷也。約漸而論，此三句據位中，位位皆有，乃入、住、出之三心。即加行、正行、勝進行。如斷初地惑，要損之；既入地上，又損之；出地，乃無損耳。又約三賢，要損之；地上，又損之；等妙，乃無損耳。方惑亡解喪，心境一如。楞嚴云：理則（真本「則」作「雖」）頓悟，承悟併消。事非頓除，因次弟盡。

經喻螢日，智用可知矣。

引經結顯。净名謂富樓那云：無以日光等彼螢火。螢火（真本無「螢火」二字）日光喻小乘大乘。根性不等，智用優劣有殊。而云體應窮微，是所未悟。又云：聖智不相違背，螢日之喻，不知違背也無？下一乘諸位問。

譏動第十四

譏乃責也，問也。動謂進三位之意。疑證真之人，既心境一如，更有三位之（真本無「之」字）可進耶？

有名曰：經稱法身已上，入無爲境，心不可以智知，形不可以象測，體絶陰入，心智寂滅。

引前第八難差中疑。此通疑證真之人，心境冥合，更有進動。儒童於然燈佛，已入涅槃。法身者，乃證涅槃理，謂之法身。約七地已上也。以真本「以」作「此」法爲依，以真爲體，心盡凡情，形超數量。陰入既離，心智寂然。難者疑更進修，有所未盡。

又復云：進修三位，積德彌廣。

牒前所引。進修者，更欲勝進後地，廣慕大功德也。

夫進修本於好尚，積德生於涉求。好尚則取捨情現，涉求則損益交陳。

既有好尚涉求之心，不無取捨損益之念。

既以取捨爲心，損益爲體，而曰「體絶陰入，心智寂滅」，此文乖致殊，而會之一人，無異指南爲北，以曉迷夫。

既有取捨損益，則心動身疲，又乖前身智寂滅，物我冥一，而會歸儒童一人。難者疑能證之人，心境冥合，更有進動之説，亦與文義相中不能一致。如將南爲北，復示迷路之者，有甚真本「甚」作「其」是處？下位位寂滅答。

動寂第十五

動，用也。寂，體也。此論一乘正行，在於此章。能所斷證，並寂滅相。所斷所造，動而常寂，故曰動寂。據實教，入住已來，直至究竟，始終如此，非謂七地已後，方得動寂不二耳。

無名曰：經稱聖人無爲而無所不爲。

引經通標證理起行之人。約大乘稱真，則無惑可斷，無理可證，無行可修，無位可得，曰無爲。心雖明了，力不自由，見有幻相空塵，未能盡脱。以幻智斷幻惑，證幻理，登真本「登」作「證」幻位，曰無不爲也。直到無斷無證，方爲究竟。乃動而常寂；寂不乖動也。

無爲，故雖動而常寂；無所不爲，故雖寂而常動。

各牒上。修即無修，故即動之寂；無修而修，故即寂之動耳。

雖寂而常動，故物莫能一；雖動而常寂，故物莫能二。

動寂亦各牒上。無修而修，斷證有二。修而無修，能所混融。

物莫能二，故逾動逾寂；物莫能一，故逾寂逾動。

逾，過也，轉也。不二，則動而轉寂；不一，則寂而轉動。動寂二名，言之有異，義實不殊。

所以爲即無爲，無爲即爲，動寂雖殊，而莫之可異也。

所以，結上。動靜（真本「靜」作「寂」）相即，修證同時，不二之義。

道行云：心亦不有，亦不無。

引道行般若經標義。能修之心，乃本覺智，亦謂之根本後得。體本虛寂，無能所得（真本無「得」字）等相，非所修之行，爲無爲。能修之心，照與無照，亦乃同時，故云亦不有，亦不無也。

不有者，不若有心之有；不無者，不若無心之無。

牒上不有不無。非凡情妄想，亦非斷見頑空，故云不似也。下逆順推。

何者？有心則衆庶是也，無心則太虛是也。

何者，推問也。衆庶乃有情，太虛則無情。

衆庶止於妄想，太虛絕於靈照。豈可止於妄想，絕於靈照，標其神道而語聖心者乎？

爲前難者執進修三位爲動，證理爲寂。意謂動如衆庶妄想之有，寂若太虛絶照之無。豈可斷常之見，而標神道聖心耶？

是以聖心不有，不可謂之無；聖心不無，不可謂之有也。

乃順釋也。寂而常照，勿謂無也；照而常寂，勿謂有也。

不有，故心想都滅；不無，故理無不契。

能證，非想象之緣；所證，無不盡之理。

理無不契，故萬德斯弘；心想都滅，故功成非我。

斯，皆也。牒上稱性之德，廣大無邊也。既無斷無證，已絶我心。成就功行，故不宰其功耳。

所以應化無方，未嘗有爲；寂然不動，未曾不（真本「不」後有「無」字）爲。

應化隨方而無念，寂然無念乃應機。

經曰：心無所行，無所不行。信矣。

引經結證上義。行乃修因，契果斷惑進修也。無修而修，無證而證，動静（真本「静」作「寂」）不二同時，可信耳。

儒童曰：昔我於無數劫，以國財身命施人無數，以妄想心施，非爲施也。

再引前經結示。難者當時但見文違，未見意順。故今再引儒童所説不二之義，令彼信解。世尊居七地，二僧祇劫滿時，曰儒童。説已前常已國位財寶，捨身盡命，内財外財行施，莫知其數。蓋妄想心，乃求佛果，進後位。要行滿，取功圓，但有能所修證，皆真本「皆」後有「爲」字妄想，並未是稱實之行也。

今以無生心，五花施佛，始名施耳。

五花施佛，并青衣婢子二花，共七花施然燈如來。彼時已得無生忍，三輪圓寂，故然燈與記別，爲釋迦牟尼。金剛亦云，無法可得菩提之記真本「記」作「化」，蓋稱實無能所之心，動寂一如矣。

又空行菩薩入空解脱門，方言今是行時，非爲證時。

解脱，離縛之真本無「之」字義。有三門：一空門、二無相、三無願。皆理也。入爲證智，門乃所證理。理智一如，方謂行時。不見行相，亦無所入。與儒童所施，事別義同。

然則心彌虚，行彌廣，終日行，不乖於無行者也。

領意，結上也。彌廣皆至極也。心之與行彌廣，莫知行而無行，同一無二。下廣引。

是以賢劫稱無捨之檀，成具美不爲之爲，

賢劫經。檀那，此云施，六度一也。三輪同寂，無施而施。成具經，稱真本無「稱」字美無作而作，乃真所作也。

禪典唱無緣之慈，思益演不知之知。

禪，經也。無能緣所緣之念，大慈利物不窮，乃四無量心一也。思益，經也。乃無知而知，無不知也。四皆即真之行。行乃全真耳。

聖旨虚玄，殊文同辯，豈可以有爲便有爲，無爲便無爲哉？

諸經妙旨，虚寂玄微。聖智可知，妄情莫測。説與無説，文别義同。邊執之流，隨言真本「言」作「音」有異，故乃責之。

菩薩住盡不盡平等法門，不盡有爲，不住無爲，即其事也。

淨名經，香積諸來菩薩，向佛求法，復還本土。佛曰：有盡不盡平等法門，汝當學。盡者，有爲法；不盡者，無爲法。當住平等，不住二邊。正如動寂不二之行，故云即其事也。

而以南北爲喻，殊非領會之唱。

結引前難者以比况之語。蓋不造動而常寂，寂而常動，體用相即。都以南北喻，爲之奈何？今説不二之旨，反責難者，非領解之所唱也。已上顯等行竟。下就人法示等證。下先後窮源問。

窮源第十六

窮，推也。源，本也。前明一乘正行，動静（真本「静」作「寂」）不殊，今未明能證之人，所證之理，誰先誰後，故乃窮之。

有名曰：非衆生無以御三乘，非三乘無以成涅槃。

御乃控也，進也。非人不能修三乘因行，非三乘人不能證無爲理。

然必先有衆生，後有涅槃，是則涅槃有始，有始必有終。

此乃人先法後，以人爲本。法既在後，法乃有始終耶？又云無爲無三世。

而經曰：涅槃無始無終，湛若虚空。則涅槃先有，非復學而後成者也。

法體本無生滅，寂而常照，横徧竪窮，亘古亘今。既而本有，不待功行而成。難者謂人先則違經旨，法在先廢行相。二俱非也。故乃窮之，誰先誰（真本「誰」作「難」）後耶？故謂窮源耳。下人法同時答。

通古第十七

通謂通古貫今。法非先後，因前以人證法，故求先後之源。未明大乘即事即真，以二乘滅妄證真爲問。今明物我融通，先後一體，不同彼先後法，而有所證，故曰通古。

無名曰：夫至人空洞（真本「洞」後有「界」字）無象，而萬物無非我造，會萬物以成己者，其唯聖人乎！

寄人顯法，證（真本「證」前有「所」字）理體空洞虛凝，名相莫測，湛然不變。不變（真本無「不變」二字）隨緣。依證色心，皆從彼有，復契物理全真，目擊無非我也。石頭於此悟入，乃云聖人無己，靡所不己。即知空洞不我之理，復能千變萬化，應用無窮。誰不承恩，但迷之者甚衆。凡夫不能即事明心，小乘但知斷妄證理。今不廢解行，乃回光返照，契會同歸，不歷僧祇，而同妙覺。不可高推在聖，自負己靈。彼既丈夫，我何不爾？

何則？非理不聖，非聖不理，理而爲聖者，聖不異理也。

推上何謂萬物能成自己也，非契理不能成聖人，非聖智安能造至理。上反釋，下順明。因即事明理，方爲聖，故知聖不異理，人法相須，行證不二者也。

故天帝曰：般若當於何求？善吉曰：般若不可於色中求，亦不可離色中求。

大品經釋提桓因，此云能天主。問空生般若聖智如何可求也？色法乃萬物之首，舉例諸法。意謂不即不離，妙契其間，今即事契真之謂也。

又曰：見緣起爲見法，見法爲見佛。斯則物我不異之效也。

見緣起之相寂然，了法盡皆真耳。法既真，即是見佛不殊，乃人法同如也。上曰聖不異理，物我不異，理智事同。不異之效可見。結上理由智顯，聖不異理。

所以至人戢玄機於未兆，藏冥運之即化，

承上妙契不異之義。戢歛妙智絶於朕迹，乃始覺合本。藏覆冥寂之體，能於即化萬動之間，蓋即體之用。理智冥符，謂之妙契。

總六合以鏡心，一去來以成體，古今通，終始同，

鏡喻妙心，明瑩無象。四方上下，見在所有，無不總之。過真本無「過」字未始終，皆同一際。融通三世，乃一念無差，同時故耳。

窮本極末，莫之與二，浩然大均，乃曰涅槃。

本，理也。末，事也。浩，無涯也。均，平也。窮究理事不二，法體無涯平等，無不

偏耳。

經曰：不離諸法而得涅槃。

事相虚寂，即事證真。淨名曰：不離諸法，而得涅槃，是爲宴坐涅槃也。

又云：諸法無邊，故菩提無邊。

諸法皆真，理無涯際。妙智隨鑒，用亦如之。結上理智事三，同體一如。

以知涅槃之道，存於妙契；妙契之致，本乎冥一。

妙契即真，理智無二。不廢解行，同一無爲。

然則物不異我，我不異物，物我玄會，歸乎無極。進之弗先，退之弗後，豈容終始於其間哉真本「哉」作「乎」？

結上問。非先後之異。人法體性不殊。物我既同，更無過極。別有則非真。進退莫測，先後何求？若無所得之心，自然於此符合。

天女曰：耆年解脱，亦何如久？

引經證上。舍利弗問天女曰：止此室，其已久如？女曰：如耆年解脱。弗云：止此久也。女曰：耆年解脱，亦何如久？此身子以久近問之。天女以真本無「以」字無久近答之。身子再審其久近。天女以絶久近責之。耆乃老宿也。意謂汝證解脱時，我止此室。今取無久近之言，證涅槃絶先後之相。謂前難者求人法誰先誰後，今此彼同時，通貫無異，乃謂通古。下有無乖得問。

考得第十八

考，究也。謂衆生止界内，涅槃在界外，人法超然，未知妙契，如何得證。此乃將隣證位，良有餘疑，謂之考得。

有名曰：經云：衆生之性，極於五陰之内。又云：得涅槃者，五陰都盡，譬猶燈滅。約三界衆生之性，盡於色心五陰之内。此明住有則失也。燈滅乃膏明俱竭，喻五陰滅也。乃定性二乘無餘涅槃，義同無，乃得也。下明得失俱非。

然則衆生之性，頓盡五陰之内；涅槃之道，獨建於三有之外。邈然殊域，非復衆生得涅槃也。

然則，牒上。既衆生在於界内，涅槃在於（真本無「於」字）界外，事理相遼，人無得法之分也。

果若有得，則衆生之性，不止於五陰。必若止於五陰（真本無「必若止於五陰」六字），則五陰不都盡。五陰若都盡，誰復得涅槃者也集解「者也」作「耶」？

人若得法，乃性離陰界。若在陰界，與理相違。陰界色心淨盡，始得。既俱盡，又無能證涅槃之者。既無能證之人，如何得所證之法？此難能證之人，有無俱不能證涅槃。未知一乘實教行人，所證如何爲得。欲求得之所歸也。此乃不造即妄即真，妄外別求有所得，乃謂考得也。下即事玄得答。

玄得第十九

玄，妙也。得，證也。玄乃本際虛玄，即上本無之義。無得而得，莫不得之玄妙也。有名問者疑別有所得。今即一切法本無所得，乃真得涅槃妙心。此末章深極之至，前之新生義解不存。乃情盡見除，無所得，故謂之玄得也。

無名曰：夫真由離起，僞因著生。

法本無異，□□悟迷。離名相，則妙體顯然。著有境，則妄僞紛繞。

著故有得，離故無名。是以則真者同真，法僞者同僞。

著者，愛也。則者，法也。僞者，妄也。則真，真無名相、能證、所證。不無所得曰著，故有得。已上真僞相對。

子以有得爲得，故求於有得耳。吾以無得爲得，故得在於無得也。

難者求證，必有所得。論主云（真本無「云」字）：玄得，得無所得。

且談論之作，必先定其本。既論涅槃，不可離涅槃而語涅槃也。

大凡談柄，要有所宗，往復問訓（真本「訓」作「詶」），豈可離宗失本。今先定其本。不可離本而別談也。

若即涅槃以興言（真本「言」作「音」），誰獨非涅槃而欲得之耶？

若即涅槃爲本興論，但啓口所談，無作（真本無「作」字）非涅槃之義；目擊所見，無非涅槃之體。名相同如，物我一致。既各具足，誰獨不然？更求得之，甚處安著？責上考欲得之非也。不見舍利弗問月上女（真本「月」作「事」）：「姊何往？」云：「如舍利弗與麽去。」云：「我方入城，姊今出城。」何言（真本「言」作「音」）如我與麽去？」云：「佛弟子依法而住。」云：「依大涅槃而住。」云（真本無「云」以下八字）：「既依大涅槃而住，我如舍利弗與麽去。」此乃舍利弗因行掉臂，月上女（真本缺「月」字）太速貪程。旁觀看見二俱失利了也。若點檢得出，非但佛之弟子，十方薄伽梵，乃至一切有情無情，無非住大涅槃。更欲別求得之，豈不是頭上安頭，所謂誰獨非涅槃耶？須信各各圓成，非欠少耳。

何者？夫涅槃之道，妙盡常數，

推求語本道理。先總標理本，妙體恒然，絶諸數量。

融冶二儀，滌蕩萬有；均天人，同一異；

齊天地而一體，會羣數，以同歸。人天性本均平，一異等無高下。

内視不己見，返聽不我聞；未嘗有得，未嘗無得。

返視（真本無「視」字）内觀，非聲非色，未嘗有得。簡異凡情，未曾無得，亦（真本「亦」後有「非」字）斷見。

經曰：涅槃非衆生，亦不異衆生。

理本寂滅，故非有情。不異衆生，與生同寂，故云不異。

維摩詰言：若彌勒得滅度者，一切衆生亦當滅度。

體本虚寂，本非生滅之相。滅度乃涅槃也。聖無所得，故滅度，凡無所得，故亦然。

此乃聖凡不待泯而自盡，方謂之玄得也。

所以者何？一切衆生本性常滅，不復更滅。此名滅度，在於無滅者也。

何謂衆生亦當得滅？衆生之性，本來寂滅，不待滅衆生，而别證滅（真本「滅」後有「理」字）。

楞嚴云（真本「云」作「出」）：初生即有滅，莫爲愚者說。蓋生即無生，當體皆寂滅。實謂滅而無可滅也。

然則衆生非衆生，誰爲得之者？涅槃非涅槃，誰爲可得者？放光云：菩提從有得耶？答曰：不也。從無得耶？答曰：不也。離（真本無「離」以下九字）有無得耶？答曰：不也。然則都無得耶？答曰：不也。是義云何？答曰：無所得故爲得也。是故得無所得也。無所得謂之得者，誰獨不然耶？然則玄道在於絕域，故不得而（真本「而」作「以」）得之。妙智在乎物外，故不知以知之。大象隱於無形，故不見以見之。大音匿於希聲，故不聞以聞之。故能囊括終古，導達羣方，亭毒蒼生，疏而不漏。汪哉洋哉，何莫由之哉！梵志曰：吾聞佛道，厥義弘深。汪洋無涯，靡不成就，靡不度生。然則三乘之路開，真僞之途辨，賢聖之道存，無名之致顯矣。

肇論終（真本「肇論終」作「節釋肇論卷終」）